新闻与传播学译丛·学术前沿系列

事实核查

后真相时代
美国新闻业的选择

［美］卢卡斯·格雷夫斯（Lucas Graves）◎ 著

周睿鸣　刘于思 ◎ 译

DECIDING
WHAT'S TRUE

The Rise of Political Fact-Checking
in American Journalism

中国人民大学出版社
·北京·

新闻与传播学译丛·学术前沿系列

丛书主编　刘海龙　胡翼青

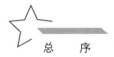

在论证"新闻与传播学译丛·学术前沿系列"可行性的过程中，我们经常自问：在这样一个海量的论文数据库唾手可得的今天，从事这样的中文学术翻译工程价值何在？

国内 20 世纪 80 年代传播研究的引进，就是从施拉姆的《传播学概论》、赛弗林和坦卡德的《传播理论：起源、方法与应用》、德弗勒的《传播学通论》、温德尔和麦奎尔的《大众传播模式论》等教材的翻译开始的。当年外文资料匮乏，对外交流机会有限，学界外语水平普遍不高，这些教材是中国传播学者想象西方传播学地图的主要素材，其作用不可取代。然而今天的研究环境已经发生翻天覆地的变化。图书馆的外文数据库、网络上的英文电子书汗牛充栋，课堂上的英文阅读材料已成为家常便饭，来中国访问和参会的学者水准越来越高，出国访学已经不再是少数学术精英的专利或福利。一句话，学术界依赖翻译了解学术动态的时代已经逐渐远去。

在这种现实面前，我们的坚持基于以下两个理由。

一是强调学术专著的不可替代性。

目前以国际期刊发表为主的学术评价体制导致专著的重要性降低。一位台湾资深传播学者曾惊呼：在现有的评鉴体制之下，几乎没有人愿意从事专著的写作！台湾引入国际论文发表作为学术考核的主要标准，专著既劳神又不计入学术成果，学者纷纷转向符合学术期刊要求的小题目。如此一来，不仅学术视野越来越狭隘，学术共同体内的交流也受到影响。

国内的国家课题体制还催生了另一种怪现象：有些地方，给钱便可出书。学术专著数量激增，质量却江河日下，造成另一种形式的学术专著贬值。与此同时，以国际期刊发表为标准的学术评估体制亦悄然从理工科渗透进人文社会学科，未来中国的学术专著出版有可能会面临双重窘境。

我们依然认为，学术专著自有其不可替代的价值。其一，它鼓励研究者以更广阔的视野和更深邃的目光审视问题。它能全面系统地提供一个问题的历史语境和来自不同角度的声音，鼓励整体的、联系的宏观思维。其二，和局限于特定学术小圈子的期刊论文不同，专著更像是在学术广场上的开放讨论，有助于不同领域的"外行"一窥门径，促进跨学科、跨领域的横向交流。其三，书籍是最重要的知识保存形式，目前还未有其他真正的替代物能动摇其地位。即使是电子化的书籍，其知识存在形态和组织结构依然保持了章节的传统样式。也许像谷歌这样的搜索引擎或维基百科这样的超链接知识形态在未来发挥的作用会越来越大，但至少到现在为止，书籍仍是最便捷和权威的知识获取方式。如果一位初学者想对某个题目有深入了解，最佳选择仍是入门级的专著而不是论文。专著对于知识和研究范式的传播仍具有不可替代的作用。

二是在大量研究者甚至学习者都可以直接阅读英文原文的前提下，学术专著翻译选择与强调的价值便体现出来。

在文献数量激增的今天，更需要建立一种评价体系加以筛选，使学者在有限的时间里迅速掌握知识的脉络。同时，在大量文献众声喧哗的状态下，对话愈显珍贵。没有交集的自说自话缺乏激励提高的空间。这些翻译过来的文本就像是一个火堆，把取暖的人聚集到一起。我们希冀这些精选出来的文本能引来同行的关注，刺激讨论与批评，形成共同的话语空间。

既然是有所选择，就意味着我们要寻求当下研究中国问题所需要关注的研究对象、范式、理论、方法。传播学著作的翻译可以分成三个阶段。第一个阶段旨在营造风气，故而注重教材的翻译。第二个阶段目标在于深入理解，故而注重移译经典理论著作。第三个阶段目标在于寻找能激发创新的灵感，故而我们的主要工作是有的放矢地寻找对中国的研究具有启发的典范。

既曰"前沿"，就须不作空言，甚至追求片面的深刻，以求激荡学界的思想。除此以外，本译丛还希望填补国内新闻传播学界现有知识结构上的盲点。比如，过去译介传播学的著作比较多，但新闻学的则相对薄弱；大众传播的多，其他传播形态的比较少；宏大理论多，中层研究和个案研究少；美国的多，欧洲的少；经验性的研究多，其他范式的研究少。总之，我们希望本译丛能起到承前启后的作用。承前，就是在前辈新闻传播译介的基础上，拓宽加深。启后，是希望这些成果能够为中国的新闻传播研究提供新的思路与方法，促进中国的本土新闻传播研究。

正如胡适所说："译事正未易言。倘不经意为之，将令奇文瑰宝化为粪壤，岂徒唐突西施而已乎？与其译而失真，不如不译。"学术翻译虽然在目前的学术评价体制中算不上研究成果，但稍有疏忽，却可能贻害无穷。中国人民大学出版社独具慧眼，选择更具有学术热情的中青年学者担任本译丛主力，必将给新闻传播学界带来清新气息。这是一个共同的事业，我们召唤更多的新闻传播学界的青年才俊与中坚力量加入荐书、译书的队伍中，让有价值的思想由最理想的信差转述。看到自己心仪的作者和理论被更多人了解和讨论，难道不是一件很有成就感的事吗？

目 录 CONTENTS

第一部分　事实核查的景观

引　言

由记者组织开展的事实核查激起了人们极大的热情，事实核查人员游走于新闻业与政治领域，试图揭露谎言，将事实从意见中分离出来。

第三部分　事实核查的影响

第七章
事实核查的局限

在这个充满政治色彩、紧密相连的媒体环境中，事实核查人员面临着巨大的争议，事实核查运动也有着失去对精英媒体和政治网络吸引力的危险。

结　语

219

事实核查运动最持久的影响可能是给予了政治记者新的许可，让他们拥抱专业新闻中既重要又脆弱的揭黑和改革主义者的冲动。

事实核查：一个平凡行业的寓意

潘忠党

美国威斯康星大学麦迪逊分校传播艺术系教授

看到这书名①，我们也许会期待它是最终展示"无解"的悬疑作品，或者是一本揭露政治操纵的批判性著作。其实，它是一本新闻社会学的研究著作。

与我们对"学术著作"的刻板印象不同，这本书很容易读，几乎没有抽象概念和深奥方法的路障。作者格雷夫斯教授从事新闻工作多年，读博期间又师从著作等身的历史社会学家迈克尔·舒德森（Michael Schudson），文笔自然不差。当然，以我一孔之见，他还未及他导师舒德森那般游刃有余、韵味缭绕。可是，学术界毕竟只有一个舒德森！

所以，接到中文版译者周睿鸣和刘于思"写一导读"的邀约，我的第一念头是，我得对得起这本书，要尽量行文与作者的风格相和谐，少用抽象词语，少掉书袋。不过多年"学术八股"的束缚，已经令本来就文采欠缺的我几乎丧失了日常谈话的遣词造句能力，无论我多么孜孜以求，恐怕也难免文辞枯燥、佶屈聱牙，甚至有时词不达意。对此，我只能恳请各位见谅。不过，我也趁机拉大旗作虎皮一下：皮埃尔·布尔迪厄（Pierre Bour-dieu）在一次演讲中自我辩护道，他的论作艰涩，并非是他故弄玄虚，而是因为社会现实本身太复杂。② 虽说通俗易懂并非一部学术著作"叫好"的必备条件，但是，易读显然能提升它的"叫座力"。

这是一部有深度、有开拓性的学术著作。它是考察美国新闻业和政治传播领域的事实核查运动的第一部学术专著。为它，作者格雷夫斯耗时五年，进入事实核查机构PolitiFact，参与事实核查活动，还实地考察了其他两

---

① 潘忠党教授指的是英文原著的书名。——译者注

② Bourdieu, P. (1989). Social space and symbolic power. *Sociological Theory*, 7 (1), 14–25.

家专业事实核查机构，访谈这三家机构的创办人和主要成员，参加它们独立或与其他组织携手开展的业务和研讨活动，搜集并阅读关于事实核查的各种报道和论述。这期间，在 2013 年，格雷夫斯在哥伦比亚大学通过博士答辩，他所递交的论文就是这本书的前身。获得博士学位后，他受聘于威斯康星大学麦迪逊分校新闻与大众传播学院，担任助理教授，但仍然继续着对事实核查运动的"沉浸式参与"，包括帮助策划并参与 2014 年和 2015 年全球事实核查峰会。他在博士毕业三年后出版的这本书，与他的博士论文已经大不相同。具体如何不同，感兴趣的读者可以去比较，我在此处所要表达的只有一个很简单的观察：这是一部作者耗费极大心思和精力认真完成的学术著作，与众多被"结项""挣工分"驱赶而出的作品迥然不同，它值得我们认真品读。

那么，它对谁是部好书呢？答案是很多人。首先，若想要相对比较深入地了解美国的新闻媒体与政治，想要知道唐纳德·特朗普（Donald Trump）①是如何上台的，如何在得到了一些人疯狂拥戴的同时被大多数公众唾弃，可以读这本书，因为它信息可靠，解读细致到位，读者不用担心被误导。

其次，这是一部关于新闻学和政治传播学的学术著作，若想系统地了解"事实核查"这个特殊的新闻实践和文本类型中的逻辑和理念，以及其在当下美国这个特定条件下如何展开，如何与传统的新闻实践和文本、研究它们的新闻生产社会学、更大范畴的媒介社会学等相关联，这是一本必读的书。在这个学术知识的领域，它至今独一无二，面世即成经典。

最后，美国民主过程中的公共传播如何展开？事实在其中是否以及如何重要？沃尔特·李普曼（Walter Lippmann）的技术精英民主，约翰·杜威（John Dewey）的公众参与式民主，新近兴起的由詹姆斯·菲什金（James Fishkin）等人倡议的商议民主，以及与这些民主观交织的所谓"认知民主"（epistemic democracy）等，无论我们更倾向于其中哪种观点，都面临一个"如何可能？"的问题。更接地气的问题是，在我们的日常生活中，

---

① 唐纳德·特朗普，美国政治家，第 45 任美国总统。他是美国历史上最富有且第一个先前没有担任过任何军职或公职的总统，也是获胜但获得较少普选票的美国总统。他有着许多有争议的言论和行动，包括发表性别歧视、种族歧视、仇外及反伊斯兰等言论，以及被指针对非法移民，这使美国掀起了反唐纳德·特朗普抗议运动。2021 年 1 月 13 日，特朗普因众议院民主党人指控煽动 2021 年美国国会大厦遭冲击事件而受到第二次提案弹劾，成为美国历史上唯一一位受到两次提案弹劾的总统。——译者注

尤其是在各种信息技术和媒体组织中介的环境下，我们是否应当而且可以鉴别真假新闻？我们可以相信谁？相信什么？依据什么托付我们的信任？这些都牵涉到"如何核查事实？真相如何可能？"的问题。如果你在思考这样的问题，无论在宏大体制还是在日常生活的层面，相信你都可以从这本书中获得诸多启发。

了解美国"一地鸡毛"中的逻辑

这本书于 2016 年 9 月 6 日正式发行，那是美国"劳动节"后的第一个工作日。循惯例，在总统选举年，大选季从这天正式开始。这一年的共和党候选人是特朗普。两个月后，出乎绝大多数民意调查机构和媒体的意料，特朗普击败民主党候选人希拉里·克林顿（Hillary Clinton）① 赢得了选举。在参选前，特朗普完全没有从政经历；竞选期间，他谎话连篇，糗事不断，完全无视并肆意践踏公共传播的成规。但他胜出了，成为美国第一位所谓"后事实"或"后真相"总统。他的当选，与同一年"英国脱欧"② 在公投中胜出一道，成为历史时刻，令"后真相"（post-truth）一词入选当年《牛津词典》的"年度词"。

在那之前，如格雷夫斯在书中所展示的，事实核查已经为主流各界所接受，成为一种新型的新闻实践，生成了"事实核查报道"这一独特形态的报道。开展事实核查工作的，有学术单位直接参与建立的学术型机构，有多家媒体合作形成的非营利机构，还有《华盛顿邮报》（*The Washington Post*）独家展开的持续项目。专业的事实核查报告，常被各家新闻媒体作为新闻素材，而且这些新闻媒体也不时开展自己的事实核查。

在 2016 年的总统大选期间，事实核查频频现身各家新闻媒体，在选战报道中举足轻重，其身段之显赫，远远超过了格雷夫斯所描绘的 2012 年总统大选。那一年，共和党的候选人是米特·罗姆尼（Mitt Romney），他有着无可挑剔的建制派履历：一位成功的风投公司掌门人，已故前密歇根州州长的儿子，

---

① 2008 年首度参与美国民主党总统初选，2009—2013 年任美国国务卿，后参加 2016 年美国总统大选的民主党籍政治人物。其丈夫为美国第 42 任总统比尔·克林顿（Bill Clinton）。——译者注

② "英国脱欧"指的是英国主动退出欧盟并与之切断各种联系的行为，以英国不受欧盟的法律限制、不被纳入欧洲单一市场、不参与和欧洲相关的自由贸易协定，以及在移民政策上不用遵循欧盟的方案为主要目的，并以英国独立的解决方案为替代。在 2016 年 6 月 23 日的全民公投中，有51.9% 的英国选民投票支持离开欧盟。1973 年 1 月 1 日，英国加入欧洲共同体；2020 年 1 月 31 日晚11 时，英国正式退出欧盟，随后进入"脱欧过渡期"，过渡期于 2020 年 12 月 31 日结束。——译者注

前马萨诸塞州州长，2002 年盐湖城冬奥会组委会首席执行官。他挑战的是已经执政四年的民主党籍总统巴拉克·奥巴马（Barack Obama），一位以人格魅力、理想情怀和鼓舞人心的演说赢得很多选民支持的职业政客。其时，事实核查已经颇成气候，携带着以选民的名义"问责候选人"的凛然正气。

作为新闻业的一项创新，事实核查能如此成气候，如格雷夫斯所言，得益于各种生成条件，其中便包括互联网技术。更为深层的诱因，是伴随新信息和媒体技术的发展并利用这些技术的发展逐渐形成的信息生态系统。这当然是个渐进的历史过程，格雷夫斯将其追溯到了 1980 年罗纳德·里根（Ronald Reagon）竞选美国总统。里根曾是好莱坞的一名演员，当过美国影视演员工会主席和加利福尼亚州州长，因为在电视上的形象很有亲和力，且善于娓娓动听地讲故事，而被一些人誉为"杰出的沟通者"。但在 1980 年选战中，政治记者们发现，里根不时会将事实的细节张冠李戴、将政策的内容左右错置，还会对他曾出演的电影或他自己想象的事件信以为真，将其当作真实发生的事件来展开生动的讲述；而且里根 1980 年的选战以及胜选后的白宫，都极其依赖专业的竞选顾问团队。因此，里根的当选成为一个标志，即专业的选战策划或政治顾问作为一个职业群体进入美国政治权力的最高层，在其中举足轻重。

他们是美国民主政治中的特殊玩家。他们意不在政策的制定，而在政治过程中的表演；他们关注的重点不是准确的事实，而是候选人在选战中的优胜位置；他们没有实质性的政策理念或专长，但却身处候选人的圈子核心，有着强大的影响力。在竞选过程中，他们掌控选战的各个方面，包括竞选活动策划、候选人形象包装、广告制作和投放、新闻发布、候选人及其代言人的媒体采访、媒体关系管理、危机处理等。通过这些组织和策划，他们得以建立一个横亘于候选人与职业新闻人之间的防御系统，这也是候选人与选民之间的沟壑。一旦候选人当选，这个防御系统也会随他嵌入公共权力的结构，成为当选官员的"公共传播禁卫军"。

到了 1988 年的总统大选，这种政治传播秩序及其危害暴露无遗。这一年，共和党的候选人是里根的副手老布什①，而民主党则通过激烈的初选推

---

① 即乔治·赫伯特·沃克·布什（George Herbert Walker Bush），他在 1988 年的总统大选中获胜，次年出任第 41 任美国总统。下文以潘忠党教授在此的称呼"老布什"代指其人，以与他的儿子、曾出任第 43 任美国总统的乔治·沃克·布什（George Walker Bush）相区别。——译者注

举了当时的马萨诸塞州州长迈克尔·杜卡基斯（Michael Dukakis）为候选人。在两位候选人尤其是老布什的竞选顾问团队的策划下，在这次大选中，政治操纵抑制甚至替代了实质性政策辩论，政治广告、民意调查、作秀表演成为选战的核心元素，谎言和其他各种形态的真假难辨的信息四处弥漫。老布什在这样的氛围中当选了，但他在大选过程中的一次作秀表演，也成为四年后埋葬他总统生涯的陷阱。①

对于这场大选，格雷夫斯在书中有所描述，指出在事实核查兴起的历史进程中，它是一个节点。而将它打造为这么一个节点的关键人物，是格雷夫斯在书中多次提到的宾夕法尼亚大学安南伯格传播学院教授和院长凯瑟琳·霍尔·杰米森（Kathleen Hall Jamieson）。她是 FactCheck. org 的创办人之一。这家事实核查机构在格雷夫斯考察的三家事实核查机构中历史最为悠久，也是唯一一家由基金会和募捐支持、安身于大学的机构。

可以毫不为过地说，这位杰米森教授是事实核查运动的学术导师。她早年在威斯康星大学麦迪逊分校获得传播学博士学位，是位研究修辞和演说的学者，以此为学术背景，她开始研究选举过程中候选人的各种政治表达，包括演说、辩论、广告、新闻等。她以 1988 年那场总统大选为主要个案，撰写专著并于 1992 年出版了这本专著，取名《肮脏的政治：欺骗、扰乱和民主》（*Dirty Politics*：*Deception*，*Distraction*，*and Democracy*）②。在书中，杰米森详尽呈现了大选中候选人的表达和新闻报道中的种种劣迹，包括采用虚假信息和煽动恐惧情绪以消解理性话语，攻击对手以替代对政策立场的阐述，追求选战的制胜策略而回避讨论政策的内涵，等等。针对这些病灶，杰米森呼吁要提升政治话语的品质，增强政治传播中的民主内涵。与此同时，杰米森也开始身体力行地落实自己的呼吁。她与多位学者和新闻界人士合作，推动"广告监察"（adwatch）运动。这个运动的核心是监测投放在全国各个广播市场中的政治广告，及时揭露广告中的失实宣称③，

① 在当年共和党全国代表大会上接受总统候选人提名的演讲中，老布什斩钉截铁地说："都给我听仔细了，杜绝新增赋税！"（Read my lips, no new taxes!）而 1990 年，他签署了一项预算法案，其中包括了多项新增的赋税项目。在与国会的民主党议员们商谈这项议案的过程中，他被迫同意将增加赋税作为选项之一，以至倾向美国保守势力的《纽约邮报》（*New York Post*）以一个大标题嘲弄他："都给我听仔细了，我撒谎了！"（Read my lips, I lied!）1992 年，老布什欲竞选连任，却败给了来自南方小州的州长比尔·克林顿。

② Jamieson, K. H. （1992）. *Dirty politics*：*Deception*，*distraction*，*and democracy*. New York：Oxford University Press.

③ 本推荐序中，"宣称"作为名词时与正文中的"声言"同义。——译者注

以问责相关的竞选团队，以及它所代表的候选人。广告监察运动开展十年后，杰米森延请资深新闻记者布鲁克斯·杰克逊（Brooks Jackson）创办FactCheck. org，正式开启了专业事实核查运动。无论是理念、定位，还是程序所体现的认知原则，事实核查都是广告监察运动的进一步延展，它的基本内容是监测和核查，对象是政治候选人和当政者，目标是向他们展开据实言说、逻辑说理的问责。

特朗普的当选和"后真相"一词的流行，似乎标志着事实核查运动收效甚微。不少量化研究显示，在个人心理层面，事实核查很难产生消除误导或虚假信息的效果，在很多时候甚至会适得其反，因为对一条虚假信息的核查包括了对它的重述，这反而提升了它被人接触甚至被重复接触的概率；对已经相信该虚假信息的人而言，对其的核查可能会引起他们内心的逆反，激发他们为维护自己的信念展开论辩，从而强化已有的态度，并反感有悖他们信念的人和机构。

但是，格雷夫斯这本书的出版时机堪称完美，因为特朗普入主白宫这一事件，恰恰凸显了事实核查的必要和迫切。他的就职典礼的第二天，即2017年1月21日，白宫的新闻发言人肖恩·斯派塞（Sean Spicer）举行新闻发布会，全程只是宣读了一篇预先准备好的声明，宣称前一天的活动是史上"目睹人数最多的"总统就职典礼。这个宣称立即引起了各家专业媒体的质疑。1月22日，《华盛顿邮报》的事实核查团队给了斯派塞四个"匹诺曹"，即该报事实核查判断失真程度的最高评级。但是同一天，特朗普的高级顾问凯利安·康威（Kellyanne Conway）在全国广播公司（National Broadcasting Company，NBC）接受出镜采访时，面对记者不依不饶的追问，竟然宣称斯派塞只是在提供"另类事实"（alternative facts），激起一片哗然。如此冠冕堂皇地撒谎，实在太有违美国政治传播的常规了。

这个起步奠定了特朗普主政的基调，表现为专业新闻媒体和专业事实核查机构核查特朗普及其代理人歪曲或捏造事实的宣称，特朗普则攻击专业新闻媒体，甚至将之称为"人民的敌人"，以此获得在各种媒体上的霸场。在这样的政治秩序下，专业新闻媒体不再以"据实报道、不做评判"的模式作茧自缚，而是开始直截了当地用"撒谎"这样评判性极强的动词来指代特朗普捏造事实的行为，用"谎言"指代他的诸多宣称。四年后，特朗普选举失利，被迫离任，《华盛顿邮报》的事实核查团队做了个总结，显示特朗普在主政期间共发表了30 573个"错误或误导宣称"。他鼓吹的"民主党操纵选举，拜登非法当选"这个宣称，更被专业新闻媒体称为"弥天大谎"（The Big Lie），被广泛认为直接引发了 2021 年 1 月 6 日特朗普的支持者们冲击国会、中断选举结果认证程序的"暴动"，特朗普的推特（Twitter）和脸书（Facebook）账户也因此被关闭。

美国的"民主乱象"并未因特朗普的离任而结束，他的"弥天大谎"在共和党人中至今仍有很大市场，他的谎言所种下的恶果，仍然在侵蚀美国的公共生活，阻碍理性的公共政策讨论，包括采取有科学依据的公共健康措施以抗击新冠病毒的流行。在这些乱象中，事实核查显然势单力薄，它无法阻止、更无法扑灭各种谎言和误导信息，也无法阻止各种非理性的行为。但是，格雷夫斯曾在一次访谈中指出①，事实核查形塑了专业新闻媒体对特朗普竞选言行的报道，有可能生成特朗普主义生长的一个上限，使得那些可能并愿意接受事实，反感在公共生活中撒谎、扯淡的选民无法接受特朗普这样的人作为领导人。我没有具体的经验数据，也不敢依据他的说法而保持乐观，但我还是愿意相信他判断的基本指向。

格雷夫斯在书中指出，美国政治传播和公共生活中有催生谎言和误导信息的机制，但也有反思和抵制它的机制，事实核查因此而生。它以核查传播者所作宣称的真实性为核心，以专业而且透明的程序为保障，以非党派和非营利为公众诉求，赢得今天被广泛接受的局面，成为建制的一部分。② 这个历程本身就说明，在"民主"的乱象中，美国社会仍然保持了基调中的一些"认知美德"（epistemic virtue），这些以尊重事实、科学和理性为内核的美德，即探寻和坦言真相（truth-seeking and truth-telling），仍然是被广为接受的常识体系之一部分，是美国的民主体制得以运作甚至自我矫正的基础。③

---

① McLemee, S. (2016). Truth or consequences. https：//www. insidehighered. com/views/2016/09/28/review-lucas-gravess-deciding-what's-true-rise-political-fact-checking-american.

② Graves, L. & Lauer, L. (2020). From movement to institution：The "Global Fact" Summit as a field-configuring event. *Sociologica*, 14（2），157－174. https：//doi. org/10. 6092/issn. 1971－8853/11154.

③ 至少，这是特朗普上台后一系列学术著作试图论证的。比较容易读的有：Baggini, J. (2017). *A short history of truth*：*Consolations for a post-truth world*. London：Quercus Editions Ltd.；Rosenfeld, S. (2018). *Democracy and truth*：*A short history*. Philadelphia, PA：University of Pennsylvania Press；Rauch, J. (2021). *The constitution of knowledge*：*A defense of truth*. Washington, DC：Brookings Institution Press；Chambers, S. (2021). Truth, deliberative democracy, and the virtues of accuracy：Is fake news destroying the public sphere? . *Political Studies*, 69（1），147－163. doi：10. 1177/0032321719890811.

作为新闻实践的事实核查

格雷夫斯在这本书中讲述了美国事实核查行业兴起的故事。他运用丰富的田野考察资料，回答了这么一些基本的问题：（1）什么是事实核查？它与媒体批评有何不同？（2）什么促使了事实核查行业的产生？（3）谁在做事实核查？（4）如何做事实核查？应遵循哪些规范？（5）事实核查如何避免党派和意识形态偏向？如何成为可能？（6）如何衡量事实核查的效果？它有哪些实际和可能的效果？值得特别注意的是，格雷夫斯交替使用"专业的"和"精英的"这样的形容词来指代他所考察的三家事实核查机构以及在其中工作的事实核查人员。这些界定是描述性的，即这三家机构是美国最著名、最正规的事实核查机构，它们与已有的各种媒体批评机构有所不同，因为它们自我承担的使命不是监督媒体并揭示它们的意识形态偏向；它们与众多非正式机构也有所不同，因为它们有明晰的方法、步骤和程序，而且这些都是全方位公开的。

更主要的是，使用这样的形容词并使其起到建构理论"理想型"的作用，是一种限定性的话语策略，为的是强调美国的专业事实核查是"一种新型的新闻实践"，它遵循的是新闻理念中的客观性（objectivity）原则，从事这项活动的是资深的职业新闻人，以及他们培训和带领的专业团队生成的是新闻文本，即展示验真逻辑及结果的深度报道或调查报道。与传统的客观性呈现不同，专业事实核查的文本摒弃了"甲方如是说，乙方如是说"的平衡结构，也摒弃了演示这种"客观等于平衡"理念的"策略性仪式"。[①] 事实核查人员在文本中不惧冒犯核查对象及其支持者，明确给出判断，陈述记者的立场。当然，这是认知的（epistemic）而非党派或意识形态的判断和立场。

作为一种新形态的新闻呈现，事实核查报告与调查报道（investigative journalism）[②]、阐释性报道（interpretive journalism）也有所不同。事实核查的调查对象更加聚焦、具体，即政治候选人或政府官员的某个可核查的事实性宣称；事实核查人员需要厘清所涉的概念和议题的界定，梳理其中流变的轨迹，呈现不同信源之间的相互印证，展示因果推论中的逻辑链条，

---

① Tuchman, G. (1972). Objectivity as strategic ritual: An examination of newsmen's notions of objectivity. *American Journal of Sociology*, 77 (4), 660 – 679.

② 调查报道，又译调查性报道，指一种深入调查某一热点事件或关键公共议题的报道方式和新闻体裁。这一报道方式和新闻体裁经常关涉犯罪、腐败及其他一些形式的丑闻。——译者注

以这些符合科学研究方法论的程序，阐释该宣称与证据和逻辑的吻合度。可见，事实核查的过程，其中的程序，以及它所遵循的认识论和方法论原则，是这一新型新闻实践的正当性基础。

据此，作为新闻实践的事实核查，包含了对"什么是新闻？""如何做新闻？""新闻为了什么？"等基本问题的反思和新解。正是在这个意义上，格雷夫斯说，事实核查的兴起，渗入并进一步引发了"元新闻话语"（metajournalistic discourse）的展开，也即职业新闻人以及其他涉入新闻生产的人们展开的关于新闻业的讨论，这是影响新闻业内涵、形态和走向的建构性讨论。① 他的这本书，便是其中的一部分。他对美国事实核查运动兴起的考察，继承了新闻生产社会学中进入"新闻编辑室"（newsroom）展开民族志考察的传统。他的书名，既是致敬这个传统中的经典之一《什么在决定新闻》（Deciding What's News）及其作者赫伯特·甘斯（Herbert Gans），也是表达心迹和学术传承。

从《什么在决定新闻》到这本书，美国社会的历史场景变了，媒体生态变了，最为紧迫的问题也变了。在甘斯开始其田野考察的20世纪60年代中后期，大众媒体是新闻近乎唯一的载体。职业新闻人在媒体组织内展开新闻的工业化生产，作为掌控新闻信息流通的"把关人"，他们似乎享有巨大权力，扮演着社会整合和秩序维护的角色。② 因此，甘斯试图解答的问题是：这些职业新闻人如何筛选新闻信息？其中如何体现了美国社会维系其整合的核心价值？也就是说，美国这个社会如何通过新闻讲述自己的故事？为什么会讲述这样的故事？③ 在社会学家甘斯看来，新闻业与社会学类似，都是经验的领域；新闻呈现的不仅是对社会的经验考察，而且是展开这种考察的理念和方法，以及其中必要的假设，包括关于现实（reality）和价值偏好（preference）的假设。因此，新闻是对社会现实的描述性呈现，但其

① Carlson, M. (2016). Metajournalistic discourse and the meanings of journalism: Definitional control, boundary work, and legitimation. *Communication Theory*, 26 (4), 349–368. doi: 10.1111/comt.12088.

② 对此，激进的左派社会学家吉特林（Todd Gitlin）表达得尤为突出。他考察了美国主流媒体如何遵循新闻生产的常规以及其中蕴含的价值判断，来报道左翼的学生运动。他指出，这些主流媒体在报道中凸显明星式的人物、戏剧性的冲突、挑战主流意识形态的越轨行动等，以此消解了作为意识形态抵抗的学生运动。这个过程体现了常规新闻生产过程中的意识形态霸权内涵。Gitlin, T. (1980). *The whole world is watching: Mass media in the making and unmaking of the new left.* Berkeley, CA: University of California Press.

③ Gans, H. (1980). *Deciding what's news: A study of CBS Evening News, NBC Nightly News, Newsweek, and Time.* New York: Vintage books.

中也包含了对美国应当是什么样的国家和社会的描绘。甘斯认为新闻职业的客观性原则中其实隐含了一个契约：新闻人可以享有其职业自主性，条件是他们在新闻筛选和制作过程中排除自己的价值判断，采用与科学研究类似的事实观察和验证的方法。客观性因此为新闻业维系其信誉所必需，是约束职业新闻人新闻采集和选择行为的规范。

格雷夫斯进入田野的 21 世纪，美国的新闻生态环境已经发生了巨大变化，在这样的条件下，新闻该如何安身立命？或者说，在全民追求娱乐、个性化满足和党派归属的时代，在社交媒体和各种自媒体日渐兴隆的时代，新闻还有什么现实的相关？在美国，答案之一是事实核查，它的具体内容是，职业新闻人应当而且能够判定信息的真伪，虽然这类判断所涉及的范畴极其有限，但却足以彰显一个社会关于如何验证事实的共识，强调事实与真相作为社会整合的知识基础。

在格雷夫斯的笔下，专业事实核查人员不仅自我认同为职业新闻人，以追求真相为职业理想，而且他们秉持知情的公民（informed citizenry）这一信念，认为在知情的条件下，公民可以做出相对理性的判断和明智的选择。与此相应，新闻业应有的责任是提供这个"情"，即关于当下状况的信息类知识。这些知识不一定系统，不一定完善，但是它在现实条件下最大限度地做到了真实、准确，可以成为公民展开推理和判断所需要的优质素材。事实核查不是为人们提供"正确的"视角，不是去训导人们应当如何组合、分析所得信息，这些认知领域的工作，须得留给认知自主的（cognitively autonomous）公民。

这些规范理念，也支持了新闻职业角色的扩展。职业新闻人不仅要告诉人们发生了什么，还需要帮助人们了解前因后果，帮助人们鉴别真、假新闻，帮助人们确认符合共享认知规范的可采用的知识。因此，新闻业先后涌现出深度报道、阐释性报道、分析性报道，以及事实核查等新闻类型，它们以专业探寻新闻真相这一角色为基础，拓展了成就这个角色的形态；它们以不同的方式，将社会科学的事实搜集、验证和表述的手段与方法应用于新闻生产当中，为职业新闻人开拓了专业实践的空间，赋予他们更多的期待和更大的责任，其中最为核心的是，他们不能再是站在阳台上看热闹的旁观者，他们必须做出分析和判断，在公共讨论和争议中，监督那些可能运用权力宣称真相或事实的人，行使探寻真相的专业人士所正当拥有的有限的事实裁决权，维护公民的知情权，以及知情的公民才可以有效行使的自主抉择权。

这个角色的扩展，如前一节所述，在很大程度上是政治传播秩序演变的结果之一，是新闻业应对选战策划或政治顾问行业崛起的实践变迁。曾经，相对而言，职业新闻人与他们的线人和信源有心照不宣的协约，其基础是对各自角色的相互理解，以及在此基础上的信任。选战策划和职业政治顾问直接介入职业新闻人和他们的信源之间，导致他们本来就基础脆弱的协约失衡、信任被削弱，职业新闻人不得不质疑：自己面对的信源是否在对自己撒谎？是否在企图操纵自己？对此的掉以轻心，很可能会损伤职业新闻人自己的专业信誉。这种信任的流失，首先出现在报道联邦政府的新闻业精英们当中，因为先有在越战当中约翰逊政府隐瞒战况实情，后有"水门事件"中总统及其代言人撒谎。而到了20世纪80年代，这种不信任已经蔓延到了各级竞选过程中，并通过竞选波及政府各部门。在这样的情况下，传统职业新闻人的"置身事外的平衡"运作模式一再受到质疑，在很多学者以及媒体批评家的笔下，它其实意味着职业新闻人放弃其专业理念，帮助政治犬儒主义滋生和繁衍。[1] 因此，从相对更加自信而且有立场的新闻实践和话语表达，到事实核查的出现，都可被看作是职业新闻人在变化着的政治传播秩序中维护其专业地位和专业声誉的必要举措。

这种专业维系所驱动的策略选择，须得有广为接受、毋庸置疑的正当化基础。它就在通俗的民主理念中。这就是民众有知情权，也即了解事实真相的基本权利，知情的民众可以做出明智的选择。为此，政治传播的基本伦理是事实准确、逻辑理性。正是这些通俗的理念，经过如杰米森等著名学者的解说，为事实核查提供了丰厚的话语资源。

但是，新闻实践和文本形态的这些变迁，并未改变事实和客观性原则的社会性，也未预设对事实、真相、客观性等基本概念做出形而上学层面的重新理解。如同甘斯在《什么在决定新闻》一书中所论述的，采用经验的路径所确认的事实，不一定在本体论意义上是客观的（或更准确地说，客体的），但必须在认识论意义上是客观的。也就是说，经验的认知路径，遵循了建立在社会共识之上、外在于主体意愿的事实搜集方法，它们是求知者共同遵守的程序。如此展开的求知，其范畴限定为对现实的认知判断

---

① Cappella, J. N. & Jamieson, K. H. (1997). *Spiral of cynicism: The press and the public good.* New York: Oxford University Press; Esser, F., Reinemann, C., & Fan, D. (2001). Spin doctors in the United States, Great Britain, and Germany: Metacommunication about media manipulation. *The International Journal of Press/Politics*, 6 (1), 16-45.

（epistemic judgments），而非价值偏好宣称（preference statements）。

但这并不等于说，经验的认知路径意味着价值中立或者意识形态漂白，这里的关键词是"社会共识"。甘斯的原话是："如同科学的方法，新闻业的方法亦是由共识确认为有效。"在甘斯的分析中，构成这一共识的是美国社会的核心价值，以及物化它们于其中的社会结构。格雷夫斯延续了这个路径，虽然他运用了不同的学术词汇。他启用了美国哲学家约翰·瑟尔（John Searle）的"制度性事实"概念。区分自然界的事实和构成社会现实的事实，瑟尔认为，后者成为"事实"，即具有外在于主体的实在，需要有以制度为支撑的基础设施。① 具体到事实核查，这个基础设施首先是专业事实核查人员开展活动时所处的政治-媒体网络。事实核查人员问责政治候选人和政府官员，但将各种权威机构所能提供的官方信息（譬如对失业率的界定和测量）作为证据，并通过专业媒体采用他们事实核查的报告而获得专业认可。其次，这个基础设施包含了制度体系中的"构成性规则"（constitutive rules），它们规范主体的关系和行动，并使之成为社会学的事实。这就如国际象棋由其构成规则界定，对这些规则的群体认知和接受，使得这个游戏外在于主体而存在。事实核查就是需要通过在权威系统中的相互印证，判断一个宣称与相应的构成性规则所界定的制度性事实在多大程度上相吻合。

与甘斯的论述相比，格雷夫斯的论述更接近盖伊·塔克曼（Gaye Tuchman）的分析。在塔克曼看来，新闻人搭建并启动自己在新闻采写中所依赖的"事实性网络"（web of facticity），以其中的认知权威（epistemic authority）及其相互参照的逻辑判定新闻事实，维系新闻的公信力。她认为，与科学研究依赖验证和复制的过程不同，在新闻生产中，事实的验证是"政治和专业的成就"，它所遵循的规则，要求新闻人找到并确认"无懈可击的新闻源"，以及它们的相互参照（cross-references），而这样的规则"嵌入在结构化了的对于日常世界及其制度的理解"② 中。塔克曼所说的，与瑟尔所言的"构成性规则"和支撑着它们的制度性基础设施在学理上遥相呼应。

依托社会结构的网络，遵循共识以及体现它们的制度化规则来测定事实性，当然没有否定主体感知和表达与被感知及指代对象之间的对应，以

---

① Searle, J. R. (1995). *The construction of social reality.* New York：Free Press.

② Tuchman, G. (1978). *Making news：A study in the social construction of reality.* New York：Free Press.

及这对应关系可外在于主体意愿而存在。对此，瑟尔有哲学层面的论述。我们姑且以这两个元素——对应和外在——理解客观性。① 在事实核查或新闻生产的世界，塔克曼所言的"事实性网络"需要编织，也需要在具体的一项项事实核查或一条条新闻的采制过程中被启用。二者——结构和启用——都是动态的，伴随具体情境的，因此，格雷夫斯说，核查制度性事实隐含了不确定性。换句话说，制度性事实可能是不稳定的，可能会因为这个事实性网络的重组或者其中不同节点和关联的启动而出现信息的更新、补充，甚至"反转"。这种不稳定性，不是否定社会事实的存在和客观性的理由，而是显示了对经验事实的判断具有暂时性、经验知识需要被及时更新的现实条件。

基于这样的认识，如格雷夫斯所展现的，事实核查由相互关联的三个方面的工作构成：第一，编织事实性网络，也就是辨别不同信源的认知权威所在的领域和相应专长，建立由各种有信誉的信源组成的网络；第二，运用这个网络中信源的相互佐证，选择可核查的宣称，探寻其中信源们共同认可或者同意的元素，据此做出认知的判断，即真伪与否、准确或合理程度的判断；第三，坚持这种判断的暂时性和它所处的公共审议空间的开放性，因此随时准备重访已有的判断，并核查、接收新的事实，修正自己的判断。

开放的边界，以谦恭拒绝犬儒

以上对三个方面工作的概括，包含了很多薄弱环节，也就是不确定性可能的迸发点。其中一个薄弱环节就是事实核查机构如何选择那些可核查的宣称。事实核查的逻辑决定了，首先，这个选择需要区别现实宣称（reality statements）和价值偏好宣称，只有前者属于可被事实核查的范畴。其次，这个选择需要考虑：如何从众多政治传播者当中、从他们所做的众多宣称当中，选取事实核查的对象？如何在这个选择过程中规避党派和利益群体的偏向？也即是说，如何落实对公权运用者（官员）或谋求运用公权的人

---

① 这种在结构性设施和构成网络的基础上，通过相互参照而建立客观性的逻辑，应和了近年社会科学界出现的"开放科学运动"所体现的"统计的客观性"。Freese, J. & Peterson, D. (2018). The emergence of statistical objectivity: Changing ideas of epistemic vice and virtue in science. *Sociological Theory*, 36 (3), 289–313. doi: 10.1177/0735275118794987. 在哲学层面，这里表达的"客观性"理念，依我之见，是对现象学基础上"现实的社会建构论"的一个修正或补充。对后者的经典论述参见 Berger, P. L. & Luckmann, T. (1966). *The social construction of reality: A treatise in the sociology of knowledge*. New York: Anchor Books.

（候选人）展开公开问责？最后，这个选择还包括时机，即在竞选或政策争辩过程中的什么时刻展开对一个宣称的核查，并报道结果，以规避干预现实的个人冲动和嫌疑？

　　第二个薄弱环节，也是备受争议的一点，是如何呈现事实核查的结果。呈现手段的选择，直接关涉所采用的认知模式。譬如，是否采用某种等级量表？在格雷夫斯考察的三家事实核查机构中，《华盛顿邮报》采用匹诺曹的个数，从一个（意为"有些选择，但大致真实"）到四个（意为"公然撒谎"）；PolitiFact.com采用一个名为"测真仪"（Truth-O-Meter）的视觉设计，它的指针可从左到右指向六个等级中的一个，最左边是"一派胡言"（Pants on Fire）①，最右边是"真"（True），中间为"半真半假"（Half True）。但这种呈现，是否过度简化了认知判断，而且涉嫌营造一种幼稚的认识论模式？② 如果不采用这样的手段，如何才能引起关注，实现传播的效果？

　　对于这两个方面，格雷夫斯在书中表示，专业事实核查机构没有很"科学"的方法和程序，它们的选择，跟甘斯所呈现的新闻人筛选新闻一样，是"新闻判断"或"新闻价值判断"的结果。这些判断所基于的，就是甘斯详细讨论了的新闻选择中的可用性和适当性（availability and suitabili-ty）。当然，对于不同的事实核查机构，由于其组织逻辑、人员的视野和互动不同，所编织的"新闻网"（news net）和"事实性网络"等方面会有差异，这两大考量类别便会包含不同的元素。而且，它们号称其原则是"选择最具有新闻价值的、最重要的"宣称作为核查对象，"既核查民主党人的宣称，也核查共和党人的宣称"，但如此表述缺乏操作层面的系统性，难以摆脱党派人士的指责，尤其是来自其宣称被判定为"失真"或"撒谎"的一方。在美国，这类指责多来自右翼，乃至政治事实核查已经被涂上了左翼的色彩。虽然说，有其他证据显示，美国的右翼更频繁地、程度更强地

---

　　① 直译为"裤子着火"，来源于英文俗语"Liar liar, pants on fire"，即"撒谎者裤子着火"。——译者注

　　② Uscinksi, J. E. & Butler, R. W. (2013). The epistemology of fact checking. *Critical Review*, 25(2), 162–180. DOI: 10.1080/08913811.2013.843872. 由此引发的争议，参见 Amazeen, M. A. (2015). Revisiting the epistemology of fact-checking. *Critical Review*, 27(1), 1–22. doi: 10.1080/08913811.2014.993890; Uscinski, J. E. (2015). The epistemology of fact checking (is still naive): Rejoinder to Amazeen. *Critical Review*, 27(2), 243–252. doi: 10.1080/08913811.2015.1055892.

罔顾事实、兜售阴谋论、否定科学发现和结论①，但是，事实核查人员的做法和结果呈现，显然使自己岌岌可危。一方面，他们不能否认自己是政治过程的参与者，而非置身事外的旁观者；另一方面，他们的公信力基础在于非党派的定位、公正的事实核查和裁判员的身份。

这两方面的制约，使事实核查人员的行动空间很局促。想要在这样的境地运作并发挥其规范理念中设想的作用，事实核查机构必须步步为营，严格履行这个行业的行事规范，谨慎地维系以真相探寻为使命的、超越党派和利益群体的公信力。格雷夫斯在他的书中呈现了这其中至少三个方面的举措。

第一，将操作手法和程序标准化和透明化。格雷夫斯所考察的这三家机构，都编制了自己的行事手册，并以之培训员工，也都将操作程序公布在自己的网站上，接受监督。格雷夫斯之后的研究也进一步显示，自这本书出版以来，事实核查不仅在美国，而且在全球都进入了专业化共同体建设的阶段，目标是形成共识，确立行业的行事规范，建立专业认证的制度。②

第二，选择自己的合作伙伴，建立自己在当下的政治信息生态中可以相互扶持的网络。格雷夫斯的研究显示，专业的事实核查是协作性的新闻生产，在美国，它表现为多家媒体之间、媒体与公益基金会之间、媒体与教育和研究机构之间的多方面、多形态的合作。专业事实核查人员也小心翼翼地规避党派媒体，不接受它们的采访，避免无意间为它们站台，而且一有机会就公开表达与它们的区隔等。

第三，很重要的一点是，事实核查人员保持认知的谦恭（epistemic humility），清醒地拒绝改变他人想法、改变事态发展路线的冲动，把自己的工作限于甄别真假，将此信息提供给那些有兴趣、想获知的公众。如格雷夫斯在书中所描述的，专业事实核查人员不仅避免卷入党派和意识形态之争，而且保持一种认知的开放，将自己的工作限于事实真伪的认知判断，小心回避这个判断可能引申出的推论，随时准备接受新出现的证据，并愿意与其他探寻真相的行动者结盟，与其分享裁定事实真伪的认知权威。套用格雷夫

---

① Oliver, J. E. & Wood, T. J. (2018). *Enchanted America*：*How intuition and reason divide our politics.* Chicago：University of Chicago Press；Jost, J. T. (2017). Ideological asymmetries and the essence of political psychology. *Political Psychology*, 38（2），167－208. doi：10.1111/pops.12407.

② Graves, L. & Lauer, L. (2020). From movement to institution：The "Global Fact" Summit as a field-configuring event. *Sociologica*, 14（2），157－174. https：//doi.org/10.6092/issn.1971－8853/11154.

斯的话描绘，这些都意味着走向专业化但保持职业边界的开放。①

　　这些元素其实体现了一个社会的认知秩序，或者说知识生产的秩序。这是个制度化了的交往网络，其结构基础是知识生产的社会分工。各个领域有自己的专家，他们有特定的知识生产专长，拥有各自独具的认知权威以及相应的公信力；他们都以探寻经验现实或真相为目标，在分工的基础上相互关联并参照，构成知识生产的网络。美国一位作家乔纳森·劳奇（Jonathan Rauch）将其称为"以现实为基础的共同体"（reality-based community）②，其中的职业新闻人与律师、会计师、科学家、医护人员、议会的法规程序专家（parliamentarians）等，都是在不同领域、采用不同路径探寻现实真相的专业人士，他们共同建构了一个社会关于现实的知识存储。正是有这样的共同体，有由社会分工和专业行事规范等构成的秩序，事实核查才有可能实现，才不至陷入"证明你妈是你妈"的荒唐境况。③

　　简单地说，社会现实的客观性不仅在于社会事实具有客观的特性，在制度化了的认知秩序中可被认识，而且在于这种认知秩序本身使得社会可以共享知识。社会的变迁，包括网络和社交媒体的迅猛发展，极大地（是否"彻底地"，应当是个经验命题，不可随意断定）改变着信息如何流通、人们如何交往，牵涉到认知秩序的重构（但没有任何理由将此粗暴地理解为打碎了之后在废墟上的重建）。社交媒体时代民粹主义的兴起，不同群体或个人表现出对自己有限的认知权威进行无限放大、对有资历的知识权威持有鄙视等，都是变迁的表征，但都不是否定事实、真相、客观性等基础认识论理念的证据。

　　有了这个"以现实为基础的共同体"及其运作的秩序，事实核查才可能有意义，因为，格雷夫斯概括道，"只有理性的民主公众才能让事实核查机构的工作有意义"（p. 428）。④ 这个表达，涉及商议和认知民主的理念。

　　① Graves, L.（2018）. Boundaries not drawn: Mapping the institutional roots of the global fact-checking movement. *Journalism Studies*, 19（5）, 613－631. https://doi. org/10. 1080/1461670X. 2016. 1196602.

　　② Rauch, J.（2021）. *The constitution of knowledge: A defense of truth*. Washington, DC: Brookings Institution Press.

　　③ 据媒体报道，2015年5月6日，李克强总理在国务院常务会议上讲了三个故事，痛斥某些政府办事机构为人民办事设障，"证明你妈是你妈"是其中之一。http://www.gov.cn/zhuanti/2015-05/22/content_ 2866491. htm.

　　④ Graves, L.（2016）. *Deciding what's true: The rise of political fact-checking in American journalism*. New York: Columbia University Press. 此处标注的是Apple Books中此书的页码。

民主理论的文献浩如烟海，我们在此无法展开讨论，但是，我们可以简单提及文献中几个已成为常识的论点：第一，民主的核心在于公民的自治，也就是公民在充分知情的条件下做出自主决断；第二，做到这一点需要秩序，以保障公民的权利，包括公民的知情权；第三，这些秩序本身必须是共同体成员通过协商达成并自愿遵守的契约，虽然其中一定需要有一些强制的要素（如法律），但绝非外来势力强加的桎梏；第四，秩序是有机的生命体，当情势有变（这似乎不可避免），协商随之展开，以更新共同体的契约。从这几个要点中我们可以探知，各种不同的民主模式，都是以不同的方案来落实公民自治，并避免或克服实行过程中的障碍，以及意料外的可能后果。

无论哪种方案，都预设了一个基本条件：共同体拥有共享的知识存储，并以之展开商议，同时也以此商议为路径更新着知识存储。也就是说，无论是把认知权威交给技术精英，还是令公民参与有序的民主商议，以分享认知权威，都是就民主运作的"认知维度"（epistemic dimension）所展开的设计构想，其中包括如何确定"客观现实"，如何建立并认定（当然也包括在特定情境下解构）认知权威，如何依从权威，以提升人们参与民主商议的认知自主，等等。① 按照美国历史学家索菲亚·罗森菲尔德（Sophia Rosenfeld）的说法，这是探寻一种微妙的平衡，一个"民主的最佳落点"（democracy's sweet spot），以搭建一个"民主的真相体制"（democratic truth regime）。② 这其中牵涉的，是民主运作的细节③，包括核查可能进入商议过

---

① 这些讨论，涉及商议民主和认知民主的理论，以及落实商议民主、增强民主的认知效能的各种制度设计，相关的文献非常丰富，可参见 Dryzek, J. S.（2010）. *Foundations and frontiers of deliberative governance.* Oxford：Oxford University Press；Estlund, D. M.（2008）. *Democratic authority：A philosophical framework.* Princeton, NJ：Princeton University Press；Landmore, H.（2017）. Beyond the fact of disagreement? The epistemic turn in deliberative democracy. *Social Epistemology,* 31（3），277－295；Landmore, H. & Elster, J.（Eds.）（2012）. *Collective wisdom：Principles and mechanisms.* Cambridge：Cambridge University Press；Parkinson, J. & Mansbridge, J.（Eds.）（2012）. *Deliberative systems：Deliberative democracy at the large scale.* Cambridge：Cambridge University Press；Samaržija, S. P.（2020）. The epistemology of democracy：The epistemic virtues of democracy. *Filozofija i Drustvo（Philosophy and Society）,* 31（1）：1－138. https：//doi. org/10. 2298/FID2001056P.

② Rosenfeld, S.（2018）. *Democracy and truth：A short history.* Philadelphia, PA：University of Pennsylvania Press. 此处，她征用了福柯"真相体制"的概念。Foucault, M.（1980）. Truth and power. In M. Foucault & C. Gordon（Ed.）. *Power/knowledge：Selected interviews and other writings* 1972－1977（pp. 109－133）. New York：Pantheon Books, 1980.

③ 刘瑜所著的《民主的细节》（上海三联书店，2009 年）非常精彩，不仅因为作者文笔优美，观察独到且细致，而且因为书中体现出了作者对民主理论的深入理解。

程的现实宣称，检测其真实程度，并将结果告知各利益相关者。这是民主运作中非常基础的一环。而我们从格雷夫斯的著作中可以看到，这些工作非常细致和琐碎，似乎很难直接与宏大叙事层面的"深化民主""探寻真相"等意念直接关联。但是，正是这日常琐碎中的秩序，这其中对真相和事实近乎迂腐的探究，蕴含了民主理念融入现实生活的可能。

格雷夫斯所考察的事实核查运动，是一场"新闻改革"运动。他描绘了一个自我界定、有内在动力的群体。他们极为普通，怀揣着朴素的民主理念，相信世间有可鉴别的真假，相信自己的公民同胞（fellow citizens）期望得到真实的信息、做出明智的选择，相信这些因素可以在多元社会形成共享的知识基础，人们在此基础上相互尊重，平等相待。很多人会质疑，这些事实核查人员从事的事业究竟"有什么用"或者"能有多大影响"，很多人会觉得，在谎言、虚假信息和阴谋论通过网络肆意弥漫的时代，事实核查运动所能提供的只是杯水车薪，他们的作用如同螳臂当车。但是，这些微不足道的改革者显然不为这些质疑所动，他们甘于普通（但绝不是平庸），甚至约束自己，以维系事实核查这个行业的公信力，以维系探寻事实和真相的价值。作为一场"新闻改革"运动，事实核查能走多远？今后会如何演变？在造假和伪装变得门槛越来越低、技术越来越精细的背景下，事实核查这个行业的技术、职业构成、社会影响将会如何发展？这些都是正在出现的研究课题。但格雷夫斯的这本书至少阐明了一点：这些投身事实核查的专业人士不犬儒，不虚无，不陶醉于形而上的论辩，他们选择了一条脚踏实地的道路。

感谢周睿鸣、刘于思，感谢中国人民大学出版社，将这本好书带给我们。这本书在中国的影响已有先兆：郑佳雯老师从威斯康星大学麦迪逊分校博士毕业后，携带着格雷夫斯这本书，于2017年在南京大学新闻传播学院开设了"事实核查"课程，并带领学生创办了"NJU核真录"这个教学实验号。现在这个微信公众号已经成为行内口碑很好的校园媒体。相信格雷夫斯这本书的中文版，会给在"后真相"的混淆和迷惘中的我们带来一股清流。

潘忠党

2021年11月1日定稿于麦屯家中

从"核查什么"到"谁来核查":
事实核查的边界协商及其规范性愿景

闫文捷、刘于思、周睿鸣①

作为一种新兴的新闻体裁,事实核查已在全球范围内为新闻工作者所熟知。近二十年里,从业者对事实核查的理解从核对新闻文本的局部事实性演变至查验政客的公开声言、评定其事实性与准确性。随着新冠肺炎②疫情的持续蔓延,廓清公共空间(特别是社交媒体构筑的线上信息流通空间)中"涉疫信息"的科学性、评估这些信息如何影响公众形成对新冠肺炎疫情变化的科学认知,并将其导向符合公众利益的公共决策,成为事实核查在当下这一历史时期的使命。

事实核查在中国已崭露头角。过去几年,多家新闻机构相继推出了事实核查服务,以专职写作或社会协作等形式维持常规运转。新闻工作者、高校师生、被核查议题领域专业人士等参与其中,并源源不断地创作有关新冠肺炎疫情、美国总统大选、美军撤出阿富汗、俄乌战争等关键公共事件的核查文章,蜚声新闻社群内外。由于媒体体制和制度环境的不同,事实核查在中国并未显露其监测政治人物声言的一面。有趣的是,新冠肺炎疫情暴发以来事实核查在全球范围内的蓬勃发展与其在中国本土的演进产生了些微的同调。更值得注意的是,事实核查吸引了全球范围内非新闻工作者的加盟。这增加了事实核查人员的多元性,也为观察事实核查的未来引入了有别于"核查什么"的新问题:谁来核查?新入局者将为事实核查带来什么样的变化?

① 本文曾在《全球传媒学刊》2022年第3期刊发。闫文捷是北京师范大学新闻传播学院教授,主要研究领域包括公共传播与治理创新、新媒体与社会发展、政治传播、舆论学、传播心理等。

② 国家卫生健康委2022年12月26日发布公告,将新型冠状病毒肺炎更名为新型冠状病毒感染。——编者注

本文将梳理事实核查的源流及其在新冠肺炎疫情下的演变，并在此基础上提出：新行动者的引入正在改变事实核查的边界；围绕事实核查的边界开展协商是行动者在元话语层面开展话语争锋的表现；多重行动者躬身其间的参与式事实核查富有规范性愿景，即共塑新闻活动的认知权威。

事实核查的源流及其在新冠肺炎疫情下的演变

早年间，事实核查往往被理解为新闻生产过程中不可或缺的一道工序，它成为客观报道原则在新闻实践中的具象反映，被认作新闻工作者的基本职业素质。通过对新闻文本事实性的细节再核验，新闻工作者在生产环节中自我纠错，杜绝事实性错误（周睿鸣、刘于思，2017）。我们把它称为"事实核对"以示区分。

事实核查的产生和实践离不开 21 世纪以来特定的历史和社会背景。以FactCheck. org、PolitiFact 和《华盛顿邮报》Fact Checker 这三家美国精英事实核查机构的产生为例，在它们诞生的 2003 至 2004 年，美国总统大选正在经历着候选人对虚假信息的滥用。因此，早期事实核查的内容边界围绕政客的虚假声言形成，旨在为公众提供客观、非党派的信息和更正，尤其是在危机或选举时期（Graves，2016）。自 2010 年以来，事实核查机构的数量在欧洲大幅增加。事实核查的定义在此后被拓展为任何"传统媒体和社交媒体传播文本的准确性的公开报告"（Amazeen et al. ，2019）。它可被看作一种新闻体裁，用来审视政治力量面向公众的言论，以评估其与事实一致的程度和精确性（周睿鸣、刘于思，2017）；还可被看作以上述新闻体裁为中心、组织和贯穿新闻生产和生成活动的实践行动与过程。上述事实核查机构的实践历程表明，事实核查体现着公共服务的理念，是新闻工作者报道工具箱中的利器，用来发现世界、记录历史、告知公众；它秉承了新闻业的历史传统，是"看门狗"（watchdog）这一社会角色的延伸，促使新闻业持续监督政治权力运作。它也因此成为新闻工作者维护特定系统持续运转的社会试验（周睿鸣、刘于思，2017）。

如今，在抗击新冠肺炎疫情的背景下，核查政治领导人言论已成为事实核查的次要焦点（格雷夫斯，2023），事实核查人员将更多的精力用于揭穿阴谋论、病毒性谣言和社交媒体上的假消息。在核查内容得到拓展的同时，事实核查的参与者也不再限于专业媒体或事实核查机构。例如，《英国医学杂志》就曾多次自行开展事实核查，并以该术语直接作为专栏题目或文章标题，系统核查了英国政府延迟解封是否有充分证据（Mahase，2020）、医院中未接种疫苗的患者数量（Christie，2022）等一系列主题，以应对政客和媒体所提供的数据不一致的问题；也有中国学者把事实核查看成一种"政府应对虚假信息的措施"，因而将中国政府使用官方社交媒体账户开展的新冠肺炎疫情辟谣也视作对事实核查运动的一种参与（Chen et al.，2021）。根据路透新闻研究所和牛津互联网研究所于2020年4月发表的一项研究，在2020年1月至3月期间，独立媒体和事实核查机构制作的英语事实核查数量增加了900%以上，其中，政客、名人和其他知名公众人物传播的虚假声言仅占全部错误信息的20%（Reuters Institute for the Study of Journalism & Oxford Internet Institute，2020）。由此可知，事实核查运动在全球的第二次崛起与新冠病毒的流行不无关系。2020年初，美国波因特研究所创办的国际事实核查网络（International Fact-Checking Network，IFCN）专门开辟了新冠肺炎疫情相关的事实核查数据库。截至2022年3月底，该数据库共收录了来自全球99家事实核查机构开展的17 169项新冠病毒虚假信息事实核查，主要行动者包括法新社（Agence France-Presse，AFP）、来自乌克兰的VoxCheck、美国境内旨在打击西班牙语虚假信息的Maldita.es、美国本土的PolitiFact和巴西第一家事实核查机构Lupa等，内容覆盖了新冠病毒在140个国家或地区的传播路径、阴谋论、治疗方案、疫苗等多个方面（Poynter，2022）。

以上有限的经验观察表明，当下的事实核查已不再被新闻工作者垄断，而是日渐转变为一个被多重行动者操持、边界尚不清晰的实践领域。如果把边界视作一种话语建构，那么这一建构尚在进行，因为操持事实核查的行动者、服务对象、议题、样例等都仍在变化当中。这种思路可追溯至托马斯·F.吉尔因（Thomas F. Gieryn）关于科学意识形态的论述。他指出：科学同其他智力活动的界限模糊而灵活，历史不断变化，存在内部不一致，有时还有争议；明确这个界限就是划定边界，既是科学家通过修辞所进行的意识形态区分，又为科学家追求权威和物质资源提供了正当化的支撑。吉尔因意义上的边界不单单存在于科学和非科学的治理活动之间。他说，扩张、垄断和保护自主权是某一专业导向领域的通用特征，因此在诸如医生的意识形态中发现边界工作（boundary work）的风格并不奇怪。也就是说，边界工作的效用不限于科学与非科学的分界，同样的修辞风格对于科学内部的学科、专业或理论方向的意识形态划分也是有用的（Gieryn，1983）。近十余年来，吉尔因提出的边界工作被新闻研究者青睐，成为理解全球数字化新闻变迁当中新闻工作者社群的垄断控制同公众开放参与之间的矛盾和张力的关键概念（Carlson & Lewis，2019；Lewis，2012；Robinson，2010）。

马特·卡尔森（Matt Carlson）将新闻工作定位为负责提供对世界的有效描述的文化实践。他将边界工作与其他概念打包、整合，提出"元新闻话语"概念，并试图解释新闻业的意义如何在数字化变迁中得到发展。卡尔森把元新闻话语定义为评价新闻文本、产生这些文本的做法或接受这些文本的条件的公开表达（Carlson，2016）。通俗地讲，元新闻话语是有关新闻话语的谈论方式，即关于话语的话语（周睿鸣，2021）。卡尔森的理论工作面对的是这样的情形：新闻业内外的各种行动者竞相重申、挑战和建构可接受的新闻实践的边界，以及什么可以做、什么不可以做的限制。因此，元新闻话语小心翼翼地回避预设谁是参与元新闻定义的行动者，以避免过度强调共识的形成；或以忽略相互冲突的定义、边界和正当模式的方式，把忽视非新闻工作者的声音作为代价，赋予新闻工作者以特权。由此，元新闻话语将新闻行动者、地点/受众和主题，与定义制定、边界工作和正当化的过程联系了起来。

在数字化新闻变迁的历史条件下，以元新闻话语审视事实核查可提出一系列问题：第一，谁具有从事和开展事实核查的权力？第二，核查实践在什么场所、面对什么样的受众时才能被正当化？第三，核查什么样的议题是应当应分的新闻工作？这类谈及事实核查伦理、原则和技艺的问题皆关系着事实核查的边界，对以新闻观照公共生活的良善运行至关重要。本文接下来便从新闻受众如何被纳入或被排除可接受的新闻生产者范畴这一元新闻话语视角（Carlson，2016），进一步探讨事实核查的边界协商问题。

事实核查的边界协商：一种参与式进路

伴随数字媒体，特别是社交媒体的普及，媒体的开放性得到空前提升。受此技术力量的驱动，受众参与到新闻之中成为可能，受众与新闻业的关系也随之发生变化。在这个逐渐形成的新型关系中，受众得以在那些曾经被新闻工作者独自控制的专业领域内有所作为（Singer et al.，2011）。受众卷入新闻内容和实践，使得新闻的边界问题日益凸显（Carlson，2016）。在新闻学者卡琳·沃尔-乔根森（Karin Wahl-Jorgensen）看来，人们对新闻边界的感知，核心在于新闻的认识论，即新闻业用以确定"验证事实"（verified facts）的方式和标准（Wahl-Jorgensen，2015）。参与式事实核查（participatory fact-checking）因其强调受众在新闻生产和流通过程中的主体性，以及这一主体性在实现过程中所依赖的"受众彼此之间以及与记者一道参与创造新闻，并围绕新闻建立共同体之过程"（Lewis et al.，2014，p. 231），同时在操作上具有的探索性等特征，为我们理清事实核查的边界提供了难得的契机。

（1）参与式事实核查的一般性实践。

专业的事实核查通常对于事实核查人员身份与核查过程均有严格的标准，因此执行起来难免费时又费力。这意味着，由于出版环境节奏快且缺乏资源，记者往往没有足够的时间进行事实核查（Brandtzaeg et al.，2016）；而在社交媒体场景下，面对实时更新的海量用户生成内容（user-generated content，UGC），专业事实核查难以与之保持同步。事实核查人员在保障事实核查专业性的同时，不得不在核查的广泛性方面做出让步。而有限的核查覆盖面不仅可能直接降低核验信息的影响力，还有可能营造一种"默认的真相效应"（implied truth effect），改变受众心理：在此传播心理的作用下，人们常常会产生错觉，认为那些没有被事实核查人员提出警示的声言和新闻内容即为已被验证的事实（Pennycook et al.，2020），并由此对实际上并未经过查验的虚假信息产生信任和分享意愿（Allen et al.，2021）。

专业事实核查除了在扩大规模方面存在难度之外，还面临着难以被受众接受和信任的困境。尽管有研究者对上文提到的美国三大精英事实核查机构之一的 PolitiFact 的事实核查作品进行了"复核"，发现结论与该机构的测真仪真实性评级基本一致，即这种评级标准能够在不同主体之间复现（replication）（Nieminen & Sankari，2021），但在党派分歧严重的政治环境下，公众对事实核查与事实核查人员的态度很大程度上受到自身政治派别的影响。有研究显示，近一半的美国公众认为事实核查人员带有偏见（Flamini，2019），这一观念在共和党成员中尤为普遍——相信事实核查人员具有党派偏见的共和党人数占到其总数的 70%（Walker & Gottfried，2019）。

与在美国的研究类似，本·莱昂斯（Ben Lyons）等人在对来自瑞典、德国、意大利、西班牙、法国和波兰六个国家的样本进行比较后观察到，欧洲公众对于事实核查与事实核查人员的态度呈现出显著的地区间差异以及政治与党派不对等性（Lyons et al.，2020）。首先，在公共媒体更为健全、机构信任程度普遍更高的国家（如瑞典和德国），公众对事实核查的熟悉和接受程度也都更高。其次，那些倾向于支持左翼政党、拥护欧盟以及对民主现状更加满意的人们对事实核查的态度也更为正面。

以上研究结果揭示出，依靠专业事实核查人员的操作模式在现实中受到多种自身与外部条件的束缚。也正是基于对此现实境况的反思，事实核查的研究者和实践者开始对一项潜在的补充性核查模式——参与式事实核查——展开探索。

随着数字新闻业的兴起，新闻受众对信息披露和程序公开的需求与日俱增（Revers，2014）。与培养专业事实核查人员相比，招募普通受众对新闻内容或新闻源进行打分评级要简单易行得多，参与式事实核查在核查规模及其可扩展性和可持续性方面具有天然的优势（Allen et al.，2021）。影响参与式事实核查效用的关键问题在于，普通人的集体智慧是否足够强大，大到可以比肩新闻工作者的专业判断？针对这个问题，已有研究表明，尽管个体判断常有失误，但由其意见汇聚而形成的群体判断通常准确性很高（Da & Huang，2020；Surowiecki，2005）。

近些年出现的众包型事实核查（crowdsourced fact-checking）便是建立在这一"集体智慧"基础之上的一种参与式核查机制。心理学学者戈登·潘尼库克（Gordon Pennycook）和戴维·兰德（David Rand）通过众包评估的方式，招募千余名美国社交媒体用户对60个新闻源的信用等级进行打分。他们观察到，无论党派立场如何，相比超党派信源或假新闻源，参与者对主流媒体机构都更加信任（Pennycook et al.，2020）；而这种常人的群体判断与事实核查人员的专业评估高度一致（Epstein et al.，2020）。在此基础上，潘尼库克等人提出，平台通过算法，优先显示那些经过用户认可的优质新闻源的内容，可能是社交媒体打击虚假信息的有效途径。

另有研究者提出，众包核查应从新闻源落实到具体的新闻报道层面。为了检验其有效性，詹妮弗·艾伦（Jennifer Allen）等人选取了一组被脸书算法标记为"有待核查"的新闻报道，进而对普通用户和三位专业事实核查人员对文章标题和导语的准确性评分进行了比较。研究结果显示，两者的评分高度相关。据此研究者主张，众包应当被纳入虚假信息检测系统，以弥补机器学习和专家判断的不足（Allen et al.，2021）。这种三元一体的事实核查模式业已被社交媒体平台应用于现实中的虚假信息识别与查验（Hassan et al.，2019）。

以 Birdwatch 为例，它是欧美主流社交媒体推特于 2021 年初开发推出的众包事实核查平台，目前尚处于试运行阶段。平台用户可以就任何推文信息做出"没有误导性"或"具有潜在误导性"的分类，进而针对他们认为有误导性的推文，以开放式回应的方式添加注释，既可以对其分类做出解释，也可以在注释中提供他们认为有价值的相关信息背景。与此同时，Birdwatch 还向用户提供打分功能，即用户可以针对其他参与者添加的注释进行有用性评估。根据推特官方的介绍，Birdwatch 用户的注释内容不会影响其他使用者浏览推文的方式，也不会左右平台系统的推荐机制。不过，在参与事实核查的用户达到足够数量且其评分能够达成基本共识的前提下，推特将提高有用注释在全体平台用户中的可见度。①

雷吉娜·G. 劳伦斯（Regina G. Lawrence）等人基于对数字媒体环境下参与式新闻（participatory journalism）的考察提出，公众既可以是积极的生产者，也可凭借消极的受众身份参与新闻的生产与传播实践（Lawrence et al.，2018）。依此视角审视众包型事实核查，我们不难发现，公众既可能以较为被动的打分、标记等方式针对有待核查的内容的可信度和准确性做出评估反馈，也可能通过添加注释、提供可靠信源以及建议核查选题等方式更为主动地介入核查过程。

（2）参与式事实核查的中国探索。

专注事实核查研究的美国新闻学者格雷夫斯（2023）认为，当今全球的事实核查人员拥有共同的使命：以打击误导信息和提高公共话语的准确性为中心，并以此致力于使事实在公共生活中稳定和有用。尽管他们的工作环境迥异，面临的挑战也各不相同，但他们通过携手合作对抗他们理解的共同性问题，推动事实核查发展为一项重要而连贯的跨国运动。在此过程中，事实核查呈现出"话语边界对象"（discursive boundary object）的特征：它强有力的可塑性使核查实践在跨越边界保持身份的同时，被不同社群赋予不同的意义（Graves，2016，p. 12）。

辛格（Singer，2021）透过对美国、欧洲、亚洲、非洲和大洋洲等多地的事实核查人员的问卷调查和访谈观察到，准确性、客观性、透明性与独立性等规范理念，受到专业核查人员的普遍认同，成为指导开展事实核查

---

① 对 Birdwatch 平台的介绍来自推特官网：https://blog.twitter.com/en_us/topics/product/2021/introducing-birdwatch-a-community-based-approach-to-misinformation.

的一般性行业准则。以新闻透明度（journalistic transparency）为例，作为一种"对已知事物的性质以及知识是如何产生的诚实"（Kovach & Rosenstiel, 2001），透明度是新闻专业化的表现（Phillips, 2010; Revers, 2014）和传达真相的方式（Singer, 2010），包括在搜集、组织和传播信息的过程中保持开放，使新闻制作过程变得可见，从而将新闻工作者和其他内容生产者区分开来。

面向公众公开、透明正在成为中国专业事实核查机构的行动取向。例如，"澎湃明查"作为上海澎湃新闻推出的致力于国际新闻查验的事实核查栏目，在2022年2月俄乌战争爆发之初发起了一个公众参与项目。读者通过提供其希望得到核查的国际新闻线索或核查证据，向编辑部发起求证，以此形式参与核查。

与澎湃明查类似，"有据核查"是另一个专门核查中文国际资讯事实性的实践计划。但与其他事实核查团队不同，尽管主创人员拥有一定的国际报道经验，但有据核查团队中无在职新闻工作者。资深前媒体人、高校教师和学生的志愿协作确立了团队开放参与的基调与底色。来自复旦大学、上海大学、上海外国语大学、汕头大学等高校新闻传播学和外国语言文学学科专业的师生制作了不少核查篇目，促进有据核查形成了较为稳定的生产常规。它的作品在其网站和微信公众号上登载，也通过今日头条、腾讯新闻和澎湃新闻架设的媒体平台发布，通过多家平台分发的作品拓展了订阅用户的范畴，让反馈即时可见，为专业导向的核查团队吸纳潜在的参与者创造了可能。有据核查的网站上设有一个名为"我要核查"的独立单元，编辑部邀请读者将其在浏览网络信息的过程中发现并存疑的国际新闻消息来源以邮件或公众号留言的方式反映给编辑部，核查人员将对此进行事实核查。值得一提的还包括有据核查不定期举办的公益沙龙和在线培训，通过这些非营利的开放活动，核查者们与关心公共事务的市民和网友们线上线下齐聚一堂，剖析案例、介绍核查文章的创作经验，梳理核查国际议题及撰文的步骤和程序，讨论核查背后的传播效果、社会心理、政治文化等诸多问题。这些开放、可及的活动无不体现出有据核查所倡导的"事实核查人人参与"的宗旨，在现实中为推广事实核查这一新闻体裁、提升公众的数字媒体素养蓄积了潜能。

不难看出，以上实践模式与国际社会通行的众包与编辑部模式相结合的核查路径一脉相承——核查机构广泛汇聚公众感兴趣的新闻核查内容及线索，同时将具体而微的核查工作留给专业的核查人员展开。公众的卷入基本上限定在新闻生产早期的信息搜集和故事形成阶段（Hermida，2011）。这种国内外核查路径的一致性映射出一个事实，即在中国兴起的事实核查是国际新闻业事实核查运动中不可剥离的一部分。尽管它起步略晚于其欧美同行，但在对于专业新闻规范的追求、对新闻边界的恪守等方面，中国的事实核查，至少从其所呈现出的样貌看，具有鲜明的专业特质。这种专业特征上的一致性也预示着，我们在一般意义上对于事实核查边界及其规范性的探讨，在很大程度上适用并且有助于研究者考察中国的事实核查事业。

事实核查、良善新闻业与充满活力的公共生活

我们对事实核查的规范愿景是：为此新闻体裁及以其为中心的新闻实践活动建设一个良善的新闻业环境，夯实这一社会公共部件，为以新闻活动观照公共生活蓄积潜能、增添活力。总的来说，落实上述规范愿景的核心是确立事实核查的实践原则。在数字化新闻变迁的当下，确立事实核查实践原则意味着在元新闻话语层面开展边界协商，以明确是哪些行动者、在什么场所、面向什么受众、围绕何种议题予以核查。经此边界协商，新闻实践得以在多元行动者的话语争锋中形塑一套广泛同享的实践原则；多元行动者协作而成的新闻也能够成为广泛共享的社会知识，并建立遵从这套知识及其生产过程的社会秩序。可以说，围绕事实核查展开边界协商的规范目标就是打造新闻实践的认知权威。

所谓认知权威指的是公众共享的社会知识及其生产享有的权威。它的存续意味着全社会在开展公共生活所需的基础社会知识上拥有共同认可的稳定秩序，以及对这种秩序的共同遵从（Usher，2020；潘忠党，2021）。按照罗伯特·E. 帕克（Robert E. Park）的观点，现代新闻业为公共生活和社会运转提供了必要的社会知识（Park，1940）。大众媒体乃至支撑新闻业运作的建制秩序主导了社会知识的生产，新闻业的认知权威就在这样的秩序中生成了。在技术赋权持续深入的今天，现代新闻业坐拥的、带有垄断色彩的认知权威仍在褪去。对事实核查实践而言，多重行动者的话语争锋不只意味着边界协商，还关系到在现代新闻业依存的媒体体制、大众传播系统及其秩序面临方兴未艾、层出不穷的数字媒体之挑战的时刻，在社交和算法等新型逻辑正在共塑传播生态的历史时刻，如何从新闻活动出发，共同整饬乃至重建公共生活必需的社会知识及其生产秩序，并确立新闻活动的认知权威。

事实核查实践原则的转换是观察新闻活动认知权威变化的一个缩影。事实核查理论上应在新闻专业化要求的客观性规范下进行，体现了新闻文化中的认识论（epistemology）。这是一种对知识的性质、可接受证据的性质和有效性标准的探究，使人们能够区分虚假与真实、可能与实际（Anderson & Baym，2004）。传统意义上的客观性被定义为"事实与观点分离"。记者只报道事实（Schudson，2001），是实证主义在客观性和主观性之间严格二元对立的前提（Wien，2005）。在实践中，这一规范本身被认为是"中立""平衡"的，并且在新闻报道中谨慎地不偏袒任何一方（Chalaby，1996），在一定程度上能够保证记者免遭批评，成为一种"策略性仪式"（Tuchman，1978）。记者们经常保持中立，坚持"他说，她说"的报道风格，致力于引用争议双方的主张，让读者决定事情的真相。这一传统被称为"专业客观性"（professional objectivity），一直是定义新闻专业性的主流观点，因此也被延续到了事实核查实践当中（Lawrence & Schafer，2012）。

然而，为了追求专业客观性，记者们常常对"判断事实真相"犹豫不决（Jamieson & Waldman，2003）。如果任由这种公式化的报道理念发展，日常新闻中的真相将不可识别，因为公共话语中的主张无论真实性如何，都可以被"官僚地"证明是新闻（Ettema & Glasser，1998）。因此，有学者将这种仪式化的客观性称为"程序客观性"（procedural objectivity）（Lawrence & Schafer，2012），它将使记者和公众更容易受到强大信源对科学"制造不确定性"的困扰（Michaels & Monforton，2005）。程序客观性对政治竞争者声言及反声言的"平衡"不仅可能掩盖问题，而且可能挫败政治责任，损害公众理解，降低公民对自己区分真实与虚构能力的信心（Pingree，2011）。

近年来，科学客观性（scientific objectivity）的职业规范呼声渐高，甚至有学者主张将其作为新闻学的核心要素验证方法，以打破专业客观性的两面平衡，在科学方法的基础上检验假设，根据证据的权重得出和宣布结论（Streckfuss，1990）。在这一趋势下，从业者们主张在实践程序和规则中将科学方法的三要素声言、证据和判断作为事实核查过程中缺一不可的关键部件（Coddington et al.，2014）。正因如此，作为关键性事实的一部分，判断事实核查中是否包含用于反驳主体声言的有效证据就显得尤为重要。此外，事实核查人员不仅应当报告事实，而且还要公开自己的判断，因为事实核查工作通常在广义的客观性传统下运作，事实核查人员不应止步或满足于以强大信源的各自主张来达成专业客观性，而是应当致力于通过方法的透明性和可重复性来改善各类公共话语表述的准确程度，即追求科学客观性（Graves，2016）。如果说专业客观性报道理念奠定了事实核查的认知权威的程序客观性基础，那么，科学客观性则对其认知权威的来源提出了更进一步的要求，即实现"实质客观性"（substantive objectivity）——一种强调事实核查报道应当超越对关键政治角色声言的忠实反映，按照受众或用户的需求，做出对这些声言准确性的判断（Lawrence & Schafer，2012）。

　　无论是事实核查议题范畴的拓展，还是事实核查行动者的广泛参与，作为一种新闻体裁，事实核查仍旧需要特定的标准，以在真正意义上产生对抗虚假信息的作用。首先，无论行动者边界如何拓展，事实核查的专业常规和举证步骤仍然是相对稳固的。例如，事实核查作品必须使用可靠来源，通过信源之间的交叉验证得出结论，包括专家陈述、指向外部文件或来源的链接（如统计数据、官方报告或数据库）、用作评估来源的视觉资料（如地图、照片）、信息图形或表格（如复杂过程的图形说明）、指向新闻网站的链接（如本国或国际新闻媒体的页面）、历史或地理数据等其他类型的背景信息（Humprecht，2020；Nyhan & Reifler，2015），通过使这些信息来源在事实核查作品中易于获取，事实核查邀请任何其他机构和受众复现事实核查的结果，使之可以对相关信息进行同样的评估。这意味着，在上述规范的约束之下，事实核查能够执行对举证者的问责（accountability），而这也是获悉真相如何被制造的新闻业制度价值观的基础（Allen，2008）。然而，这一在事实核查专业机构之间形成、用来鼓励公众监督的共识却未必能够在机构之外被以同样的标准执行。例如，新浪微博开办的"微博辟谣"板块创造性地引入了网友"随手举报"作为一种事实核查的参与路径，而举报人举证通常仅有原始虚假信息链接和网友短评可见，做出判断的依据通常由平台负责提供，这在一定程度上减轻了举证者的责任，却可能造成低成本举报的滥用及约束的困难性。

　　其次，在事实核查评价高度两极分化的新闻环境中，个人往往不信任发布与自己信仰相反信息的来源（Brandtzaeg et al.，2016），新闻透明度便成为事实核查成功的必要条件，能够帮助事实核查人员纠正公众误解。如前文所述，参与式事实核查因广泛邀约非专业新闻工作者加入，可被视为对"让受众参与新闻制作过程"的参与透明度（participatory transparency）的主动提升（Karlsson，2010），也体现了透明度作为公共问责制的专业新闻业的规范基础（Singer，2007）。有学者在考察了美国、英国、德国和奥地利的八家事实核查机构后发现，不同事实核查媒体在信息来源透明度

（source transparency）上的表现存在重大差异（Humprecht，2020），这表明提升事实核查人员的专业化水平仍然十分必要。而在参与透明度和信源透明度之外，披露透明度（disclosure transparency）是新闻透明度中构成开放性的另一关键指标，主要衡量新闻把关人是否对新闻的制作方式持开放态度（Karlsson，2010，p. 538）。按照这一多维标准，前文述及的参与式事实核查在中国的实践过程展现出了较高的参与透明度，但当述及哪些公众提供的事实核查兴趣及线索进入了新闻生产流程、哪些未能进入时，披露透明度的展现或有较大的提升空间。

再次，既有研究的结论表明，事实核查的专业实践主要由职业动机而非市场动机驱动（Graves et al.，2016）。也就是说，公众对事实核查结果及其过程的参与需求无法代替这一新闻体裁的业内声望，成为产出高质量事实核查作品的主要内在动力。与此同时，专业媒体机构的事实核查工作往往能够覆盖比非政府组织和其他类型的事实核查更广泛的社会议题。在这样的现实前提下，尽管参与式事实核查能够部分地解决对抗虚假信息数量不足的问题，但事实核查质量不足的问题或许仍然需要专业机构依靠自身的力量来克服。随着时间的推移，事实核查的专业实践会在各个国家之间扩散开来（Engesser & Humprecht，2015），因此，加入事实核查的全球组织网络，共享职业规范标准，将成为促进包括中国在内的各国事实核查机构提升专业化水准的有效因素（Humprecht，2020）。

最后，全球第二次事实核查运动浪潮将这一新闻体裁从政治"硬新闻"带向了以新冠肺炎疫情为中心的虚假信息范畴。如果说这是一次具有"解放性潜力"的边界拓展，那么，既有研究的若干发现仍然为在当下做出乐观判断敲响了警钟。相对而言，政治新闻和非政治新闻的新闻专业化标准有所不同，严格的质量标准更可能被用于硬新闻制作（Boczkowski，2009），即第一次事实核查运动所针对的党派问题信息。换言之，当前事实核查形成的专业规范在多大程度上能够被移植到新冠肺炎疫情问题信息的应对中，使得针对疫情信息的事实核查具备基本的开放性、可问责性和透明度，仍然需要未来研究通过开展进一步的实证检验来做出回答。

如果将通过增进社会信任、维系社会稳定和福祉、促进社会合作作为良善新闻业的目标和规范性理念（Misztal，1995），这种规范性将集中体现在事实核查工作对真相、透明度和问责制的承诺上。早在 Web 2.0 技术兴起伊始，就有学者曾指出，传播技术可能带来专业（professional）与大众（popular）新闻业边界的模糊，使专业新闻业的自主性从内部问责转向外部问责（Singer，2007）。实际上，问责一词既与责任（responsibility）相连，又区别于责任，它不仅包含了后者对适当行为的定义，也更强调这种适当行为的强迫性（Newton et al.，2004）。参与式事实核查的兴起，表明公共问责制已经在数字新闻业当中初步建立，也意味着当下全球范围内对职业行为的监督日益普遍。然而，需要指出的是，数字新闻业中的公共问责制仅仅是媒体社会责任理论的一种映像，需要在公民有责任拥有可靠信息、记者有责任为公众提供事实依据、公众既是包括媒体在内的权力和影响力的来源也是其服务目标的前提下运作（Hocking，1947，p. 169；Nordenstreng，1998），而不足以在差异化的媒体体制之间构成普适性的解决方案。

总之，对于当下新闻业而言，若要达成上文所述的事实核查规范愿景仍任重道远。对共同参与事实核查的多方行动者来说，边界协商不只是在机构内部形塑一套元新闻话语，机械地开放公众参与，单纯提升机构生产过程的透明度。行动者们还需要在边界协商中思考，如何让稳固的核查程序及过程成为核查机构内外同享的标准，在提升核查透明度的同时清楚地解释吸纳公众关切的成分及其缘由，在开放参与中融入全球事实核查版图、提升实践活动的职业声望。策略不一而足，目标皆是在事实核查的边界协商中提升这项新闻工作的认知权威，如此才能切实地为公共生活蓄积潜能、增添活力。

伴随着新冠肺炎疫情和社交媒体在全球范围内的同步共振，用户内容生产和数字新闻业为公众参与的事实核查带来了必要性和可能性。在这一背景下，事实核查在内容和行动者两方面的边界协商及其社会后果成为本文关注的核心议题。

事实核查是一种新闻体裁，旨在核查目标声言的事实性；它还是以声言事实性核验与判定为中心、组织和贯穿新闻活动的社会实践，以打击错误信息和促进公共话语的准确性为己任。本文提出参与式事实核查这一概念，认为其核心问题是数字化新闻变迁中的元新闻话语重塑：谁主张了从事和开展事实核查的权力，核查实践在什么场所、面对什么样的受众时被正当化，核查什么样的议题是应当应分的新闻工作，此类谈及事实核查伦理、原则和技艺的问题皆关系着事实核查的边界。在特定的场所、受众和议题约束下，行动者生成对事实核查的定义和理解，在话语争锋中逐渐形成对共同核查活动的正当化论述。参与式事实核查的规范性愿景在于确立新闻活动的认知权威。在现代新闻业依存的媒体体制、大众传播系统及其秩序面临方兴未艾、层出不穷的数字媒体之挑战的时刻，在社交和算法等新型逻辑正在共塑传播生态的历史时刻，从新闻活动出发，躬身其间的事实核查行动者们应共同整饬乃至重建公共生活必需的知识生产秩序，使核查发掘的事实性信息和抵近的真相构成公众共同的社会知识，奠定开展公共讨论、塑造共识、影响公共政策的基础。

本文主张，研究者应在元新闻话语的诸多维度上加强对事实核查的经验考察，例如谁以事实核查之名从事新闻活动、面向谁开展新闻活动、围绕什么样的议题开展新闻活动等。事实核查需要这样的描述性梳理以及对描述背后的相关与因果推断。不过如同其他新闻体裁一样，事实核查既有其经验的一面又有规范的一面，不同的新闻体裁催生不同的实践经验，又同享一个规范目标。本文无意为事实核查的未来勾画发展路线图，但可以设想的是：折射社会现实的新闻活动尽管在特定政治经济结构及历史文化语境下纷繁复杂，非规范愿景所能囊括，但新闻活动的公共潜能恰恰蕴藏在新闻体裁和新闻活动不可或缺的规范一面当中。唯有解除对规范性的悬置，让新闻活动与助力公共生活挂钩，使之不仅在形式上富有参与色彩，而且实质上关涉公共意涵，新闻方能获得持久的生命力。

参考文献

格雷夫斯（2023）. 事实核查：后真相时代美国新闻业的选择. （周睿鸣，刘于思，译），北京：中国人民大学出版社.

潘忠党（2021）. 走向有追求、有规范的新闻创新：新闻业的危机及认知的危机. 新闻记者，11，8-20.

周睿鸣（2021）. 元新闻话语、新闻认识论与中国新闻业转型. 南京社会科学，2，108-117.

周睿鸣，刘于思（2017）. 客观事实已经无效了吗？"后真相"语境下事实查验的发展、效果与未来. 新闻记者，1，36-44.

Allen, D. S. (2008). The trouble with transparency：The challenge of doing journalism ethics in a surveillance society. *Journalism Studies*, 9 (3), 323 – 340. doi：10. 1080/1461 6700801997224.

Allen, J., Arechar, A. A., Pennycook, G. & Rand, D. G. (2021). Scaling up fact-checking using the wisdom of crowds. *Science Advances*, 7 (36), eabf4393. doi：10. 1126/sciadv. abf4393.

Amazeen, M. A., Vargo, C. J. & Hopp, T. (2019). Reinforcing attitudes in a gate-watching news era：Individual-level antecedents to sharing fact-checks on social media. *Communication Monographs*, 86 (1), 112 – 132. doi：10. 1080/03637751. 2018. 1521984.

Anderson, J. A. & Baym, G. (2004). Philosophies and philosophic issues in communication, 1995 – 2004. *Journal of Communication*, 54 (4): 589 – 615. doi: 10. 1111/j. 1460 – 2466. 2004. tb02647. x.

Boczkowski, P. J. (2009). Rethinking hard and soft news production: From common ground to divergent paths. *Journal of Communication*, 59 (1), 98 – 116. doi: 10. 1111/j. 1460 – 2466. 2008. 01406. x.

Brandtzaeg, P. B. , Lüders, M. , Spangenberg, J. , Rath-Wiggins, L. & Følstad, A. (2016). Emerging journalistic verification practices concerning social media. *Journalism Practice*, 10 (3), 323 – 342. doi: 10. 1080/17512786. 2015. 1020331.

Carlson, M. (2016). Metajournalistic discourse and the meanings of journalism: Definitional control, boundary work, and legitimation. *Communication Theory*, 26 (4), 349 – 368. doi: 10. 1111/comt. 12088.

Carlson, M. & Lewis, S. C. (2019). Boundary work. In Wahl-Jorgensen, K. & Hanitzsch, T. (Eds.), *The handbook of journalism studies* (2nd ed. , pp. 123 – 135). New York: Routledge.

Chalaby, J. K. (1996). Journalism as an Anglo-American invention: A comparison of the development of French and Anglo-American journalism, 1830s – 1920s. *European Journal of Communication*, 11 (3): 303 – 326. doi: 10. 1177/0267323196011003002.

Chen, Q. , Zhang, Y. Y. , Evans, R. & Min, C. (2021). Why do citizens share COVID-19 fact-checks posted by Chinese government social media accounts? The elaboration likelihood model. *International Journal of Environmental Research and Public Health*, 18 (19), 10058. doi: 10. 3390/ijerph181910058.

Christie, B. (2022). Covid-19: Fact check—how many patients in hospital are unvaccinated? . *British Medical Journal*, 376, o5. doi: 10. 1136/bmj. o5.

Coddington, M. , Molyneux, L. & Lawrence, R. G. (2014). Fact checking the campaign: How political reporters use Twitter to set the record straight (or not). *The International Journal of Press/Politics*, 19 (4), 391 – 409. doi: 10. 1177/1940161214540942.

Da, Z. & Huang, X. (2020). Harnessing the wisdom of crowds. *Management Science*, 66 (5), 1847 – 1867. doi: 10. 1287/mnsc. 2019. 3294.

Engesser, S. & Humprecht, E. (2015). Frequency or skillfulness: How professional news media use Twitter in five Western countries. *Journalism Studies*, 16 (4), 513 – 529. doi: 10. 1080/1461670X. 2014. 939849.

Epstein, Z. , Pennycook, G. & Rand, D. (2020). Will the crowd game the algorithm? Using layperson judgments to combat misinformation on social media by downranking distrusted sources. In *Proceedings of the 2020 CHI Conference on Human Factors in Computing Systems* (pp. 1 – 11). Honolulu, HI: ACM. doi: 10. 1145/3313831. 3376232.

Ettema, J. S. & Glasser, T. L. (1998). *Custodians of conscience*. New York: Columbia University Press.

Flamini, D. (July 3, 2019). Most Republicans don't trust fact-checkers, and most

Americans don't trust the media. Retrieved from https：//www. poynter. org/ifcn/2019/most-re-publicans-dont-trust-fact-checkers-and-most-americans-dont-trust-the-media/.

Gieryn, T. F. (1983). Boundary-work and the demarcation of science from non-science：Strains and interests in professional ideologies of scientists. *American Sociological Review*, 48 (6), 781 – 795. doi：10. 2307/2095325.

Graves, L. (2016). *Deciding what's true：The rise of political fact-checking movement in American journalism*. New York：Columbia University Press.

Graves, L. , Nyhan, B. & Reifler, J. (2016). Understanding innovations in journalistic practice：A field experiment examining motivations for fact-checking. *Journal of Communication*, 66 (1), 102 – 138. doi：10. 1111/jcom. 12198.

Hassan, N. , Yousuf, M. , Haque, M. M. , Rivas, J. A. S. & Islam, M. K. (2019). Examining the roles of automation, crowds and professionals towards sustainable fact-chec-king. In *Companion Proceedings of the* 2019 *World Wide Web Conference* (pp. 1001 – 1006). San Francisco, CA：ACM. doi：10. 1145/3308560. 3316734.

Hermida, A. (2011). Mechanisms of participation：How audience options shape the con-versation. In Singer, J. B. , Hermida, A. , Domingo, D. , Heinonen, A. , Paulussen, S. , Quandt, T. , Reich, Z. & Vujnovic, M. (Eds.), *Participatory Journalism：Guarding Open Gates at Online Newspapers* (pp. 13 – 33). Malden：Wiley-Blackwell.

Hocking, W. E. (1947). *Freedom of the Press：A Framework of Principle*. Chicago：Uni-versity of Chicago Press.

Humprecht, E. (2020). How do they debunk "fake news"？A cross-national comparison of transparency in fact checks. *Digital Journalism*, 8 (3), 310 – 327. doi：10. 1080/21670811. 2019. 1691031.

Jamieson, K. H. & Waldman, P. (2003). *The press effect：Politicians, journalists and the stories that shape the political world*. New York：Oxford University Press.

Karlsson, M. (2010). Rituals of transparency：Evaluating online news outlets' uses of transparency rituals in the United States, United Kingdom and Sweden. *Journalism Studies*, 11 (4), 535 – 545. doi：10. 1080/14616701003638400.

Kovach, B. & Rosenstiel, T. (2001). *The elements of journalism：What newspeople should know and the public should expect*. New York：Three Rivers Press.

Lawrence, R. G. & Schafer, M. L. (2012). Debunking sarah palin：Mainstream news coverage of 'death panels'. *Journalism*, 13 (6), 766 – 782. doi：10. 1177/1464884911431389.

Lawrence, R. G. , Radcliffe, D. & Schmidt, T. R. (2018). Practicing engagement：Participatory journalism in the Web 2. 0 era. *Journalism Practice*, 12 (10), 1220 – 1240. doi：17512786. 2017. 1391712.

Lewis, S. C. (2012). The tension between professional control and open participation：Journalism and its boundaries. *Information, Communication & Society*, 15 (6), 836 – 866. doi：10. 1080/1369118X. 2012. 674150.

Lewis, S. C. , Holton, A. E. & Coddington, M. (2014). Reciprocal journalism: A concept of mutual exchange between journalists and audiences. *Journalism Practice*, 8 (2), 229 – 241. doi: 10. 1080/17512786. 2013. 859840.

Lyons, B. , Mérola, V. , Reifler, J. & Stoeckel, F. (2020). How politics shape views toward fact-checking: Evidence from six European countries. *The International Journal of Press/ Politics*, 25 (3), 469 – 492. doi: 10. 1177/1940161220921732.

Mahase, E. (2020). Covid-19: Was the decision to delay the UK's lockdown over fears of "behavioural fatigue" based on evidence? . *British Medical Journal*, 370, m3166. doi: 10. 1136/bmj. m3166.

Michaels, D. & Monforton, C. (2005). Manufacturing uncertainty: Contested science and the protection of the public's health and environment. *American Journal of Public Health*, 95 (S1), S39-S48. doi: 10. 2105/AJPH. 2004. 043059.

Misztal, B. A. (1996). *Trust in modern societies: The search for the bases of social order*. Cambridge: Polity Press.

Newton, L. H. , Hodges, L . & Keith, S. (2004). Accountability in the professions: Accountability in journalism. *Journal of Mass Media Ethics*, 19 (3 – 4), 166 – 190. doi: 10. 1080/08900523. 2004. 9679687.

Nieminen, S. & Sankari, V. (2021). Checking PolitiFact's fact-checks. *Journalism Studies*, 22 (3), 358 – 378. doi: 10. 1080/1461670X. 2021. 1873818.

Nordenstreng, K. (1998). Hutchins goes global. *Communication Law and Policy*, 3 (3), 419 – 438. doi: 10. 1080/10811689809368659.

Nyhan, B. & Reifler, J. (2015). The effect of fact-checking on elites: A field experiment on U. S. state legislators. *American Journal of Political Science*, 59 (3), 628 – 640. doi: 10. 1111/ajps. 12162.

Park, R. E. (1940). News as a form of knowledge: A chapter in the sociology of knowledge. *American Journal of Sociology*, 45 (5), 669 – 686.

Pingree, R. J. (2011). Effects of unresolved factual disputes in the news on epistemic political efficacy. *Journal of Communication*, 61, 22 – 47.

Pennycook, G. , Bear, A. , Collins, E. T. & Rand, D. G. (2020). The implied truth effect: Attaching warnings to a subset of fake news headlines increases perceived accuracy of headlines without warnings. *Management Science*, 66 (11), 4944 – 4957. doi: 10. 1287/mnsc. 2019. 3478.

Phillips, A. (2010). Transparency and the new ethics of journalism. *Journalism Practice*, 4 (3), 373 – 382. doi: 10. 1080/17512781003642972.

Poynter. (May 28, 2022). The Corona Virus Facts/Datos Corona Virus alliance database. Retrieved from https: //www. poynter. org/ifcn-covid-19-misinformation/.

Reuters Institute for the Study of Journalism & Oxford Internet Institute. (April 7, 2020). Types, sources, and claims of COVID-19 misinformation. Retrieved from https: //reutersinstitute. politics. ox. ac. uk/types-sources-and-claims-covid-19-misinformation.

Revers, M. (2014). The twitterization of news making: Transparency and journalistic professionalism. *Journal of Communication*, 64 (5), 806 – 826. doi: 10. 1111/jcom. 12111.

Robinson, S. (2010). Traditionalists vs. Convergers: Textual privilege, boundary work, and the journalist-audience relationship in the commenting policies of online news sites. *Convergence*, 16 (1), 125 – 143. doi: 10. 1177/1354856509347719.

Schudson, M. (2001). The objectivity norm in American journalism. *Journalism*, 2 (2), 149 – 170. doi: 10. 1177/146488490100200201.

Singer, J. B. (2007). Contested autonomy: Professional and popular claims on journalistic norms. *Journalism Studies*, 8 (1), 79 – 95. doi: 10. 1080/14616700601056866.

Singer, J. B. (2010). Norms and the network: Journalistic ethics in a shared media space. In Meyers, C. (Eds.), *Journalism Ethics: A Philosophical Approach* (pp. 117 – 129). New York: Oxford University Press.

Singer, J. B., Hermida, A., Domingo, D., Heinonen, A., Paulussen, S., Quandt, T., Reich, Z. & Vujnovic, M. (2011). *Participatory journalism: Guarding open gates at online newspapers*. Malden: Wiley-Blackwell.

Singer, J. B. (2021). Border patrol: The rise and role of fact-checkers and their challenge to journalists' normative boundaries. *Journalism*, 22 (8), 1929 – 1946. doi: 10. 1177/1464884920933137.

Streckfuss, R. (1990). Objectivity in journalism: A search and a reassessment. *Journalism & Mass Communication Quarterly*, 67 (4), 973 – 983.

Surowiecki, J. (2005). *The wisdom of crowds*. New York: Anchor.

Tuchman, G. (1978). *Making news: A study in the construction of reality*. New York: Free Press.

Usher, N. (2020). News cartography and epistemic authority in the era of big data: Journalists as map-makers, map-users, and map-subjects. *New Media & Society*, 22 (2), 247 – 263. doi: 10. 1177/1461444819856909.

Wahl-Jorgensen, K. (2015). Resisting epistemologies of user-generated content? In Carlson, M. & Lewis, S. C. (Eds.), *Boundaries of Journalism: Professionalism, Practices and Participation* (pp. 169 – 185). London: Routledge.

Walker, M. & Gottfried, J. (July 9, 2019). Republicans far more likely than Democrats to say fact-checkers tend to favor one side. Retrieved from https: //www. pewresearch. org/fact-tank/2019/06/27/republicans-far-more-likely-than-democrats-to-say-fact-checkers-tend-to-favor-one-side/.

Wien, C. (2005). Defining objectivity within journalism: An overview. *Nordicom Review*, 26 (2), 3 – 15.

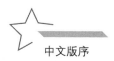

卢卡斯·格雷夫斯

　　去年得知拙作将会有中译本出版，我感到意外地荣幸，很高兴能够为其介绍几句。原书首次出版适逢唐纳德·特朗普在 2016 年的美国总统大选中意外获胜，自那时以来，事实核查在全世界范围内发展迅速，变化巨大。世界各地的事实核查机构数量增加了一倍多，尤以亚洲、非洲和拉丁美洲增长最快。在全球对互联网误传信息（misinformation）的危害性日益警觉的情况下，尤其在有关新冠肺炎疫情误传信息的驱使下，用于事实核查的资源急剧增加，甚至核查焦点也发生了转移。如今，事实核查人员会花费更多精力来揭穿阴谋论、病毒式谣言（viral rumors），以及社交媒体上的假新闻和图片，政治领导人的言论反而成为次要焦点，因而核查较少。然而，即使事实核查的格局发生了变化，本书中心思想中的部分经验教训仍然与今天相关。通过观察事实核查人员的工作方式，我们可以了解到，哪怕是看似直截了当的声言，也往往需要注意到其中惊人的细微差别，需要对其做出判断。这也向我们展示了社会事业是如何依赖于横跨政府、学界和公民的真相验证制度（truth-validating institution）这一基础设施的。

　　本书的研究始于 2010 年，彼时我关注的三个组织还很新（Fact-Check. org 出现在 2003 年；PolitiFact 和《华盛顿邮报》的 Fact Checker 则在 2007 年紧随其后成立）。我很幸运，能够在它们变得更加注重彼此及对其他记者产生集体影响的时刻对它们进行研究，从而在美国新闻业中促成了一场越来越具有自我意识的运动。这场运动借鉴了一种关于"客观"政治报道在美国历史上成败得失的共同叙事，该叙事可以追溯到 20 世纪 50 年代美国的"红色恐慌"（Red Scare），目的是推动一种风险更大、要求更高的替代方案。其结果是产生了一种新的政治报道类型，即事实核查，它将数字媒体的启示与华盛顿新闻业长期以来对"虚假平衡"的批评结合了起来。在这里，国家背景至关重要，正如职业文化变化时通常会随之发生的情形一样：本书所讲述的就是一小群美国的全国性记者在华盛顿和州议会的专业同行们面前为自己的新方法辩护和布道的故事。

然而，事实核查并不是美国独有的理念，这些做法在不同的国家背景下有着各自的历史和意义。一些事实核查网站，如巴西的 E-farsas，就早于本书所研究的媒体存在。过去十年中，全球事实核查激增，跨越了在不同媒体和政治环境中运作的各种组织。许多事实核查人员并非来自新闻业，而是来自学术界、行动主义群组或公共政策界。如今，只有大约一半的事实核查机构隶属于媒体组织；大约四分之一的事实核查机构立足于非营利组织或大学，如香港浸会大学传理与影视学院的浸大事实核查中心（HKBU Fact Check）。一些事实核查机构是营利性的商业机构，但大多数依靠慈善基金会和公众捐款。许多最新的事实核查人员主要通过 2016 年底启动的脸书第三方事实核查计划开展工作，该计划包括 110 多个国家的合作伙伴，目前已成为全球事实核查最大的单一资金来源。

这种组织多样性是一项宝贵的资产，因为事实核查人员在其开展业务的国家各自面临着截然不同的情况。根据最可靠的实地调查，截至 2022 年初，全世界约有一半的活跃事实核查机构位于欧洲和北美以外的地区——这与 2016 年相比发生了剧烈变化，当时，非洲、亚洲和南美洲在该领域所占的比例还不足三分之一（产出方面的变化可能更为客观：最近的一项分析发现，2016—2020 年，来自亚洲的事实核查人员占到了全球事实核查人员的 40% 以上，其中大部分来自印度的事实核查机构）。在不同的国家，获得可靠的数据和值得信赖的专家的机会的差别很大；虽然许多事实核查人员将官方统计数据视为决定性证据，但也有人将其视为纠正、补充、限定经济或公共卫生等基本领域政府数据这一任务的一部分。事实核查人员还面临一系列威胁，具体取决于他们在哪里工作以及如何工作。事实核查在世界各地引发了愤怒的回应，但从美国到巴西再到菲律宾等国家，事实核查机构报告其遭遇的数字骚扰、法律恐吓甚至身体威胁通常有更严重的形式。就在我撰写这份序言之际，两个长期从事乌克兰事实核查工作的机构 StopFake 和 VoxUkraine 正继续在一个冲突日益升级的地区发表文章，随着俄乌冲突的持续升级，它们的未来生死未卜。

考虑到这种高度多样的全球格局，最好的说法或许是，当今的事实核查人员拥有共同的使命——以打击误导信息和提高公共话语的准确性为中心——他们以不同的方式解释和践行着这些使命。他们缺乏共同的历史、职业承诺和政治背景，而本书研究的美国事实核查机构作为同行走到一起相对更为容易和自然。因此，世界各地的事实核查人员尽管在不同的环境中工作，但他们已经形成了一场至关重要的、连贯的运动，这让一切变得更加引人注目。事实核查人员面临着各种各样的挑战，但他们越来越多地携手应对他们所理解的全球问题。这包括许多非同寻常的努力，比如"全球冠状病毒事实联盟"（global#CoronaVirusFacts alliance）用 40 多种语言创建了一个共有 19 000 份事实核查资料的共享数据库，他们会在核查那些容易跨越国界的谣言和阴谋时通过邮件进行例行交流。在他们的年度会议上，事实核查人员按照专业或地区分类，讨论并界定特定群体的问题，从筹资战略到与欧盟等机构打交道不一而足。但他们也发展出了共同的标准，将不同的任务和方法联系起来，制定了一套涵盖每个大洲的，约有 120 个组织参与其中的"事实核查准则"（Code of Principles）。

也就是说，事实核查人员如今将自己理解为一场世界性运动的一部分，其方式直接关系到他们的工作。正如十年前在本书各个章节中描述的美国组织一样，它们越来越面向彼此。正是这种深思熟虑的制度建设——不仅对准确和真相有所承诺，而且致力于建立起能使事实在公共生活中稳定和有用的框架——使他们的故事如此有趣，我希望这同样会使它在如今也依然耐人寻味和富有价值。

卢卡斯·格雷夫斯

2022 年 3 月 17 日

致　谢

如果没有许多人的宽容，本书不会得以面世，让我们从书中的主人公开始。这些活跃在字里行间的事实核查人员和其他记者们格外坦率大方，为我们打开了一扇通往新职业世界的窗口。我要特别感谢供职于政治事实核查机构 PolitiFact 的比尔·阿代尔（Bill Adair）和安吉·德罗布尼克·霍兰（Angie Drobnic Holan），事实核查网站 FactCheck. org 的布鲁克斯·杰克逊和尤金·基利（Eugene Kiely），以及来自《华盛顿邮报》的格伦·凯斯勒（Glenn Kessler）。

本书的研究工作始于哥伦比亚大学，得益于两位恩师宝贵的指导和支持。迈克尔·舒德森是一位理想的导师，他耐心而睿智，总能准确说出研究所需要的，又比他所表达出的更为博学。希望本书内容能反映出他异常优雅的思维方式对我的影响。戴维·斯塔克（David Stark）提出的问题总是使一切焕然一新，他的兴趣、建议和犀利的眼光如同一笔巨大的财富。我也从托德·吉特林、维克托·皮卡德（Victor Pickard）和斯蒂芬·里斯（Stephen Reese）的尖锐评论和问题中获益，感谢赫伯特·甘斯愿意阅读我定稿的作品。他们所有人深思熟虑的批评对本研究的推进都带来了极大的帮助。

在哥伦比亚大学，我从戴维·斯塔克的 CODES 研讨会和社会学系的许多朋友那里得到了宝贵的支持，这里成了我的第二故乡；尤其要感谢莫妮克·吉拉德（Monique Girard）和乔什·惠特福德（Josh Whitford）。对我们这个小型的、跨界的传播学项目中卓越的教职人员而言，我要特别感谢安迪·塔舅（Andie Tucher）和弗兰克·莫雷蒂（Frank Moretti），他们的信心使一切从开始时就变得大不相同。弗兰克胸怀宽广，我们所有人都怀念他。在新闻学院内外，克里斯·安德森（Chris Anderson）、乔纳·博赛维奇（Jonah Bossewitch）、劳拉·福拉诺（Laura Forlano）、汤姆·格莱斯耶（Tom Glaisyer）、菲尔·凯（Phil Kay）、约翰·凯利（John Kelly）、拉斯穆斯·克莱斯·尼尔森（Rasmus Kleis Nielsen）、露丝·帕尔默（Ruth Palmer）、本·彼得斯（Ben Peters）、徐素敏（Soomin Seo）、茱莉亚·桑尼韦德（Julia Sonnevend）、奥利维尔·西尔文（Olivier Sylvain）、马蒂哈·塔希尔（Madiha

Tahir) 和乔斯特·范德鲁宁 (Joost van Dreunen) 都是令人尊敬的工作伙伴。

本项目从许多组织处获得了直接或间接的支持。其中，研究、旅行和写作的资金来自波因特研究所 (Poynter Institute)、开放社会基金会 (Open Society Foundations)、奥米迪亚网络 (Omidyar Network)、威斯康星校友研究基金会，以及社会和经济调查与政策研究所的梅隆研究生 (Mellon Graduate Fellows) 项目。在项目早期，位于华盛顿特区的新美国基金会 (New America Foundation) 助学金提供了重要的支持。我感谢史蒂夫·科尔 (Steve Coll) 和汤姆·格莱斯耶对本项目的兴趣，特别感谢弗吉尼亚州雷斯顿的美国新闻研究所的汤姆·罗森斯蒂尔 (Tom Rosenstiel)、简·伊丽莎白 (Jane Elizabeth) 和杰夫·桑德曼 (Jeff Sonderman)，他们的参与对于考察事实核查的研究者来说至关重要。在这个共同体里，我受益于与布伦丹·尼汉 (Brendan Nyhan)、杰森·瑞夫勒 (Jason Reifler)、米歇尔·亚马津 (Michelle Amazeen)、艾米丽·索森 (Emily Thorson)、阿什利·穆迪曼 (Ashley Muddiman) 和塔里亚·斯特劳德 (Talia Stroud) 的对话及合作。

纽约和麦迪逊的朋友们在不同阶段阅读了本书的部分内容。彼得·阿萨罗 (Peter Asaro)、克里斯·安德森、凯瑟琳·布朗 (Katherine Brown)、艾米丽·卡拉奇 (Emily Callaci)、凯瑟琳·西西亚 (Kathryn Ciancia)、比埃拉·科尔曼 (Biella Coleman)、贾德·金兹利 (Judd Kinzley)、尼科尔·尼尔森 (Nicole Nelson)、露丝·帕尔默 (Ruth Palmer)、劳拉·波特伍德·施泰瑟 (Laura Portwood Stacer)、苏·罗宾逊 (Sue Robinson)、安妮·鲁德 (Annie Rudd)、朱莉娅·索尼文德 (Julia Sonnevenend)、莫莉·赖特·斯坦森 (Molly Wright Steenson) 和斯蒂芬·杨 (Stephen Young) 都对本书的章节草稿给出了宝贵的反馈。克里斯蒂娜·邓巴-海丝特 (Christina Dunbar-Hester) 自始至终都对这个项目产生着影响，总能在我最需要的时候使我展眉解颐。哥伦比亚大学出版社与我对接的编辑菲利普·莱文塔尔 (Philip Leventhal) 是一位冷静而坚定的引导者，同时我也要感谢米里亚姆·格罗斯曼 (Miriam Grossman)、帕蒂·鲍尔 (Patti Bower) 和迈克尔·哈斯克尔 (Michael Haskell) 在文字润色上的非凡技艺。我对两位匿名评阅人和我的朋友拉斯穆斯·克莱斯·尼尔森对终稿犀利且缜密的批评心存感激。本书因此更上一层楼。

其他许多人在不同方面协助和支持了本研究。我在威斯康星大学麦迪逊分校新闻与大众传播学院的同事们为我提供了大大小小的帮助。特别感谢苏·罗宾逊、卢·弗里德兰（Lew Friedland）、肖尼卡·赫尔（Shawnika Hull）、艾尔·冈瑟（Al Gunther），以及已故的杰出学者詹姆斯·L.鲍曼（James L. Baughman）。杰西卡·福尔（Jessica Faule）、里奇·加雷拉（Rich Garella）、奥马尔·塞拉吉尔丁（Omar Serageldin）、兰吉特·辛格（Ranjit Singh）和阿利克斯·伯恩斯（Alix Burns）在多次研究旅行中为我提供了方便。英格里德·埃里克森（Ingrid Erickson）甚至把她在哈莱姆区的公寓借给了我。梅根·蔡（Meghan Chua）和凯特琳·西斯利克-米斯金（Caitlin Cieslik-Miskimen）在编辑、查考和转录方面也给予了我大力协助。凯特·芬克（Kate Fink）和帕特里斯·科尔（Patrice Kohl）在第六章中处理了内容分析的后续版本。帕特丽夏·康纳利（Patricia Connelly）主动提出在一个圣诞节内对全部文字进行加工编辑，并完成了这项工作。我的母亲詹妮斯·奥尔森（Janice Olson）也向本书注入了她在编辑和设计方面的天赋、坚定强烈的安慰鼓励和不懈支持。感谢安贾利·巴辛（Anjali Bhasin）的耐心、爽朗和智慧。感谢莫莉·斯蒂森（Molly Steenson）和艾米丽·卡拉奇（Emily Callaci）关怀备至的同情。

我一直很幸运地被一个大家庭环绕着，即便是我并未身处其中之时，家庭成员帕特丽夏（Patricia）、杰西（Jessie）、艾兰（Alan）、格里塔（Greta）、马尔迪（Mardi）、奥尔森一家（the Olsons），以及最重要的，我的父母戴夫（Dave）和詹妮斯（Janice），他们都在我身边。本书也献给他们。

纪念迈克尔·格雷夫斯（Michael Graves）。

第一部分

事实核查的景观

引 言

　　事实核查是一个不断变化的目标，一个不断发展的领域，它连接着新闻业、学术界和政治领域。

　　事实核查凸显了新闻作为镜像隐喻的深层问题：不仅新闻由社会建构，就连被新闻报道的人类制度现实也是由社会建构的。

明目张胆的谎言?

与预测的情况一致,2012 年的美国总统大选以奥巴马的决定性胜利为结果而落下帷幕。但最后的几天确实带来了一个独特的进展:美国新闻业对一场重要选战声言(campaign claim)开展了史上语气最强硬的集体驳斥。这段插曲预示着政治事实核查(political fact-checking)将在此后变得更普遍,而在四年后的总统大选初选中,记者们的本能果然被一些政治局外人"语不惊人死不休"的言辞加强了,尤其是某著名房地产大亨兼电视真人秀明星①。事后看来,2012 年的那场事实核查集中在一位几近完美的建制派候选人提出的相对温和的竞选声言上,显得不同寻常。

2012 年 10 月底,距离大选日不到两周,共和党总统候选人罗姆尼②在选战活动中开始在俄亥俄州这一关键摇摆州③播放一则强硬的新广告。民调显示,奥巴马总统在俄亥俄州的白人工薪阶层选民中表现异常出色,这得益于 2009 年奥巴马政府对美国汽车制造商的紧急财政援助取得了显见的成功。在奥巴马自己的广告中,他不留情面地利用了对手公开反对紧急财政援助的立场,包括《纽约时报》(*New York Times*)发表的一篇不恰当的题为《让底特律破产》(*Let Detroit Go Bankrupt*)的专栏文章。[1] 罗姆尼的新攻击广告名为《谁会做得更多?》(*Who Will Do More?*),通过底特律之外的一份新闻公报,从另一个角度阐述了政府的作用。在这则广告中,伴随着旧轿车被工业压力碾平的画面,一个男性的声音对奥巴马政府的施政记录做

---

① 指当时代表共和党参选总统的特朗普。如无特别说明,以下脚注均为译者注。

② 米特·罗姆尼,1947 年 3 月 12 日出生于美国密歇根州,其父乔治·W. 罗姆尼(George W. Romney)曾任密歇根州州长。

③ 摇摆州又称战场州、游离州、关键州或紫州(区别于通常代表民主党的蓝州和代表共和党的红州),是指美国总统大选中,没有特定候选人或政党坐拥压倒性支持度以取得选举人票的州。这些州是民主、共和两党在总统大选中的争取目标,因为赢得这些州的选举人票对获胜十分重要。

出了严厉的评价：“奥巴马让通用汽车（GM）和克莱斯勒（Chrysler）破产，把克莱斯勒卖给意大利人，而意大利人要去中国制造吉普车。”作为最后一点的证据，广告显示了一段从最近一则财经新闻中断章取义的内容，报道称，克莱斯勒“计划将吉普的产量任务交给中国”。

　　两天后，罗姆尼前往距离一家大型吉普工厂只有一小时车程的俄亥俄州迪法恩斯（Defiance），在这次竞选集会上，他更加直言不讳地提出了这项指控。“我今天看到一则新闻报道，曾是我们国家最伟大的制造商之一、现在已经归意大利人的吉普，正在考虑把*所有*①的生产工作转移到中国。而我将为美国的每一份好工作奋战到底”，罗姆尼在热烈的掌声中如此宣布。尽管这位候选人没有透露消息来源，但在当天早些时候，《华盛顿观察家报》（*Washington Examiner*）的一篇博客曾报道，网站“德拉吉报道”（Drudge Report）一再重申，吉普“正在考虑放弃美国，并将生产转移到中国”[2]。这些报道都指向《彭博商业》（*Bloomberg Business*）的同一篇文章，这篇文章以略带尴尬的语气明确表示，克莱斯勒重返中国制造业**并不**意味着要从美国“转移产出”。[3] 在罗姆尼于迪法恩斯上台公开演讲之前，一位克莱斯勒副总裁针对一篇他称之为“偏差”报道的文章在网上发表了回应：“让我们澄清事实：吉普无意将其吉普车型的生产从北美转移到中国。”奥巴马的竞选团队在迪法恩斯集会结束后回应了罗姆尼的指控，向记者们发送电子邮件时也引用了克莱斯勒方面的说法。俄亥俄州和密歇根州的报纸都直截了当地完全驳斥了罗姆尼的错误观点。《底特律自由报》（*Detroit Free Press*）的一篇文章在标题中将罗姆尼的言论称为“虚假声言”后这样开篇：“共和党总统候选人罗姆尼周四晚再次错误声称克莱斯勒可能将吉普的所有生产转移到中国，这一举动招致了奥巴马竞选团队的批评，称密歇根当地人士公然歪曲了一则新闻报道。”[4]

　　随着这种叙事的展开，媒体的注意力被导向俄亥俄州，记者们对罗姆尼新广告的反应既快速又坚决。周六，《谁会做得更多?》开始在托莱多（Toledo）② 播出。第二天，《自由新闻报》（*Free Press*）和《国家杂志》（*National Journal*）就以《罗姆尼广告错误地暗示克莱斯勒正在向中国派遣

5

---

①　原书“所有”一词为斜体。如无特别说明，正文所有斜体均系作者原书所加，后文不再一一赘述。

②　托莱多位于美国俄亥俄州北部伊利湖畔，1833 年建市。著名汽车品牌“吉普”1941 年在此诞生。

工作岗位》为题，开始对该广告进行驳斥。[5]到下一周的星期二，一些全国性的媒体以及《托莱多刀锋报》（*Toledo Blade*）、《得梅因纪事报》（*Des Moines Register*）、《克利夫兰诚报》（*Cleveland Plain Dealer*）、《哥伦布电讯报》（*Columbus Dispatch*）等地方性媒体①都已发表了事实核查的结果；《华盛顿邮报》的一位博主也惊讶于"罗姆尼的'吉普到中国'谎言带来的'粗暴头条'"。[6]到那一周的周末，全国性的报纸和电视网都报道了这一争议。"罗姆尼是怎么回事？"乔恩·斯图尔特（Jon Stewart）②这样询问《每日秀》（*Daily Show*）的观众。"一家让你相信你需要'卧底'的汽车公司，正因为他的不诚实而对他穷追不舍。"与此同时，奥巴马总统在一次巡回演讲中把这场争论变成了笑谈：

> 在吉普工厂工作的人一直在担心地致电他们的雇主，问这件事情是不是真的，我们的工作是不是真的被输送给了中国？他们打这些电话的原因是罗姆尼州长一直在做的广告是这样说的，但事实并非如此。大家都知道这不是真的。汽车公司自己也要求罗姆尼州长停止这种做法。[7]

记者们强调，尽管罗姆尼之前的言论引起了争议，但他还是发表了这些攻击性言论。《纽约时报》在一篇社论、一篇专栏文章和至少五篇独立的新闻报道中都谈到了这场欺骗，因为罗姆尼的攻击性言论招致了华盛顿和底特律的新一波谴责。[8]一篇《泰晤士报》（*Times*）的头版选战分析称，这则电视广告在第一句话中就以记者的口吻"误导"人们。[9]全国公共广播（National Public Radio，NPR）的一档节目播放了罗姆尼广告和奥巴马在反击中声称吉普正在俄亥俄州增加就业机会的冲突性片段。主持人罗伯特·西格尔（Robert Siegel）在竞选过程中向全国公共广播记者提出了这个问题："好吧，是这样，唐（Don）：他们是在俄亥俄州增加就业机会，还是把就业

---

① 《托莱多刀锋报》是托莱多市的一份报纸，1835 年 12 月 19 日首次出版。得梅因是美国艾奥瓦州的首府；《得梅因纪事报》是艾奥瓦州的每日早报。克利夫兰是美国俄亥俄州第二大城市；《克利夫兰诚报》是克利夫兰的主流报纸。哥伦布是美国俄亥俄州的首府，1812 年建城；《哥伦布电讯报》是哥伦布的主流日报。

② 乔纳森·斯图亚特·莱博维茨（Jonathan Stuart Leibowitz），艺名乔恩·斯图尔特，在中国常被网友译为"囧司徒"或"囧叔"，是美国电视主持人、演员、作家、脱口喜剧演员、媒体评论员和政治讽刺者。他自 1999 年起主持喜剧中心频道（Comedy Central，一个美国有线/卫星电视频道）的新闻讽刺节目《每日秀》。节目中他用搞笑的形式讽刺时政新闻和人物，在年轻人中广受欢迎。他曾多次获得艾美奖。

机会送到中国去了?"记者毫不怀疑事实是站在总统一边的。他解释说，罗姆尼的攻击反映出，在一个很容易确定选举结果的州，有必要"动摇局势，以真正地挫伤奥巴马总统"。[10]

最彻底的揭穿来自三家擅长对政治表述展开事实核查的全国性精英媒体机构：FactCheck. org、PolitiFact 和《华盛顿邮报》的 Fact Checker。这些机构的记者们调查了数千份类似的表述，并且几乎总是得出相似的结论。这三家事实核查机构都详细还原了罗姆尼声言的客观环境，以及克莱斯勒破产和获得财政援助的更大的历史背景。[11]三家机构都发现了这则广告有很大的误导性，即便广告已经避免了罗姆尼最初讲话中彻头彻尾的错误。三家事实核查机构也都把这一插曲列入它们对 2012 年度最糟糕"弥天大谎"（whoppers）的年终盘点。PolitiFact 称这一说法为"年度谎言"（Lie of the Year），并强调，尽管吉普进行了"迅速而明确的否认"，罗姆尼还是把它做成了一个"厚颜无耻的虚假"电视广告。分析还称：

> 他们固执己见，哪怕媒体和公众对如此明显的错误表示了集体愤慨。

> 人们常说，政客们不会为欺骗付出代价，但这次却不同了——大量的负面新闻报道铺天盖地地席卷了整个罗姆尼竞选阵营，而他未能在总统选举中最重要的俄亥俄州扭转局势。[12]

当然，想要确切地说出这场争论对俄亥俄州的选举结果产生了什么影响是不可能的。媒体和竞选专业人士称，罗姆尼的攻击是一次战略失误，因为它招致了大量负面报道。"这本是一着险棋，结果却适得其反"，奥巴马的竞选战略顾问戴维·阿克塞尔罗德（David Axelrod）宣称。[13]不过，比眼前的直接政治影响更有趣的是，这一事件表明了政治报道中普遍存在的态度。新闻业立即做出的几乎一致的反应清楚地表明，在过去四分之一个世纪里，特别是在过去的十年中，这个行业发生了多么大的变化。这表明，即使是在直接的新闻报道（straight news report）① 中，记者们也常常能够以自己的声音，自如地挑战着例行的政治声言。通过这

> 这表明，即使是在直接的新闻报道中，记者们也常常能够以自己的声音，自如地挑战着例行的政治声言。

---

① 直接的新闻报道要求记者对新闻事件进行简明及时的报道，不做任何修饰和编辑。它与中文报道中的消息稿类似，要旨是利用新闻要素告知新闻发生的时间、地点、人物、过程和原因。

种方式，它反映了专业事实核查人员和美国新闻中更广泛的事实核查运动日益增长的影响力。

这本书事关这场运动。它讲述了一群记者发明了一种新的政治报道风格的故事，这种报道风格试图通过让公众人物对他们所说的事情负责来重振新闻业"寻求真相"的传统。尽管事实核查工作是否对公共话语产生了真正的影响经常引起争论，但它对一个新的新闻制度的建立功不可没。今天，几乎美国的每一家全国性新闻机构都会提供不同类型的政治事实核查。全美有几十家专门以这种新体裁开展报道的机构，或是作为独立网站，或是作为报纸或广播电视新闻的永久性特色板块。除少数几家之外，其余事实核查机构多成立于 2010 年之后，更多的公司已经在海外扎根。[14]

当然，新闻编辑室长期以来都有雇佣事实核对员在文章付印前核实文中信息的传统。① 征询校对员（proofreader）意见的做法最早出现在 19 世纪初的美国期刊当中，一个世纪后才有了文字编辑（copy editor）。[15] 早在 20 世纪二三十年代，全国性杂志的编辑部中就出现了成熟的事实核对部门。[16] 20 世纪中叶的报纸上，分类广告中的女性版块也会像招聘打字员、秘书、档案员和"星期五女郎"（his girl Fridays）那样，刊登广告来招聘事实核对员。而在 20 世纪 40 年代，新闻业内部也有这样一类奇特的故事：记者们写下洋溢着沮丧的表扬信，赞美那些吹毛求疵到近乎强迫症程度的事实核对员不惜搅乱自己夜晚和周末的休息时间来让记者保持诚实。[17] 而今这样的颂歌通常伴有一些隐忧，这次令人担心的则是太多新闻编辑室不再进行强有力的事实核对。[18] 2012 年，在因一起尴尬事件而在 20 世纪 90 年代就关闭了自己的事实核对部门的《新闻周刊》（Newsweek）以其作品是由作者自行核对作为解释之后，《大西洋月刊》（Atlantic）的塔-内希西·科茨（Ta-Nehisi Coates）斥责称："接受事实核对并不太愉悦，优秀的事实核对员都有一种学究式的怪癖，有时会用检察官的口气跟你讲话。这是他们的工作，对抗的语气甚至比他们实际上在纠正的事实更重要。"[19]

这突出了传统的内部事实核对的一个关键方面：核对仅针对记者而非报道对象。当新闻机构坚持要对来自某一信源的声言进行核实而非简单报

---

① 为区分传统新闻业长期存在的事实调查传统和本书意义上作为美国新闻业运动和新兴新闻体裁的"事实核查"，结合国内新闻传播学界的已有用法，译者统一将前一种"fact-check"译作"事实核对"，以示与后者的区别。

道时，发现错误后的选择通常是订正或删去该声言。[20]《纽约客》（*New Yorker*）的一名作者麦克菲（John McPhee）写过一篇赞颂事实核对的文章，讲述了该杂志的一名事实核对员为验证一篇 6 万字长文中的一个段落所做的不畏艰难的努力。这篇长文事关一名核物理学家的奇闻轶事，他说日本的一个可燃热气球被吹到了半个地球以外的另一边，刚好降落在钚反应堆上，制造出的能量不久后将摧毁长崎。[21]就在付印前几小时，麦克菲正要"枪毙"这段文字时，事实核对员追查到了另一个信源。在警方的帮助下，记者在一家购物中心找到了新信源，证实并挽救了这个故事。可见，内部事实核对的常规是对需要"去伪存真"的紧急状况开展被动响应，而非对此进行主动关注。

　　新兴事实核查人员所做的恰恰相反。他们调查已经出现在新闻中的声言，并将结果作为新的报道发表。事实核查运动要求政治记者做一些让自己感到不舒服的事情：通过公开公众人物的错误、言过其实和欺骗来挑战他们。这项运动还要求他们介入激烈的政治辩论，并决定事实站在谁的那一边。一本为刚接触这一新闻类型的记者编写的培训手册这样写道："经过多年不偏袒任何一方的训练，你现在必须重新学习判断哪一方是正确的。"[22]这种事实核查在美国新闻中早有先兆，最直接的例子是广告监察运动对 20 世纪 90 年代大量激增的竞选广告的报道。然而在过去的十年里，政治事实核查已经成为美国专业新闻报道的一类主要内容。现在，事实核查运动不仅在选举期间运转，而且经年累月、寒来暑往地进行着。从政治回忆录、脸书帖子到国会演讲，他们调查着任何地方出现的可疑声言。他们以新闻业内部的事实核查*运动*自诩，将自己视为一个独特的职业群体。事实核查人员越来越多地在自己的会议和邮件列表中呈现出一套自己的规则、常规和"最佳实践"。他们孜孜不倦地倡导着自身的新闻风格，为取得的成就大声疾呼。"事实核查不是三分钟热血。事实核查不是新瓶装旧酒。它绝对会继续存在"，PolitiFact 的出版商在 2014 年举办的首届全球事实核查峰会上欢欣鼓舞地宣布。"在 PolitiFact，我们每天都会意识到自己的影响力和重要性，因为我们在用行动传播着这句箴言：言语至关重要（Words matter）。政客的言语尤为重要。政府的言语更为重要。一旦他们做出承诺或发表声言时，事实核查记者就会去查个水落石出。"[23]

　　这本书通过三个总部设在美国的机构来研究事

> 内部事实核对的常规是对需要"去伪存真"的紧急状况开展被动响应，而非对此引起主动的注意。

实核查，这三家机构也是在将事实核查确立为一种实践和运动上做得最多的：2003 年推出的 FactCheck. org，以及均成立于 2007 年的 PolitiFact 和《华盛顿邮报》Fact Checker。事实核查现已成为美国国家政治话语中信誉卓著的声音，获得了从全国公共广播到《每日秀》等各种场合下的频繁引用。三家机构的工作赢得了无数奖项，如 2009 年，PolitiFact 因其对 2008 年总统大选的报道而获得了美国新闻业的最高荣誉普利策奖（FactCheck. org 也获得了提名）。[24] 从那以后，全美大大小小的新闻编辑室都接受了事实核查这一新闻体裁。美国广播公司（American Broadcasting Company，ABC）、哥伦比亚广播公司（Columbia Broadcasting System，CBS）、全国广播公司、有线电视新闻网（Cable News Network，CNN）、福克斯电视台（Fox）和微软全国广播公司（Microsoft National Broadcasting Company，MSNBC）① 等主要广播电视网都定期提供事实核查内容，有时还会与专司事实核查的媒体合作。全国公共广播与 PolitiFact 联合制作了一档事实核查系列节目，针对竞选中的声言和国情咨文等重大政治事件发布自己的事实核查结果。作为纸媒新闻业的标杆，美联社（Associated Press）和《纽约时报》在这一新体裁上投入了大量时间和精力，如今它们提供的事实核查已远远不止于竞选季。[25]《今日美国》（*USA Today*）不仅积极地报道事实核查运动，经常引用事实核查人员的说法，还自 2012 年起直接从 FactCheck. org 转载视频和文章，让事实核查记者在报纸上以自己的署名出现。全国性报纸中只有一家《华尔街日报》（*Wall Street Journal*）没有拥抱这个变化。[26]

在全美各个地方性和地区性新闻机构工作的记者也是事实核查运动的组成部分。他们的努力时隐时现，尚无定数。但从传统报纸和纯网络媒体中都可以找到严肃事实核查的举措，前者如《西雅图时报》（*Seattle Times*）的"真相探针"（Truth Needle）和《雷诺公报》（*Reno Gazette-Journal*）的"事实核查员"（Fact Checker）②，后者如"圣迭戈之声"（Voice of San Die-go）和"密歇根真相小组"（Michigan Truth Squad）。2012 年及 2014 年，从

---

① 微软全国广播公司是全国广播公司新闻系列频道中的有线电视新闻频道。1996 年，微软全国广播公司由微软和通用电器公司（GE）旗下的全国广播公司共同出资成立，后者现为 NBC 环球集团（NBC Universal）。创立初期，微软全国广播公司由微软和全国广播公司共同经营。2012 年，微软与全国广播公司发声明结束合作关系，后者收购前者持有的股票。本文为了翻译的连贯将其译为"微软全国广播公司"，实际上，这间公司目前与微软已无关联。

② 与作者致力研究的《华盛顿邮报》Fact Checker 专栏同名。

纽约州的埃尔迈拉（Elmira）、威斯康星州的麦迪逊（Madison），到凤凰城（Phoenix）、丹佛（Denver）和旧金山（San Francisco），各地的地方电视台新闻编辑室都以"事实核查"（Fact Check）、"真相检验"（Truth Test）和更为大众化的"现实核查"（Reality Check）等不同名称运营了类似的电视节目。还有若干略带冒险的项目是当地特殊合作伙伴关系的产物，例如由全国广播公司下属的《亚利桑那共和报》（*Arizona Republic*）和亚利桑那州立大学（Arizona State University）新闻学院联合运营的"亚利桑那事实核查"（AZ Fact Check）。自 2010 年获准经营以来，该网站先后已与十多家新闻机构签约了 PolitiFact 州一级的特许经营权。

事实核查运动和领导这场运动的组织中有几个重要的线索汇集在了一起。这些线索首先构成了一段关于制度规范和实践变迁的故事：事实核查人员对传统新闻报道及其客观性实践进行了慎思的批判。其次，这是一则关于技术变革的故事。作为一种体裁的事实核查工作和作为新闻机构的事实核查机构精密地适应了当今网络化的新闻生态系统（networked news eco-system）。最后，这是一个关于当代人如何认识认知方式的故事——它关乎理性讨论"后广播公共领域"（postbroadcast public sphere）中的局限性。事实核查工作是事实核查人员试图修补的这个同样支离破碎的媒体世界的产物。他们的工作无时无刻不在表明政治生活中的事实如何依赖制度性的知识建构体制，以及当这些体制失去权威时，公共理性将变得多么困难。

本书描绘了事实核查这一新的新闻工作类型的出现，更新了以甘斯的《什么在决定新闻》为里程碑的新闻编辑室研究的悠久传统。事实核查人员认为，在公共领域不再由记者把关的世界里，记者们已经失去了决定什么是新闻的能力，因此政治报道必须更加自信。这本书的中心内容是对事实核查日常工作的详细描述：这些记者如何从每日新闻中挖掘声言进行调查，如何找到原始数据和可信专家，如何达成决定性的裁决，以及如何回应众多的批评。事实核查人员思考自身受众和使命的方式不止一种。他们试图平衡向理性的民主公众提供信息的庄严承诺与充斥着高度党派化、常伴有敌意的网络政治言论的日常现实之间的矛盾。他们承诺以客观的方式解决事实性争论，但同时也表示，在政治中，真相不是非黑即白的。[27]

事实核查这种新的新闻风格也为我们洞悉新闻编辑室和更广泛的新闻生态系统的变化提供了窗口，

> 作为一种体裁的事实核查工作和作为新闻机构的事实核查机构精密地适应了当今网络化的新闻生态系统。

它最初会将博客写手型的注释式、批评性风格与传统的报道工具和对客观性的承诺结合起来。事实核查人员在网络模式下开展新闻实践。他们随心地与外部新闻信源联系，鼓励其他记者引用自己的文章，并与主要媒体组织达成发布协议。事实核查人员在精英的媒体-政治网络中获得了很高的知名度。这肯定了他们作为客观求真者的地位，但也使他们的政治批评处于令人措手不及的限制当中。事实核查人员直言不讳地拒绝新闻中的"虚假对等"（false equivalence）。与此同时，他们坚持认为，在美国政治中，两大主要政党都不能宣称自己拥有更多真理——尽管事实核查人员自己的裁决指出右翼的谎言更为恶劣。

主题及论据

新闻并不是世界的简单镜像——这几乎是此前所有新闻生产学术研究的共同出发点。[28] 记者认为有些事件和人物有新闻价值，从而忽略其他事件和人物的价值。他们特别重视特定信源和观点，将这些材料加工成符合基本公式的叙事，且经常重现既定观点。[29] 在新闻业的不同流派或国家传统中，新闻工作者做这一切的方式有着明显的不同。也就是说，尽管正如舒德森强调的那样，新闻是由记者和编辑"做"出来的[30]，但新闻绝非是被人凭空编造出来的。事实核查使公开真相声言的制度基础问题得到了鲜明体现。本书研究的记者们为了弄清政治声言背后的事实，做出了真诚而又非常成功的努力。但事实取决于特定的解释机制。当面对新的证据或者以不同方式看待世界时，事实可能会变成另一副样子。因此，事实核查凸显了新闻作为镜像隐喻的深层问题：不仅新闻由社会建构，就连被新闻报道的人类制度现实（institutional reality）也是由社会建构的。

三重主要议题贯穿了本书。第一个重要的焦点是美国客观报道的历史与实践。由职业记者组织开展的政治事实核查仅有十余年的历史。本书研究的事实核查机构诞生于已经陷入危机、饱受经济、技术和专业挑战的困扰的行业。它们既是新闻业"产业化生产模式缓慢崩溃"过程的目击者，也是这一过程的产物本身。[31] 在过去十年里，新一轮的新闻编辑室研究已经考察了美国和其他国家数字时代新闻生产的变化。[32] 作为一种新闻文体和一项新闻业运动，事实核查为新闻编辑室的故事增添了重要的篇章。事实核查人员不仅从事着一种在当下不可取代的新闻工作，而且誓要重振对这一领域的自我理解至关重要的求真理想。他们的新使命让我们再次追问一个曾由塔克曼、舒德森、甘斯、哈林等学者提出并催生出了美国新闻业经典研究的问题：专业记者对新闻客观性的理解和实践。

在这一部分中，理解和实践同样重要。本书汇集的事件和文本旨在展示事实核查人员如何工作，同时也展示他们如何与彼此，与记者同行、学术研究人员、媒体和政治改革者，以及与公众**谈论**这一切。客观性这样的规范不仅仅是一种行为模式："解释规范的表达方式（articulation）就是在部分地解释规范本身。"[33] 更重要的是，正式的规范和日常实践存在于一种辩证法中。规范为实践提供信息，但不完全解释实践或隐藏在实践"背后"。像我们中的其他人一样，记者们会重新诠释他们的理想，有时还会随着环境的变化而创造新的理想。他们会因情境和受众的不同而对自己的作品产生不同的理解。因此，本书中一个重要的趋势是探讨今天和过去的"元新闻"话语，即新闻业与自身的成功和失败的对话，以及有关如何适应不断变化的政治世界要求的对话。[34] 甚至在规范牢固确立之前，记者们就已经开始突破客观性实践的界限。[35] 数十年来，事实核查一直在朝着更加自信、更具分析性的报道方向发展，这种报道宣告了为读者解读政治的权威。[36] 和早期的新闻改革者一样，事实核查人员表示自己的方法能纠正传统报道的失灵——即使他们几乎从未在发表的文章中批评其他记者同行。事实核查人员对客观性的理解以及他们与其他新闻机构的重要联系这两个因素比我们想象得更加紧密地联系在一起，使他们把注意力的焦点集中在政客身上。

新闻媒体之间的这种联系指向了本书的第二个主题：新闻生产的媒体-政治环境变化。事实核查人员为理解近几十年来媒体的系统性变化提供了异常清晰的视角：新闻受众的碎片化，以及伴随着作为新闻平台的有线电视和互联网的兴起而出现的新闻体裁和角色的激增。新闻业这一行业赖以生存的那个或多或少以"大众"作为受众的世界已不复存在。围绕重大事件的单一共识性"故事"这一概念从来都不是完全准确的，现在几乎也已经失效。今天，那些与其他渠道和格式相关联的媒体渠道和格式占据着新闻生态系统——例如福克斯新闻（Fox News）[37] 中，新闻被作为"主流"报道的替代或纠正出现。事实核查人员和当今的媒体工作者一样重视这些现实。他们研究每一则新闻报道中的媒体，追踪政治谣言的

> 规范为实践提供信息，但不完全解释实践或隐藏在实践"背后"。像我们中的其他人一样，记者们会重新诠释他们的理想，有时还会随着环境的变化而创造新的理想。他们会因情境和受众的不同而对自己的作品产生不同的理解。

来源，并绘制它们在新闻生态系统中的传播路径。他们的作品经常引发热议，并在媒体网络上引起轩然大波。

> 由于事实核查试图将一种新的客观性实践制度化，因此，它使得物质的、组织的和制度的联系网络变得清晰可见，在这些联系网络中，客观性这样的规范开始具有意义。

通过这种方式，事实核查明确了媒体间联系（intermedia links），这种联系在传统的新闻报道实践中往往被模糊处理，新闻研究也只是偶尔给予关注。[38] 在形式上，事实核查人员坚持传统的"新闻公众"（journalism's public）观念，为来自民主公民的理想读者写作。他们认为自己的任务在于提供信息而非改变公共话语。与此同时，记者们也密切关注着自己的媒体足迹（media footprint）。他们的作品旨在融入未来的新闻报道。他们作为客观事实核查人员的权威在一定程度上取决于引用和采访他们的精英媒体网络——二者之间的关系需要努力维系和倍加留意。由于事实核查试图将一种新的客观性实践制度化，因此，它使得物质的、组织的和制度的联系网络变得清晰可见，在这些联系网络中，客观性这样的规范开始具有意义。

最后，本书关于我们如何在一个分裂的政治时刻就公共事实进行协商提出了拷问。对记者或我们中的其他人来说，什么才是政治现实的"坚固事实"（hard fact）？在缺乏共识、支离破碎的媒体环境中，是什么限制了公众的理性？事实核查人员相信事实。他们相信自己寻找事实的方法。但他们必须在准确和真实之间的困难地带运作，并承认政治中的事实可能取决于如何阐释（interpretation）它们。关于罗姆尼备受争议的竞选广告的争论很好地抓住了这个悖论。至少从某一个标准来看，《谁会做得更多?》是准确的——罗姆尼的拥趸们指出，克莱斯勒**确实**将在中国生产吉普车，他们将主流共识驳斥为产生于自由派媒体偏见的证据。[39] 福克斯新闻的一份事实核查报告称，真正的问题在于"一家公司在接受了美国纳税人的财政纾困后，决定在美国**以外**的地方创造就业机会"[40]。但专业事实核查人员对这则广告的解读有所不同。他们仔细审查了围绕罗姆尼的经济、政策和政治环境声言。在这种情况下，更为明显的意图是制造这样一种纾困正在让美国人失去工作机会的印象，但最有力的证据却恰恰相反。罗姆尼传递出的**信息**（message）是一个谎言，尽管他的言语可能不是。

如何将事实从意见中分离出来，亦即何种真相在政治上是可能的，这样的问题引发了公众对事实核查的频繁争论。这样的问题也贯穿了本书的大部分章节。这些问题也许没有简单、明确的答案，但对专业事实核查人员的研究确实揭示了在当今公共领域构建持久事实的实际经历。这些组织为事实推断"嵌入"到物质实践、社会关系和价值体系中的方式提供了异常清晰的视角。几乎没有证据证明这里出现的新闻工作的世界存在不可抗辩的事实或绝对真理。然而，这并不意味着客观新闻将事实与价值相区分的禁令毫无意义。相反，非党派事实核查机构的工作每天都证明了对客观性的实际承诺的价值。在这本书的几乎每一页上，我们都能找到证据，证明一种观点不如另一种观点好，证明经验和理解确有其价值，而公正和诚实的调查带领我们往真相又近了一步。

本书结构

本书的七个章节分为三个部分。第一部分介绍了事实核查，并将事实核查作为新闻、政治话语和事实调查的一种形式加以广泛的思考。这里的关键问题是，这种新的新闻报道方式在当今的传媒界和美国专业新闻史上占据什么样的位置。第一章介绍了本书的三家核心新闻机构：FactCheck. org、PolitiFact 和《华盛顿邮报》Fact Checker。这些"满腹经纶的事实核查人员"构成了一场专业改革运动的核心，这场运动将这种新的流派视为对过去三十年美国公共生活碎片化的回应。然而，事实核查是处于争议地带的——博客作者、媒体批评家和政客都声称自己拥有事实核查的权利。作者考察了事实核查的景观，并将党派媒体的"监督者"（watchdog）介绍为新闻事实核查的永久对应物。这种更广泛的制度环境对于理解专业记者如何界定和巡视合法事实核查的边界至关重要。

我们应该如何理解事实核查作为事实调查（factual inquiry）的一种形式？第二章首先回顾了在新闻工作者中形成的对于他们将事实核查视为一种改革举措的意识的至关重要的制度历史，然后将事实核查这一体裁视为美国新闻中更为源远流长的"阐释性转向"（interpretive turn）的一部分。这就引出了究竟是什么将事实核查人员与其他记者区分开来的问题：在公共政治话语中调查声言的特殊认识论挑战是什么？借鉴科学和技术研究，作者提出了一个基于"制度性事实"（institutional facts）的惊人的不稳定性框架。事实核查人员在制度世界中工作，这个世界比我们想象的要混乱得多，他们

> 事实核查人员在制度世界中工作，这个世界比我们想象的要混乱得多，他们通过对在特定环境中适用的正确标准做出合理的判断来做出他们的裁决。

通过对在特定环境中适用的正确标准做出合理的判断来做出他们的裁决。但事实核查是开放进行的，缺乏在科学或法律等更专业的领域中规范和保护事实调查的机制。事实核查与科学工作和调查性新闻的比较阐明了事实判断和价值判断是如何交织在一起的，同时也强调了在政治世界中建立持久事实的特殊挑战。

本书的第二部分对精英事实核查机构的日常工作进行了细致的研究——这些记者如何开展、思考和谈论那些能够决定何为真相的争议性事务。它以一个政治谎言的报道开始，第一次将事实核查人员置于主流新闻的地图上，驳斥了惊人且持久的有关奥巴马总统并非天生美国公民的传言。第三章和第四章探讨了构成这项调查工作的新闻报道常规，从选择声明到开展核查，再到在专家意见不一致的情况下进行"真相的三角验证"等。尽管精英事实核查人员在某些方面有所不同，但围绕他们忧心忡忡的事业（enterprise），一套共同的规则和程序已经建立起来，在办公室工作、培训环节、编辑会议以及公共和私人文件中都有所体现。这些章节中的分析强调了事实核查人员如何在一个充斥着专家和数据、高度政治化的领域中游刃有余，如何互相依赖，以及如何在面对争议时团结在一起。这一部分还介绍了事实核查人员称之为"语境"（context）的问题，即总是困扰他们工作的字面意义和隐含意义之间的区别。

第五章从制度常规和规范转向更模糊的认识论领域，即事实核查的核心。作者通过对 PolitiFact "测真仪"的一般操作和偶尔故障进行深入研究来探索这一点。PolitiFact 的测真仪是虚构的工具，有助于组织和常规化该组织的调查，同时也为事实核查人员提供了自我批评的方法。作者发展了这些主题，并运用第二章中介绍过的框架进行了拓展个案研究（extended case study）：作者作为 PolitiFact 的参与式观察者所撰写的格伦·贝克（Glenn Beck）的事实核查文章，也引发了公众对保守派媒体聚像（icon）的对抗。这一个案再次凸显了客观事实核查在实践中对于记者的意义：不是用无可争议的事实来检验政治声言，而是动用判断和理性，以及不可避免的*价值观*，来解释有争议的制度现实，并就真相存于何处展开连贯一致的论证。

事实核查能给世界带来什么样的变化？本书的第三部分着眼于事实核查人员与读者、其他记者，以及政治领域的关系。它以 2014 年中期选举的一幕开始：在生动的一连串事件中，事实核查人员引用的另一个案例表明，他们的所作所为永远不会阻止政客们说谎。尽管在实践中，事实核查人员密切关注他们对政治话语的影响，但他们坚持认为，记者的唯一合法使命是向公民提供信息。第六章详细介绍了事实核查人员与受众之间的关系：他们如何增加流量，如何与读者沟通，如何协调公众的理想化愿景与每周都在吸引注意力的党派动态。但事实核查人员还有第二个重要受众。他们通过管理传媒界的正式和非正式关系，特别是与地位显赫的新闻机构的关系，努力寻求相关性，并取得最广泛的影响。这些关系放大了事实核查的影响，同时肯定了它作为客观新闻的权威性和正当性。

最后一章关注的是，事实核查人员的客观地位取决于他们在自己每天都要应对的媒体政治网络中的地位；他们作为客观记者的地位取决于其他人使用和谈论他们工作的方式；在正式和非正式的关系中，在引用（cite）、引述（quote）和链接他们的媒体的程式（pattern）中，上述地位得以再现。这有助于解释事实核查人员告知真相使命的局限：事实核查人员有意将重点放在分散的声言和个体政治行动者上，谨慎避免得出任何将政治争议或公共话语状况作为整体加以指责的结论。他们拒绝谈论从美国十年的事实核查中得出的最大结论：共和党人比民主党人更频繁、更严重地歪曲事实。最后，作者在结语中回顾了事实核查领域的最新变化，以及这些变化对这一新体裁的未来意味着什么。

关于本研究的说明

2010 年，我在哥伦比亚大学攻读研究生时，第一次接触到专业事实核查人员。当时我正在写一篇关于新兴新闻生态系统的论文，其中使用了一些案例研究，来考察今天的重大事件（major stories）如何在不同类型新闻载体（精英报纸、另类媒体、脱口秀节目、政治博客等）之间的关键互动中展开。各种各样的事实核查网站不断出现在我的案例中，尽管彼时我还不甚明白它们之间的重要区别。这些机构似乎对在线讨论和辩论有着特别清晰的看法。那年年底，我两次前往华盛顿特区，访问了"媒体收关"（Media Matters for America, MMA）[①]、PolitiFact 和 Fact-

> 事实核查人员生产了通常在政治博客中才能看到的链接驱动型分析。

———————————

[①]　一个进步的非营利组织，其宗旨是"全面监测、分析和纠正美国媒体中的保守误传信息"。本书第一章对此有详细介绍。

Check. org（直到 2011 年，该网站的总部还设在华盛顿）。几乎一夜之间，我的项目变了样。这些事实核查机构不仅提供了对不断变化的新闻生态系统的看法，而且还将其体现在自己不同寻常的使命、工作实践和组织结构中。事实核查人员生产了通常在政治博客中才能看到的链接驱动型（link-driven）分析。但更有趣的是，他们与博主的不同之处在于：他们与精英新闻业有着深厚的联系，对其崇高理想做出了公开承诺。我甚至在看到调查政治声言的幕后工作之前，就听到过事实核查人员描绘的以惊人方式连接新旧媒体的职业天地。

本书是学术界针对专业新闻中的事实核查运动开展的首次深入研究，结合了文本和民族志的方法：参与式观察、正式和非正式访谈、内容分析和一些历史研究。本研究的结论根据我在新闻编辑室及各种公共和私人论坛五年间所做的两百多小时的田野工作和采访得出。我也依赖对已发表事实核查和其他新闻报道的文本细读，阅读过程中参考它们涉及的历史事件。实践中，这些方法论之间的界限变得相当模糊。本书研究的媒体行动者生产了一连串的文档（报纸文章、编辑笔记、博客文章、媒体手稿、会议记录），很难将它们归类为新闻文本或民族志"文本"。关于事实核查的争论通常包括记者、媒体批评家和新闻学学者之间的直接和公开接触。在第二部分的介绍中，我建议专业事实核查人员还要额外扮演作为记者职能的特殊变种的证人这一角色：他们见证着*被中介的*（mediated）事件。相似地，本书也报告了被高度中介化的关于事实核查的直接和间接话语。

在研究的最初阶段，2010—2012 年，我在华盛顿特区、费城和另一个为 PolitiFact 的新合作伙伴提供专业培训的美国东海岸城市进行了田野调查。我采访了事实核查机构的编辑、记者和实习生，以及传统新闻工作者、媒体批评家、党派事实核查人员和政治战略家。作为特派进入 PolitiFact 和 FactCheck. org 的研究员，我观察了记者和实习生的培训课程，参加了编辑会议，陪同事实核查人员访问媒体，履行了工作人员和实习生的一系列职责，并撰写了两篇可供发表的署名文章。我和事实核查人员一道，参与了对 2012 年总统大选周期内数十项政治声言进行裁决的会议，并跟进这些裁决在媒体界的传播。对新闻的分析和民族志研究的结合构成了第三、四、五章的核心。这段经历使我能够跟进那些在新闻编辑室内外展现的争论，并能根据实际的新闻工作和产出这些文章的内部审议来解读已发表的文章。

2011 年底，在新美国基金会的资助下，我组织了一次 50 人参加、为期

一天的会议，该会议以专业事实核查人员的参与为
特色，与会者还包括记者、研究人员、活动家、教
育者和基金会官员等。[41]对于质性研究者来说，这
是一次难得的机会——一次让我的"线人"在有着

> 事实核查是一个不断变化
> 的目标，一个不断发展的领
> 域，它连接着新闻业、学术界
> 和政治。

这场运动的重要支持者的现实环境中，拥有回答有关事实核查的历史、规
范、实践和政治影响的重要问题的机会。这标志着为本书提供信息的更长
期的事实核查参与的开始。我先后参加过十余次与事实核查人员有关的会
议、小组讨论和其他公共活动。我协助策划了 2014 年在伦敦举行的首届全
球事实核查峰会，并在那次会议和一年后的下一届峰会上都报告了自己的
研究成果。[42]我参与了几项汇集了对事实核查的发展及其在世界上可能产生
的影响感兴趣的学者和记者的研究计划。我也参加了一些由事实核查人员
组织的征求新举措反馈的私人论坛。通过上述经历形成的看法帮助我解释
了事实核查人员如何在不同背景下与不同候选人的支持者谈论他们的工作，
这在第六章和第七章的分析的形成过程中尤为重要。

在瞬息万变的时代，本书让我们得以管窥一种全新的新闻类型。事实
核查是一个不断变化的目标，一个不断发展的领域，它连接着新闻业、学
术界和政治。这种千变万化的性质使它成为一项迷人的课题，并使我能够
在这个领域的形成过程中以不同身份观察和参与［一位人类学家为在新兴
领域的这种参与创造了一个令人印象深刻的术语："参与式摸索"（partici-
pant figuring out）[43]］。同时，在多种情境下参与事实核查可能会产生利益
冲突。例如，规划 2011 年峰会意味着要努力满足资助者——对媒体改革感
兴趣的自由基金会，包括索罗斯（George Soros）① 开放社会研究所（Open
Society Institute）——的优先事项，同时还要推进我自己的研究议程，并保
护我与事实核查人员的关系。一个主要的矛盾点是嘉宾名单：有些资助者
强烈认为"媒体攸关"这一进步性事实核查媒体应该在场，而专业事实核
查人员担心这次峰会的政治倾斜方向（特别是鉴于索罗斯的参与），并坚持
如果邀请"媒体攸关"就要邀请保守派媒体。正如记者们所希望的那样，
最终的解决方案是没有邀请任何党派媒体。[44]

---

① 索罗斯系匈牙利出生的美籍犹太人商人，著名的货币投机家、股票投资者、进步主义政治
及社会活动家、哲学家、慈善家，用金融市场来实验自身的哲学理念。现在他是索罗斯基金管理公
司和开放社会研究所主席，也是美国众议院外交事务委员会前成员。

这种政治紧张关系贯穿于事实核查界，并在本书的研究过程中以许多不同的方式浮出水面。另一个例子是：尽管我在这里强调了这一点，但在田野调查期间，我并没有质疑这些记者提出的关于共和党人为何支持率更低的问题（与此同时，我毫不掩饰自己的观点，并邀请了几位关键线人来评论之前的一份草稿）。更一般地讲，可以公平地说，我在本书所研究的话语中扮演了一些微小的角色。接下来的内容的一项主要议题是：事实核查如何受到邻近专业领域，特别是学术界和非营利领域接触的影响。尽管如此，我希望大家都能清楚地看到，在这个新兴的新闻世界中，密切参与一直是获得洞察力和客观判断力的重要来源，这也是我在这里试图反思的一点。

关于一致性的说明

最后对我自己和本书记载的记者们之间的一致性做一点说明。事实核查仍是一片蓝海（a contested practice），无人主宰（unclaimed）、变化莫测（unstable）。某种程度上，这意味着一切仍是未知之数。不同的参与者和观察者往往以不同的方式看待它，很难形成共识。本书聚焦专业的新闻事实核查人员。一个主要的目标（虽然不像它听起来那么直接）是像专业新闻事实核查人员那样理解这个新出现的现象，并将这种感觉传达给读者。但我也试图描绘出一个更广泛的、蔓延到媒体和政治世界的话语轮廓。

如前所述，事实核查人员根据情况和受众，以不同的方式谈论他们的工作。他们对事实核查所能达到的目的的看法时而狭隘，时而宽泛。这些记者声称，他们并不想改变人们的想法，而是急切地抓住任何表明事实核查能改变世界的迹象。他们声称要提供决定性的事实判断，但也表示理性之人可以不同意他们的结论。他们彻底回避了一些话题。在本书中，我提请读者注意事实核查运动的局限性和内部矛盾。在这里，我们开始看到这种专业项目中始终存在的紧张关系——它提出的艰困问题以及在一个新兴实践领域中不同行动者暂时的回答。但我并不想把这些不一致的地方说成是错误，甚至是反常的。相反，这些不一致的矛盾似乎是人类事务的基础。在我们的职业生涯中，没有矛盾就无法生存（当然在学术界是不行的）。当一个组织或更广泛的专业领域的生活中发生有趣的事情时，我们所依赖的矛盾就会变得明显起来——以前稳定和不容置疑的安排则变得不稳定。[45]

　　事实核查继续在新闻业和政治领域激发着人们极大的热情。它还会招致观察者的定期批评，其中一些批评相当缜密。这些观察者认为，事实核查人员混淆公共话语的程度要大于他们澄清公共话语的程度，或者说他们落入了自己经常谴责的那种错误的平衡报道圈套。[46]主张对美国政治行为或内容进行有意义的结构性改革的人得出这样的结论情有可原，他们认为事实核查总体上加强了美国媒体和政治精英的向心力——两党达成的共识是认可取消强烈政治观点的正当性，代之以更为理性的"温和"中间派。同时，那些认真参与政治活动的人往往没有认识到自己生活在被事实核查人员描绘为被弄虚作假和言而无信统治的世界当中。[47]

　　我相信本书不会完全回应这些批评，但我希望它能够揭示这些复杂的问题。或许有必要坦率地说，我对广泛的事实核查项目表示同情，尽管我并不总是赞同这些事实核查人员得出的结论。我认为事实核查人员的承诺是真诚的。我认为他们的工作中所呈现出的矛盾应当被理解而非被谴责。事实核查是一场改革运动，但它明显与新闻业的观念形态紧密相连。事实核查人员并非局外人——这也许是可用于解释他们的成功以及媒体和政治评论局限性的关键事实。与前几代新闻改革者一样，事实核查人员的目标是不断调整无冕之王的卫冕理想，并以此来捍卫它。

> 事实核查是一场改革运动，但它明显与新闻业的观念形态紧密相连。

第一章 | 满腹经纶的事实核查人员

事实核查人员是地处政治报道核心的独特群体——一个拥有公认的领导者、拥有自己新兴报道规范和实践子集、拥有日益稳定的词汇来处理反复出现的内部争辩和张力的群体。从作为一种公共话语模式的更广泛的意义上讲，事实核查反映了一场跨越数十年的转变：面对技术和经济变迁，新闻和政治的制度场域分化消退，或出现更加复杂的相互渗透。

2014 年初夏，一次不寻常的聚会——有史以来第一次政治事实核查人员国际会议在位于市中心附近的伦敦政治经济学院举行。[1]与会者来自六大洲的二十多个国家。他们来自 26 家不同的事实核查机构，其中有几家脱胎自主流全国性报纸，例如巴黎的《世界报》（*Le Monde*）、智利的《信使报》（*El Mercurio*）和伦敦的《卫报》（*Guardian*），其他则与广播业务有联系，例如澳大利亚广播公司的事实核查栏目，或像 Pagella Politica（字面意思"政治记录页"）那样的独立网站，其研究结果在意大利广播电视公司每周一次的事实核查直播节目中播出。不过，它们中的大多数是独立的网站，与新闻机构没有正式联系。所有团队（三家除外）均是在过去五年中上线的。[2]

峰会的第一天早晨，事实核查人员们在一间逼仄的教室里会面，进行自我介绍。他们中差不多有一半具有新闻业从业背景，其他则来自政治、学术和科技界。两名大学生来自捷克。许多人将自己视为政治改革者。印度 FactChecker. in 的创始人说，这个依靠学术研究人员核查声言、通过新闻工作者展开编辑工作的团队发端于一场席卷全国的反腐败运动。埃及的"穆尔西①测真仪"（MorsiMeter）源自一场志愿服务浪潮。它的联合创始人，一位"信息活动家"（information activist）说："当人们变得疯狂乐观……我们决定搭建一系列为普通公民赋权的工具。"一些事实核查人员以政治人物的陈述为目标；另一些则着力纠正新闻中的差错，或提供对比国营媒体的视角。乌克兰的 StopFake 在峰会召开前几个月才推出，专门曝光篡改的照片和虚假新闻账户。

具有新闻业背景的事实核查人员称自己是在寻求行业的改善。意大利"政治测真"（Politicometro）网站的创始人宣称："我认为意大利的新闻业

---

① 即穆罕默德·穆尔西（Mohamed Morsy），政治家，阿拉伯埃及共和国第 5 任总统。他在 2012 年总统选举中成为埃及史上首位民主选举产生的总统。2013 年 7 月 3 日，穆尔西被埃及军方罢黜，后被军方拘禁并受到起诉。2019 年 6 月 17 日，穆尔西向法官作供 20 分钟后出现晕眩，迅速被送去医院后不治身亡。

病了，事实核查是挽救我们新闻业的良药。"《卫报》的"现实核查"（Reality Check）专栏作家对自己的职业生涯发表了评论，回应了这一观点："让我惊讶的是，当了二十年的记者之后，我一头扎进网站的一角，从事我当初入行那样的新闻工作。"[3]

相对而言，会议室中的资深人士来自本书关注的三家美国事实核查机构：FactCheck. org（成立于 2003 年）、PolitiFact 和《华盛顿邮报》的 Fact Checker（均于 2007 年启动）。这几家机构的第二代领导层作为代表出席峰会。（尽管它们的创始人仍然活跃于事实核查运动，并指引了参加峰会的许多海外投资项目。）[4]现代事实核查运动可以说是从七年前一场规模小得多的会议开始的：当时，FactCheck. org 的创始人布鲁克斯·杰克逊邀请了他的两个新竞争对手参加"一派胡言：政治谎言与媒体事实核查人员的崛起"会议。杰克逊热忱地欢迎他们到场。两位对手都将各自事业的发展归功于 FactCheck. org。《华盛顿邮报》的 Fact Checker 专栏作家迈克尔·多布斯（Michael Dobbs）说："非常感谢布鲁克斯，你当然是这场运动的奠基人。""很高兴我们现在同声相应、同气相求。我们不只是'舞文弄墨的可怜虫'（ink-stained wretch），我们还是满腹经纶的事实核查人员，我们为自己的使命感到骄傲。"[5]

这本书讲述了这些满腹经纶的事实核查人员的故事。如引言所述，过去十年中，事实核查的热潮席卷了美国的新闻编辑室，从诸如《纽约时报》和全国公共广播这样的主干广播网和有声望的新闻机构，到数十个遍及全国、相对小规模的报社、电视台和网络新闻媒体。尽管有争议的事实核查仍然在某些方面引起了批评，但秉持专业标准的新闻工作者几乎普遍接受了这种新体裁。关于事实核查是否适用于客观新闻的争论似已尘埃落定。2012 年，《泰晤士报》候任公共编辑①沙利文（Margaret Sullivan）将她的首篇文章献给了对更多事实核查的全力呼吁，从而避免九个月前她的前任提出的担忧："不管结论和效力怎样，无论具有挑战性的事实如何，我们不得

_21_

---

① 公共编辑是一些新闻出版机构设定的一种职位。担任这一职位的人负责监督新闻道德在出版物中的贯彻——任务相当于建立在新闻文本基础上的新闻道德监察。公共编辑的责任包括识别、检查关键错误或遗漏，并作为公众的联络人。最常见的做法是，公共编辑通过报纸言论版上的一个定期专题完成这项工作。一家具有高标准职业道德的报纸不会因为对报纸的批评而解雇公共编辑，这种行为与设置该职位的目的相矛盾，而且本身也很可能引起公众的关注。

不辩论这样做的必要，这个想法让我感到荒唐可笑。如果新闻业不能拨开迷雾逼近现实，那么媒体扮演了什么角色呢？"[6]

但是事实核查是有争议的领域。它游移的边界不仅容纳了专业新闻工作者，还囊括了博客作者、媒体批评家、喜剧演员、当选官员、政府机构、企业和其他源自公众的声音。本章总览了事实核查领域，介绍了三家精英事实核查机构和围绕它们形成的专业环境。这是一个扎根于新闻报道的环境，但又与学术界和非营利组织有着重要联系——这些联系有助于将事实核查塑造为专业新闻工作的一个分支。本章的后半部分介绍了一些党派组织，这些组织从政治角度核查事实，经常批评诸如 PolitiFact 和 Fact-Check. org 这类机构的工作。这些党派组织不会被专业事实核查人员视作同道。不过，它们在笼罩这种新型新闻形式的争议中处于突出地位。对于理解事实核查运动的实践和话语来说，它们必不可少。

作为政治话语的事实核查

对于专业新闻工作者而言，事实核查指的是一套特定的报道实践以及这些实践产生的故事。它越发指代一种像是"新闻分析"或"问与答"这样的体裁，包含一个用于研究和报告、近乎标准的惯例集。通过给事实核查加一个特殊的标签，或将它们分到指定页面，又或者干脆如美联社那样在标题中插入短语"事实核查"，新闻媒体以此预示惯例的转变。

但是在日常用语中，尤其是网络用语中，事实核查指代一种表达模式。广义上的事实核查指的是公开挑战竞争性陈述的任何分析。这种公开批评的模式有助于厘定所谓互联网上首种原生体裁——博客。2001 年 12 月 9 日，在"9·11"袭击发生近两个月后，一位保守派博主被美国对阿富汗战果的报道激怒，呼吁反制美国主流新闻业："都 2001 年了，是时候叫你们尝尝事实核查的厉害（fact-check your ass）了。"[7]在各个政治派系博主的网络谈论中，这个短句都留下了广泛印迹。它成为博主们逐字逐句分析可疑声言（尤其是来自新闻工作者的声言）的一种速写。它着重抓住了人们的共同信念，即互联网已经改变了记者和读者之间的权力天平。哥伦比亚大学新闻学院院长莱曼（Nicholas Lemann）2006 年发表在《纽约客》上的一篇文章这样写道："互联网也是媒体批评的场所。""'叫你们尝尝事实核查的

25

"互联网也是媒体批评的场所。"

厉害！'是博客圈中众所周知的号召口号之一。"[8]虽然事实核查在新闻业中坐拥独特的历史，但可以公平地说，政治事实核查代表了当代公共领域的博客遗产，一种任何人都可以参与在线探讨和辩论的话语行动。

当代公共话语中有很多例子。例如，2014 年中，沃尔玛（Walmart）高管发表了对前一天出版的《纽约时报》某专栏的公开事实核查。这篇专栏文章认为，沃尔玛作为世界上最大的上市公司，其商业模式依靠各种形式的公共援助，以补足其"丢脸的工资"。作为回应，沃尔玛将上述专栏处理成提交给编辑的初稿那样，文本用红色墨迹标记，用手写的侧边栏注释对专栏中的声言发起挑战，引言中解释说："我们在《纽约时报》上看到了这篇文章，并且无法忽略它有多么不准确，因此我们从中找了点乐子，希望您也一样。"揭穿行动立即引起了《每日传讯》（Daily Caller）和《华尔街日报》等保守派媒体的关注。可以预见的是，几天之内，它就得到了来自《沙龙》（Salon）和《赫芬顿邮报》（Huffington Post）作者们详尽的逐项驳斥，后者所发布的文章的标题为《对沃尔玛事实核查〈纽约时报〉的事实核查》。这样的争论开启了早期常有的事实核查：如何成就一篇关于沃尔玛类似声言的 PolitiFact 式质疑文章。[9]

在政治世界中，事实核查的语言被倾注了特殊的激情。现在，事实核查不仅会定期地出现在选战中，而且会出现在民主党和共和党党组织的网站、国会委员会和议员个人的新闻发布材料中。（在国会网域搜索可找到逾 7 000 条结果，最早可追溯至 2007 年和 2008 年。）这些文本通常照搬新闻事实核查的结构，用引述表示可疑声言，并附上多重信源。《事实核查：为什么发言人博纳刚才的话完全错了》——2013 年末，当时的众议院民主党领袖在其网站上开辟了一个专门的事实核查页面，发表了上述快讯。为了驳斥国会议员在新医保规则中享有特别豁免的说法，上文引用了两重保守派信源、一家自由派智库（think tank）、一个广受重视的健康新闻网站，以及 PolitiFact 和 FactCheck. org。[10]由政党和政客发起的事实核查在吸引新闻人的同一政治事件上达到顶峰，例如辩论和重要演说。（自 2012 年以来，众议院共和党人已在线上专页对总统国情咨文进行了"实时"事实核查。[11]）但这也清楚地反映了政党选情的紧迫。在希拉里发布《艰难抉择》（Hard Choices）这一她担任国务卿期间的回忆录，以为她的 2016 年总统选战奠定基础那天，共和党人围绕该书涉及的外交政策重大挑战进行了资料整理（显然是为某份待发稿件做准备），并在网上推出六"卷"事实核查作为回应。[12]

26

巴拉克·奥巴马的政工一直是热衷其间的事实核查人员。2008 年总统大选期间，奥巴马阵营上线了一个名为"抵御污名"（Fight the Smears）的网站，以打击有关候选人的各种谣言：他是穆斯林，拒绝宣读效忠誓词，米歇尔·奥巴马（Michelle Obama）① 在教堂中使用了"白人"一词，等等。2009 年，随着有关医保改革的辩论逐渐形成规模，白宫网站搭建了一个名为"现实核查"（Reality Check）的页面，以揭穿有关"平价医疗法案"（Affordable Care Act）的"神话"。[13] 在第一任期内，奥巴马政府推出了有关各个领域的事实核查，例如能源政策、汽车产业纾困，以及温斯顿·丘吉尔（Winston Churchill）② 半身像的命运——据称总统已将其送回英国，而来自共和党的总统竞争者罗姆尼承诺要将半身像复原到白宫的应有位置。[14] 2012 年总统大选中，奥巴马阵营推出了一个名为"攻击监察"（AttackWatch.com）的新网站，该网站邀请支持者加入总统的"真相战队"（Truth Team）："当您面对一些歪曲事实的人时，您可以在这儿找到您需要的所有事实，以及与任何有必要听取事实的人分享信息的方式。"[15]

从作为一种公共话语模式的更广泛的意义上讲，事实核查反映了一场跨越数十年的转变：面对技术和经济变迁，新闻和政治的制度场域分化消退，或出现更加复杂的相互渗透。[16] 公认的是，比起由三家全国广播网和富有影响力的都会报纸主导的时期，即 20 世纪中叶"高度现代的"（high-modern）新闻业的全盛时期，当前媒体形态的日益丰富已使新闻工作者享有的把关人角色（gatekeeper role）变得站不住脚。[17] 学者们将新闻实践的许多变化归因于这种转变。例如，有些人认为，在更富竞争性和碎片化的媒体环境中，新闻机构丢弃了观照政治的"讽刺"视角。[18] 但是，媒体形态的丰富也促进了新闻角色和体裁的激增，以新的方式将新闻和政治熔于一炉。这当然包括博客，但也包括 20 世纪 70 年代的报纸言论版、80 年代的政治谈话广播，以及 90 年代有线新闻电视网中开展的大量辩论、分析和评论。最新的一项深入分析发现，自从 1970 年现代意义上的言论版出现在《纽

面对技术和经济变迁，新闻和政治的制度场域分化消退，或出现更加复杂的相互渗透。

---

① 米歇尔·奥巴马是美国前总统巴拉克·奥巴马的夫人。译者在此保留二人全名，以示区分。

② 即温斯顿·伦纳德·斯宾塞·丘吉尔爵士（Sir Winston Leonard Spencer Churchill），20 世纪初期至中期英国保守党籍政治家。1940 年 5 月，他成为英国首相，领导了英国及同盟国对轴心国的战争，并在 1945 年取得了胜利。2002 年，在英国广播公司举行的一场名为"最伟大的 100 名英国人"的调查中，丘吉尔位列榜首。

约时报》上以来，美国新闻业中的"意见空间"（即从政策期刊到《每日秀》等容纳精英意见、分析和讨论的场所）已得到极大拓展。研究者认为，这一"媒体知识分子"空间架起了新闻界、政界和学术界之间的桥梁，如今，意见空间"被极为多元的、融汇了一系列多媒体对话和引用文献的样式塑造"[19]。

专业事实核查人员拒绝这样的论点：他们所做的工作等同于评论（commentary）或意见报道（opinion journalism）。这是他们经常听到的批评。作为服膺客观报道准则的记者，他们的身份对事业而言至关重要。然而，从更广泛的意义上看，也就是从精英对政治和政策的论争上看，事实核查总体上处于意见空间中。在这个空间中，值得特别关注的是一类组织会对专业事实核查人员构成一种恒久的制度性对立——党派媒体的"监督者"团体。它宣扬、批评，有时甚至模仿新闻事实核查人员。在勾勒精英、专业的事实核查机构后，本书将介绍四家上面这样的监督者媒体（watchdog outlets）。

开展在线事实核查的精英

28

第一家致力于在线事实核查的网站出现在网络史的较早期。1995 年，一对自称"业余民俗主义者"的人创立了 Snopes. com 网站，他们没有新闻从业背景。今天，这家网站是迄今为止最受欢迎的在线事实核查工具，每月有逾 600 万以上的访问量。Snopes. com 依靠广告支持，据报为芭芭拉·米克尔森（Barbara Mikkelson）和戴维·米克尔森（David Mikkelson）这个仅靠两名编辑助理的帮助来运营整个网站的夫妻团队提供了安逸的生活。[20] Snopes. com 并非由新闻驱动，而是属于广泛关注在线谣言、"都市传说"，以及例如"9·11"、卡特里娜飓风①和"可乐传说"（Cokelore）② 等事件的重要站点类别。尽管如此，Snopes. com 有时也通过引用 FactCheck. org 和 PolitiFact 之类的行家来揭露政治世界的谣言和迷思。[21] 尽管创始人并不自认为是新闻工作者，但通过指出站点的财务独立和政治中立回应了有关的偏见性指控，呈现出事实核查领域的基本特征。Snopes. com 的"关于"页面

---

① 卡特里娜飓风是 2005 年 8 月出现的一场五级飓风（等级相当于太平洋上生成的超强台风），对美国路易斯安那州新奥尔良造成了严重破坏。

② 可口可乐在美国文化中具有独特影响力，催生了一套民间传说，被称为"可乐传说"。参见 https：//www. snopes. com/fact-check/category/cokelore/.

宣称，戴维·米克尔森"对政治全然不感兴趣，比起任何政治考量，他更偏爱在猫和小鸡的陪伴下过安静的学术生活"[22]。

最早专注美国政治的非党派事实核查网站似乎是 Spinsanity，它由三名刚毕业的大学生于 2001 年建立。该网站被称为"致力于揭露政客、权威人士和新闻业误导性声言的非党派监督者"[23]。创始人将自己视作新闻工作者和新闻批评家。正如《每日秀》主持人斯图尔特做出的解释："2000 年总统大选过后，我和我的编辑们坐在那里，对选战中的一切感到厌恶，厌恶媒体报道，厌恶佛罗里达州的那些事。"[24]2004 年的选战过程中，Spinsanity 最终进行了超过四百次的事实核查。它的作品被《沙龙》和《费城询问报》（*Philadelphia Inquirer*）等媒体收录，并出版了有关新闻媒体和布什政府的《总统班底》（*All the President's Spin*）这本 2004 年度畅销书。（正如斯图尔特被告知的那样，这本书描述了政府如何利用新闻媒体的"弱点"："客观报道为新闻业所孜孜以求，出于这一点新闻媒体不会把谎言称之为谎言。"）Spinsanity 关闭后，其中一位创始人成了记者，另一位创始人加入了新闻评论界，而第三位创始人成了研究政治误传信息和事实核查的政治学家，展示了事实核查这个领域的学科交叠。[25]

尽管不由专业记者操刀，但上面这两个早期的事实核查网站都在最广泛的意义上将事实核查付诸新闻实践：它们试图就公众关心和感兴趣的问题提供权威、真实的事实报道。[26]Spinsanity 尤其如此——除去公开的媒体批评，Spinsanity 担负了新闻业的核心任务，即帮助人们了解公共辩论并做出明智的政治决断。这是甘斯所说的"新闻业的民主理论"（journalism's theory of democracy），是美国记者的自我理解——要将其提供的信息置于民主公民权的中心。[27]此后开展的事实核查实践引入了新的资源来承担上述使命——更多的人员、专业培训与经验，以及与精英媒体和政治网络的接触。但它们也分享了 Spinsanity 对传统新闻业的批评，这种批评深植于专业当中。

FactCheck. org：面向公民的"消费者权益倡导者"

FactCheck. org 是美国第一家由专业新闻工作者组成的致力于事实核查的网站，这是一家由资深政治记者布鲁克斯·杰克逊和传播学者杰米森创立的非营利组织。杰克逊十年前就作为政治记者开始在有线电视新闻网制作事实核查节目，他曾向杰米森咨询过事实核查相关问题，以改善节目形式（此段历史将在下一章中详细回顾）。2003 年，架设在宾夕法尼亚大学安南伯格公共政策中心（原名"安南伯格政治事实核查"）的 FactCheck. org 宣布，自己是旨在降低美国政治欺瞒和混乱程度的"非党派、非营利、面向选民的'消费者权益倡导者'"[28]。该网站原本是 2004 年总统大选的项目，但事实证明它出人意料地受欢迎，并成为全年运营的创业项目［在与民主党挑战者约翰·爱德华兹（John Edwards）① 的辩论中，副总统迪克·切尼（Dick Cheney）② 把它称为"factcheck. com"，此后它声名鹊起］。[29]

如今，在大学生实习生的协助下，FactCheck. org 的六名编辑人员每周大约产出五篇事实核查文章。这些稿件通常调查与当前政治争议相关的多项声言，并且可能多达数千字。与许多新晋同行不同，虽然 FactCheck. org 并未使用评级系统（rating system）或测真仪对政治声言的真实性给予评级，但事实核查却以直言不讳的表达描述了政治欺骗，并经常做出措辞尖锐的裁定。［"肯塔基州参议员兰德·保罗（Rand Paul）声称，里根总统在 20 世纪 80 年代大幅减税后创造了 2 000 万个工作岗位，这是这种增长的'最后一次'。保罗在这两方面都错了。"这是 2014 年中期以来的典型项目，名为"保罗的供给侧失真（Supply-Side Distortion）"。］该小组将分析重点放在"美国主要政治参与者"上，实际上是指政府官员、选举候选人和各种政党组织，包括政治行动委员会等外部团体。不过，它也调查与政治主题有关的在线谣言和连锁电子邮件。

FactCheck. org 依赖基金会支持，网站上没有广告。2010 年以来，安南伯格基金会（Annenberg Foundation）提供了近 75 万美元的资金，但随着建设该网站的一笔十年期资助的结束，2014 年起其得到的资金开始减少。[30] 2010 年，该组织开始接受私人捐款，2014 这一选举年，该组织募得私人捐款总计 139 000 美元，2015 年则为 58 000 美元。FactCheck. org 不从企业、工会或游说团体那里获取资金。2011 年，安南伯格公共政策中心上线了 FlackCheck. org，这是一家专注"政治素养"的姊妹网站。该网站的运作和经营分开，但要依靠 FactCheck. org 的研究来制作视频和分析，以强调政治演讲中的"欺骗模式"。

---

① 即约翰尼·里德·"约翰"·爱德华兹（Johnny Reid "John" Edwards），2004 年作为民主党总统候选人与克里（John Kerry）搭档正副手参与竞选，最终败给小布什和切尼这对共和党总统候选人。

② 即理查德·布鲁斯·"迪克"·切尼（Richard Bruce "Dick" Cheney），第 46 任美国副总统，2001—2009 年作为小布什总统的副职在任。

　　FactCheck. org 的非营利地位及其与研究型大学的联系使其在一定程度上区别于传统新闻编辑室的同行。它的使命宣言（mission statement）解释说，该网站旨在运用"新闻和学术的最佳实践"，例如工作人员有时会采用学术的思维方式去解释他们拒绝使用"不科学的"评级系统的原因。[31] 更引人注目的是，该网站的版权政策允许任何人免费复制或分发其事实核查文章，只要给予适当的引用说明、保留"编辑完整性"即可。通过这种方式，基金会的支持有助于解决新闻业的民主目标与商业目标之间通常存在的紧张关系，从而确保团队的事实核查尽可能服务最广泛的受众群。创始人布鲁克斯·杰克逊告诉我："剽窃或抄袭对我们来说都能接受。"于 2013 年接替杰克逊担任董事的尤金·基利应和了上述观点："我们的著作权实质上是在说'来抄我们的东西吧。'"FactCheck. org 与《今日美国》、雅虎新闻（Yahoo News）、《赫芬顿邮报》等建立了非正式的发行合作伙伴关系以拓展影响范围，它们经常重制其文章。[32]

　　尽管与学术界和慈善界有联系，但 FactCheck. org 无疑将自身定位为一个新闻项目（journalistic enterprise）。该网站获得了许多新闻奖项，并被普利策奖提名，其编辑人员几乎全部具有政治报道背景。（杰克逊和基利都是资深政治记者。前者曾为有线电视新闻网、《华尔街日报》和美联社工作，后者则曾为《费城询问报》和《今日美国》工作。）这种核心认同在公共和私人场合都不断得到重申。因此，举例来说，一份招募学生实习生的通知强调，他们必须能够"独立思考并抛开任何党派成见"（见图 1.1）。令一些人失望的是，实习生不被鼓励参与政治事业或活动，或用政治材料装饰他们的工作空间。[33]

PolitiFact：事实核查作为数据库

　　PolitiFact 于 2007 年 5 月上线，是《圣彼得堡时报》（*St. Petersburg Times*）和当时其姊妹出版物《国会季刊》（*Congressional Quarterly*）的联合项目。非营利的波因特研究所持有一份现在叫《坦帕湾时报》（*Tampa Bay Times*）的报纸。但《坦帕湾时报》和 PolitiFact 都是作为商业性的、有广告支持的媒体创业公司运作，并在该报的印刷版上发布精选的事实核查［《国会季刊》在该网站中的作用迅速减弱，并在 2009 年被卖给了《经济学人》集团（Economist Group）］。筹办 PolitiFact 的想法来自时任《坦帕湾时报》

FactCheck. org 奖学金计划

屡获殊荣的政治网站 FactCheck. org 目前正在接受 2011—2012 年度实习计划的申请。该网站隶属于宾夕法尼亚大学安南伯格公共政策中心。下一波实习生将在 6 月 5 日至 7 月 30 日在中心的办公室接受为期八周的带薪夏季计划培训。如果他们的工作值得他们继续被雇佣，那么在秋季和春季学期，今年夏季接受培训的实习生就必须同意在 FactCheck. org 每周工作 10 ~ 15 个小时。

我们是非党派、非营利的选民"消费者代言人"。FactCheck. org 的实习生将帮助工作人员监测政治人物在电视广告、辩论、演讲、采访和新闻中发布的声言的事实准确性。在 FactCheck. org 工作人员的指导和监督下，实习生们研究这些声言，撰写文章并发表在我们的网站上。实习生必须具有简明扼要的写作能力，了解新闻实践和道德规范，并对政治和公共政策感兴趣。实习生还必须能够独立思考并抛开任何党派成见。

申请的截止日期是 2 月 28 日。请与 FactCheck. org 费城分部主任尤金·基利（Eugene. kiely@ factcheck. org）联系获取更多信息。

图 1.1　FactCheck. org 研究计划发布的实习招募

注：该计划描述了该团体的任务，表明其寻找的实习生应当具备的素质包括"抛开任何党派偏见"的能力。

资料来源：FactCheck. org 资料库。

华盛顿分社社长的阿代尔。他向编辑们提议，栏目暂定为"竞选裁判"（Campaign Referee），作为基于数据库而非博客的 FactCheck. org 的另一个版本。"我的想法是利用网络的优势，把 FactCheck 正在做的事情以不太像博客的方式打包起来，"阿代尔解释说，"从零开始，我们能够创造出我确以为新的新闻形式（form of journalism）。"[34]

PolitiFact 的数据库以其注册商标"测真仪"为中心，对每条政治声言进行六分评级，从"真"到"一派胡言"。该网站最初的任务说明强调了与其前身的不同之处："PolitiFact……比从前的新闻事实核查工作更大胆，因为我们会做出判断。"PolitiFact 与 FactCheck. org 的不同之处还在于其事实核查的对象，这些对象从一开始就不仅包括政治人物，还包括媒体人物——专家学者、分析人士、专栏作家、社论作者等。2013 年，PolitiFact 剥离出专门针对媒体人物声言的姊妹网站 PunditFact①。作为数据库的一部分，测真仪的裁决可以根据话题、评级以及发出声言的人进

> 测真仪的裁决可以根据话题、评级以及发出声言的人进行检索，让翻查该网站追踪的公众人物的全部记录变得可能。

---

① PunditFact 为 PolitiFact 的关联网站，专门致力于核查专家学者、专栏作家、博客作者、政治分析家、脱口秀节目主持人和嘉宾，以及其他媒体人物声言的准确性。

行检索，让翻查该网站追踪的公众人物的全部记录变得可能。PolitiFact 上线时承诺："这是一个发展中的数据库，随着时间的推移，它的价值将日益凸显。"[35]

到 2015 年，该数据库已经拥有了 5 000 多条事实核查条目。今天，七名编辑记者每周为 PolitiFact 的全国主站和 PunditFact 制作约 20 个条目。2010 年以来，PolitiFact 还将其品牌和操作方法授权给各州的媒体合作伙伴（通常是旗舰报纸）——它们首年需支付大约 3 万美元，每年再支付大约 1 万美元的续约费用。各州的特许经营商在接受测真仪方法培训后独立运作。它们承诺每周制作几个核查条目，相应文章在 PolitiFact 网站的各州专属网页上发布，并纳入主站测真仪数据库。作为回报，各州媒体合作伙伴在网站上就其报道出售广告，保留在其印刷版上刊登 PolitiFact 报道或将其转发给本州其他新闻机构的权利。[36]特许经营商头两年发展迅速，但在 2012 年总统大选后出现了变故。尽管如此，特许经营商随着下一场选战的临近开始恢复，到 2015 年底有 14 个州（得克萨斯州、佛罗里达州、佐治亚州、罗得岛州、威斯康星州、弗吉尼亚州、新罕布什尔州、密苏里州、加利福尼亚州、艾奥瓦州、亚利桑那州、内华达州、科罗拉多州和俄亥俄州）加入。[37]

尽管起源于一家商业报纸，但如果把 PolitiFact 理解为旨在营利的企业，那就错了。该网站的广告收入从来没有抵过员工密集型新闻报道成本的一丝一毫。同样，从其州级许可计划开始，PolitiFact 就知晓，来自媒体合作伙伴的"微薄收入"不会产生利润，它只是在增加 PolitiFact 事实核查受众的同时用以补偿成本的一种方式。当被问及 2010 年第一批合作伙伴加盟后的收入问题时，阿代尔强调了该网站的新闻使命："归根结底，这是一出公共服务的剧目。"[38]这种使命感贯穿在新的州级媒体合作伙伴的培训课程中，它们被邀请操演一种更苛刻、更坦率的新闻形式。在编者按中，该网站经常庆祝测真仪数据库的深度和 PolitiFact 网络在全国的增势。来自整个网络的编辑记者每年都会聚在一起，举行他们称之为"PolitiFact 庆典"的庆祝活动。

从 2010 年开始，PolitiFact 试图与非营利部门建立联系。通过这些部门，一些基金会开始支持事实核查实践和有关事实核查的研究，以这样的办法提升公共话语的品质。这些努力在 2013 年结出硕果：福特基金会等组织提供了 62.5 万美元的赠款，资助 PunditFact 的启动。[39]这笔钱帮助 PolitiFact 在其全国职员团队中增加了三名全职事实核查人员。这笔钱还要求这家新兴创业公司"分析其到达率及影响",这在慈善界是很常见的做法。[40]这一评估要求将由波因特研究所而不是 PolitiFact 直接完成。不过,这也说明了一个反复出现的主题:事实核查中的学科界限(新闻、慈善、学术)如何推动专业记者以新的方式思考和谈论他们的工作。[41]

Fact Checker:翻译政治"暗语"

2007 年 9 月,在 PolitiFact 出现四个月后,《华盛顿邮报》揭晓了自己专门的事实核查项目。已从《华盛顿邮报》退休的政治记者迈克尔·多布斯被返聘回来报道总统大选,他提议将 Fact Checker 专栏作为一种方式,来纠正"政治报道中的一些缺陷,以及仅对'赛马'(horse race)① 和'他说,她说'(he said, she said)报道②的关注"。他预想该专栏为不诚实的政客颁发某种"匹诺曹"奖,也许可以配上一个会随着欺骗行为规模增大而变长的鼻子。[42]正如多布斯后来写的那样,他准备与编辑们来一场激烈的讨论:"《邮报》③ 记者是否有资格在竞选辩论中担任裁判,并对犯错的政客施以重击?如果我们在事实的争论中站在某一方那边,这是否会牺牲我们珍视的'非党派'地位和'平衡'?"[43]

与他所担心的情况相反,这个想法迅速得到了批准。整个总统选举期间,Fact Checker 栏目一直在《华盛顿邮报》网站上运行,每天有一个核查条目的"非官方配额"。报纸的印刷版上也有十几个专栏,通常被安排在 A 叠的少数版面上。评级系统根据失实程度颁给政治声言 1~4 个匹诺曹;真实声言则获得"盖比特"④ 的勾选标记。任职三个月后,多布斯发明了一个

---

① 如作者所言,"赛马"是政治报道中的积弊。像报道真实的赛马活动那样,"赛马"报道倾向关注竞选中的民调数据和公众看法,而不是候选人的政策,报道候选人的差异胜过相似之处。有研究指出:对于记者来说,赛马的隐喻提供了一种分析框架——判断一匹马的好坏不是看它的绝对速度或技巧,而是看它与其他马速度的比较,特别是看它的胜负。2018 年的一项元分析发现,赛马报道减少了公民理解政治的实质性知识(如政策或候选人的问题立场),助长了政治上的愤世嫉俗和疏离感。参见 Broh, C. A. (1980). Horse-Race Journalism:Reporting the Polls in the 1976 Presidential Election. *The Public Opinion Quarterly*, 44 (4):514-529; Zoizner, A. (2018). The Consequences of Strategic News Coverage for Democracy:A Meta-Analysis. *Communication Research*, 48:3-25.

② 参见原书作者在本章的第 55 条注释。

③ 《华盛顿邮报》的简称。

④ 盖比特是《匹诺曹历险记》中的一个虚构人物。盖比特是一个年老贫穷的木匠,也是匹诺曹的创造者。

新的评级类型，即"真实但错误"（True but False），用于评价那些"技术上准确"但"造成误导的印象，其威力不亚于彻头彻尾的谎言"[44]的声言。回顾这段经历，多布斯说，他对"误传信息的泛滥"感到不知所措，这要求他在一些从未报道过的领域成为"即刻的专家"，并在 2004 年选战期间专注于少数几个问题，从而能够进行更深入的报道。[45]

2011 年，《华盛顿邮报》恢复了 Fact Checker 栏目，作为该报长期从事政治和政策报道的记者格伦·凯斯勒的长期专题。凯斯勒有报道大多数主要政策领域的背景，特别是有外交和外国事务条线（beat）① 上的经验，长于分析性报道，凯斯勒称，这对像他这样的记者来说是一个理想的任务。[46]该专栏的任务声明（mission statement）将事实核查描述为解释性报道（explanatory journalism）的一种形式："我们将寻求难以解释的问题，为其提供缺失的背景，并对政客、外交官和其他人用来模糊或遮蔽真相的各种'暗语'提供分析和解释。"重启后的 Fact Checker 保留了匹诺曹评级表，并在 2011 年底开始编制主要总统候选人的匹诺曹平均分，这是向 PolitiFact 秉承的"数据库"视角迈出的一小步。同时，凯斯勒的前任偶尔会调查意见版上的声言，而凯斯勒的目光更多地缩窄到"政治人物和政府官员"的陈述上。[47]

凯斯勒和另一名事实核查人员大约每天为《华盛顿邮报》网站制作一篇文章，每周日还在报纸的新闻版面开设一个专栏。2013 年，该报推出了名为"真相讲述者"（Truth Teller）的实验性"即时事实核查"平台，该平台得到了奈特基金会（Knight Foundation）5 万美元的资助。该平台使用算法来识别视频片段中的政治声言，并将这些声言与《华盛顿邮报》、PolitiFact 和 FactCheck. org 的事实核查进行实时匹配，在视频播放时显示核查结果。[48]作为项目的一部分，凯斯勒获得了一名额外的助理，帮助制作 Fact Checker 专栏的预录版本，给该报的视频端提供"邮报电视"。其原理与 FactCheck. org 的配套网站 FlackCheck 相同——以引人注目的形式使事实核查生动化，以吸引比冗长书面分析更广泛的受众。[49]

Fact Checker 与它的两个全国性同行的不同之处在于它与传统新闻编辑

---

① 条线是新闻生产实践中一个耳熟能详的语汇，也被称为跑口。为全面覆盖"有价值的"新闻，新闻机构会安排其雇员对接各级政府及其职能部门，并/或时刻留意指定地理区域内发生的大事小情。这种报道领域的划分在新闻机构中被称为条线；司职特定条线的记者常被称为条线记者或跑口记者。有关条线的更多讨论参见塔克曼（2022）. 做新闻：现实的社会建构. （李红涛，译）（第 22 - 72 页）. 北京：中国人民大学出版社.

部的日常联系。与 PolitiFact 的对比很明显：虽然两家企业都隶属于印刷报纸，但 PolitiFact 自行打理其网站，总部设在由事实核查人员主导的华盛顿分部。与此同时，凯斯勒在《华盛顿邮报》的新闻编辑部工作，在其网站上发表文章，并非将 Fact Checker 作为自负盈亏的商业部门来运作。这样一来，该企业更接近《纽约时报》、美联社和全国公共广播等全国性新闻机构推动的事实核查举措。然而，Fact Checker 是整年运作的机构，不以竞选季为重点。凯斯勒及其员工全职投入事实核查工作，而不像政治记者那样被指派去核查临时出现的演讲或辩论。而且同样重要的是，凯斯勒和他的前任都热衷于雕琢专业话语，论证这种刺耳且经常激起争议的新闻风格的重要性。出于上述原因，将 Fact Checker 与 PolitiFact 和 FactCheck.org 这样的专门机构放在一起考虑具有合理性。

新闻领域的改革者

这三家专门的事实核查机构加上传统新闻机构的一两家同行，已经汇成了精英新闻业公认的专业队伍。它们每年在会议或私人聚会上碰几次面，这些会议将对事实核查现象感兴趣的记者、研究人员和资助者聚拢到一起，他们在小组讨论中一块出现，在同一文章中被共同引用。"称它为事实核查峰会吧"，一份 2012 年年中在全国记者俱乐部会议上发布的新闻业观察报告这样说道：

> 引领新闻业新兴的事实核查动向的关键人物都在这里：发起并运营 FactCheck.org 的先驱布鲁克斯·杰克逊；获得普利策奖的 PolitiFact 编辑比尔·阿代尔；为《华盛顿邮报》撰写 Fact Checker 栏目的格伦·凯斯勒；以及坐镇美联社监督报道的华盛顿特区常驻记者吉姆·德林卡德（Jim Drinkard）。[50]

这三家精英事实核查机构认为它们同气相求。"我们和和气气"，在一次培训中，它们这样告知一群来自各州的 PolitiFact 记者——让他们听到主要对手的情况，这对记者们来说是不同寻常的一课。[51] 三家网站涵盖了许多相同的材料，在工作中互相引用，联合起来应对批评者。如前所述，当新同行在 2007 年出现时，FactCheck.org 的创始人布鲁克斯·杰克逊召开会议庆祝了事实核查的奔涌。"我很高兴……现在在这个领域我们有了同伴。"

他称 PolitiFact "耳目一新"，赞颂了《华盛顿邮报》为其创新事业引入的技艺和经验。[52] 2011 年，当凯斯勒接手《华盛顿邮报》的事实核查专栏时，杰克逊和阿代尔在华盛顿请他共进午餐，欢迎这位事实核查新锐加入他们的小俱乐部。[53] 凯斯勒后来在接受全国公共广播采访时解释道："我不想把我们说成竞争对手，我认为我们相互把对方看作同道中人。"[54]

这种改革者的身份在会议和新闻评鉴等批评性场合已经形成，有助于"为传统的新闻实践观不予注重的做法建立权威"。

在一项非常自觉地引领新型新闻工作的事业中，三家互为竞争对手的组织汇聚了起来。它们对传统的政治报道提出了改革者的批判，拒绝所谓的"虚假平衡"或"他说，她说"报道。[55] 在 2011 年底举行的事实核查峰会上，杰克逊打趣地说："我是新闻业的老手——一个收回'他说，她说'的记者。"[56] 正如芭比·泽利泽（Barbie Zelizer）二十年前指出的，这种改革者的身份在会议和新闻评鉴等批评性场合已经形成，有助于"建立传统的新闻实践观不予注重的权威"[57]。本书很大程度上着墨于这种元新闻话语，它在过去十年事实核查人员的一系列公开和非公开会面中被呈现（见表 1.1）。这些会面对事实核查运动至关重要，主要体现在三个方面：第一，会面为记者投身其间、认识事实核查运动共同使命创造了契机；第二，会面为磋商运动中隐含的张力和矛盾提供了场所；第三，会面成为新闻业和邻近领域（如学术界和非营利界，它们一直是资金和智识支持的重要来源）相互交融之源。[58]

初步分析，事实核查似乎只是另一个专门的新闻工作分支（好比体育报道），在更广泛的专业领域内有其自成一体的规范和实践子集——许多新闻工作者会这样描述它。它的与众不同之处在于对该领域其他部分的自觉引导：通过尝试引入新的做法、修改现行规范，以及为事实核查人员所认为的公共事务报道的核心和被低估的形式提供制度资源，他们相当公开地寻求修补政治报道。就像早期新闻工作的"场域修补"（field repair）一样，如 20 世纪 90 年代的公共新闻运动，事实核查从专业的基础性失能（a fundamental failure）出发，对其不走寻常路的取向予以合理化。[59] 一个反复在接下来的章节中出现的主题是，新闻工作者的共同使命是如何既将与其竞争的事实核查人员聚拢在一起，又让他们所处的新兴子领域向新闻业以外的势力（influences）和话语开放。[60]

表 1.1　　　　　　　　建立一场运动：2007 年以来的事实核查运动

活动	发起方	地点	时间
一派胡言：政治谎言与媒体事实核查人员的崛起	安南伯格公共政策中心	华盛顿	2007 年 11 月 9 日
事实核查的未来	纽约市立大学	纽约	2011 年 11 月 15 日
新闻中的事实核查	新美国基金会	华盛顿	2011 年 12 月 14 日*
"政治生活的事实"	新美国基金会	华盛顿	2012 年 2 月 28 日*
数字媒体中真相的力量	哈佛大学伯克曼中心	马萨诸塞州剑桥	2012 年 3 月 6—7 日*
"对 2012 选战的事实核查：战壕中的视角"	安南伯格公共政策中心	华盛顿	2012 年 5 月 22 日
反击误传信息，强化网络话语	新美国基金会	华盛顿	2013 年 2 月 8 日*
"事实核查运动的挑战：2013—2016"	新美国基金会	华盛顿	2013 年 3 月 5 日
"快餐与事实核查：来自 PolitiFact 的经验"	西南偏南①	得克萨斯州奥斯汀	2013 年 3 月 11 日
"走向世界的事实核查"	西南偏南	得克萨斯州奥斯汀	2014 年 3 月 10 日
"走向世界的事实核查"	国际新闻节②	意大利佩鲁贾	2014 年 5 月 3 日
"美国新闻学会事实核查学者会议"	美国新闻学会	华盛顿	2014 年 5 月 30 日*
全球事实核查峰会	波因特研究所	伦敦	2014 年 6 月 9—10 日*
Latam Chequea	Chequeado③	布宜诺斯艾利斯	2014 年 11 月 6—8 日
政治中的真相 2014：关于事实核查报道的现状报告	美国新闻学会	华盛顿	2014 年 12 月 10 日*

---

① 西南偏南（South by Southwest，SXSW）是每年在美国得克萨斯州奥斯汀举行的一系列电影、互动式多媒体和音乐艺术节大会。西南偏南由西南偏南公司（SXSW Inc.）执行，该公司主要规划并举办各类大会、贸易展、媒体节和其他活动。

② 国际新闻节创立于 2006 年，是每年在意大利佩鲁贾（位于意大利中部，距首都罗马约 160 公里）举行的新闻活动。国际新闻节吸引了记者、新闻专业学生、学者和媒体免费参加相关主题演讲、研讨会和小组讨论。详见：https：//www.journalismfestival.com/.

③ Chequeado 是阿根廷公共之声（La Voz Pública）基金会的主要项目。它自称是一家非党派、非营利的数字媒体，致力于核实公共话语、打击虚假信息，促进信息获取并开放数据。详见：https：//chequeado.com/.

续表

活动	发起方	地点	时间
"审视 PunditFact 及其新闻角色"	波因特研究所	华盛顿	2015 年 2 月 10 日 *
全球事实核查峰会	波因特研究所	伦敦	2015 年 2 月 25 日 *

　＊ 作者参加的活动。

　注：可能还有其他的 2007 年以来的事实核查运动没有被包含在这个列表中。

对比与融合

　　这三家美国精英事实核查机构各不相同。对比它们的组织背景和结构有助于解释它们取向上的一些差异。且看 FactCheck. org 和 PolitiFact 之间的对比。基金会的支持和与大学的联系锚定了事实核查领域的从业者将其描述为一种直接的、不加修饰的取向。例如，FactCheck. org 公开否定了新入局竞争对手开发的评级系统。布鲁克斯·杰克逊说，评定政治声言真实性没有"学理上可观的方式"（"我们是常春藤盟校的一部分"）。他把测真仪理解为一种营销工具："它很华丽，很抢眼，能提升人们的卷入度，有助于我们将它推销给那些可能认为我们的东西过于学究的受众。"[61] 相比之下，PolitiFact 作为一个独立的、寻求收入的商业部门，激励了一种更偏创业的心态。从一开始，该网站就热衷于吸引公众注意（据统计，阿代尔在团队成立的第一年就接受了两百多次现场采访），并与广播公司建立了伙伴关系以促进其工作。[62] 这种渴求媒体的做法与其引用的测真仪（一个同时反映新闻和商业目标的设备）相吻合。风趣的评级系统使 PolitiFact 的分析更容易被读者消化——它为阿代尔所说的"来点蔬菜"① 新闻增添了意蕴，同时也有助于建立全国品牌。[63] 该网站的媒体形象（media profile）为围绕测真仪品牌启动 PolitiFact 特许经营网络提供了便利。这一特许经营网络的运行反过来亦塑造了新闻实践，例如，它要求 PolitiFact 编制方法论以培训新的事实核查人员，并促进各加盟者的一致性。

　　同时，专业新闻领域的丰满多样足以说明这些群体之间的差异。如果认为资助安排（或其他组织特征）与事实核查人员的编辑部实践之间存在强

---

　　① 参见第六章"真实和想象的读者"一节，作者对阿代尔提倡的"来点蔬菜"式新闻做了详细介绍。

烈的因果联系，那就错了。虽然 FactCheck. org 的编辑们把他们的做法归为 *10* 一种学理的思路，但其他与大学有联系的事实核查团队也在使用测真仪，如亚利桑那事实核查。相反，尽管《华盛顿邮报》和《坦帕湾时报》成了榜样，但包括美联社和《纽约时报》在内的许多传统新闻机构一直不愿意使用评级系统。在 2012 年与事实核查同行的小组讨论中，美联社责任编辑吉姆·德林卡德指出了计量评级的内在"扭曲性"。[64] 同样，我们也很难在海外事实核查机构的组织根基和测真仪的使用之间找到明确的联系。[65]

在这方面，组织环境对新闻工作的影响主要是塑造了编辑决策成立的语境。背靠常春藤大学使 FactCheck. org 蓄积了可供新闻工作者们利用的制度-文化常备资源，以此理解并合理化他们开展事实核查的取向，塑造了他们的身份和实践。但是，尽管具有非营利性质和学术背景，这一团队仍被描述为新闻业的老派力量（journalistic traditionalists）——这是杰克逊及其继任者尤金·基利都坦然接受的身份。"我这人老派"，这是杰克逊在其他采访中使用过的一句话。[66] 如果 FactCheck. org 不是在大学而是在杰克逊之前工作的媒体中扎根，就会有不同的理由来与政治声言评级保持距离。

事实上，虽然重要的差异仍然存在，但这三家精英事实核查机构在商业和编辑实践上都显露出清晰的趋同迹象。FactCheck. org 的编辑们多次表示，一旦出现全国性的竞争对手，他们就会面临更迫近的截稿压力；2009年，网站设计大幅更新了一次，以便引入"FactCheck 连线"（FactCheck Wire）栏目来提供更短、更及时的文章。FactCheck. org 和《华盛顿邮报》的 Fact Checker 都从高度引人注意的 PolitiFact 那里学到了东西。例如 2012年以来，通过与报业和广播电视新闻媒体积极合作，FactCheck. org 一直在努力提升其公众形象。[67] 而且如前所述，Fact Checker 再次上线后不久，凯斯勒通过"匹诺曹追踪器"比较了主要总统候选人的事实核查记录，向 PolitiFact 的数据库模式跨出了一步。[68] 同时，也许是最重要的，就事实核查作为新闻机构的发展来说，PolitiFact 和 Fact Checker 循着 FactCheck. org 奠定的道路，已经开始从慈善机构对事实核查的兴趣中获益。在特定情况下，*11* 这种趋同不一定是刻意模仿的结果，但它是在一系列共同制约因素的背景下展开的，经济、编辑、政治影响着这些组织的决策。[69]

这可以说是一个独特的实践领域或子领域形成的含义：即便是对手，实践者亦开始相互认同，确定共享的技术、关切、价值等。即使在那些差异持

> 组织环境对新闻工作的影响主要是塑造了编辑决策成立的语境。

续存在的地方，事实核查人员也越来越多地凭借与公共和私人场景的多年接触形成一种共通的语言，去谈论这些差异及其含义。再以声言评级这一事实核查中最明显、最有争议的分界线为例。在 2012 年的一篇告别文章中，布鲁克斯·杰克逊回顾了掌舵 FactCheck.org 的近十年，将他对同事的褒扬与关于"刻板的评级系统"陷阱的尖锐言辞搅在一起。[70] 这篇文章指出了事实核查人员公开承认的一点，即使用评级系统时的权衡：评定的级别吸引了更多的注意力，简化了可能密集得令人望而却步的分析，也似乎对机械的客观性做出了承诺，即使这种客观性无视了新闻事实核查的混乱现实（甚至 PolitiFact 的母报《坦帕湾时报》的编辑也称测真仪是新闻"噱头"，尽管它很有价值）[71]。评级系统使事实核查中的紧张关系被狡猾地缓解，并使 PolitiFact 和 Fact Checker 成为政治人物和记者同行强烈批评的焦点。

评级系统的权衡成为 2014 年全球事实核查峰会的核心主题之一。阿代尔复盘了早前新闻会议上的一场辩论——这是一场他与总部设在伦敦的事实核查媒体 Full Fact 主管进行的"笼中恶斗"，该机构放弃了自己的五级制评级方案（用放大镜表示），认为其缺乏精确性和严谨性。威尔·莫伊（Will Moy）解释说，他的队伍决定放弃"更高关注度"，转而选择"长期声誉"，认为"一套不可靠的评级系统（恐怕这种不可靠与生俱来）并不能帮助我们做到这一点。"PolitiFact 的两个顶尖的美国竞争对手也参加了这次辩论。阿代尔以一则轻松的发誓开辩，要让 FactCheck.org 的新主管改用他的思维方式。[72] 在有人想知道为什么评级表显得滑稽可笑后，凯斯勒为《华盛顿邮报》的评级系统辩护："至少在华盛顿，那些匹诺曹拥有巨大的能量。我的意思是有些国会议员直接给我打电话说'我需要做什么才能避免继续得到匹诺曹？'"放眼参会的二十余组事实核查团队，有一半以上在使用某种衡量标准来评估声言或政治承诺，且支持和反对的理由均强劲有力。

但是讨论最引人注目的特征是，人们很容易对声言评级的优势和局限达成一致，并反复确认事实核查需要多重进路。[73]

会议的主要目标是建立一个由遍布世界各地的事实核查机构组成的协会。这是一项复杂的工作。许多不同类型的组织出席了会议，包括十几个与新闻工作没有密切联系的组织。为期两天的会议中出

即便是对手，实践者亦开始相互认同，确定共享的技术、关切、价值等。即使在那些差异持续存在的地方，事实核查人员也越来越多地凭借与公共和私人场景的多年接触形成一种共通的语言，去谈论这些差异及其含义。

现了令人惊讶的方法论差异。令一些海外事实核查人员感到讶异的是，他们的美国同行在文章刊发前总是致电被核查者，他们想知道这是否会招致报复，或给公众人物改动其叙述的机会。同时，在场的资深记者无法相信，一些有学术头脑的同行会核查辩论或演讲中的每一条事实声言，而不是只检查那些有趣的部分。由于对事实核查是什么或核查什么有如此多的不同理解，组织者不得不决定谁有资格成为新协会的成员。只有一项明确的原则浮现出来：与政党或其他利益群体有直接联系的党派倾向事实核查机构不能参加会议。[74]

从政治角度进行事实核查

如前所述，事实核查清楚地说明了近几十年来媒体和政治领域的制度性模糊或混合。至少在以下两个重要方面这是确定的。第一，对公开陈词提出质疑的新闻报道使记者在实践中更难与政治人物明显区别开来。当众质疑一则声言是政治行为，它会招来政治批评，并有将记者卷入党派斗争的可能——一如"他说，她说"的框架正是旨在避免这种斗争的客观新闻的防御策略。[75]［值得注意的是，事实核查的日常工作至少与反对派研究（opposition research）有表面上的相似之处，而反对派研究长期以来一直是美国选战活动的一个特点。］当然，人们可以像事实核查人员那样争辩说，真正的客观性意味着站在真相的一边，即使这是对一种观点的偏袒。但这制造了一种更加"政治"的新闻报道，一种推进论点后可想而知会招致反驳的报道。

第二，作为一种体裁，事实核查引入了一种生机益然的媒体行动形式，这种行动源自政治行动者，也出自那些桥接了媒体与政治领域的组织。它是一些政治传播学学者所称的政治"媒介化"的活跃场所，昭示了诸如选战、行动主义等政治活动或进程"预设媒介形式"的趋势。[76]这有时也被描述为"媒体逻辑"向其他活动领域的渗透：通过越来越多地像媒体制作人一样思考和行动，以有组织、有策略的方式追求政治目标。[77]例如，可以从政治行动者"绕过"传统新闻媒体的策略中理解这种逻辑。（新闻工作者和媒体批评家们大声反对奥巴马政府使用这种策略。美国广播公司一名专司白宫报道的记者在全国公共广播一档关于这个问题的

> 通过越来越多地像媒体制作人一样思考和行动，以有组织、有策略的方式追求政治目标。

节目中抱怨："他们成为出版商，成为记者，变身为自己的广告公司。"）[78]
应当说，政治的媒介化不像那些最过激的言论所暗示的那样新型、周详[79]，
然而，它为思考政治行动者发起的事实核查提供了一个有用的框架，这些
政治行动者在挑战专业新闻报道的同时，也非常显而易见地模仿了其报道
技巧和表现形式。

在报道之外，事实核查以媒体批评之名持续且有组织地运作，并获得
制度支持。像事实核查一样，媒体批评将新闻业与毗邻的专业领域联系了
起来。在美国，它有两个主要关注点：被视作建制派的媒体批评跨越了专
业新闻报道和媒体研究的边界。它体现在新闻学院创办的《哥伦比亚新闻
评论》（*Columbia Journalism Review*）和《美国新闻评论》（*American Journalism Review*）这样的期刊上。在新闻实践和学术研究光谱上，各期刊和研究
中心取态各异，例如哈佛大学尼曼新闻实验室就采取了比既有专业评论更
加学理的视角。不管怎样，所有这些取态（例如"他说，她说"报道）都
提供了专业的自我检视和自我批评的空间，并帮助孵化了事实核查运动。
（《美国新闻评论》发过两篇文章，其中发表于 2004 年的第一篇似乎是首次
使用"事实核查运动"这一短语的文章。[80]）除了关注和大而化之地赞美
这种新体裁，建制派媒体批评家有时也推出属于他们自己的事实核查。例
如，2004 年《哥伦比亚新闻评论》首推"选战新闻台"网站，自称是"政
治媒体的良心"，在审视选战报道的过程中经常对政治声言进行评估。[81]

在美国，媒体批评有着独立且相当活跃的传统，它来自政治领域，在
左派和右派中都激发了有组织的事实核查工作。党派媒体监督团体〔早期
的例子是 1969 年成立的保守派"精准媒体"（Accuracy in Media，AIM）和
1986 年开始运作的自由派"公平与准确报道"（Fairness & Accuracy in Reporting，FAIR）〕参与了不断变化的媒体和政治活动的组合。它们开展研究
并发布报告，记录媒体的偏见。它们运用新闻简报、博客，有时还有视频
片段，创造了各种形式的内部媒体来关注新闻业。它们通过采访和在传统
新闻媒体上发表文章来公开所有这些工作。在这方面，正如托马斯·梅德
韦兹（Thomas Medvetz）认为的那样，它们可以被认为是美国"智库"这一
更广泛类别的子集，它们是政治、学术、经济和媒体领域的桥梁，有选择
地从这些领域中的每一处汲取资源，应对制度性的挑战。[82]与其他类型的智
库一样，媒体监督团体通过强调媒体生产和类似新闻的故事形式来适应数
字媒体环境。定期开展事实核查就包括在内。

作为事实核查人员的媒体监督

从单打独斗的博主到诸如《旗帜周刊》（*Weekly Standard*）①、《华盛顿月刊》（*Washington Monthly*）和《美国展望》（*American Prospect*）等知名党派杂志的作者，任何规模的党派媒体批评人士都会定期与专业事实核查人员接触。一家名为"PolitiFact 偏见"（PolitiFact Bias）的网站只为此存在："揭露有缺陷的事实核查机构 PolitiFact，特别关注那些有助于展示 PolitiFact 明显意识形态偏见的问题。"[83] 但是，作为专业事实核查机构的批评者和党派事实核查的来源，以下四家成熟的媒体监督团体值得特别关注。

"精准媒体"②

1969 年，时任美联储经济学家的里德·欧文（Reed Irvine）创立了"精准媒体"，为后来的左派和右派的媒体监督团体创造了样板。该组织可被视为更广泛的"保守主义运动"网络的一部分，该网络在巴里·戈德华特（Barry Goldwater）1964 年灾难性的总统大选③之后出现，挑战自由主义福利国家的正统观念。"精准媒体"是保守派慈善网络的早期受益者，协助发展了对"自由派媒体"的批判——这一直是现代保守主义的立足点之一。2009 年（即有数据可查的最后一年），这家非营利组织获得了 50 万美元的捐款。

"精准媒体"一直致力于识别新闻中的偏见，将其使命描述为"促进新闻报道的准确、公正和平衡"[84]。过去的四十多年里它推进了一系列重大活动，包括推动公共电视网（Public Broadcasting Service，PBS）播出对该台 1983 年推出的 13 集越南战争纪录片的挞伐；通过揭露哥伦比亚广播公司主

---

① 又译《标准周刊》《每周标准》，是一份在美国具有重要影响力的保守派政治和文化杂志，集新闻、分析和评论于一体，以强烈的亲以色列和支持美伊战争立场而闻名，被誉为"新保守主义的堡垒"和"新保守主义的圣经"。

② 在作者介绍和引用以下四家媒体监督团体时，我们为这些带着"媒体"字样的译名加上引号，凸显它们作为专业媒体批评家和党派事实核查创作者的底色，并与作者主要谈论的专业导向型媒体相区分，避免混淆。

③ 巴里·莫里斯·戈德华特（Barry Morris Goldwater），美国政治家、共和党人，是 1964 年美国总统大选共和党总统候选人。是年选战中，戈德华特只获得了 38.4％ 的普选票、52 张选举人票，而民主党总统候选人林登·约翰逊（Lyndon Johnson）则获得了 61％ 的普选票，一面倒地赢得了 486 张选举人票。

播所谓的左倾倾向，旷日持久地努力"弹劾丹·拉瑟（Dan Rather）①"（或"封丹"）；以及批评《纽约时报》关于"莫索特"大屠杀的报道（这一事件由受美国支持的萨尔瓦多军政府酿成），促使该报调整了派驻记者。[85]虽然与当代的事实核查不同，但以上建树清楚表明了核查事实和发现偏见之间有时模糊的界限。例如反对《纽约时报》记者的运动，部分是为了质疑他针对大屠杀所描述的事实（十年后这些被陈述细节得到了确认）。同样，"精准媒体"的日常工作是使用事实核查的语言质疑新闻报道中的说法，但调查的目标是记者而不是他们引用的信源。正如2014年"精准媒体"报告针对《纽约时报》班加西报道的一篇文章所总结的那样："'精准媒体'一次又一次地证伪了这些观点。但是，鉴于灰姑娘②给出了误传信息，事实值得重述。"[86]

"媒体研究中心"

1987年，"媒体研究中心"（Media Research Center，MRC）由保守派活动家 L. 布伦特·博泽尔（L. Brent Bozell）创立，成为继"精准媒体"之后保守派媒体批评最活跃的节点。它这样阐述自身的任务："'媒体研究中心'的唯一使命是拆穿并压制左派的宣传部门——全国的新闻媒体。"2013年，该中心获得了超过1 300万美元的捐款，并将400万美元用于其"新闻分析"部门，声称有63名工作人员专门负责"监测、分析和报告媒体偏见的最恶劣的例子"。与"精准媒体"一样，"媒体研究中心"的媒体分析经常涉及一种保守政治视角下的事实核查。因此，在20世纪90年代中期的一份报告中，"媒体研究中心"研究人员评估了全国报纸和杂志中为期一年的医保报道，发现了1 060个"错误"——即医保计划的"削减"，实际上只是增长的减少。"媒体研究中心"的月度简报《媒体监察》（Media Watch）一直出版到1999年，其中的"珍妮特·库克奖"（以《华盛顿邮报》普利策奖获得者的名字命名，后来被踢爆为杜撰者）旨在"辨明当月被最过火地扭曲了的新闻"。

---

① 即丹尼尔·欧文·"丹"·拉瑟（Daniel Irvin "Dan" Rather），美国记者、新闻主播。曾任美国哥伦比亚广播公司晚间新闻主播，也是新闻节目《60分钟》（60 Minutes）的主持人。20世纪八九十年代期间，丹·拉瑟与美国广播公司的彼得·詹宁斯（Peter Jennings）、全国广播公司的托马斯·布洛考（Thomas Brokaw）常被称为新闻业"三巨头"。

② 指《纽约时报》。

2005 年，"媒体研究中心"推出了独立的网站 NewsBusters，为其分析师提供一个快速的渠道，这些分析师用数字录像机监控无线和有线电视网络上的每日新闻供应。该网站大约有十几名员工，在众多外部撰稿人的协助下每天发布 20~30 条简要的篇目，以回应主流新闻报道。2008 年，当希拉里在竞选活动中提到十年前的波斯尼亚之旅"在狙击手的枪口下"着陆后，NewsBusters 在其档案中找到了当年的新闻录像带，显示第一夫人在机场停机坪上受到了喜气洋洋的欢迎。[87]（正如第四章将要回溯的，主流事实核查机构几天后接续了这个故事，但没有将其归功于爆料此消息的保守派媒体。）"媒体研究中心"在保守派媒体网络中享有显赫的地位，博泽尔和其他关键人物经常出现在福克斯新闻节目和类似的媒体报道中。

"公平与准确报道"

1986 年，"公平与准确报道"小组以欧文创立的"精准媒体"的"进步"同行的身份与其一同示人。在一篇关于小组创立一周年的短文中，前美国公民自由联盟创始人、律师杰夫·科恩（Jeff Cohen）指出，由于企业兼并，保守的媒体批评家"滋扰那些揭露有关贫困、不平等、政府腐败、美国军事和核政策方面令人不悦的真相的记者"[88]，"大型媒体"（major media）的右倾程度不断上升。小组从三个相关方面凸显自己的使命：记录新闻媒体中的保守或企业偏见，增加进步或"异议"声音的存在，并倡导结构上有利于上述多样性的媒体改革。像保守派批评者那样，小组无情地批评建制派媒体，尤其是《纽约时报》。学术资料显示，小组已经赢得了"主流媒体（mainstream media，MSM）① 中的媒体批评家和媒体分析家的权威声誉"；它对新闻节目的来源和嘉宾的研究被认为促进了诸如美国广播公司《夜线》（*Nightline*）和公共电视网《新闻一小时》（*NewsHour*）等节目的编辑方针的转变。[89]［例如，在 1990 年的一项研究之后，公共电视网开始以邀请诺姆·乔姆斯基（Noam Chomsky）和爱德华·萨义德（Edward Said）等杰出的左派人物上节目为特色。］这家非营利组织时下有七名员工，预算比较拮据，2013 年仅有不到 60 万美元。它不接受广告或企业资助，声称 60% 的收入来自捐款和订阅，其余由基金会提供。

---

① 原书使用了缩写"MSM"，根据上下文和英文惯用缩写推测为"主流媒体"。

该小组的活动将研究与行动主义、媒体生产熔于一炉。它发行月刊《号外!》(*Extra!*),推出周播广播节目《反击》(*CounterSpin*),还按邮箱列表向逾 5.5 万人发送带有"行动提醒"的公用电话和电子邮件推广。该小组的媒体批评常常立足于严密的事实性分析,对新闻报道的措辞或框架提出质疑,有时还引述非党派事实核查机构的声音。它的博客和广播节目偶尔会直接发布一些被称作事实核查的专题文章,聚焦新闻工作者提供的误导或误报信息("好吧,让我们来对事实核查进行事实核查。"——在回应 FactCheck. org 的发现时,它宣称社会保障不是由民主党人创建的)[90]。小组还经常批评现有新闻媒体的事实核查维系的是虚假平衡。"媒体'事实核查'的问题之一是认为所有事情都必须被平等地'核查'。"[91]

"媒体攸关"

工作与主流事实核查最相似的媒体监督团体是"媒体攸关"。该组织自称是"一个进步的研究和信息中心,致力于全面监测、分析和纠正保守的误传信息"[92]。戴维·布罗克(David Brock)2004 年创立了它。布罗克是一名记者,在 20 世纪 90 年代末公开放弃保守观点之前以对克林顿家族的耸人听闻的揭露而闻名。在自己的政治倾向改变了以后,布罗克开始活跃在左翼之列,"媒体攸关"随之享受了民主党网络的资助。2010 年,"媒体攸关"员工达到 70 名,预算达 1 000 万美元。[93]该组织定期发表研究报告,记录新闻中的保守派或企业偏见,或分析诸如气候变化等问题的报道。它还高调开展了针对保守派媒体人士的活动。[最知名的事件是,在电台主持人唐·伊姆斯(Don Imus)将一支女子篮球队称为"尿布头女郎"之后,成功推动哥伦比亚广播公司解雇了他。]

"媒体攸关"像永不下线的政治活动一样运作。工作人员分三班监督广播电视、纸媒和网络新闻媒体,每天工作 18 个小时,周而复始。[94]每周,"媒体攸关"都能生产出数百篇呼吁关注错误与歪曲的文章,福克斯新闻是其特别热衷于纠错的对象。与其他媒体监督者相比,"媒体攸关"更直接地关注事实问题并给出精心记录的大段分析。这些分析往往依赖主流事实核查人员使用的相同信源,"媒体攸关"也经常引用这些信源[在 2010 年的一次采访中,当时的执行长塔特·威廉姆斯(Tate Williams)称"在其位阻止丑化和污蔑"是该组织的使命,并认为这囊括了记者们经常忽视的调查工作[95]〕。但与此同时，"媒体攻关"的报告堕入了非党派记者力避的、具有意识形态色彩的语言风格的陷阱。该网站只揭露保守派媒体人物和政客，而专业事实核查人员总是会指摘这一点，说明"媒体攻关"不是一处值得信赖的消息来源。[96]

在事实核查领域划界

对在传统新闻编辑室或在 PolitiFact 和 FactCheck. org 这样的专门网站上进行事实核查的新闻工作者而言，他们并不把党派媒体批评家视为真正的同行。相反，专业事实核查人员不遗余力地将他们手头的客观新闻工作与他们认为的政治论争区分开来。他们不会在刊出的文章中引用"媒体攻关"或"媒体研究中心"这样的党派媒体内容，也不会在全网把他们的事实核查快照链接到这些站点。〔PolitiFact、FactCheck. org 和 Fact Checker 都通过其网站或推特推送（Twitter feed）推广竞争对手的事实核查工作。这有时包括如 Snopes. com 这样的非新闻媒体，但绝不包括党派网站。〕专业事实核查机构不遗余力地避免与政界同僚扯上瓜葛，例如避免在小组讨论或新闻采访中同时出现。事实核查人员的这种厌恶感可以说非常坦率。2011 年的一次会议上，《华盛顿邮报》的格伦·凯斯勒告诉其他记者："当我开始对某件事进行事实核查时，如果我看到'哦上帝啊，"媒体攻关"已经调查过了'的言论，那我甚至碰都不碰它，因为我觉得它已经被玷污了。"[97]

不过，党派媒体批评家仍然竭力投身美国的日常政治讨论，了解它们的作用有助于阐明专业事实核查人员的工作。这是正确的，因为事实核查人员极力与他们的党派同行脱钩。专业记者对事实核查的理解与实践部分是由这种"边界工作"形塑的。[98]与党派网站的对比给了主流媒体又一重理由和方式去阐述它们认为真正的事实核查应是什么样的看法。专业界限的划分同时发生在公开和私人场合。例如在培训课程中，新员工或实习生会被非常清楚地告知谁算作事实核查人员，谁不算。如同边界工作的经典案例那样，职业回报和资源在这里是岌岌可危的，包括地位、自主权、职业晋升等。然而，与新闻学学者注意到的其他划界情况相比（例如在"严肃"记者和小报记者之间，或者在传统新闻报道和参与式报道之间），事实核查人员并没有招架住来自媒体监督者的直接的专业挑战。[99]本案中的局外人

> 专业记者对事实核查的理解与实践部分是由这种"边界工作"形塑的。

确系如此：党派媒体批评家在新闻机构中几乎没有得到认可的前景，也没有得到认可的愿望。相反，在不断确认事实核查和党派批评之间的鸿沟时，事实核查人员支持了属于他们的全新的、有时仍存争议的流派的专业主张。他们的目标受众是其他精英记者。

就媒体监督团体而言，它们是新闻事实核查最热心的消费者和最尖锐的批评者之一。它们宣扬支持自己论点的裁决，对不支持己方论点的裁决则施以激烈争论。"媒体攸关"在数以千计的帖文中提到三家全国性的事实核查机构的时候，通常是为了将它们的工作作为保守派误传信息的证据。但"媒体攸关"也经常指责事实核查人员的"虚假平衡"。（甚至还刊登社论漫画直接嘲笑 PolitiFact 的创始人阿代尔：照片中的他全然不顾共和党人撤除医疗保险计划的动作，兴高采烈地为这项有争议的测真裁决辩护。）[100]不那么高产的 NewsBusters 已经提到了数以百计的事实核查机构，并将包括 PolitiFact 在内的"人物和组织"列入其追踪名单。在 PolitiFact 谈及美国众议院议员米歇尔·巴赫曼（Michele Bachmann）① 2013 年退休的消息并回顾了她糟糕的声言测真记录后，NewsBusters 抨击了该事实核查机构的"极端扭曲的方法"。[101]同时，该保守派网站还幸灾乐祸地报道了 PolitiFact 与自由派微软全国广播公司主持人瑞秋·麦道（Rachel Maddow）之间"长达数年的口水战"。在 2014 年 6 月战火重燃时［在 PolitiFact 质疑了麦道对杰西卡·林奇（Jessica Lynch）十年前作为战俘获救的争议性记述后］，NewsBusters 为 PolitiFact 辩护，对这位自由派风云人物开展了自己的事实核查。[102]

批评性劳动的分工

专业的事实核查机构宁愿忽略它们从党派媒体监督者那里得到的关注，不管是有利的还是不利的。它们几乎从不直接与这些批评家接触。与此相反，事实核查机构小心翼翼地处理与主流媒体的关系，并经常公开回应来自主流媒体的赞誉或谴责。例如 2012 年总统大选之后，PolitiFact 和 FactCheck.org 都刊登了创始人的信件，对已故《纽约时报》媒体记者戴维·卡尔（David Carr）等人提出的事实核查没有带来新气象的指责做出回应。[103]但像"媒体

---

① 美国律师及政治家，共和党人，也是共和党内茶党议员联盟的创立者。她坚定地反对堕胎和同性婚姻，支持草根保守派运动——茶党运动。

攸关"和 NewsBusters 这样的网站不能完全被忽视。它们是在线媒体-政治网络中的繁忙节点,日复一日地覆盖着与事实核查机构相同的领域。它们出现在广播记录、评论页面和搜索结果中,影响着事实核查人员,哪怕只是通过对某些问题或论点的"玷污"。一如当下的其他新闻工作者那样,事实核查人员在属于他们分内之事的媒体印记中理解他们的专业身份。在引用、引述和链接媒体-政治行动者的变化的程式中,他们作为合法、客观声音的地位不断折射和再现。党派媒体批评家的参与是这个网络景观中不可避免的特征。

大体上看,事实核查的世界包括了记者、媒体监督力量和其他政治声音,这突出了新体裁连接相邻专业领域的方式。几乎任何在公共话语中具有吸引力的欺骗性声言都可以通过两种截然不同的模式被揭穿:一种是作为政客的误导性言论,另一种是作为不负责任的记者转载。在事实核查的历史和传说中,最广为人知的桥段也许是 2009 年副总统候选人佩林(Sarah Palin)① 在脸书上发表的关于"死亡小组"(death panel)的争议。她声称奥巴马总统的医疗改革计划预想为社会上没有生产力的成员实施某种安乐死,这激起了一系列事实核查的回应。FactCheck.org 和 PolitiFact 直接质疑佩林的说法;"媒体攸关"对散播这一说法的"福克斯新闻人物"进行了事实核查;"公平与准确报道"小组指责《今日美国》和其他主流新闻媒体没有驳斥这一说法,从而助长了荒谬言辞的合法化。[104] 专业新闻工作者的事实核查顺带指出了关于死亡小组的言论是如何在新闻媒体中火起来的,但他们并没有责备同行在煽风点火。

这种一致的模式重点强调了在事实核查中交叠的领域之间的相当简单的批判性分工:媒体行动者把他们的批评集中在政治上,而政治行动者则把他们的批评引向媒体。尽管不乏从专业角度出发的自我归咎,但受本能和规程驱使的新闻工作者倾向于将公共领域的错误归因于政客的行为或政治的本质。与一般政治记者那套

> 这种一致的模式重点强调了在事实核查中交叠的领域之间的相当简单的批判性分工:媒体行动者把他们的批评集中在政治上,而政治行动者则把他们的批评引向媒体。

---

① 2020 年,美国公共电视网《前线》节目(FRONTLINE)播出过一部纪录片《美利坚大分裂:从奥巴马到特朗普》(American's Great Divide: From Obama to Trump)。该片将美国政治对话使用大量网上误传信息的情况进一步追溯到参与 2008 年美国总统选举的佩林那里。该片引述当年为共和党总统候选人麦凯恩操盘竞选的施密特(Steve Schmidt)的说法,认为佩林是"首个活在后真相环境中的政客"。该片还引述福克斯前新闻主播凯莉(Megyn Kelly)的发言,称佩林以"早期特朗普"的形象闯入全国政治舞台,并"以我从未见过的方式激发了共和党的基础力量"。《前线》2017 年播出的另一部纪录片《美利坚分众国》(Divided States of America)亦提供了有关佩林与后真相的详细资料。

职业的愤世嫉俗一样，事实核查人员很快就会主张撒谎是政治的一项基本特征，无论怎样核查都不会改变这一点。同时，包括竞选活动、政党组织、问题小组（issue groups）和活动家在内的政治行动者将新闻媒体视为政治竞争的主舞台。无论是否有道理，政治活动会通过日常媒体报道衡量自己的进展。[105] 也许正因如此，政治的制度逻辑倾向于将不利的结果归咎于不充分或不公平的报道，并经常将改革媒体视为实现政治变革的最有希望的途径。

本书关注的事实核查机构是由具有长期印刷新闻和广播电视新闻背景的记者们领导和组成的。他们将自己完全置于客观新闻的传统之中，并遵守将报道与政界区隔的规范。他们把自己看作新闻工作者而非媒体批评家。尽管如此，我仍然认为，事实核查代表了对传统政治报道严肃和持续的批评。事实核查人员围绕着这种共同的批评来组织和理解他们的工作——这种批评在新闻业内外都有悠久历史，他们以一种新的方式进行着线上实践。这就是为什么把事实核查理解为一种专业改革运动——作为客观性应当如何实践的一项论证，这一点将在下一章中有所阐述。舒德森对上一代记者新贵（20世纪六七十年代引领了调查报道的复苏）的描述同样适用于新的事实核查人员："他们为忠实于客观性理想的新闻业给出了例证，对以其为名的冒牌习俗（counterfeit conventions）说不。"[106]

本章鸟瞰了事实核查的景观，以了解这一专业运动如何融入新闻领域和更广泛的精英政治传播。事实核查人员是地处政治报道核心的独特群体——一个拥有公认的领导者、拥有自己新兴报道规范和实践子集、拥有日益稳定的词汇来处理反复出现的内部争辩和张力的群体。我认为，事实核查符合专业的核心民主价值，同时也折射了外部影响的特定来源。首先，作为美国新闻业的一个分支领域，事实核查与非营利组织和学术界有着异常密切的联系。事实核查人员越来越喜欢使用这些相邻领域的语言，通过它们寻求资助和正当性——尽管正如我们将看到的，这些连接也是界定事实核查使命和实践之张力的来源。其次，专业事实核查实践和话语表明，这些新闻工作者不断努力将自己与党派同行区分开来。作为专业事实核查人员的竞争对手和批评者，党派媒体批评家的加入是线上政治话语中不可避免的特征。划定边界有助于事实核查人员阐明和界定正确的做法，强化他们自己对报道正当性的宣称。所有有影响力的外部力量（政治行动者、媒体批评家和学者）都在以下各章案例和情节中占有重要地位。

> 媒体行动者把他们的批评集中在政治上，而政治行动者则把他们的批评引向媒体。

第二章 | 客观性、真相探寻和制度性事实

　　事实核查人员将事实性的说法与意见表达区分开来，并经常说，发现某项陈述的真假并不意味着对其试图推动的政策正确与否采取立场。作为一项运动，事实核查围绕着对新闻业过去几十年里失灵的特定解读而凝聚，延续了修订客观性规范的漫长历史。

汉娜·阿伦特（Hannah Arendt）在《五角大楼文件》（Pentagon Papers）发表后撰写了《政治中的谎言》（Lying in Politics）一文，尖锐地指出"诚实从来都没被算作政治美德"。[1]专业事实核查人员日复一日地见证着这一点，将作为政治常规事务一部分的大大小小的扭曲、误导和扯谎编录起来。就像越南战争和水门事件后几十年里的其他报道者一样，他们的出发点是假设所有的政客都撒谎，且当赌注足够大时，他们会公然撒谎。事实核查是半个世纪以来新闻业发生的转变的产物，这一转变见证了作为一个阶层的政治记者越来越不相信官员，越来越愿意对他们的声言进行怀疑性的分析。然而，尽管政治中的谎言看起来很平常，但对它的揭露却很少直截了当。事实核查不断地将记者从硬性事实（hard fact）的基础引向充满评估、解释和意见的泥泞地带。看似明显的欺骗行为通常会被证明可用某种标准辩护——至少足以让事实核查人员一如既往地承认，读者可能会以不同的方式看待这个问题。

考虑到罗姆尼在 2012 年选战的最后几天攻击白宫的汽车业救助措施引起的争议，本书开篇就对其进行了回顾。罗姆尼的广告声称："奥巴马把通用汽车和克莱斯勒带到破产，并且把克莱斯勒卖给意大利人，后者将在中国造吉普。"美国三大精英事实核查机构称这是当年最不诚实的政治攻击之一，为了让俄亥俄州的汽车工人担心自己的工作而不择手段。全国各地相当大部分的报道者也这样认为。但这意味着要透过罗姆尼广告的字面意思去看其隐含的讯息，即克莱斯勒在中国的扩张将使美国人失去工作。这意味着要对牺牲美国人的就业岗位换来了什么这一代价做出准确的定位——这反过来又涉及对汽车行业是否健康和向中国消费者出口美国制造汽车的可行性的微妙判断。[2]

> 事实核查不断地将记者从硬性事实的基础引向充满评估、解释和意见的泥泞地带。

同样的问题在 PolitiFact、FactCheck.org 和 Fact Checker 的裁决中一次又一次出现。什么算"终结联邦医疗保险（Medicare）"？（事实核查人员说，变该计划为集体资助不会终结它；自由派批评者称这是一个意见问题。）什么算作医疗服务被"政府接手"？（事实核查人员认为，奥巴马总统的计划几乎算不上；保守派说这取决于个人看法。）[3] 就这一点而言，什么算作"死亡小组"？甚至佩林对白宫医改计划不怀好意的指控也得到了辩护，理由是它准确地描述了走向"配给式"医疗保障的一步。[4]

批评者称，这种不断滑向阐释的做法是被事实核查人员选作调查对象的声言种类带来的问题，认为这些声言种类太容易闯入意见的王国。但这实际上是一个语言和真理的问题——更准确地说是我们对普遍真理随随便便的看法问题，这种看法建立在颠扑不破的事实之上，可以不通过争论和阐述来辩护。[5] 2015 年伊曼纽尔非裔卫理圣公会教堂（Emanuel African Methodist Episcopal Church）发生枪击事件后，南卡罗来纳州最终听取了在其首府降下邦联战旗（Confederate battle flag）的呼吁，事实核查人员和其他批评者有力地驳斥了一些旗帜捍卫者提出的论点，即"内战不是为了奴隶制而打的"[6]。捍卫奴隶制是南方的主要战争目的，这一点今天已被关注那个时期的历史学家广泛接受（尽管半个世纪前还不是这样）。以任何合理的标准来看，它都算得上是确凿史实，但它不可避免地与一系列关于如何解读冲突的经济和政治环境的特定论点联系在一起。在实践中，即使是那些看起来很简单易懂的科学事实问题，也可能取决于对语境的微妙判断。2014 年埃博拉疫情最凶险的时候，PunditFact 将著名政治分析家乔治·威尔（George Will）耸人听闻的声言判定为"错误"：新的科学指出致命病毒可能通过空气传播。这位保守派专家是正确的——最近的一项实验室实验表明，埃博拉病毒可以通过空气传播——但并不是在流行病学家所认为的空气传播的条件下。其中一位科学家解释说："这仍然是一种直接接触的形式。"[7]

本章讨论了事实核查人员面临的客观真相问题。第一部分将事实核查置于新闻客观性规范的漫长历史中。我首先回顾了事实核查人员对其报道风格从何而来的认识，然后将这一类型视为 20 世纪 60 年代以来向阐释性、批判性报道既定转向的一重分支。本章的第二部分更广泛地考量了真相问题，将事实核查人员与其他类型的事实探寻者（特别是在科学领域）进行比较。借鉴科学社会学的观点，我认为这里的关键问题是"制度性事实"的不稳定性。这一讨论为在后面的章节中仔细研究事实核查的日常惯例奠定了基础。

事实核查的内部历史

全国性的精英事实核查机构处在更广泛的报道者和新闻机构的中心，这些人和机构不同程度地卷入了事实核查运动。在这个环境中，一种制度性的历史已经开始凝聚：通过职业生涯中的人和事，事实核查人员追溯其实践之源，可上溯至 20 世纪 80 年代。这段共享的历史记录了传统客观报道的失效，但也显示了这一专业以新的想法和技术做出的回应。一个共同的参考资料库业已建成，支撑了事实核查人员对自己作为新闻改革者的体认。这段历史还提供了另一种元新闻话语的例子：作为一个共同体，新闻业通过这种话语再现自身、确立边界，维护或争夺专业价值（特别是客观性规范）。[8]

揭穿政治人物声言真相的报道在言论版、调查性新闻和另类媒体中均有悠久历史。例如，从 20 世纪 50 年代后期开始，左翼记者斯通（I. F. Stone）就在他的扒粪式新闻通讯杂志《斯通周刊》（*I. F. Stone's Week-ly*）上刊登了一些花边条目，看起来就像简装版事实核查。[9] 然而，在 20 世纪的大部分时间里，直接挑战公众人物的夸张和欺骗行为在平铺直叙的新闻报道中很少见。至少早在 20 世纪 50 年代，记者们就将此视为客观报道的死穴。1951 年，在那段正值红色恐慌（Red Scare）① 的岁月里，一位报纸编辑写道："几十年来，美国新闻业尊奉客观性之神。""这似乎让选民获知了问题的所有方面，直到撒弥天大谎的技术横空出世。"[10] 也就是说，承诺客观性意味着像威斯康星州参议员约瑟夫·麦卡锡（Joseph McCarthy）这样的无良政客可以依仗记者忠实地传播他们最疯狂的声言——或者说，特别是那些为新闻业所亲和的冲突和争议性声言。正如另一位同时代的人所观察到的，"在麦卡锡式套路的压力下，客观新闻沦为谎言谬论的传送带"[11]。

作为一个共同体，新闻业通过这种话语再现自身、确立边界，维护或争夺专业价值（特别是客观性规范）。

20 世纪 80 年代，美国新闻工作者对新闻中的政治声言产生了更自如的怀疑（more comfortable attaching doubt），部分回应了对前几十年速记式报道失效的批评。[12] 现代事实核查的前身随着 1980 年里

---

① 红色恐慌是指在美国兴起的反共产主义风潮。这里说的是始于 1947 年、几乎贯穿整个 20 世纪 50 年代的麦卡锡主义后遗症。在此后遗症下，美国政府制定了形形色色的反共政策，使国民接受了国家安全与反共密不可分的思想观念。此观念与下文提及的美国共和党参议员麦卡锡及其发起的麦卡锡主义有密切关系。

根当选总统出现。里根后来被誉为"伟大的演说家"，这使人们很容易忘记里根是带着错误和夸张的声誉入主白宫的。[13]竞选过程中，里根曾广为人知地声称树木造成的污染比汽车多，阿拉斯加的石油比沙特阿拉伯的多。他总是把他承诺要取消的政府项目的细节弄得一团糟。里根对这种关注的回应是指责记者"新闻乱伦"（journalistic incest），但这个主题一直延续到对他就职的报道中。[14]1986 年，《哥伦比亚新闻评论》宣称："白宫新闻发布会已经被里根变成了不准确、歪曲和虚假的论坛。"[15]一位媒体批评家在里根去世后指出："各大报纸都会报道他弄错的全部事实，然而这种做法随着大多数美国人并不特别在意而逐渐退场。"[16]

《华盛顿邮报》是挑战总统所称事实的报纸之一。里根上任后，《华盛顿邮报》开始尝试发表简短的分析文章，有时作为正统报道的侧边栏，凸显他的错误陈述。[17]该报指出了总统的记录以正当化这一监督，"里根的新闻发布会遵循了一种熟悉的模式"——1982 年 9 月，《华盛顿邮报》以此为题的一篇报道详细描述了里根讨论经济问题时的"许多事实性错误"。[18]一个突出的例子是 1985 年的一次广播采访，里根为南非白人政权在废除种族隔离制度方面取得的进展进行了辩护。《华盛顿邮报》在头版报道中表达了对里根言论的高度怀疑；该报特派约翰内斯堡记者在侧边栏中用黑体字强调了四项关键声言，并逐一核查了每项。[19]前邮报编辑莱恩·唐尼（Len Downie）解释说，里根的声誉推动了该报采用新方法，唐尼告诉该报首位 Fact Checker 专栏作家迈克尔·多布斯："我认为让读者知道他什么时候失准很重要。"然而据多布斯讲，在里根担任总统的后期，事实核查报道的数量急剧下降。[20]另一位《华盛顿邮报》记者说，在读者的反对下，该报放弃了这种形式。2007 年，沃尔特·平卡斯（Walter Pincus）在一次采访中回忆："我们不再针对每场新闻发布会辩论真相（truth-squadding）。""然后我们把这项工作留给了民主党人。换句话说，全看民主党人而不是我们要不要吸引民众的注意（catch people）。我们会引述双方的意见。"[21]

1988 年，广告监察报道的兴起

今天的事实核查人员认为，1988 年时任副总统的老布什和马萨诸塞州州长杜卡基斯之间的总统大选是事实核查的重要转折点。[22]选战在结束前就被视为美国政治竞选的一个低谷。选战后期，传播学者杰米森宣称："事实和准确性的水平远远低于总统大选的标准。""这是我所铭记的首场总统大选：其中，重大的事实性错误被断以为真。"[23]选战结束后，新闻工作者和媒体批评家认为，由于持续聚焦演讲和政策文书，忽略恶性的、扭曲事实的"空谈"，这样的隔空之战耗费了候选人的钱，可能也决定了选举的结果，因此报道已经变得无关紧要。[24]《华盛顿邮报》专栏作家戴维·布罗德（David Broder）是所谓的华盛顿记者团的负责人，他写了一系列关于这场乱局的专栏，今天的事实核查人员把这些专栏称为奠基文件。[25]布罗德呼吁记者们启动对竞选广告的"真相辩论"。他把矛头指向因与记者有联系而软化了竞选报道的政治顾问。他还为新闻界和学术界主张进行更积极的选战报道的其他声音提供了一个平台。［特别是杰米森和拉里·J. 萨巴托（Larry J. Sabato），他们成为这些问题的常规信源。][26]布罗德在1990年的竞选活动形成时写道："我们应该把每一则广告都当作候选人本人的演说对待。""事实上，看到和听到广告的人远多于候选人对现场观众发表的任何演讲。"他为记者们提供了避免重蹈覆辙的诀窍：

> 　　要求播放广告的候选人提供支持性证据，从他的对手那里获得反驳信息，然后亲自对情况进行充分调查，以便我们能够告诉读者哪些是事实、哪些是破坏性的虚构。

> 　　当我们发现候选人撒谎、夸大或歪曲事实时，我们不应该对直截了当地道出此事感到胆怯。顾问们对通过（视觉的或口头的）影射来避免受到字面攻击已经变得越来越老练。[27]

1988年的竞选提供了原型。选战后期，在两则刻薄的电视广告中，杜卡基斯对其对手发起的不实指控大做文章。[28]其一是老布什竞选团队的、在当下颇显传奇的"坦克"广告，这条广告指责杜卡基斯反对"我们开发的几乎每一个军事防御系统"；屏幕上滚动播放着一连串的主要军事防御项目，以及一则充满贬抑味道的、候选人乘坐坦克的视频。这些指控几乎毫无根据，在投票日的前两周，美国广播公司的一档新闻栏目拆穿了这则广告。该节目一开始就拎出了杜卡基斯的抱怨，随后对该广告的每项指控进行了有威信的驳斥。受这篇报道的启发，两天后《华盛顿邮报》的一篇文章剖析了坦克广告和老布什被指责带有种族色彩的广告——将周末假释的囚犯所犯的罪行归咎于杜卡基斯。［例如被定罪的杀人犯威利·霍顿（Willie

当我们发现候选人撒谎、夸大或歪曲事实时，我们不应该对直截了当地道出此事感到胆怯。

Horton），竞选活动使其知名。]^[29]新闻媒体将自己开展的事实核查拟订为对双方彼此曲解的分析，尽管老布什的战术显然更糟。"问题是，你总想找到一个故事的两面，"四年后，美国广播公司的制片人在与杰米森的小组讨论中抱怨道："但在这种情况下，故事只有一面。"^[30]

在 1990 年的中期选举中，电视和报纸上的广告监察报道大幅增加，它们被非正式地称为"真相盒。"^[31]记者们将这种形式的报道描述为一种职业创新，因为越来越多卑劣的竞选战术使之成为必要。布罗德在调查了全国各地的真相辩论后写道："今年可能会发生对政治贬值的真正反抗。"^[32]媒体记者汤姆·罗森斯蒂尔对这一趋势的另一篇充满希望的评论引用了竞选报道的原始文本来解释这一创新体裁："今年，美国新闻媒体已经*在政治报道上取得了第一次真正的进步*，一次被许多竞选专家和记者认为自白修德①的里程碑式著作《1960 年总统的诞生》（*The Making of the President 1960*）关注竞选活动幕后机制以来第一次真正的进步。"^[33]

在 1992 年的选战中，美国最大的几家报纸中超过半数刊登了至少一篇广告监察报道（这一数字在 2006 年将达到 80%^[34]）。以 24 小时运转的有线电视新闻网为代表的电视新闻编辑部热切地接受了这一形式，它们将特别报道组放在事实核查的条线中。在这个竞选正式开跑的年份，有线电视新闻网的一位新闻主管告诉全国公共广播："我们正试图监督这一过程。"其他广播网在竞选的最后几个月纷纷效仿，哥伦比亚广播公司采用了"92年竞选真实性核查"（Campaign'92 Reality Check）的标签，并使用了一个巨大的邮票标志来引出这个部分。^[35]克林顿在 1992 年的一场总统辩论中宣称："谢天谢地，广播网有事实核查，所以我不必再恼羞成怒了。"这一趋势也扩散到了全美的地方新闻编辑部。2007 年对地方电视新闻总监的调查显示，广告监察节目的数量从 20 世纪 90 年代中期的 10% 以下上升到十年后的近 40%。^[36]

2004，事实核查年

FactCheck. org 是广告监察热潮的一名继任者。1991 年，时任有线电视

---

① 即西奥多·哈罗德·怀特（Theodore Harold White），中文名白修德，美国新闻记者、历史学家和小说家，曾作为《时代》周刊（*Time*）记者在抗战时期访华，以记述 1960 年、1964 年、1968 年和 1972 年美国总统大选著称。1943 年，白修德深入河南境内报道大饥荒。冯小刚执导的电影《一九四二》曾描绘了白修德作为一外国记者在当时的见闻。

新闻网政治记者的布鲁克斯·杰克逊被该网络招募，从事广告监察工作。他对这项任务顾虑重重："做这个工作对我来说勉为其难，因为它与我在美联社和《华尔街日报》接受的培训和长期经验中对客观新闻的理解不符，因为它需要一点编排——说事情是假的或误导性的，然后陈述结论。"[37] 尽管如此，他还是接受了这种新的报道形式，之后这种形式风靡网络。很快，这些细分栏目开始以"事实核查"之名挑战政治广告以外的声言。为了完善这一形式，杰克逊与杰米森紧密合作，后者的研究表明，思虑不周的事实核查可能会强化他们打算驳斥的信息。[38] 然而，到 2003 年，有线电视新闻网对这种报道的兴趣已经衰退。这一年，杰克逊和杰米森在安南伯格基金会的资助下创办了 FactCheck. org。在艾奥瓦州党团会议前的一期《谈谈媒体》(*On the Media*) 节目①中，杰克逊把这个网站说成是对政治报道的一次纠偏：

> 自从白修德出了那本精彩的《1960 年总统的诞生》以后，我认为，记者们一直在向报道竞选活动的方向过度倾斜，报道竞选活动的内部情况包括如何利用民调，如何筹集资金，谁上谁下。
>
> 我认为，在一代甚至两代人之前，钟摆在报道的方向上摆动得有点太远。如果 FactCheck. org 为使钟摆回到报道实质内容的方向做出了一点努力，那么我认为我们将办到一些值得达成的事情。[39]

伴随着 FactCheck. org 的创办，事实核查在更大范围的报纸和电视台中涌现。一篇时评将 2004 年称为"事实核查年"，指出《华盛顿邮报》《纽约时报》《洛杉矶时报》、美国广播公司新闻（ABC News）及许多小型媒体都在为之努力。新闻工作者将这些新的努力描述为对当年异常激烈的竞选活动的反应，质疑民主党总统提名人克里②的记录越战的"雨燕艇"（Swift Boat）广告就是缩影。"我认为，'较真的雨燕老兵'这一行动确实是引致事实核查重生，或者说当下正在发生的事实核查爆炸性增长的原因，"有线电视新闻网的一位新闻主管在选后发出了这样的评论，"某种意义上，它让

---

① 《谈谈媒体》是一档长达一小时的周播广播节目，由布鲁克·格莱斯顿（Brooke Gladstone）主持，内容涉及新闻、技术和美国宪法第一修正案相关问题。这档节目由隶属于纽约公共广播（NYPR）的非营利 WNYC 电台制作，每周五晚通过 WNYC 调频首播，并在全国范围内向其他 400 多家公共广播机构联合播出。该节目还可以通过音频流、MP3 下载和播客的方式获得。

② 美国民主党政治人物，在 2004 年总统大选中败给了欲连任的共和党人小布什。

一些在近年选战中可能未被使用的手段重获新生。"[40]2007 年，在与其他事实核查人员的一次会议上，当时的美国广播公司记者杰克·塔珀（Jake Tapper）回忆了他对这种形式的报道的接纳：2004 年，在佐治亚州参议员泽尔·米勒（Zell Miller）于共和党全国代表大会上"激情"演讲这一该环境中经常出现的插曲后，塔珀开始了对"雨燕艇"选战活动的调查，调查内容成为一个常规专题。在选战的最后几个月里，塔珀在电视台的旗舰节目《今夜世界新闻》（*World News Tonight*）中专门设立了"事实核查组"。[41]

　　尽管 PolitiFact 和《华盛顿邮报》的 Fact Checker 在下一场总统大选到来前默默无闻，但它们或多或少回应了 2004 年选战。PolitiFact 创始人阿代尔回忆，20 世纪 90 年代的事实核查热潮虽热切激越却昙花一现，终被政客和公众的反感埋没。（研究表明，对这种形式的报道的使用在 1996 年有所下降，但在 2000 年开始恢复。[42]）阿代尔在接受采访时对我说："我认为记者们在 20 世纪 90 年代被吓着了，认为说某些东西是假的就是有偏见，就是站在某一方。"[43]阿代尔的个人转折点出现在报道泽尔·米勒 2004 年党代会演讲时。米勒列举了克里任参议员时投票反对的一系列军事计划，以暗示他在国防方面的软弱——不过，记者们都明白，许多是对克里最终支持的法案版本的程序性投票。[44]在 2011 年的一次会议上，阿代尔告诉其他事实核查同行："米勒的演讲……对我来说是一种顿悟，我什么都没做，只是写了一个'赛马'的故事，而且真的感到很内疚。"[45]他在另一个场合这样解释 PolitiFact 的起源："这源于我自己的内疚。我曾经报道过政治活动，觉得自己是被动的同谋者，某种程度上传递了不准确的信息，没有按照我应当的方式进行事实核查，所以我向我的编辑们提议创建一个网站，全职投身事实核查。"[46]

　　《华盛顿邮报》的 Fact Checker 专栏也有类似的史前史。在 2004 年的竞选报道中，迈克尔·多布斯调查了对"雨燕艇"的指控，以及《60 分钟》对小布什总统国民警卫队服务的拙劣报道引发的争论。多布斯说，这些报道使他确信有必要为下届总统大选在报纸上进行"制度化"的事实核查。[47]格伦·凯斯勒 2011 年接替多布斯成为该报的常驻事实核查人员，他同样指出了他在 2004 年及以前调查选战相关声言的经历——包括在头版驳斥米勒的"大刀阔斧的大会演讲"[48]。凯斯勒在 2004 年竞选后期接受《哥伦比亚新闻评论》采访时说："共和党大会上攻击的程度使每个人都注意到需要向读者提供背景信息。"[49]凯斯勒和多布斯双双指出他们报道外交和国际事务的背景。这些条线均需要记者加以阐释。[50]"我报道过共产主义的崩溃这个不寻常的故事",2007 年,多布斯对事实核查同行说:

> 现在,当我们报道这个故事时,我们没有谋求做到公平和平衡;我们试图做到公平,但我们没有设法做到平衡……我们试图说出我们看到的真相,如果我们遵守美国新闻业的严格惯例,你知道,我们就不可能非常真实地描述这个在我们面前展开的不可思议的故事。[51]

通过这种方式,事实核查人员将事实核查视为新闻工作者和政客之间拉锯式权力平衡的一部分。关于政治报道成功和失败的共同叙事锚定了他们这样的意识:事实核查是对政治世界的新策略和新技术不断进化的专业响应。当然,这种创造历史的项目并不新鲜。泽利泽、舒德森等人指出,当记者们互相谈论新闻史上的英勇和不那么英勇的情节时,他们完成了文化工作(cultural work):肯尼迪遇刺、越南战争、水门事件等。[52]泽利泽认为,新闻工作者"通过创造关于他们过去的故事、经常非正式地流传的故事而走到一起"。这种"故事的循环"有助于重申共同的价值观和实践,同时也使新的价值观和实践正当化:"为传统的新闻观不强调的做法建立权威。"[53]以此,后来的记者在回顾麦卡锡主义高峰期大部分不加批判的报道时,将那段令人尴尬的历史编织成了一段道德故事,为转向更加自信的、更具解释性的报道提供了理据。

因此,当事实核查人员谈论他们的活动时,另一个故事经常出现便不足为奇,那就是伊拉克战争。[54]新闻工作者一再强调这种联系,指出事实核查是2002 年和 2003 年帮助小布什政府为战争造势的速记报道的一剂解药。迈克尔·多布斯在一份关于事实核查兴起的报告中这样写道:"正如越南战争破坏了总统与白宫记者团之间的友好关系一样,'大规模杀伤性武器'一说的彻底破产使许多主流媒体记者在接受各色政客未经确证(corroboration)的说法时变得更加谨慎。"[55]这种联系在实践中没有什么意义,政治事实核查人员几乎没有具体的资源来驳斥白宫关于伊拉克武器计划的指控。[56]但是,如果我们把事实核查理解为对轻信的内幕文化的反应,它就有了很大的意义,这种文化对媒体的表现负有责任,是一种自觉的努力,以恢复记者和官员之间的权力平衡。

> 事实核查人员将事实核查视为新闻人和政客之间拉锯式权力平衡的一部分。

美国新闻业的分析性转向

是什么原因导致了政治事实核查的兴起？这一体裁非常明显地延伸了凯文·巴恩赫斯特所称的"新的长篇报道"。[57]在过去的半个世纪里，这是一场朝着更具阐释性、分析性和坚定性的报道，尤其

> 事实核查运动反映并再现了与更多分析性报道相联系的专业文化。

是关于政治的报道的有据可查的转向。学者们大多将这种转向解读为新闻文化的转变，它反映了社会态度的变化，也体现了记者对专业地位和权威的追求。记者们讲述的关于事实核查的故事很好地充实了这一说法——他们自觉地认为这代表了政治报道的创新或演变。事实核查运动反映并再现了与更多分析性报道相关联的专业文化。

许多研究证实了这一美国新闻史的基本观点，即自19世纪以来，新闻报道变得不再是速记，而是更具阐释性。[58]巴恩赫斯特在最近的一份关于"阐释性转向"的概述中说："自从作为一种独特的职业出现以来，新闻业就有一种解释的冲动。"[59]特别是在20世纪50年代以后，报纸报道的篇幅越来越长，分析性越来越强；它们越来越关注问题和趋势，而不是孤立的事件；它们对官方说法更加怀疑，强调公共人物的政治动机和利益。[60]凯特·芬克和舒德森最近的一项分析发现，"传统"报道（关于一个独立事件的经典的、倒金字塔式的报道）在1955年占据了85%的头版新闻，但到2003年已经下降到不足一半，主要被"立足全局、为其他新闻提供背景"的"背景"报道取代。[61]这一趋势在最近的阐释性报道创业浪潮中达到了新的高度，如沃克斯网（Vox）和《纽约时报》的"亮点"（The Upshot）。[62]在2014年的一个专栏中，《纽约时报》的公共编辑注意到报纸的头版几乎没有硬性新闻，并发表了不满意的读者的抱怨。正如一位读者所反对的那样，"这都是新闻分析和阐释性报道——确实非常好，但仍然不是新闻本身"[63]。

广播新闻也是这种模式。1968年哥伦比亚广播公司推出节目《60分钟》，预示着致力于调查性或分析性新闻（以及小报模仿者）的纪实风格"新闻杂志式"节目的出现。同时，20世纪60年代后，电视和广播的日间新闻越来越富有阐释性；公众人物被降级到越来越短的"同期声"或"现场画面"中，而记者则在有限的政治报道时间中占据越来越大的份额。[64]巴

恩赫斯特对 1980 年至 2000 年期间全国公共广播旗舰新闻节目的研究很好地捕捉到了这种转变。最早的《晨间版》(*Morning Edition*) 和《万事通》(*All Things Considered*) 的报道倾向于使用简短的解说片段,在公众人物更宽泛的发言之间进行过渡;后来的新闻杂志式节目则颠覆了这一模式,以新闻人物的简短话语为例来说明记者的解说。巴恩赫斯特发现,在这二十年里,全国公共广播的政治记者们问的问题越来越少,而提供的观点陈述却越来越多。"记者们通过寻找公开行为背后的隐匿议程、参与对政策的批评来解释政治。"[65]

报道的分析性转向可以从多个方面来理解。一个基本因素是这一专业对社会科学中愈加复杂的视角和方法的接纳,这些视角和方法在新闻院校中得到了推广,并与记者和读者接受大学教育的比例的普遍提升相关。这种转变与公共和私人管理中更广泛的科学性转向相吻合;二十世纪以来,新闻业从政府、学术界和其他公共机构处获得了更多、更好的信息。[66]在这个意义上,新闻业对李普曼 1922 年提出的、哈钦斯委员会 25 年后响应的批评做出了回应:报道变得更加科学、更加全面、更加批判,以呈现复杂和相互关联的世界。[67]始于 1966 年《信息自由法》(Freedom of Information Act) 的改革立法浪潮改善了公共信息流向新闻编辑部的情况,并体现在公众获取官方记录的权利得到极大扩展的规范上。[68]

65

第二个重要因素是从 20 世纪 60 年代开始,美国人普遍对政治感到失望,记者尤其如此——舒德森称之为"批评文化"(critical culture) 的兴起。水门事件仍然是新闻业失去清白的标志性案例。但在这一丑闻发生之后的十年里,能够证明官方有欺骗意愿的事例越来越多,其中最引人注目的是越南战争中常规的、有组织的欺骗行为,这"耗尽了政府和新闻业之间的信任"[69]。一项对 20 世纪 60 年代初和 90 年代末大都会报纸的生动比较说明,阅读早期报道"是对理想主义(idealism)这一巨大文化损失的回溯";在现代人眼中,这些故事似乎"天真地信任政府",并推进"一种不受质疑的、准官方的事物意识"[70]。哈林认为,美国新闻业的这种"高度现代主义",即 20 世纪中叶专业记者和政府官员观点之间大部分不受干扰的插曲,是以冷战时期的政治共识和普遍的经济繁荣为基础的。这两个锚定条件在 20 世纪 60 年代和 70 年代被削弱,其中政治共识的变化相当引人注目。哈林解释说,随着美国的政治生活变得更加支离破碎和缺乏连贯性,"新闻工作者的阐释性角色"开始填补这一真空。[71]

最后，分析性转向也必须从报道的专业项目角度来解读。它延续了对公共权威和社会尊重的追求，这种追求在世纪之交首次形成，立足于进步时代对科学和公共理性的信仰。[72]理解世界是一种更高的使命，而不是简单地记录事件和传递主张。无论是揭露公众的不义之举，把握社会趋势，还是"解读政治茶叶"（reading political tea leaves）①，让我们生活中看不见的力量显现出来的新闻报道，都赋予了这个专业更高的地位。分析性报道使记者的政治、智识和文学抱负得到更多发挥。它催生了专业技能和训练它们的领域，有助于使记者作为新闻"专业人士"的说法正当化——如20世纪70年代的"精确报道"或今天的"数据新闻"（data journalism）。[73]同时，它也履行和颂扬了新闻业作为民主监督者的使命，提升了记者相对于其报道的公众人物的地位。随着新闻节目（特别是在有线电视上）成倍增加、渐趋多样，20世纪60年代后报道的分析性和调查性转向帮助记者开辟了新的职业前景。[74]20世纪90年代末的一篇媒体批评文章认为，水门事件开启了"记者作为名人的时代"[75]。这句话简化了复杂的历史，但却指出了70年代后越来越多的媒体专业人员［记者、风云人物（pundits）、专家］作为一个广泛阶层在全国范围内声名鹊起的现实。

摒弃"策略框架"

在过去的十年中，分析性转向在事实核查的激增中（特别是全职、专业事实核查人员的出现）明显找到了新的表达方式。致力于评估而不是简单地报道政客的言论使记者成为政治真相的仲裁者，违反了反对提出论点或"得出结论"的准则。（这就是为什么一些记者说事实核查应归入观点版面。）[76]即使是简单的事实核查，也可能需要数千字的解释和分析；新闻工作者往往将这种体裁描述为"问责式报道"（accountability journalism）和"解释性报道"这两种更广泛趋势的一部分。

事实核查人员同时拒绝特定的分析类型。他们不仅将这一体裁描述为对"他说，她说"报道的一剂解药，而且体现了美国新闻业的另一个经常

---

① 意为通过政治上的蛛丝马迹来预知未来会发生什么。

被批评的特征——对"赛马政治"的关注。（因此，他们的冲突指向了最初的幕后选战叙事《总统的诞生》。事实核查建立在这一"进步"报道的基础上，但也纠正了它所带来的对"过程"的偏向。）在 2011 年的一次会议上，一位媒体学者问事实核查人员，"事实核查文化"（即不断针锋相对地提出声言和反声言）是否放大了"赛马政治"，从而导致了公民注意力的转移。新闻工作者对此极力反对。FactCheck. org 创始人布鲁克斯·杰克逊反驳说："我的意思是，我认为我们站在'赛马'报道的对立面，即报道谁领先、谁落后，最后的民调显示了什么。"《华盛顿邮报》的事实核查人员格伦·凯斯勒附议："我认为在我报道政治时，'赛马'式的政治报道是我最讨厌的部分，事实上这也是我不想再报道政治的原因。"[77]

这里的关键矛盾在于，事实核查和它所抵制的"赛马"报道都可以被理解为阐释性报道的分支。以淹没主体性为代价，两者皆算得上哈林所说的更为"中介化"的、把记者推向台前的体裁。[78] 学者们所称的"游戏框架"或"策略框架"（通常与对实质性政治问题的关注相反）是与越来越多的怀疑性、分析性报道相伴而生的。[79] 它的吸引力恰恰在于，它允许记者批评政治行动者——凭借自己的敏锐带领读者走到公共生活的帷幕之后，同时避免偏见的指控。[80] 指责"赛马"报道会给人留下这样的印象：它只表现了报道的"精明"，鼓动了公众的愤世嫉俗，同时回避选民可能关心的任何实质性问题。[81] 但现实比这更复杂。新闻报道融合了政治和政策问题，难以降维成简单的试金测试。策略框架为管理对抗性报道的政治风险提供了手段，这种手段同时也可能削弱该报道的影响。

上述动态异常清晰地显现在当今美国记者指出的重大专业失误的案例当中：2003 年美国入侵伊拉克前夕的报道。记者在"9·11"事件后所经历的各种形式的政治压力已被充分记录在案。[82] 在那种环境下，新闻编辑部对任何怀疑官方说法的报道都运用了严苛的证据规则。例如 2003 年 1 月美联社报道说，联合国武器专家重新进入伊拉克检查了两个月，即使在华盛顿和伦敦官员指定的地点也没有发现存在违禁武器的证据。参与报道的记者后来抱怨说，他不能再进一步断言他当时认定的既存事实：白宫缺乏有关伊拉克武器计划的坚实证据。他在 2007 年的一次访问中解释："这句话会从我的稿件中删除，因为这句话会让一些编辑认为有倾向性——作为一种攻击或一种指控，而不是事实。"[83] 这凸显了报道的证据规则被嵌入现实世界的社会和政治关系中的方式。塔克曼明确指出了这一点："事关强权的事实比攸关无助者的事实更为谨慎。"[84]

同时，策略框架提供了一种方法，去调节关于
开战的潜在煽动性报道的语气。2002 年底，《60 分
钟》栏目播出了对白宫入侵伊拉克的回顾。该报道强调了专家们对伊拉克
核武计划以及萨达姆·侯赛因（Saddam Hussein）与"基地组织"之间的所
谓联系的怀疑。然而，该栏目把这部分内容作为对推销入侵之努力的分析。
记者鲍勃·西蒙（Bob Simon）在节目开始时回顾了美国历史上的战争口号，
说："这不是总统第一次发起推销战争的活动。"[85]西蒙随后在公共电视网
的采访中解释了该方法，值得详细引用：

> 鲍勃·西蒙：而且我认为我们从一开始就觉得，如果想要看起来
> 不荒唐的话，处理这样一个爆炸性的主题，我们应当举重若轻。
>
> 比尔·莫耶斯：举重若轻地开战。
>
> 鲍勃·西蒙：不要把它当成对当局声言的正面打击。这不仅为时
> 尚早，而且我们当时也没有足够的弹药来做到这一点。我们当时并不
> 知道伊拉克没有大规模杀伤性武器。
>
> 我们只知道，小布什政府在萨达姆和"基地组织"之间建立的联
> 系充其量是非常脆弱的，它在铝管问题上提出的论点似乎非常值得怀
> 疑。我们知道这些事情。因此，我们可以就这些事情到麦迪逊大道上
> 展开活动，这是一种温和的、更少对抗的推进方式。[86]

这一回应有助于说明对证据和政治风险之关切的微妙交织。哥伦比亚
广播公司的调查缺乏发动"正面攻击"的明确证据。关注白宫的策略是对
战争理由提出质疑的方式之一，从而避免对其可靠性采取决断的事实立场，
也不会引起白宫及其捍卫者的愤怒。然而结果是，报道的意义发生了变化。
一份由对小布什政府战争理由证据的怀疑驱动的调查报告变成了一场策略
分析，其核心主张已经不言自明：白宫正在为战争自圆其说。

事实核查人员缺乏灵活性，无法以这种方式调节他们的真相描述。这
也许是了解他们的工作及其引发的反应时最重要的一点：作为一种体裁，
事实核查限制了记者转移到策略领域以便掌握证据并管理风险的能力。这
不是说事实核查人员不关心政治策略问题。已发表的事实核查经常讨论政
客想通过特定的声言达到什么目的，正如我们将在第四章看到的，这以微
妙的方式给事实分析指明了方向。但事实核查的主导框架始终是事实分析，

这凸显了报道的证据规则
被嵌入现实世界的社会和政治
关系中的方式。

68

69

受制于以真假语言表达的达成裁决的正式承诺。事实核查人员不能两全其美，对结论指手画脚而不支持它。

作为知识生产形式的事实核查

事实核查人员比许多其他记者更经常、更直接地面对棘手的认识论问题（epistemological question），原因很简单：他们的目的是解决事实的争议，而不是转述一系列关于世界的事实。这需要增加对一致性（coherence）的考虑。事实核查不仅应该是对世界的合理描述，而且应该是正确的描述。事实核查往往会引起与其他类型事实性探索（特别是在科学领域）的比较。[87] 同时，这些记者所处的制度环境使他们的工作有别于科学探索——其本身并不像我们经常预设的那样简单。将事实核查广泛地视为一种知识生产形式，有助于阐明这些记者面临的特殊认识论挑战。

事实核查人员所处的信息世界的一个基本特征是，简单和确定的问题在被仔细检视后似乎会变得复杂和不确定。这听起来像陈词滥调，就像"每个答案都会带来更多问题"。然而，这与我们对事实核查如何将公共话语置于铁证如山的基础上这一直观印象相悖。我们认为，事实是逻辑推理的笛卡尔式构件，是关于世界的真实陈述和合理论证的基础。这种常识性的观点与真理的"对应"理论（"correspondence" theories of truth）相符。[88] 它符合现象学所说的我们对周遭世界的"自然态度"，即他人以与我们相同的方式感知外部现实的理所当然的感觉。[89] 一位事实核查人员告诉我，"每个事实都是论证墙上的一块砖"，以解释为什么即使是微不足道的事情也值得仔细检查。"如果它不能承受墙的重量，它就不配在那里。"[90] 如果我们连基本事实都不能达成一致，又怎么能有意义地辩论任何立场的优劣呢？

不过在实践中，很少以简洁的笛卡尔式步骤对一组支持或不支持某项陈述的硬性要素式事实进行核查。可用于检验公开声言的事实通常是不完整的、有条件的、有争议的或不确定的。这是一种比我们想象中更正常的情况，人类利用不完善的事实相当有效地驾驭世界，至少将可能不完美的事当作既定事情处理。在大多数情况下，我们不需要用

70

> 事实核查不仅应该是对世界的合理描述，而且应该是正确的描述。事实核查往往会引起与其他类型事实性探索（特别是在科学领域）的比较。

精确的定义去沟通，只需要对一个词或概念在特定背景下代表的意义有大致重叠的感觉就可以表达得很好。[91]想想最简单的事实论断："这是个苹果。"尽管我们不知道如何定义苹果，但在大多数情况下我们可以非常自信地做出这个断言。此外，即使不同学科之间不存在固定的定义，我们也可以这样做——例如，如果植物学家、植物遗传学家和果园种植者以不同的方式划分"苹果"的界限，谁的定义才是正确的？这根本不重要，除非我们发现自己处于必须证明自己主张的非同寻常的状况中。

同时，求助于专家来解决事实争议（factual dispute），往往会暴露问题本身与专家理解问题方式的不一致。专家知识往往会打破我们陈述关于世界的日常事实时理所当然认定的对象和类别（这也是一种紧张关系，即寻求可用引述的记者与只提供资格并保留意见的专家之间的紧张关系的可靠来源）。考虑一下本章开头提到的专家学者乔治·威尔关于埃博拉病毒传播（Ebola transmission）的可怕说法。对外行来说，该疾病是否"通过空气传播"的问题听起来很简单：它能通过打喷嚏或咳嗽传播吗？但接受Politi-Fact采访的科学家提出了其他问题：病毒本身是否会促进打喷嚏和咳嗽？（埃博拉病毒不会。）一个人要病到什么程度才会以这种方式传播病毒？（病到卧床不起，而不是在街上行走。）致病颗粒会在空气中长期存在吗？（在埃博拉案例中，不会。）对流行病学家来说，"空气传播"这一类别包含了在人类行为和社会关系的假设背景下对一组疾病特征的判断，这些特征说明了传播的快捷程度。[92]

制度性事实的不稳定性

事实核查人员所处的信息世界由哲学家约翰·瑟尔所称的"制度性事实"组成。[93]与物质世界的"粗野事实"不同的是，这些东西（如金钱、边界或上个月的失业率）只有通过某种制度性的规则制定机构才能存在并具有意义。瑟尔强调，就推理的目的而言，制度性事实的确定性不亚于自然界的事实。[94]格兰德河的部分河段是美国和墨西哥之间的边界，这一事实在本体论上是主观的：边界与河流本身不同，它不存在于我们的集体理解之外。但是，按照这种取向，边界的存在在认识论上不管怎么说都是客观的。它可以被事实性地验证；它不是意见或松散的惯例，而是"构成性的规则体系"问题。[95]同时瑟尔认为，制度性事实的复杂结构（如法定货币）

可大体上逐步形成。关于这些制度的事实甚至在面临它们为什么会这样的错误信念时也能存在。[96]

政治事实核查依赖对支撑公共主张的制度结构的探究。为了检验关于税率、移民政策或任何其他公共生活领域竞选主张的真实性，这些记者恰恰问出了瑟尔的理论所建议的问题：谁是这里的相关权威？构成规则是什么？但答案往往出人意料地不明确。浮现的社会现实图景并不像瑟尔所描绘的那样井然有序（这不一定是说功能不健全），也不像我们大多数人可能天真地设想的那样。制度性事实在某些语境下是存在的，但在其他情况下却不是。很多时候存在不止一个相关的标准或定义，而事实核查人员必须决定使用哪一个。构成性规则可能直到出现分歧后才会被准确地阐明。制度世界蕴藏着大量潜在的不确定性：远远看上去，一个确定的政策可能是基于无知或疏忽，在新的情况下很快就会解体。

捕捉这一点的一个好方法是，当环境变化、选区变化时，既定的制度性事实被证明只是僵化的论据。"水刑是一种酷刑"就是有争议的一例。整个 20 世纪，美国记者都可以不假思索地将水刑称为酷刑。[97]他们不需要咨询法律专家，也不需要选择一个决定性的论据来建立这种联系。这在美国法律和国际法中都得到了支持；它反映了报道的先例，主要是在报道遥远的威权政权时。可能最重要的是，谁会反对？但是，一旦发现美国曾对其囚犯实施水刑，这一坚定的制度性事实就会烟消云散。现在，重要人士会反对这一名称，记者们必须为他们选择的措辞提供理由。向公众发布的机密法律备忘录澄清了（但官员们坚持认为没有从根本上改变）酷刑的法律界限：重要的不仅仅是水刑的行为，还有实施水刑的环境、造成痛苦的程度，等等。尽管红十字会和联合国等组织继续将水刑和相关方法描述为酷刑，但美国官员仍将其归入"强化审讯技术"的新类别。

对记者来说，这带来了一个左右为难的局面，一个与科学家在实验没有产生理论预测的结果时不谋而合的两难局面。[98]记者应该按照既定的标准评估有关美国行动的证据吗？或者恰恰相反，这些令人惊讶的新数据是否说明他们应该改进以前适用的规则？大多数人的反应是放弃"酷刑"一词，或者用以前没有的方式来限定它——"根据反对者"或

> 政治事实核查依赖对支撑公共主张的制度结构的探究。为了检验关于税率、移民政策或任何其他公共生活领域竞选主张的真实性，这些记者恰恰问出了瑟尔的理论所建议的问题：谁是这里的相关权威？构成规则是什么？但答案往往出人意料地不明确。

"根据国际法"。社论版继续宣称这种联系是事实，但新闻报道只能详细说明它所依据的更具体的事实：国际反酷刑协议的条款、美国法院对这种罪行的历史起诉，等等。[99]《纽约时报》的编辑这样解释这一转变："当使用一个词相当于在政治争端中站队时，我们的一般做法是向读者提供信息，让他们自己决定。"[100]这种联系已经从提供事实下调为提供论点。现在，随着争论的过去，事实似乎再次稳定下来了。在 2014 年年中的一次政策转变中，《时报》① 宣布，由于起诉似乎并不存在，对酷刑的日常理解再次变得比"有争议的法律意义"更为重要。因此，"从现在开始，《时报》将使用'酷刑'一词来描述那些我们确信审讯者对囚犯施加痛苦以获取信息的事件"[101]。

当然，每一项事实也总是一个论点，起码原则上可以开放限定或反驳。这一点在硬科学中的应用不亚于政治生活。科学社会学的一个项目是理解"硬化"科学事实的工作，这些工作不仅涉及技术或科学（在这些术语的日常意义上）的，而且在制度、话语和社会方面展开。社会学家拉图尔（Bruno Latour）认为，我们的根本错误在于将事实视为由"原始的、坚实的、无可争议的、毋庸置喙的材料"构成的"基本构件"，而实际上恰恰相反：它们复杂、精心设计、高度集体化。[102]这种处理科学知识的方法有时会引起争议。[103]但通过强调事实制造（fact-making）的集体性质，它为思考世界和专业事实核查人员的工作提供了一个宝贵的视角。

在实践中，我们容忍大量的不确定性，或者在不存在确定性的情况下假设确定性，直到有某些事情给我们理由不这样做。可能有人会说，一定程度的不确定或不精确是制度现实正常运作的一部分。思考一下政治边界（political border）这个瑟尔最喜欢的一例制度性事实：在不同的本地语境下援引单个概念边界，这种能力可以说有助于我们在不同的语域或范畴上构建协调连贯的行为。（例如，容忍一定程度的分歧不仅使我们得以按图索骥、规划路线，而且可以把路标放在司机最容易看到的地方，并根据地理或基础设施来组织公用事业区。）消除差异有助于协调行动或意义：这一想法地处隐喻（就像"翻译""黑箱""边界物"）的中心，社会学家用这些隐喻来描述不同行动者即使对世界看法不一，也可在一致的科学或技术倡议中合作。[104]苏珊·利·斯塔（Susan Leigh Star）和詹

> 但通过强调事实制造的集体性质，它为思考世界和专业事实核查人员的工作提供了一个宝贵的视角。

---

① 这是作者对《纽约时报》的简称。

姆斯·格里森默（James Griesemer）曾写下这样广为人知的话："合作和成功开展工作都不需要共识。""这一基本的社会学发现在科学领域和其他任何工作中都同样适用。"[105] 参与事实核查的新闻工作者经常会发现制度安排中潜藏的不一致和分歧。但他们自己的项目对差异的宽容度较低。事实核查人员凸显了可用于检验关于世界的声言的不同定义——然后他们必须认定一套标准。

不文明的话语，不确定的意义

事实核查人员所处世界的另一个决定性特征是，它对任何看似理性、事实性的调查都不感兴趣。他们的经验提醒我们，在公共语境中审慎商议并不经常或并不容易出现。且看历史上的一例，它最能表达我们今天公开言说政治的理想。18 世纪的欧洲咖啡馆和杂志上的公共领域，正是因将理性的政治话语置于至少是部分开放的、往往是中介的、文化的或市民的而非政治的社会空间中，而把握了民主的想象。但重要的是要记住，这一著名的现代早期公共领域在强大的、源自精英的文明规范下扎根，且其中的辩论围绕新兴商业阶层的狭隘关切展开。[106] 共同的规范和利益支撑着咖啡馆对社会地位的包容——不管谁提出，最好的论点都会得到认可——以及在一个更广泛的、想象的公共领域中对假定的阶级利益的包容。[107] 我们可能会认为这种包容性和理性之间的张力在从政治领域转到科学领域时就会消失，但事实并非如此。历史学家史蒂文·夏平（Steven Shapin）已经阐明温文尔雅、彬彬有礼的规范如何为科学革命提供了脚手架。[108] 以共同的阶级和文化为基础的文明规范界定了启蒙运动中科学话语的界限：谁来科学地讲、如何科学地说。它黏合了一个更广泛的"信任系统"——没有这个系统，重复实验和验证结果等科学怀疑行为就不可能实现。[109]

这些历史强调了文明与理性之间的联系，其中文明被理解为一套高度受限的公共话语模式，以信任和共同预设的诚意为前提。如夏平所述："终极不文明是对他人接触世界之信任的公开撤除，以及对他人言说世界真相之道德承诺的公开撤除。"[110] 显性机制在与严格的事实发现工作相关联的现代制度环境（如实验室、法庭或国会委员会）中推进文明、规制事实性话语。在这些环境中，事实探寻者可以迫使他们的对象提供证据，不管是人还是其他事物。他们严格遵守搜集和提交证据的协议。他们根据正式规则进行交流，违反这些规则可能会受到严厉的专业或法律责罚。[111]

　　事实核查人员自己往往不承认的一点是，他们怀揣着哈贝马斯式理性批判话语的志向，寄望事实核查能够有助于修复残破的公共领域。但是，建立铁的事实需要群策群力。如果没有社会或制度机制来规范公共言说，这项任务就会变得愈发困难。新闻事实核查人员没有权力让其他人合作，而且他们在不能预设诚意的政治世界中运作。正如媒体批评家经常抱怨的那样，对政客、权威人士和其他媒体-政治两界通吃的"专业传播者"而言，事实错误或公然虚伪似乎没什么代价。[112]相反，那些可能在自己的学术领域小心求证的专家们学会了能言善辩、巧舌如簧，以获取作为知识分子的成功。[113]

　　公共话语中的文明匮乏指向了事实核查界的另一重基本特征：意义的不确定。事实核查人员的工作因直接的阐释性问题变得复杂，而在面向拥有愈加窄化选民群体的更专门的领域中，这些问题对事实制定者来说并不存在。由于这些新闻工作者为更广泛的政体工作或在其面前评估声言，因此公众总是成为事实核查程式中的第三个术语。正如我们将在一个又一个案例中看到的那样，这在评估的字面真实性和它可能意味着什么或旨在向其受众传达什么之间拉开了潜在的距离。事实核查人员监督虚假和误导性声言，他们几乎可以互换使用这些术语。根据 Fact Checker 的匹诺曹评级表指南，"通过玩弄文字，政客得以制造虚假、误导性的印象"。这一评级系统与 PolitiFact 的测真仪相仿，对准确性和误导性兼有的言论给出中间分。这种取向实际上是将这种说法视为有几分虚假；它将准确与不实融合到了一个单一的有序量表中。[114]

　　当然，其他事实探寻者也在与意义和阐释的问题搏斗。不过，他们的调查在更狭义的阐释或认识论共同体内进行，如法律、科学、特定政策领域等。[115]硬科学再次提供了一个有用的对比。托马斯·库恩（Thomas Kuhn）科学范式概念的核心洞见是，社会语言学语境支撑了科学发现：事实可在共享的阐释系统背景下维系或瓦解。[116]对实验室工作的研究强调，不同的科学领域乃至子领域（例如实验物理和理论物理）对证据和论据有非常不同的思考方式。[117]卡琳·诺尔-赛蒂娜（Karin Knorr-Cetina）所称的科学"认识论文化"（epistemic cultures）某种程度上是通过共享的词汇和共同的做法实现自我定义和再生产，这些词汇和做法在调控群体内部交流的同时也将其与非专业的公众和强大的外部力量隔绝开来。[118]

76　　相比之下，记者几乎没有我们在法律、医学和科学等领域开展客观探寻时所具备的相关技能——严格的教育、专门的技术、正式的许可。新闻业是"非隔绝性专业"，容易受到市场和政治力量的冲击。[119]这种脆弱性指引了传统新闻业客观实践本质上的防御性常规。它是防止在政治争端中选边站之规范的基础；当记者对有权势的主体采用更严苛的报道标准时，这一点就愈加明显。这方面最有名的例子，也是在新闻文化中起了很大作用的一个例子，就是《华盛顿邮报》在水门事件调查中的不足为凭的故事——编辑们要求为每一则匿名声言配上两个确凿的信源。[120]

重要的是要认识到事实稳定（factual stabilization）机制和职业保护机制之间的密切关系。说新闻业这样的领域缺乏科学的精确或严谨，至少在某种程度上就是在说非新闻工作者对它施加了影响。外界如果想解决某个科学知识或实践领域的问题，通常需要通过掌握术语或借有资格的专家之口，以科学自身的表达方式参与其中。外行在形塑专家话语上可以取得出乎意料的成功。史蒂文·爱泼斯坦（Steven Epstein）展示了20世纪80年代和90年代的艾滋病活动家如何在将自己确立为"知识生产过程中的可靠参与者"之后[121]，获得了对生物医学研究提出道德主张的权威。爱泼斯坦采访的一位活动家说："这就像一种亚文化的东西，要么肤浅要么艰涩，你只需要理解行话，一旦你耐得住性子，它就没那么复杂了。"[122]

套用到新闻业这样几无门槛的领域，上述说法听起来几乎并不那么令人惊讶。在挑战记者对世界的解释时，公众面临的障碍相对较少。事实核查人员处在困顿之中，即要为争议之事提供决定性的结论，而任何人品头论足时都可能自觉够格。一个棘手的问题由此出现：事实核查人员自身的专长在哪里？我将在第四章中提出，他们认为自己是驾驭各种专业知识来源的专家，并从意识形态的争论中梳理出有用的事实。

77
事实、价值和公平问题

另一种理解阐释性问题的方式是，本书研究的事实核查人员不仅评估准确性（accuracy），而且评估公平性（fairness）。他们经常被批评混淆了这两者。正如《哥伦比亚新闻评论》的一位评论家在被进步人士视为史诗的事实核查失误出现之后所抱怨的那样："事实核查人员不仅把目光投向了识别哪些声明是真实的，而且

事实可在共享的阐释系统背景下维系或瓦解。

投向了识别哪些是正当的。"[123] 在日常思维中，我们引用了现代人对"正确"的两种感觉的划分，将事实或科学判断与道德判断分开。[124] 如何制造原子武器与是否制造原子武器是完全不同的问题。我们可以对价值观保有分歧，但不能对事实保有分歧：这一预设是我们考量事实时的核心，也是专业新闻客观性实践的核心。（在哲学中，我们能否真正地将事实与价值分开是一个比在日常思考中更富争议的问题。[125]）在许多专门的事实探寻工作中，学科界限和技术词汇有助于维持事实和价值之间的鸿沟，例如将道德（或至少是世俗道德）从实验室的知识寻求中扫除。[126] 某种意义上说，正是悬置特定关切或话语种类使语言被赋予了技术或科学色彩。某种价值体系被正常化，变得无形。

事实核查人员在某些方面坚持这一分离原则：他们将事实性的说法与意见表达区分开来，并经常说，发现某项陈述的真假并不意味着对其试图推动的政策正确与否采取立场。然而，事实核查人员不能从他们的事实性分析中剔除陈述本身的公正性。实际上，他们关切的不仅仅是正确的信息，还有恰当的沟通。[127] 在现实世界的政治辩论中，这两者变得非常难以区分。

事实核查人员捍卫专业报道对客观性的承诺。但通过缝合关于真相和公平的争论，他们违抗了将事实和价值分开的禁令。这表明了事实核查与调查性报道的惊人亲缘，尽管后者依赖非常不同的工具和程序。艾特玛（James Ettema）和格拉瑟（Ted Glasser）在他们出色的描述（详见第五章）中展示了调查记者如何遵从客观性的理想，即使他们寻求真相的使命"驱使他们突破新闻实践的天花板"[128]。像事实核查人员一样，调查记者不能对官方说法照单全收。因此，艾特玛和格拉瑟认为，他们的工作揭示了价值观是如何交织在核查程序和编辑判断中的——它揭示了"人类利益和人类知识内在的相互依赖"[129]。当涉及理解调查事实的真正工作时，它指出了我们大多数人随意认同的"朴素实在论"（naïve realism）的不足之处。艾特玛和格拉瑟概述了"介于现实主义和相对主义之间"的立场，在这里也是有用的：

> 我们并不否认有真理可寻。然而我们认为，那些谋求以朴素的形而上学现实主义来定义真理的人尝试了不可能的事情，因而他们的尝试远远不足。这个悖论很容易破解：由于朴素实

事实核查人员捍卫专业报道对客观性的承诺。但通过缝合关于真相和公平的争论，他们违抗了将事实和价值分开的禁令。这表明了事实核查与调查性报道的惊人亲缘，尽管后者依赖非常不同的工具和程序。

在论在价值无涉的陈述和心智无涉的现实之间呼唤确切的对应，它颠覆了对实际的真理寻求者必须实际尝试做些什么的深思熟虑。[130]

　　本章将事实核查置于新闻业客观实践不断发展的传统中，同时也考虑到了这种新闻报道所面临的独特认识论挑战。作为一项运动，事实核查围绕着对新闻业过去几十年里失灵的特定解读而凝聚，延续了修订客观性规范的漫长历史。我认为，即使事实核查人员明确拒绝政治分析的特定风格，事实核查仍应被看作新闻中更广泛的"阐释性转向"的一部分。我还指出，事实核查人员的使命让他们对客观报道中潜藏的张力和矛盾异常敏感。理解事实核查面临的挑战意味着要认识这些记者所处的制度世界的特点：不稳定的事实、不文明的话语、不确定的意义。事实核查人员调查的是与制度现实有关的陈述，这种现实远比我们想象的混乱得多，甚至简单的事实也可能建立在不明确或有争议的标准之上。他们调查的声言由致力于工具性优势而不是连贯推理话语的政治行动者提出，往往是为了欺骗而被炮制出来的。

　　这种话语环境使事实核查人员有别于其他领域的事实发现者（特别在科学领域，这些新闻工作者将其视为一种理想）；我将论证，这有助于解释公共事务中妥处事实纠纷的困难。本书接下来的部分将讨论事实核查作为一种新闻工作形式的实际情况。我们将看到，事实核查的日常工作（使用的程序、咨询的来源、遵守的规则）都令人信服地透明和直截了当。它们反映了致力于其使命的专业记者的经验和思量。与此同时，即使是简单的事实核查也会留下分歧的空间，这种新闻风格也招致了非同寻常的冲突和争论。

即使是简单的事实核查也会留下分歧的空间，这种新闻风格也招致了非同寻常的冲突和争论。

第二部分

事实核查的工作

《生于美国》

总统之谣——奥巴马并非生于美国的传言可能始于一个事实核查错误。根据一份报道，1991 年，一家文学机构推出的小册子犯下了这个关于未来总统传记的错误。"《哈佛法学评论》首位非裔美籍主席奥巴马出生于肯尼亚，在印度尼西亚和夏威夷长大。"[1] 另有人将这一谣言追溯到 2008 年春季民主党初选期间在希拉里的支持者中流转的一封邮件。[2] 不争的事实是，2008 年 6 月，正是在竞选团队公布了奥巴马的夏威夷出生证明的数字副本，试图平息这些疑虑之后，疑窦反而丛生。正如 PolitiFact 不久后写的那样："然后风暴开始了。"[3] 这份文件引发了一连串的新问题：为什么没有签名？压印的印章在哪里？为什么证书编号被涂黑了？难道不应该有折叠后的折痕吗？

根据它们自己的说法，FactCheck. org 和 PolitiFact 的事实核查人员不遗余力地澄清了有关总统真实姓名、出生地和背景的传言。PolitiFact 寻找所有能找到的关于奥巴马的公共记录的副本：他的结婚证书、驾照资料、财产记录，以及在伊利诺伊州最高法院的正式律师注册登记。一位记者将奥巴马竞选团队发布的出生证明电邮给夏威夷卫生署。发言人证实："这是一份有效的夏威夷州出生证明。"一位夏威夷的同事出示了她自己的出生证明，以便比对两者。尽管如此，事实核查人员承认，阴谋论者总是可以提出一些新的疑问。由此产生的文章成为 PolitiFact 历史上浏览量最大的文章之一，文章结论如下："以卷入一张巨大的人际和政府机关网络及其旷日持久的谎言为前提，奥巴马有可能通过密谋，将这项世界上最大的工作推到了悬崖旁边。一切皆有可能……但退一步讲，看看与之相反的压倒性的证据，再看看你认为哪些言之成理可取而代之。"[4]

FactCheck. org 更进一步，打算让两名记者在 2008 年 8 月访问奥巴马竞选团队的芝加哥总部，查看候选人的纸质出生证明。[5] 这在很大程度上是一桩事关运气的事。竞选团队的一位新闻秘书一直抗拒发布新版出生证明的呼声，最后终于松口，邀请 FactCheck. org 查看这份文件，适逢两名工作人员要去芝加哥参加一场会议。记者们把文件拿在手里，触摸凸起的印章。他们拍下印章、夏威夷人口统计登记员的签名和官方证书编号的照片，并将这些照片以高分辨率发布在网上，供读者查看。题为《生于美国》的文章证明：

> FactCheck. org 的工作人员现在已经浏览、触摸、检查并翻拍了原始出生证明。我们的结论是，它符合国务院对证明美国公民身份的所有要求。声称该文件缺乏一个凸起的印章或签名是不实的。我们已将该文件的高分辨率照片作为"支持文件"贴在这篇文章中。我们的结论：奥巴马生于美国，一如其所说的那样。[6]

随着上述问题浮出水面，接下来若干年里，事实核查人员被迫多次重新审视、调用那次访问奥巴马总部后得出的结论证词。2009 年，当保守派新闻网站 WorldNetDaily. com 记者在白宫新闻简报室再次提出这个问题后，PolitiFact 发文称："FactCheck. org 的朋友去了芝加哥，用他们的质疑之手仔细检视了那份文件。他们的结论是：合法。"[7] 两年后，在共和党总统初选早期的不确定时期，特朗普和佩林再次暗示了对总统出生状况的怀疑。Fact Checker 的专栏作家指出，他的两个事实核查竞争对手在揭穿这种"'竞选者'的无稽之谈"方面做了"出色的工作"，并链接了 FactCheck. org 的文章，将其作为决定性的证据，证明出生文件有凸起的印章和签名。[8]

传统的新闻媒体反过来也可以引用事实核查机构的工作成果来挑战这些谣言。2009 年，有线电视新闻网主持人卢·多布斯（Lou Dobbs）在其节目中质疑奥巴马的出生地后，全国公共广播《早报》（*Morning Edition*）邀请 FactCheck. org 创始人布鲁克斯·杰克逊给出权威反驳。他在节目中称："这是一派胡言。"全国公共广播解说员继续说道：

> 布鲁克斯·杰克逊曾是《华尔街日报》和有线电视新闻网的资深调查记者。他现在经营 FactCheck. org，一家与宾夕法尼亚大学安南伯格公共政策中心有关的非党派机构。去年总统大选期间，他的研究员们查看并拿到了候选人奥巴马的夏威夷出生证明。杰克逊说，奥巴马总统是在他所说的地方出生的。[9]

在美国内外，从《纽约客》到《新西兰先驱报》（*New Zealand Hearld*），这些专业事实核查人员已经被数百次采访过与出生地争议有关的内容。2012 年总统选战中，美国记者在用自己的声音挑战谣言上愈发得心应手。2012 年 5 月有线电视新闻网的一段报道中，主播沃尔夫·布利泽（Wolf Blitzer）和特朗普在现场激烈交锋。布利泽说："唐纳德，你我相识已久，我不明白为什么在夏威夷州正式宣布出生证明合法之后，你还要在这个出生地问题上反复纠缠。"他没有引用事实核查人员的说法，但列举了他们和其他记者在逾五年的研究中汇编的证据，包括 1961 年《檀香山广告商报》（*Honolulu Advertiser*）和《檀香山星公报》（*Honolulu Star-Bulletin*）上的出生公告。特朗普反驳说，父母可能发布虚假的出生公告，希望为他们的孩子争取公民身份。布利泽一度责备说："唐纳德，我不得不说你开始有点扯淡了。"特朗普回怼道："让我告诉你吧，我觉得你才扯淡。"[10]

出生地争议以异乎寻常的明确捕捉到了事实核查人员作为证供者的角色。"杰克逊说奥巴马总统就在他说的地方出生。"这是新生的专业事实核查人员为自己的存在提供的最基本证据——成为可信的权威，对读者没有时间或能力自行解析的事实问题加以评判。不过，证明奥巴马的背景所涉的实际报道工作却很不典型。事实核查人员很少有机会出差，甚至没有机会离开他们的办公桌。他们的文章不以日程表或法庭/竞选总部内的现场描述为特色。事实核查人员作证，但很少见证。"这就是案头工作，"被任命为 PolitiFact 首席编辑的安吉·德罗布尼克·霍兰在接受采访时说：

> 当我进行事实核查时，我不外出开会。我坐在办公桌前阅读报告和笔录，我一直在接打电话……很多记者喜欢外出目击事情发生。我也喜欢，但我不认为这是政治事实核查所需要的。我不认为你列席了新闻发布会就更能接近真相。[11]

考虑一下事实核查人员每天所做事情的一个更典型例子。我在费城研究 FactCheck.org 期间，一个正在美国访问的俄罗斯记者代表团造访了该组织。一位编辑这样向他们解释事实核查工作："标准的新闻实践应该被更多的记者采用，但有时他们没有时间，或者他们在赶稿，以及……所以就变成了'他说，她说'，而读者会陷入困惑，不知何为真相。这就是我们努力切入的地方。"[12]

事实核查人员很少有机会出差，甚至没有机会离开他们的办公桌。他们的文章不以日程表或法庭/竞选总部内的现场描述为特色。事实核查人员作证，但很少见证。

为了说明这一点，编辑提到了几周前在上班路上翻看《纽约时报》时读到的一篇文章。那是一篇关于时任密西西比州州长、传闻中的总统竞逐者海利·巴博（Haley Barbour）演讲的报道。记者在三个段落中引述出一条针对奥巴马总统的攻击："过去两年，联邦政府花了 7 万亿美元，而我们损失了 700 万个工作岗位。我想我们应该庆幸他们没有耗去 12 万亿美元，否则我们可能已经失去了 1 200 万个工作岗位。"[13] 快速翻查劳工统计局的网站就会发现，本届政府治下实际的失业人数还不到巴博声称的一半。Fact-Check. org 的编辑强调说："要获得这些信息并不麻烦"，然而，"这是一个完全没有受到《纽约时报》记者质疑的事实，而《纽约时报》是我们国家最好的报纸"[14]。

向费城来访记者提供的案例在很多方面都很典型，这些将在接下来的三章中得到阐述。首先，它以一位可能成为高级职位候选人的知名政治家为中心。专业事实核查人员密切关注社会学家甘斯所说的"新闻业的民主理论"，并认为他们的核心任务是帮助公民在投票时做出明智选择。[15] 他们称自己所做的是一种"问责式报道"——正如一份编辑随笔（editor's note）所说："美国新闻业是当选官员……对他们所说的话负责的少数地方之一。"[16] 然而，这一使命并没有扩大到让记者同行对他们的工作负责。就在巴博发表演讲的次日，FactCheck. org 发表的文章直截了当地指出，他"严重夸大"了真实的失业数字。它链接到《纽约时报》的报道，作为州长所言的证据。但它并没有指责这家报纸没能对这一容易核实的说法提出质疑。[17] 精英事实核查人员认为自己是记者，而不是媒体批评家。他们想纠正这个行业的坏习惯，但几乎从不直接对他们的记者同行进行事实核查。[18]

其次，巴博事件很好地说明了事实核查人员常规从事的"案头工作"（desk work），即使它推广的是这项工作的理想化版本。本案中的分析再简单不过：州长引用了两组统计数据，事实核查人员将其与权威数据进行了比较。为了确认 7 万亿美元的支出，FactCheck. org 链接到美国行政管理和预算局发布的美国政府预算。为了说明失业的数字"差得远"，文章还链接了劳工统计局网站上的一份数据表格："表 B-1。按行业部门和选定的行业细节划分的非农就业人员。"事实核查人员总是寻求官方数据，并经常举出像这样的例子来解释他们的工作。不过，在实践中，找到要需核查的声言并确定其真实性并不总是那么简单。事实核查人员处理制度性事实，如出生证明和失业率，它们建立在错综复杂的定义、惯例和科层实践之上。这些事实比它们看起来要脆弱得多。

最后，出生地争议和巴博的事实核查都表明，事实核查报道在每个阶段都有很深的中介作用。事实核查人员浏览新闻、仔细研究笔录，寻找可疑的声言进行调查。他们利用搜索引擎和新闻档案来追踪政治谣言和虚假统计数据的来源。他们热心地向其他记者推广他们的结论，鼓励新闻媒体引用他们的发现并邀请他们上节目。从某种意义上说，事实核查人员确实担纲了记者作为见证者的传统角色：他们见证并报道了被中介的事件。事实核查人员既是新兴媒体生态系统的学生，也是该系统的积极参与者。

本书这一部分研究了事实核查的日常工作——它正式和非正式的规则和常规，由美国三家全国性的精英媒体实施。事实核查人员从哪里寻找可核查的声言？他们在公共生活中关注的是谁？他们使用哪些信息来源？他们如何同与政治结盟的专家和智库打交道？第三章和第四章集中讨论了寻找和核查政治声言的日常程序，而第五章则通过一次扩展民族志案例研究来考虑这种调查工作所引发的认识论问题。

> 事实核查人员处理制度性的事实，如出生证明和失业率，它们建立在错综复杂的定义、惯例和科层实践之中。

第三章 | 拣选待查事实

　　选择要核查的声言只是事实核查的第一步。但这是至关重要的一步，因为它提出了有关这种新兴的新闻工作的适当的实施方法与使命的基本问题，这些问题一次又一次地出现。研究事实核查人员如何从每天的新闻中收获有趣或重要的政治声言，可以明晰他们在专业新闻工作和更广泛的政治传播生态中的地位。

事实核查人员每一天的工作首先从在大大小小无数公开言论中选择要核查的声言开始。PolitiFact 的编辑们有时称这是"寻找可核查的事实的艺术"。就像把一天的事件汇编成一张报纸或一套新闻节目一样,这是一个比常规案例看起来更棘手、更麻烦的过程。公众人物或多或少地夸大事实似乎理所当然,而事实核查人员一直在抱怨自己跟不上。在 2014 年选举后的一次小组讨论中,FactCheck. org 的执行编辑洛丽·罗伯逊(Lori Robertson)称这是该组织面临的最大挑战。"我们永远不会认为我们有足够的工作人员和资源来做所有我们想做的事实核查",她这样说,并指出 2014 年出现了"雪崩式的"可疑声言。"我们总是希望我们能做更多。"她的其他小组成员都同意这一点。一位来自阿拉斯加州的事实核查人员指出,他所在的州刚刚完成了其有史以来最昂贵的选举。"我们面对的是大量的言论或话语,或者不管你怎么称呼它,我们并没有真正接近并核查一切,甚至没有核查出其中相当大的部分。"[1]

那么,如何在资源极为有限的情况下,每周选择相对少数的声言展开调查?今天的公共话语涉及广泛的专业传播者,他们的话语形塑了政治和政策。[2]事实核查应该集中在公职候选人身上吗?是否应该平衡党派路线?事实核查人员是否应该采用科学的方法——按照某种固定的规则甚至随机选择可核查的声言?寻找可核查的事实涉及对新闻价值、公平性和实用性的判断。对于事实核查机构来说,这意味着要制定关于哪些类型的声言可以核查、谁值得被如此仔细地核查的政策。这也不断招致批评者出于偏见的攻击,他们问我们是否能从主观选择声言的事实核查人员那里得出任何有意义的结论。[3]同时,这些记者相信他们自己的新闻常识——对什么足够有趣、足够重要到可以进行核查的判断。PolitiFact 的比尔·阿代尔在回应外界指责该网站对共和党人存在系统性偏见时写道:"我们是新闻工作者,不是社会科学家。我们根据我们的新闻判断来选择声言进行事实核查。"[4]

本章将回顾 FactCheck. org、PolitiFact 和《华盛顿邮报》的 Fact Checker 在选择被核查的事实时的运作规则。他们的正式政策略有不同,但在优先考虑官员和政治候选人的"可核查"陈述上趋于一致。我从专业新闻价值的角度来考虑他们的政策和做法，有时这是记者们用来确定新闻报道优先次序的不言而喻的标准。事实核查人员在选择要核查的声言时采用了这种熟悉的语言，但不强调突发新闻和独家新闻，而是采用一种有条不紊的综合方式。最后，我试图传达一种感觉，即寻找可核查的事实是数字新闻工作（digital newswork）的一种形式，它涉及顺应网络政治传播的洪流。这一取向强调了事实核查如何依赖于政治言论的常规记录，这是现代媒体世界的一个基础但未被注意到的特征。

寻找可核查事实的艺术

对于一个新闻机构来说，要找到稳定的可供核查的事实性声言，首先要回答一个基本问题：在公共生活中，谁有资格进行事实核查？美国的精英事实核查人员都把注意力集中在政治人物身上，特别是官员和候选人。PolitiFact 创始人比尔·阿代尔在参观新闻专业学生的教室时颇为恳切地宣告："我的责任是，每位美国政客都应该直面测真仪。"[5] 这一焦点与事实核查机构的核心使命相一致，即向公民提供可用来做出知情政治选择的工具。FactCheck.org 的创始人布鲁克斯·杰克逊这样向我解释这一使命："在我看来，我们的工作，也是任何新闻工作者都真正渴望的唯一工作，就是为那些实实在在感到困惑和迷茫的公民提供资源，帮助他们从虚构中找出事实。"[6]

这一民主使命在事实核查网站的官方文献中得到了明确回应，并在正式和非正式场合不断出现。它体现在由 PolitiFact 和《华盛顿邮报》的 Fact Checker 在一些选战中留存的永久性报道记录页中。像棒球卡①一样，这些页面提供了总结政治人物表现的关键统计数据，使人们很容易在选举中比较不同的候选人。[7] 事实核查人员全年无休，总统大选期间最得其所。进入 2015 年仅几个月，三家机构的网站都上线了与一年半后

> 事实核查人员在选择要核查的声言时采用了这种熟悉的语言，但不强调突发新闻和独家新闻，而是采用一种有条不紊的综合方式。

---

① 棒球卡是一种与棒球有关的交易卡，通常由纸板、丝绸或塑料制成。卡片以一个或多个棒球运动员、球队、体育场馆或名人为主题。棒球卡最常出现在美国本土，在波多黎各、加拿大、古巴和日本等国家也很常见，这些国家有顶级棒球联赛，有大量的球迷。

的选举有关的特别专区。PolitiFact 在每次竞选启动时都会对候选人的测真仪记录予以检视（在 3 月份的报告中，兰德·保罗获得了最佳纪录）；Fact Checker 则推出了用于检视总统候选人的图表库。虽然在实践中，事实核查人员也以政客和新闻人为想象读者进行写作（正如我在第六章中论述的那样），但从形式上讲，他们代表理想化的公众，即渴望获得信息的选民。

在这三家网站中，《华盛顿邮报》的 Fact Checker 关注面最窄，针对的是"政治人物和政府官员的说法"[8]。FactCheck. org 网站解释说，该机构专注于"美国主要政治参与者"，包括官员和候选人，也包括政治行动委员会、工会、贸易协会和其他政治实体。该机构还将真正的精力放在解密连锁电子邮件上，并直接回应那些询问他们在网上遭遇的政治谣言的读者。布鲁克斯·杰克逊接受采访时解释说："我们刚开始工作那会儿，我不知道人们被这些东西欺骗到什么程度"，"它只是在表象之下，主流新闻机构不太打量它。但很多人正通过这种方式获得他们认为是信息的东西"[9]。在我观察的第一天的培训课程中，实习生们被传授了响应这些读者垂询的详细规程，内含一份长达 11 页的清单，列出了最常见的网络谣言以及如何揭穿这些谣言。[10]

PolitiFact 的调查范围最广，对任何"在美国政治中发声的人"发起挑战。[11] 该组织有时会俏皮地阐述这一任务。除了政治团体和连锁电子邮件，PolitiFact 还对卡里姆·阿卜杜勒-贾巴尔（Kareem Abdul-Jabbar）、"一个院子里的标志"和"18％的美国公众"（根据一项民意调查，他们仍然相信奥巴马总统是穆斯林）提出了质疑。[12] 在我的一次造访中，PolitiFact 全国站的工作人员对连环画《杜恩斯伯里》（Doonesbury）中的人物马克·斯拉克迈尔（Mark Slackmeyer）在搞笑页面中提出的关于枪杀的说法进行了有趣的评级。[13] 这次事实核查以连环画的多彩面板为特色，分析过程主要依靠对作者加里·特鲁多（Garry Trudeau）的电子邮件采访（特鲁多澄清说，在援引"在家"被枪杀的人数时，他虚构的电台主持人指的是在美国而不一定在他们的住所被杀的美国人）。现在，《杜恩斯伯里》在 PolitiFact 的数据库中出现在罗得岛大学校长戴维·杜利（David Dooley）和佛罗里达州议员克里斯·多沃斯（Chris Dorworth）之间，该数据库中，有近 3 000 名公众人物曾直面测真仪。但这一条目的头像是斯拉克迈尔，而不是特鲁多。

专业事实核查人员在审查媒体同行人物取态上区别最大。这三家网站都不会像"媒体攻关"或"媒体研究中心"这样的党派媒体监督团体那样，直接质疑记者或新闻媒体的声言来源。然而，PolitiFact 确实检视了专家学者、专栏作家和社论作者的言论，并在 2013 年底推出了新网站 PunditFact 以关注此类媒体人物。这意味着挑战新闻同行，可能使该组织与其他新闻机构的重要关系变得复杂。例如 2010 年，美国广播公司的《本周》（*This Week*）栏目与 PolitiFact 建立了事实核查合作关系，前者最初拒绝在节目网站的测真推送（Truth-O-Meter feed）中加入对自有专家学者的事实核查。同样，PolitiFact 对进步派学者瑞秋·麦道的裁决也招致了她和微软全国广播公司其他主持人的激烈攻击，这也是它与一个经常在其新闻节目中频繁引介 PolitiFact 的电视台产生摩擦的原因。在盘点 PunditFact 的首年运营时，一位编辑指出了与新闻机构合作时的挑战，因为这些机构中的明星也可能被置于显微镜下："这是件微妙的事，因为他们当着你的面说：'是，没错，我们对其持开放态度，但你们也要对我们的人核查一番吗？'"[14]

同时，无论是 FactCheck. org 还是《华盛顿邮报》的 Fact Checker，它们通常都不处理专家学者或意见记者（opinion journalist）提出的声言。Fact-Check. org 向我解释说，这是个资源问题——在跟上政客兜售的谬论（false-hoods）已经很困难的情况下，还需要额外的工作人员来核查"说话者"。[15] 排除核查风云人物也似乎与普遍禁止挑战意见被混为一谈。在一次培训环节中，FactCheck. org 的一名编辑带领实习生浏览了《本周》最新一集的转录文本，寻找可核查的声言。当经济学家、《纽约时报》专栏作家保罗·克鲁格曼（Paul Krugman）① 出现在页面上时，编辑跳过了他的言论："我们不关心克鲁格曼说什么。他是自由派经济学家，他有自己的观点，况且他没有参加竞选。"[16] 相比之下，克鲁格曼的声言已经被 PolitiFact 评估了十多次，在那里他获得了异常高的评价。

界定可核查的事实

如果说他们在谁值得审议的问题上意见略有不同，那么在关于什么可以核查的基本规则上，精英事实核查人员达成了一致：事实，而不是意见。这是不变的老话。在刚刚提及的培训中，FactCheck. org 的编辑从克鲁格曼

---

① 美国经济学家及《纽约时报》专栏作家，2008 年诺贝尔经济学奖得主，曾任普林斯顿大学经济系教授，现任纽约市立大学（City University of New York，CUNY）经济系教授。

的评论转向了《本周》对共和党总统候选人罗姆尼的加长采访——他显然是适合被事实核查的候选人。当被问及他对联邦政府 2009 年"救助"美国汽车制造商的立场时，罗姆尼宣称，如果汽车制造商更快地进入破产程序，就可以节省数十亿美元的资金。"这是一种观点，没有办法对其进行事实核查"，这位工作人员告诉实习生并解释说，罗姆尼在经济上与奥巴马政府坚持"不同的哲学"。相比之下，罗姆尼的下一则声言，即总统曾承诺失业率将保持在 8% 以下，很容易被核实，而且可以被证伪。一段前白宫经济顾问的主讲节录迅速产生了大量可核查（checkable）的事实，例如声称美国在过去六个月中增加了一百万个私营部门的工作岗位。编辑抓住了这句话："这是我们可以核查的事实。这是事实，是数字。"[17]

在为加入 PolitiFact 网络的各州政治记者举办的为期三天的培训课程中，同样的观点深入人心。[18] 每一个测真条目都以对被核查的确切声言的"裁决声明"（ruling statement）开始。学员们被告知，这通常是一条简短的、逐字逐句的引述；尽管它也可以通过转述声言使所要表达的内容更清晰，但它永远不能是一则意见陈述。为 PolitiFact 加盟者准备的测真仪"用户手册"（owner's manual）重复了这一课："那么，什么是待查的好事实？首先不用说，它不能是观点。"[19] 手册继续解释道，事实核查没有办法核查断言，例如税收应该降低。记者应该关注用于支持这些意见的陈述，就像人们常说的那句话：美国拥有世界上最高的公司税率。〔据 PolitiFact："多半为真（Mostly True）。"〕在实践中，事实性声言和意见陈述之间的界限可能很难划分——这是第四章和第五章所要讨论的事实核查争议中的关键问题。

关于事实的声言也可能最终无法验证，这就使得这些新闻工作者所说的"可核查性"（checkability）成为基本标准。事实核查人员尽可能依靠公共数据源和独立专家；如果没有权威信源，他们就没有什么可做的。在国家安全领域出现了许多重要但无法核实的声言；我听到的两个例子是，声称在巴基斯坦活动的"基地组织"成员比阿富汗多，以及奥巴马总统声称美国不再虐待囚犯。[20]（这其中有些讽刺，因为事实核查人员称他们的行动是对伊拉克战争前美国新闻业失灵的回应。正如上一章所言，他们很难挑战关于伊拉克"大规模杀伤性武器"的官方声言。）

> 关于事实的声言也可能最终无法验证，这就使得这些新闻工作者所说的"可核查性"成为基本标准。

在 PolitiFact，无法核实的文章的"高阻挡率"

被当作一处骄傲之源。在我观察的一场培训中，一位编辑向一群新晋事实核查人员描述了这样一项工作，即调查奥巴马在第一次参加总统大选时是否在北美自由贸易协定的真实立场上说谎。这成为一个问题，因为有报道称，奥巴马的一名顾问安抚加拿大官员，候选人关于重新谈判北美自由贸易协定的说辞言不由衷。此事被踢爆后，共和党候选人约翰·麦凯恩（John McCain）① 称："你去俄亥俄州用一种说法，而你的助手却打电话给加拿大大使，告诉他另一种说法，我觉得这不合适。"[21] 尽管如此，关于这个桥段的测真条目还是被高层留中不发，理由简单："你没找到。你没有证据。""我很自豪，"这位 PolitiFact 编辑继续说，"因为我觉得这展示了我们的高标准。"[22] 测真仪的培训手册提到了这一点："对记者来说，稿件留中不发并不丢人。没有足够的事实支撑测真裁决。"[23]

　　三家精英事实核查机构都对可能虚假的陈述保持关注。比方说，确认联邦有 50 个州的说法没什么意义。不过，他们在处理虚假陈述的视角上有所不同。FactCheck. org 只发表对那些被证伪说法的分析。例如，如果记者知道或有研究表明某项预算统计数据是准确的，工作就到此为止。（根据杰克逊的说法，当被广泛认为是错误的东西被证明为真的时候，例外可能就会出现。）我不止一次听到有人将此解释为资源问题——写下对真实声言的分析，就会挤占驳斥虚假声言的时间。一位编辑在一次培训课上指示说："我们不会在他们正确的时候动笔，因为我们没有足够的时间，我们只寻找错误的东西。"[24] 对谬误的关注从一开始就影响着选择过程。布鲁克斯·杰克逊解释说："我们寻找的是听起来不对劲的东西。"[25]

　　如测真仪和《华盛顿邮报》的匹诺曹评级表这样，发布正式评级的事实核查机构采取了不同的方法——至少在原则上，这是一种试验性方案。在 PolitiFact，选择一则可核查的声言会激活一套有点正式的程序；除非发现证据不足，否则总会做出裁决。这是有意为之。正如我看到的一份原则声明所论述的那样："事实核查报道往往集中在谬误上，这呈现了政治话语的扭曲图景……我们的目标是对人们感到好奇的声言进行评级。如果一个说法最终是真实的，我们仍然会发布一个条目。"（在已公布的测真条目中，仅有超过三分之一的条目被评为"真"或"多半为真"。[26]）对真实陈述和虚假陈述进行评级，可以使个别政客的统计"记录页"以及 PolitiFact 开发

---

① 麦凯恩曾于 2008 年代表共和党参选美国总统，败给民主党候选人奥巴马。

的其他时而有趣的措施具备一定的效力。[27]然而，PolitiFact 在拣选过程中并没有言称科学的严谨性。当一位学生记者问他们如何选择可核查的事实时，阿代尔提供了一种我多次听闻的说法："我们以新闻判断为指引。我们是新闻人，不是社会科学家。"[28]

在我自己在 PolitiFact 寻找可核查声言的经历中，我很想把重点放在我认为可能是错误的条目上——我表现得更像警察而非科学家。资深事实核查人员报告了类似的体会。华盛顿邮报 Fact Checker 专栏作家格伦·凯斯勒说，他的前任提供的主要建议是寻找更多的"盖比特"，这是该网站的 4 点匹诺曹量表给真实声言贴的标签。然而，凯斯勒感叹说，他在一年中只给出了四五个这样的评级——"问题是，外面有那么多不真实的陈述，我还没有真正找到机会去核验它们。"[29]像其他记者一样，事实核查人员以重叠但并不总是兼容的标准来打量自己的工作。他们试图揭示复杂的政策问题，为选举抉择提供信息，但也要揭露面向公众的欺骗和伪善。

新闻价值和事实核查

同他们可能检视的对象相比，即使抛却意见陈述和那些明显属实或似乎不可能核实的陈述，事实核查人员也有许多可供选择的声言。为了对它们分门别类，他们将新闻业熟悉的"新闻敏感"作为选择故事的原则，但很难讲清楚这些被记者编辑在工作中领会并洋洋自得的原则是什么。[30]事实核查人员首先关注有关重要政策的声言，强调政治候选人之间的声言（通常是一位候选人对另一位候选人的指责），以及引起争议或受到媒体关注的声言。虽然他们的裁决经常涉及狭义的措辞问题，但事实核查人员也声称不会质疑"在弧光灯下"的言语失误或错误。[31]《华盛顿邮报》的格伦·凯斯勒解释说："我对准备好的演讲稿和可能即兴发表的言论进行了区分。"[32]PolitiFact 和 FactCheck. org 的培训课程强调了同样的观点，他们的实习生被告知："我们不是来捅人翻车的。"[33]

通过有意考虑普通公民所理解或关心的内容，事实核查机构试图打磨这种新闻敏感。所有的网站都向读者征集待核查的陈述，并会在某个条目是应大众呼声而作时予以指出。在 PolitiFact，我听说大约有三分之一的测真条

他们试图揭示复杂的政策问题，为选举抉择提供信息，但也要揭露面向公众的欺骗和伪善。

目源于读者垂询。在内部，工作人员有时会提到"梅布尔测试"（the Mabel test），引入一个假想的拥有中等收入的、远离华盛顿特区的美国人。原则声明这样解释："在选择可核查的事实时，我们最重要的原则是一个典型的人听到如此陈述后是否会怀疑这是真的吗。"与之类似，当来访记者询问 Fact-Check. org 如何选择可核查的事实时，一位编辑这样解释该组织的新闻判断："这是否具有某种全国性的意义？它是大多数人有兴趣了解的东西吗？……或者它只是如此荒诞不经，以至于我们应该这样做？"[34]

因此，事实核查体现了"问责式报道"以及"解释性报道"或"服务性报道"的独特要素，这些我所听闻的、事实核查人员使用的术语描述了他们所做的工作。事实核查人员还培养了自己的职业意识，即调查将会是有趣的或具有挑战性的。像其他记者一样，他们抓住机会采访有趣的人，或写些不寻常的主题。前面提到的《杜恩斯伯里》事实核查就是很好的例子。虽然分析很简单，但这篇文章提供了与著名漫画家交谈的机会，逐一描述画作，包括一个太空外星人的来访，为最后的连珠妙语做了铺垫。幽默，甚至是在地的热心支持，都能在事实核查中找到一席之地。PolitiFact 佐治亚站调查了亚特兰大的知名土拨鼠波尔加德·李（Beauregard Lee）将军的"声言"，它比宾夕法尼亚州更知名的普苏塔尼·菲尔（Punxsutawney Phil）更准确。（根据气象服务数据和对一位人类气象学家的采访，这一夸耀被判定为"多半为真"。[35]）

在其他情况下，分析本身具有吸引力。当我访问 PolitiFact 时，该网站对副总统拜登（Joseph Robinette Biden Jr.）① 对关闭美铁（Amtrak）② 的东北走廊后将需要在 I-95 高速公路上增加七条新的车道的说法给予"几乎不为真"（Barly True）的评级。［后来在全站修订中被重记为"多半为假"（Mostly False）。][36] 没有人提议关闭这条线路。拜登的评论旨在说明国家铁路基础设施的重要性，PolitiFact 的分析（结论是真正的数字将是每个方向少到只有一条车道）几乎没有争议。但这篇花了一天半的时间出炉的报道提出了各种具有挑战性的问题：所有告别美铁的乘客都会选择开车吗？公共汽车和飞机的旅行情况如何？应该如何解释乘客量的峰谷？人口增长率

---

① 拜登是美国民主党籍政治人物，2021 年起出任第 46 任美国总统。作为奥巴马的竞选和就任副手，他曾于 2009—2017 年任第 47 任美国副总统。

② 美铁是美国国家铁路客运公司（National Railroad Passenger Corporation）的简称，是美国经营长途和城际铁路客运的营利性公司。

是如何计算出来的？审阅这个项目的编辑小组对其复杂性进行了评论，并开玩笑说，他们试图让自己的脑子里具有所有的变量。[37]

传统的报纸编辑或广播新闻制作人所形成的新闻敏感也包含了这些因素。有些报道的重要性不言而喻；另一些报道则是为了吸引观众或发挥其功用；还有一些报道则是为了获得同行的认可或激起共同的新闻敏感度。但事实核查人员的新闻敏感也与因时而作的记者不同，最明显的是对时效性、原创性和相关性的强调减少了。精英事实核查机构通常在被核查的声言发表后数天甚至数周后才做出裁决。而且，无论其他新闻媒体或事实核查人员是否已经报道过同样的内容，核查都会进行。

时效性

事实核查人员对为每篇文章所做的工作和为之花去的时间引以为傲。他们经常说，他们的报道品牌与因时而作的报道的区别在于有时间和空间来彻底调查一个问题。一位编辑告诉一群正在接受 PolitiFact 方法培训的州级记者（包括经验丰富的老手）："这不是一蹴而就式的报道。"学员们了解到，想要报道到位，做一个测真条目可能得花去几天的工夫。[38]该小组欢庆其解决复杂问题的自发意愿，这些问题可能会使其他事实核查人员望而却步。一个被多次提及的例子是共和党总统候选人、商人赫尔曼·凯恩（Herman Cain）声称，他在担任教父比萨连锁店的首席执行官时盘活了该店。这一声言本来可被认为无法核实，或者视其为意见事宜——怎样才算拯救一家在困境中挣扎的企业？然而，PolitiFact 在一份 1 600 字的事实核查中基本确认了凯恩的自夸，是次核查引用了 30 多个不同的消息来源，花了两周时间进行研究。[39]

FactCheck. org 的创始人布鲁克斯·杰克逊曾多次提出同样的观点。他在接受我的访问时说："如果你要做正确的事情，那就需要时间。"他提到了刚刚发布的一篇关于联邦工资的文章，这篇文章经过了两周的采制和修改。[40]该组织设在宾夕法尼亚大学，以有条不紊的研究和细致入微的文章为荣，这些文章在发布前都经过了严格的审核——像《纽约客》那样逐字逐句的内部事实核查。实习生在培训的第一天就听到了这个信息："慢慢来。我们有的是时间挥霍。我们不要赶工……我们坐拥的奢侈之一是我们可以报道到位。"[41]

对于传统记者未能质疑不实声言，标准解释是截稿压力（deadline pressure）根本不允许他们这样做。我多次听到这种说法，几乎每一个与我交谈过的事实核查人员都这么说。如前所述，造访 FactCheck.org 的海外记者小组被告知，事实核查是"标准的新闻实践，应该为更多新闻人所用，但有时他们没有时间……所以报道变成了'他说，她说'"[42]。实际上，这只是一个因素，而且可能不是最重要的因素。从事条线报道或竞选专题报道的记者往往不会去找核查官方声言的麻烦，即使单击一次鼠标就能获得证据。当被问及时，许多事实核查人员会滔滔不绝地谈论"接近报道"、匿名消息来源和促进新闻"虚假平衡"的内部文化的危险性。但是，在截稿前快速写作的想法是新闻业的身份基础，对于事实核查人员来说，这是一种能够强调他们所做工作与众不同的、简单而自然的方式。

> 在截稿前快速写作的想法是新闻业的身份基础，对于事实核查人员来说，这是一种能够强调他们所做工作与众不同的、简单而自然的方式。

原创性

同样，事实核查人员比他们的传统同行更不担心被"挖墙脚"或为以前被挑战的项目找到一个新的角度。虚假声言总是会重新出现。已经被彻底揭穿的竞选谣言可能在四年后以更大的力量卷土重来，比如对奥巴马总统出生证明的质疑。所有三个主要的事实核查网站都会定期发布新的条目，重述他们自己几周或几个月前的研究。在一次培训各州政治记者撰写第一份测真条目的会议上，一位 PolitiFact 的编辑解释说，事实核查的节奏需要一种不同的思维方式：

> 纸媒时代的老套路是，如果它出现在报纸上，我们就假定每个人都读过它。你从编辑那里听到过好多遍——"我们已经报过了，搞点别的吧"。你不想重复这条新闻，它看起来不那么新鲜。但在事实核查的情况下，说"我们报过了"真的不是一个好答案。[43]

这也适用于已经被另一个网站驳斥过的条目。FactCheck.org、PolitiFact 和《华盛顿邮报》Fact Checker 所核查的声言之间存在大量重叠，它们经常在发表的文章中互相引用。[44]"这就是事实核查的本质，"格伦·凯斯勒解释道，"他们以前做过，而我没有做过，其实这不重要。"[45]事实是这三个网站兜兜转转回到相同的问题上，成为他们登载文章的持续主题。关于2012 年 10 月奥巴马与罗姆尼最后一场辩论的报道，FactCheck. org 打趣说："如果没有罗姆尼重提奥巴马在当选总统后不久就开始'道歉之旅'的说法，哪一晚的总统外交政策辩论才算完整？"这篇报道链接了 FactCheck. org 早前的报道，以及称 PolitiFact 和《华盛顿邮报》为"我们的事实核查同僚"[46]。

PolitiFact 高级编辑安吉·德罗布尼克·霍兰在 2014 年的一次关于"最佳实践"的讨论中向海外事实核查人员强调了这一点。她解释说："格伦、尤金和我，我们都在看对方的网站，我们会用自己的作业程序相互重制对方的事实核查。"霍兰指出，新记者有时会抱怨这一点，但"我们的读者并不都一样，所以不是所有的读者都看到了同一条事实核查"。当海外事实核查人员对美国网站重复相同的材料表示惊讶时，他们的美国同行认为，当他们独立得出相同的结论时，事实核查的影响最大。凯斯勒提出："如果我们都说这个人满嘴跑火车，那就会产生巨大的影响。"[47]这个建议后来被提炼成一篇关于 PolitiFact 的文章：

> 我们都喜欢别出心裁，但成为第一个关注某则声言的事实核查人员的机会少有。更多时候，别人已经研究并撰写了你所调查的内容，或者至少是类似的内容。
>
> 在 PolitiFact，我们核查我们的 8 000 多份事实核查档案，看看我们就某一特定主题写过什么。我们也会查看我们在 Factcheck. org、《华盛顿邮报》Fact Checker、Snopes 和其他事实核查站点的朋友们的工作——我们对此给予了适当的信任。我们会看看他们发现了什么，然后自己核实证据。[48]

事实核查人员一般会得出相同的结论，并承认他们裁决中的分歧会引起真正的不适。[49]"当我们得出不同的结论时，我们会有些心急，"凯斯勒在度过首个工作年后接受公共事务卫星有线电视网（Cable-Satellite Public Affairs Network，C-SPAN）① 采访时指出，"但一般来说，我们对事情的看法是一致的。"[50]在极少数情况下，事实核查可能会被修正，以反映更广泛的共识。例如 2011 年底，PolitiFact 重新考虑了关于白宫将预算削减与犯罪率

---

① C-SPAN，美国一家非营利公共电视服务机构。该电视网播出了美国联邦政府大量事务。

上升联系起来的言论的裁决，因为读者和其他主要事实核查机构的看法大相径庭。一位编辑在信中说："这对我们来说是令人不安的分歧。当主要的事实核查机构达成一致时，我们会更为满意，因为我们知道我们已经独立得出了相同的结论。"[51]这种新闻报道经常招致知名媒体和政治人物的批评，当争议出现时，事实核查人员会在彼此的工作中寻求庇护。下一章将回顾一个戏剧性的例子，当时这些网站因挑战民主党关于共和党预算计划将"终结联邦医疗保险"的说法而遭到猛烈抨击。为了自我辩护，事实核查人员均指出他们异口同声谴责"医疗恐慌"策略的裁决。[52]

这并不是说事实核查机构不把彼此看作竞争对手。他们有种感觉，即哪家媒体首先或最好地检查了某则声言。2003 年创办 FactCheck. org 的杰克逊曾沮丧地评论说，自从他的竞争对手出现后，迅速推出核查条目的压力越来越大。"例如，当我们对一场辩论进行事实核查时……我们过去会先等待并查看转录文本，但现在有这么多来自同僚的竞争，人们期望我们在 24 小时内就把我们的东西拿出来。"[53]PolitiFact 为自己比同行稍快一些而感到自豪，它能在公共争议仍在新闻中展开时就对其发挥作用。[54]但如前所述，这是对手们集体开拓新事业的友好竞争。

相关性

即使他们淡化竞争压力，并告诉工作人员放慢速度而不是加快速度，但事实核查人员显然力求及时和相关。他们围绕时事（竞选辩论和政治会议，以及重大节日、体育赛事等）来撰写事实核查报道。他们密切关注新闻中的热门话题。如此，在 2012 年春天，当美国汽油价格飙升时，所有三家网站都推出了核查"汽油价格发难游戏"（PolitiFact）的"巧言令色"（Fact Checker）专题。[55]这种话题性与帮助读者理解公共事务的解释性报道的使命相吻合。在 2014 年美国总统大选中期选举后的一次会议上，《华盛顿邮报》的格伦·凯斯勒这样解释："对我来说，如果一段事实出现在新闻中，而且它可以讲述一个关于政策的更广泛的故事，就值得对它进行核查。""如果全国性的对话事关移民，那我们就做些关于移民的即时事实核查……如果弗格森事件正延烧，那我们就对正围绕弗格森事件展开的事件核查事实。总之我认为它必须扎根在新闻中，并希望它是你与你的读者就复杂

即使他们淡化竞争压力，并告诉工作人员放慢速度而不是加快速度，但事实核查人员显然力求及时和相关。

的政策问题开展更广泛对话的一部分。"[56]

像大多数记者一样，事实核查人员认为他们的读者重视这种时效性是理所应当的。他们密切关注每天和每小时的流量统计以及搜索引擎优化带来的挑战。当一个问题还潜藏在新闻当中时，推出事实核查可以为通过谷歌或其他搜索引擎找到某个条目的新读者带来好处。为了确保其对重大辩论或演讲的报道在谷歌上排名靠前，PolitiFact 可能会在事件开始之前发布一个带有描述性标题的故事"罩"——例如"总统辩论的事实核查"。[57]

快速回应还能提高事实核查人员被政治人物或记者同行引用的机会，尽管他们有时不承认这一影响公共辩论的目标。当我访问 PolitiFact 时，一位以快速核查复杂问题的能力而闻名的资深记者仅用了几个小时就对奥巴马总统关于在新预算中承诺债务减免的说法提出了 1 200 字的反驳。经过迅速审核，这篇文章在总统演讲的当天下午 4 点半上线。[58] 第二天早上，在就职典礼新闻发布会上，即将上任的白宫新闻秘书杰伊·卡尼（Jay Carney）重申了总统的说法。美国广播公司记者杰克·塔珀引用 PolitiFact 的说法，直截了当地质疑了卡尼的计算方法。在官方记录中，总统的发言人似乎已经失去了平衡。

杰克·塔珀：对，但当 PolitiFact 说总统说他没有增加债务是错误的说法，这不重要吗？即使在非党派人士看过以后说你们实际上增加了债务，本届政府仍然要继续宣称没有增加债务？

101

杰伊·卡尼：你瞧，我只想给你看看杰克·卢的解释说明。我不是经济学家。我知道你们以前听过这样的话（笑声）。但我不是。而且我们绝对支持预算。[59]

在选择可核查的声言时，事实核查机构总是落后于新闻周期。这些组织以相互竞争为目标。一个目标是在需要时通过予以评判（也许是想为公共话语带来新气象）来吸引读者。速度是其中的一重因素。但另一个目标是建立一个永久性的数据库，其中包含经过细致核查的事实和政治记录，公民可以在任何有需要的时候查询。创始人比尔·阿代尔在 PolitiFact 推出后不久解释说："我们不仅要制作一套包含当天政治新闻的日常产品。我们创建数据库服务选民，这样他们在投票前便可以说：'嗯，我对奥巴马、拜登或其他人都有点兴趣。让我看看他们表现如何。'"[60]

数据库的保质期比新闻报道要长。在 FactCheck. org 和 PolitiFact，我听记者们说，当旧条目与新近发生的事件有所相干时，其流量会激增。除了制作冗长的专题报道和针对突发事件的短篇"电讯"外，FactCheck. org 还通过"问问 FactCheck"表格和专注于网络流行谣言的"病毒旋涡"页面，在其自有档案中策划研究。实习生的首要任务之一是回应团队每天收到的数百封电子邮件查询，向读者指出相关的事实核查或总结他们的发现。团队非常认真地对待这项工作。培训第一天，实习生便会收到关于"收件箱流程"的长篇教程，附上几十个最常见问题的清单和答复的链接。一位编辑强调，即使在这些与读者一对一的交流中，准确性仍然至关重要。[61]

同时，PolitiFact 通过网站的"分层"结构解决了新旧之间的矛盾，这一结构围绕着测真仪进行组织。如前所述，该网站被认为是一个更像数据库的 FactCheck. org。每一条测真裁决都是一则新闻报道，但也是一个数据点，会自动分解成各种统计指标，供编辑在专题报道中使用。作为参与式观察者，我在 2011 年写了一条关于印第安纳州州长和共和党总统参选人米奇·丹尼尔斯（Mitch Daniels）的测真条目，提供了一次很好的例证。[62]这是 PolitiFact 第一次对丹尼尔斯的声言进行评级；发布这篇文章需要在主数据库中为他建立一个新条目，包括一幅头像和一篇简短的小传。网站的内容管理系统自动生成了一个名为"丹尼尔斯档案"的页面，其中自动列出了他的职业生涯统计数据表格［截至 2015 年年中，包括三次裁决为"假"（False）和一次裁决为"一派胡言"的数据］，并列出了涉及他的所有报道。[63]图 3.1 展示了一个更频繁的事实核查目标——希拉里的档案。

我的测真文章在 2 月 17 日下午 5 点发布，差不多在丹尼尔斯在一年一度的保守派政治行动会议上提出他的声言（关于国债的利息）近一周后。它立即出现在 PolitiFact 网站前端的新闻推送（news feed）中，这是一个长方形的数据框，包括丹尼尔斯的照片、被核查的声言和测真裁决。点击这个数据框就可以看到 670 字的文章全文。该裁决也被迅速折叠到两则热门专题报道中：一则是关于保守派事件的报道，另一则是与预算有关的一系列声言的报道。[64]测真条目可能在几个月甚至几年后被纳入新的专题综述中。在我的案例中，这两则专题报道实际上在丹尼尔斯的文章被准备好之前就已经发表了。一位编辑只是在文章中增加了一个新的段落，并将数据框添加到页面侧面列出的其他测真裁决中。[65]

> 每一条测真裁决都是一则新闻报道，但也是一个数据点，会自动分解成各种统计指标，供编辑在专题报道中使用。

102

103

图 3.1　希拉里的档案

注：截至 2015 年 9 月 12 日，希拉里的 PolitiFact 档案如图所示。该网站的数据库为每一个被核查过的个人或团体编制了一份核查记录页。

资料来源：《坦帕湾时报》。

平　衡

事实核查人员在选择可核查的声言时，最后一个问题是平衡。专业的事实核查机构大声反对新闻批评家所说的"他说，她说"报道。同时，他们强调自己致力于核验美国政治舞台上的"双方"，而不像党派媒体批评家那样从左翼或右翼进行事实核查。在一份关于事实核查运动的报告中，《华盛顿邮报》最早的事实核查专栏作家迈克尔·多布斯写道："如果你只批评一方（例如以左倾的'媒体叹关'的方式），你就不再是事实核查人员。你是政治活动中的工具。"[66] 精英事实核查人员不断强化这种区别。布鲁克斯·杰克逊在谈到党派网站时说："他们在反驳他们不赞同的人。他们不符合我对事实核查的定义。当我说事实核查时，我说的是中立的、非党派的、对虚假声言的批评，不管谁发出了这样的声言。"[67] PolitiFact 的"测真之外"专题是对网络上事实核查的综述，它从来没有链接到"媒体攻关"、保守的 NewsBusters 或类似网站。[68]

在实践中，监督"双方"的承诺需要一种不同的平衡举措，其目的是在核查自由派和保守派的声言时达到大致的对等，但不强制执行严格的计数。对某一党派进行更多的报道可能会准确反映政治现实（例如初选期间），但也有出现偏见的风险。凯斯勒说，他努力追求平衡，但在年终回顾之前不按党派进行统计。[69]他在 2011 年一次关于事实核查的会议上描述了这种困境：

> 如果我最终只写了一些关于共和党人的专栏，而且现在正是初选的季节，我会开始收到很多读者的电子邮件，说："你什么时候写一下'无赖奥巴马'（Obummer）①?"……我尽量试图平衡，虽说这取决于新闻中的内容。因为，如果你的读者觉得你只写一方，你就会开始失去他们的信任。[70]

在一个重要的初选州，同样的问题也在为 PolitiFact 新记者举办的培训中出现了。该州已经开始被各种共和党参选人的演说和广告淹没。但是，由于另一党没有真正的竞争，存在着根本没有足够的民主党声言可供核查的危险。记者们被鼓励在任何可能的地方开掘民主党人的陈述——工会、党的领导人、地方官员、专栏作家等。同时，他们被要求永远不要计数，这会导致猜忌和人为的平衡。[71]同样的政策适用于 PolitiFact 的全国新闻部。虽然工作人员的目标是实现大致的平衡，但没有正式的程序来确保来自左右两边的声言数量相等。在我访问 PolitiFact 的时候，明尼苏达大学的一位政治学家发表了一份关于该网站过去一年裁决的详细统计分析。[72]工作人员发现，分析结果显示，他们对民主党人和共和党人的检查率大致相同，这让他们松了一口气。[73]比尔·阿代尔在 2012 年选举期间接受采访时说："我们尝试核查的民主党人和共和党人的声言数量大致相同，但我们必须去检查声言从何而来，最近共和党人提出的声言更多。"[74]

寻找事实，以供工作

寻找可核查的事实之难引出了一些问题，这些问题涉及该类型报道作

①　奥巴马（Obama）和"无赖"（bummer）的合成词，多为保守派批评者使用。

105

为客观报道的合法形式被接受。然而同样重要的是，要考虑到需要不断寻找可核查的政治声言以供工作。关注这种数字劳动所涉及的常规和资源就会发现事实核查是如何融入当代媒体-政治环境中的。一些寻找事实进行核查的工作在后台进行，由密切关注政治并热衷新闻的记者顺理成章地进行。专业事实核查人员会培养自己的眼睛（或耳朵），以核查好的声言，并可能带着从早报上摘取的报道由头出现在办公室。用 PolitiFact 一位编辑的话说，其他条目是"从横梁上蹿过来的"。读者经常对他们认为需要核查的声言提出建议，正如传统新闻编辑室的记者和急于看到对手遭到挑战的政治活动家一样。[75] 但是，寻找需要核查的事实也可能枯燥乏味。这不仅涉及看报，还关系到仔细研读报纸、新闻稿、演讲稿、国会证词，以及电视和广播的记录稿。这意味着要观看，有时还要将政治广告和其他竞选视频，以及辩论会、新闻发布会、采访、演讲和类似活动转录为文本。

尽管方式不同，FactCheck.org 和 PolitiFact 都将这一过程常规化，以便彻底覆盖竞选活动，并保持可核查条目稳定流动。这两家组织都依靠实习生来完成大部分工作。竞选期间，FactCheck.org 使用的监测系统体现了美国政治的两党逻辑。例如，在 2010 年中期选举期间，每位工作人员和实习生都获得了一份从《库克政治报告》①的竞争性选战名单中挑选出来的十名候选人，以便跟进。[76] 我在 2011 年夏天观察到的培训环节发生在共和党人开始认真竞选该党总统提名人的时候。第一天，实习生就收到了一份讲义，上面整齐地分列了"民主党人"和"共和党人"，并列出了他们夏天的追踪任务。除了七名已宣布和可能的共和党竞争者外，名单上还包括两党的国会领导层以及将"出资"的组织：每个党的三个全国竞选委员会，以及与它们结盟的、受人尊敬的外部团体，如美国劳工联合会-产业工会联合会、美国商会、Moveon.org、Crossroads GPS 等。[77]

> 专业事实核查人员会培养自己的眼睛（或耳朵），以核查好的声言，并可能带着从早报上摘取的报道由头出现在办公室。

拿到任务后，实习生们在了解什么是可核查的好声言之前接受了关于"建立你的体系"以跟进候选人的详细课程。这首先包括在现代政治运动所使用的无数个电子渠道上

106

---

① 《库克政治报告》是一份网络通讯（online newsletter），分析美国总统、美国参议院、美国众议院和美国州长办公室的竞选活动。政治分析家查理·库克（Charlie Cook）1984 年创立了它。2021 年 7 月 30 日以来，艾米·沃尔特（Amy Walter）担任其编辑、出版人和所有者。

注册账号：推特推送、脸书页面、油管（YouTube）频道、电子邮件列表和竞选网站上的新闻推送。（其中一名实习生对此感到惊慌——她是否必须"加好友"或"粉"候选人才能在脸书上跟踪他们？真正的朋友会看到吗？幸运的是：不会。）实习生们还学会了如何在油管和谷歌视频上设置提醒，以自动查找候选人发布的竞选活动或涉及候选人的新视频。他们还被引导浏览各种新闻和政治网站，每天至少访问一次，这些网站涵盖了政治竞选的细枝末节，汇集了视频剪辑、文字记录等——"是你完成工作所需的原始材料"。这些网站包括新闻媒体（Politico①、Daily Note、Real Clear Politics），也包括一些党派导向的网站，如 GOP. gov 和 GOP12。正如 Fact-Check. org 的一位编辑的解释："事实就是事实，视频就是视频，这就是他所说的。"由政治团体操持的网站在分析上不能被信任，但在搜集声言上却是理想的。[78]

通过这些渠道发现一场新的演讲、一段竞选广告或其他政治文本，只是开始了识别可疑声言的过程。在我访问期间，两名实习生在政治报纸《国会山》（*Hill*）的博客的带领下，调查了在一些在有争议的国会选区开展的民主党"AI 呼叫"（robocalls）②。民主党全国竞选委员会的网站上有一份 AI 呼叫脚本样本，一位编辑帮助这两名实习生在文本中识别出几则可疑的声言，将可疑的话加粗——比如声称共和党的预算计划将"终结联邦医疗保险"。[79]美国政治的二元逻辑完全渗入在这项选择工作中。FactCheck. org 的编辑在带领实习生阅读罗姆尼的采访记录时，提请他们注意候选人关于政府需要投资基础研究的评论。这位编辑说，这句话应该被保存下来，并预测罗姆尼在某些时候会自相矛盾，批评奥巴马总统进行这种公共投资。实习生们学到了"天下没有白费的报道"。[80]

最引人注目的是，跟进竞选活动意味着要扎入政治沟通的洪流。今天，候选人的每一则公开声明都会在多个渠道上留下痕迹：电子邮件新闻稿、竞选人员在推特上发布的关键引语、Politico 上的公告，也许还有油管或新闻网站上的视频片段。实习生被告知："你知道他们在做什么，你知道他们

---

① 一家总部位于弗吉尼亚州阿灵顿县的美国政治新闻媒体，其报道范围涵盖了美国乃至全球的政治及政策内容，旗下有报纸、杂志、电视、网站及播客等，主要关注针对华盛顿特区的美国国会、游说、媒体和总统报道。

② robocalls 一词合成了 robot 和 calls。robot 可直译为"机器""自动"。我们用中文语境里常用的"AI"来表达上述意思，以使读者理解起来更顺畅。

要去哪，你很快就会知道他们在说什么。"推特被描述为迄今为止最有用的追踪工具，它改变了事实核查的方式。事实核查人员不仅"关注"（订阅推文）他们的候选人，而且还关注报道这些候选人的其他记者和政治网站——"现在新闻就是这样被爆出来的，有时甚至在美联社开始报道之前"。一位编辑告诉我，FactCheck. org 订阅的昂贵的广告跟踪服务几乎多余。一旦有新的竞选广告"落地"，就会有人（通常是竞选团队自己）在推特上发布。[81]

在 PolitiFact "备餐"

PolitiFact 采用了不同的方法来组织寻找事实的过程，以便进行核查。可疑陈述躺在月度电子表格中，被称为"自助餐"，在谷歌文档中被维护。整整一周，工作人员，特别是实习生都往这个电子表格中添加条目，包括对待查事实的逐字引用，以及发言者、日期和新闻媒体的名称，如果可能的话还包括原报道的链接。在 PolitiFact 的全国总部办公室，这被称为"备餐"或"拖网捕虾"，学员们了解到，这个比喻的重点是在各式美味佳肴中进行挑选。我得到的一份有用的四页"备餐来源"清单包括许多与 FactCheck. org 实习生报道对象相同的政党领袖和政治团体，以及专家学者、社论版面和电视节目。然而，名单上的第一个来源是两套转录服务和国会记录。每个条目都包括一个链接，指向事实核查人员在意的页面：新闻稿（为政客准备）和实录（针对广播节目）。以星号标记的节目不提供在线的完整实录，这意味着必须使用律商联讯（LexisNexis）数据库。换句话说，这不是政治人物的名单，而是文本资源库，可以从中找到陈述的资源库。[82]

PolitiFact 的资源库增长很快，有时一天就有几十个条目。开掘的资源取决于当天的新闻。例如在我的实地调查中，总统在福克斯新闻举办超级碗比赛时接受了该网的采访。这为资源库提供了八条陈述，其中五条被作为测真条目单独发布，并被汇总成关于采访的专题报道。[83]但工作人员也依赖每周例行的政治节目。周一和周二有许多"周日秀"节目［如全国广播公司的《新闻会客厅》（*Meet the Press*）］可供挑选，而在当周晚些时候，资源库中则充满了源自有线电视新闻网、福克斯和微软全国广播公司黄金时段政治节目中的声言。PolitiFact 编辑定期滚动浏览资源库，以突出（字面上）有潜力的项目，并将其分配给事实核查人员。记者也可以绕过资源库，直接向编辑进行事实核查报题。[84]

　　事实证明，为 PolitiFact 备餐比人们想象中要困难得多。阅读几十页的演讲或电视节目的实录可能只能发现少数可核查的声言，而有趣或重要的声言则更少。事实核查人员开玩笑说，白宫的新闻发布会尤其歉收。要研究的问题必须可以被还原为一则明确的、可核查的声言。PolitiFact 将此称为"裁决声明"，即被检查的确切之处，它出现在每一个测真条目的顶端。然而，政客和专家们善于建立抵制这种分析的论点——正如一位工作人员所说，他们善于"靠事实扯谎"。[85]

　　我第一天"拖网捕虾"的经历强化了这个教训。我的访问恰逢埃及解放广场发生抗议活动，彼时我开始寻找与这些事件有关的说法。资源库里已经充满了周日政治秀的材料，所以我转向了福克斯和微软全国广播公司的上周实录。我对格伦·贝克在福克斯新闻上的节目特别感兴趣：这位专家被自由派和一些保守派人士讥笑，因为他的一系列广播节目认为美国的左派和中东的民众抗议活动是有联系的。[86]正如新保守派批评人士比尔·克里斯托尔（Bill Kristol）在他的杂志上所写的：

> 当格伦·贝克大肆宣扬从摩洛哥起的中东地区直到菲律宾会被占领，并列举（编造?）占领者与美国左派的联系时，他让人想到的不是罗伯特·韦尔奇（Robert Welch）和约翰·伯奇协会（John Birch Society）①。他正在将自己边缘化，就像他的前辈们在 20 世纪 60 年代初所做的那样。[87]

　　尽管许多天里贝克都在讨论这个引人入胜的主题，但我无法通过测真仪找到任何一条明确的声言。贝克的广播将穆斯林兄弟会（Muslim Brother-hood）②（及其所谓的后代"基地组织"）与包括美国工会、地下天气（Weather Underground）③、社会学家皮文（Frances Fox Piven）和激进抗议组

109

---

　　① 韦尔奇是美国商人、政治组织者和阴谋论者。1958 年，他与朋友共同创立了极右派团体约翰·伯奇协会，并严格控制该组织，直到他去世。

　　② 穆斯林兄弟会，简称穆兄会，是一个以伊斯兰逊尼派传统为主要思想形成的宗教与政治团体。1928 年，穆斯林兄弟会在埃及创立。它最早只是个宗教性社会团体，除推行伊斯兰教信仰外，还设立了教育和医疗机构。1936 年之后，因为反对英帝国在埃及的殖民统治，穆兄会成为近代伊斯兰世界的一个重要的政治反对团体。他们所推动的政治运动在伊斯兰世界形成一股风潮，扩散到许多伊斯兰国家。2011 年后，穆兄会的影响力曾大幅上升，在埃及取得合法地位，并在 2012 年以民主选举的方式获得埃及政权。然而隔年，这个政权却在大规模示威后被政变推翻，新政府把穆兄会列为恐怖组织，许多担忧穆兄会将危及其政权的阿拉伯国家纷纷做出相同的认定。

　　③ 一个激进的美国左翼政治组织。

织"粉色代码"等各色元素扯到一起。不过贝克粉饰了他的说辞："我不是说他们在一起密谋"——即使贝克描绘了一幅"左派和伊斯兰主义者奇怪联盟"的图景。[88]贝克透露出的更多信息相当于道出一种观点：这些元素应该被放在一起讨论，因为他们对西方有共同的批评。这在客观上荒谬吗？在我看来是的，但不是以一种可以直接核查事实的方式。[89]

同时，我还阅读了微软全国广播公司的政治节目实录，了解了关于抗议活动的说法。最引人注目的是该电视台的自由派主持人是如何对待"贝克"事件的，他用自己节目中的片段来嘲弄他，挑战他的整个前提，而不是具体的事实性声言。整整一周，微软全国广播公司的专家们［以及来自"媒体攻关"和《国家》杂志（Nation）等媒体的嘉宾］构建了一套反叙事，其中贝克对事实的歪曲被用来说明福克斯新闻对有意义的政治对话造成的危害。"在福克斯花了整一周的时间在埃及事件中日复一日地播放这些阴谋论之后，你能想象在接下来的几个月里，我们关于这个国家外交政策的辩论将是多么愚蠢吗？"[90]在可以挑战的声言和可以提出的论点上，专家学者和意见记者比专业事实核查人员享有更大的回旋余地。[91]

政治演说的常规实录

"备餐"的经历说明了事实核查人员不是在政治真空中工作。陈述是在政治语境下出现的（往往在充满敌意的公开争论中出现），这会影响它们的感知重要性或趣味。但它也阐明了新闻生产物质环境的重要转变，这种转变使 FactCheck. org 和 PolitiFact 的核查工作可以并更普遍地渗入当代新闻工作中。这可以说是政治演说的"常规实录"（routine transcription）。今天，政治人物在公开场合或广播中所说的话，很快就会在互联网上变成可搜索的文本，随时可以被复制、引用和链接。

在我进行研究的时候，PolitiFact 订阅了关于新闻和政治事件的两个商业数据库。律商联讯公司提供了可回看若干天的大多数美国新闻节目实录。《国会季刊》的网站 CQ. com 提供了政治人物在一系列论坛上的言论（从演讲和会议到有线新闻网的采访）的近乎即时的文字实录（transcripts）。CQ. com 的资料更新速度惊人，每隔几分钟就会出现一份新

110

在可以挑战的声言和可以提出的论点上，专家学者和意见记者比专业事实核查人员享有更大的回旋余地。

的文字实录。但 PolitiFact "自助餐"中的大多数项目不来自这些服务，因为政府机构、竞选办公室和新闻媒体越来越多地在网上发布自己的文字实录。例如，全国公共广播和有线电视新闻网公布了他们几乎所有新闻节目的转录文本。微软全国广播公司和福克斯新闻公布了他们大部分政治节目和事件特别报道的文字实录，但没有公布日间新闻广播的文字实录。

事实核查有多依赖这种常规的转录，是很难被夸大的。它贯穿于 Fact-Check. org 和 PolitiFact 的日常工作中。事实核查人员不断寻找文字实录，通读它们，并相互发送链接。对新晋事实核查人员的培训大多涉及在哪找到以及如何正确处理文字实录。两个组织的受训者都被告知，千万不要认为报纸上的文章准确地报道了某句引语，如果可能的话，一定要回到文字实录上。在 PolitiFact，我们用一则警示录说明了这一点：对佛罗里达州总检察长的错误指控原来是由一篇报纸文章中的错误引语导致的。[92] 文字实录本身的准确性更是一个棘手的问题。FactCheck. org 的实习生被告知："如果我们有机会……听听视频本身，因为文字实录可能会出错。"（一名实习生找到了一份福克斯周日新闻的文字实录，其中引用了莎拉·佩林所说的 460 亿美元，而她说的是 40 亿~60 亿美元。[93]）

在没有文字实录的地方，寻找稳定供应的事实来核查会变得困难。在为报道早期初选的各州 PolitiFact 记者举办的培训课上，挑战发生了。许多如筹款会和政治家庭聚会这样的地方的竞选活动在非正式或半私密的环境下进行，只被蜻蜓点水地报道。常见的信源——全国性新闻媒体、竞选活动和文字实录服务不会为其提供记录。PolitiFact 的一位编辑鼓励记者们自己记录这些活动，并在必要时进行转录，以便找到新的声言去核查。[94]

政治演说的文字实录对新闻业来说并不新鲜。长期以来，记者们一直依赖诸如竞选演讲或国会听证会的活动为与会者分发的书面讲话文本。几十年来，像《纽约时报》这样的大报会雇用转录服务来进行报道，例如周日的政治秀，这通常会激发出周一报纸上的一两篇文章。但今天的常规转录量发生了巨大的变化。现在，周日节目的宣发人员不仅会在网上贴出当天的文字实录，还每周向订阅他们邮件列表的记者或博客作者邮寄精选引文。对美国广播公司《本周》前宣发人员的采访证实了这一显而易见的事实：这种积极转录的目的正是被报道、被记入博客、被发推、被转发等。[95] 作

作为一种新闻体裁，事实核查深深地依赖这种持续的、电子的政治文本流动。

为一种新闻体裁，事实核查深深地依赖这种持续的、电子的政治文本流动。当然，事实核查人员也对这一流动做出了贡献，即为政客、博客作者和其他记者提供数据、文本、引文等原始材料，以形成新文本。

选择可核查的声言只是事实核查的第一步，但也是至关重要的一步，它提出了有关这种新兴的新闻工作类型的适当的实施办法与使命的基本问题，这些问题将一次又一次地出现。研究事实核查人员如何从每天的新闻中收获有趣或重要的政治声言，可以明晰他们在专业新闻工作和更广泛的政治传播生态中的地位。事实核查人员认为自己是在履行新闻业的第四权角色，并优先考虑帮助公民在政治候选人之间做出选择，或理解重要政策问题。像其他记者一样，在平衡这一点的同时，他们也会考虑什么会取悦读者、吸引自己。同时，事实核查人员的新闻敏感使他们区别于其他记者。他们强调有条不紊，而不是速度和新颖，并淡化新闻业竞争的一面。这些经过调整的新闻价值观与必须始终略微滞后于新闻周期的体裁相符。如前所述，事实核查人员报道的是被中介的事件。虽然他们在观点和方法上与政治博客作者不同，但两种体裁都有这种对其他地方报道的事件进行注释的特质。[96]

最后值得注意的是，寻找事实来核查不必然成为一门"艺术"。东欧的一家网站 Demagog 尝试了一种公开的科学方法，即在其跟进的每周政治辩论中检查每一则事实性声言。[97] 在美国，也可以采用更系统的选择方法。2014 年，新闻批评家汤姆·罗森斯蒂尔在于华盛顿特区举行的事实核查人员大会上指出："我认为，事实核查人员有可能让自己受到政治人物的指摘，因为并不总是有一套透明的拣选声言的方法论。在某种程度上，你端详你认为可能有猫腻的声言，然后对它们进行事实核查……有什么理由反对采用更深入的社会科学方法呢？"[98] 虽然事实核查人员承认有可能出现选择偏见，但他们断然拒绝了他们应该放弃新闻判断而采用标准化选择过程的想法。这是接下来两章中反复出现的主题：事实核查人员坦率地承认，他们的工作是一种易错的人类努力，但他们也相信，它提供了一幅有意义的政治现实图景。

第四章 | 决定何为真相

　　事实核查首先是在新闻中寻找重要或有趣的声言来调查。这可能是一项耗时的工作：声言应激起读者的好奇心，但也必须是"可核查的"，并来自被认为公允的事实核查对象，最常见的是公职人员或政治候选人。在发现耐人寻味的声言后，事实核查人员要寻找一种途径，以尽可能权威的方式证明它是否为真。

2009 年夏，为了凸显其在记录伊朗学生抗议活动等事件中的作用，视频共享网站油管推出了一个"记者中心"，旨在通过遍布新闻行业的专业人士提交的教学视频来支援公民新闻工作。频道上的视频包括对这门手艺令人振奋的探索——"艾拉·格拉斯（Ira Glass）讲故事"，以及拍摄"单口相声"和在报道中使用谷歌地图的平凡技巧。为了支持这一举措，油管招募哥伦比亚广播公司的凯蒂·库瑞克（Katie Couric）、《华盛顿邮报》的鲍勃·伍德沃德（Bob Woodward），以及其他高知名度的记者和新闻机构（包括 PolitiFact）。当时，刚成立两年的 PolitiFact 就因其对 2008 年总统大选的报道而赢得了全国的关注和普利策奖。视频"PolitiFact 事实核查指南"向观众介绍了该组织评估政治声言的大部分常识性步骤：与声言作者联系，使用来自非党派人士的原始数据，等等。但这段四分钟的使用指引视频透露出某种不情愿的态度，它展示了 PolitiFact 的方法论，但没有真正邀请观众亲身尝试。

专业事实核查人员依赖向任何人开放的公共信息源。除了在职记者的署名之外，他们没有任何其他背书。他们最重要的研究工具是谷歌、电子邮件和电话。表面上看，任何具备新闻素养的人只要能上网就具备开启事实核查的条件。但是，从我对 FactCheck. org、PolitiFact 和类似机构中的新闻工作者的采访来看，没人笃信普通公民有能力抛开政治偏向，有条不紊且公平地探讨声言。PolitiFact 的比尔·阿代尔在接受我的第一次采访时告诉我："这里面有很多细微差别。我认为专业记者做的事实核查最好。"公众对事实核查人员的怀疑和敌意常常使这些疑虑更加严重。正如对 PolitiFact 在线教程的最早回应之一所问的那样："这人是谁，能戳穿什么屁话？"

是什么赋予了新闻人不仅报道事实，而且公开决定事实的权力？事实核查人员拥有哪些特殊的知识或技能？本章探讨了事实核查的规程——精英专业事实核查人员为对公共政治声言做出裁决而制定的相当连贯一致的常规

> 专业事实核查人员依赖向任何人开放的公共信息源。

和程序体系。事实核查人员以"展示你的工作"的报道方式为荣。大体上，他们的方法论遵循一些简单的规则和直接的步骤。但是，这种简单的顺序掩盖了在寻找可靠的专家和数据、评估一段党派说辞背后的意图或潜台词方面所涉及的更微妙的判断，因此，他们不仅要权衡声言的技术准确性，还要权衡其在特定政治辩论语境中的意义。

一个"非封闭"的专业

对于什么限定了事实核查人员的工作资质，这个问题的一种简单答案要属他们所要处理的材料的性质。即使在全国性的场合，政治人物也会以明显的方式扭曲真相。只要能带来一些政治上的利好，就会有许多人不断重提荒腔走板的说法。几乎不需要健康政策方面的专家就能发现，"平价医疗法案"并没有授权"死亡小组"根据"社会生产力水平"终止对不值得的人的护理，正如莎拉·佩林 2009 年在脸书帖子中的广为人知的发言那样——这一指控在 2010 年和 2012 年的选举中得到了广泛响应。然而，即使是这种离谱的、被广泛揭穿的说法，也暗示了事实核查所需的审慎。对奥巴马总统医疗改革计划花里胡哨的指控并不是在真空中出现的。该法律考虑了对有限医保资源进行最明智运用的困难抉择，包括昂贵的临终关怀领域。要从蛊惑人心的言论中找出事实，需要细致入微、具备判断力，以及具备有关华盛顿特区研究和政策制定情况的有用知识。[1]

事实核查人员如何开展工作的问题引出了新闻业既是一门专业（profession）又是一门手艺（craft）的矛盾。过去一个世纪，这个领域专业化的标志已经确立，其中包括：采纳制度规范和标准，推广新闻教育，以及 20 世纪 50 年代和 60 年代以来常春藤盟校中新闻教育的崛起——占据主导地位，薪水颇丰，稳扎在精英社会当中。[2]同时，在新闻业的自我观念（self-conception）中，专业或手艺的因素仍然执着地占据中心位置，与作为局外人的记者的理想紧密相连。这两极之间的紧张关系可以从关于谁是记者的反复争论中读到，或者从对新闻学学位的轻视中读到，这种轻视仍然是新闻编辑室文化的一部分。在博客和"公民新闻"兴起的十年前，《新共和》周刊（*New Republic*）对哥伦比亚大学的精英新闻学院进

要从蛊惑人心的言论中找出事实，需要细致入微、具备判断力，以及具备有关华盛顿特区研究和政策制定情况的有用知识。

行了一场令人不快的揭露，抨击了通过伪科学术语和报道套路暴露无遗的
"新闻学教学的徒劳无功"。作者将新闻学院比作麦当劳的汉堡大学，费尽
周章"通过将专业理念附加到一个行业上而使其自命不凡"——这与好记
者的怀疑、不盲从、扒粪的本能相悖。[3]

但称新闻业为一种行业并不是说任何人都可以做，更谈不上任何人都
做得好。相反，对各种类型的新闻工作者来说，它强调的是学校里无法传
授的本能和技巧，当记者变成老油条或过于养尊处优时，这些本能和技巧
可能会被钝化。这一点在地处美国新闻专业神话中心的事件中体现得很明
显，最著名的是《华盛顿邮报》的水门事件调查——两名伺机而动的都会
记者（hungry Metro reporters）对这一事件穷追猛打，而全国新闻部更老资
格的同事却嗤之以鼻。[4]历史学家罗伯特·达恩顿（Robert Darnton）20 世
纪 60 年代在《纽约时报》上发表了一篇关于他自己的"职业社会化"的精
彩文章，详细勾勒了年轻记者在开拓"对手艺的掌控感"之道路上所学习
的报道技巧和不成文的规则。[5]达恩顿审视了新闻编辑室的文化，揭示了记
者和编辑们有时令人不快的习惯和自我辩解的说辞，他们制作的稿件在最
糟糕的情况下是程式化和媚俗的。但他也认真对待记者的竞争力、工作经
验和心照不宣的行为准则，认为这是新闻最好的来源。

用舒德森的话说，新闻业是一个"非封闭的专业"（uninsulated profes-
sion）。[6]它缺乏深奥的知识、专门的语言和正式的认证，而这些都是保护医
生和律师不受普通公众影响的原因。这一点在政治事实核查人员中最为明
显，他们的结论和方法受到了无情的审视。任何人都可以非议他们的工作，
每个人都会这样做：政客、学者、媒体批评家。在无休止的评论、推文和
帖子的洪流中，事实核查人员表示，他们的使命是提供信息。事实核查使
新闻权威（journalistic authority）① 的悖论大为缓解。它建立在一种自相矛盾
的说法之上，即记者可以对复杂的技术问题做出远超其正式专业知识的判

① 新闻权威是新闻研究中的一个概念，大体上指的是新闻工作者如何依靠从事的新闻实践，编
织出一套在为公众所共享的同时正当化自身实践活动的、具有竞争色彩的意义体系。在数字媒体兴盛
的当下，新闻业如何申明上述文化权威这一问题长期为新闻研究者所关注。卡尔森是深化这一概念的
主力研究者，参见 Carlson, M.（2017）. *Journalistic authority*: *Legitimating news in the digital era*. New
York: Columbia University Press. 这一概念的本土阐释参见白红义（2013）. 塑造新闻权威：互联网时代
中国新闻职业再审视. 新闻与传播研究，20（1），26 - 36，126；李红涛（2013）. 昨天的历史 今天的
新闻：媒体记忆、集体认同与文化权威. 当代传播，5，18 - 21，25；夏倩芳，王艳（2016）. 从"客
观性"到"透明性"：新闻专业权威演进的历史与逻辑. 南京社会科学，7，97 - 109.

断，而且他们可以比普通人更内行、更可靠地做到这一点。

事实核查人员缺乏独立处理社会或经济政策复杂领域中产生的问题的专业知识。然而，他们确实声称自己具有特殊的次级专业知识，可以对知识渊博的消息来源提供的论点进行分类，并从政治辞令和"倾向性陈述"中提取决定性的事实。《华盛顿邮报》的事实核查人员告诉我："我带来了在华盛顿听了 30 年废话后练成的独特视角。"[7]事实核查人员对自己从事实性论证中过滤政治的能力的认识，与保持中立和客观的庄重承诺是一致的。对记者来说，这种难以界定的技能是使对客观性的承诺对记者有意义而局外人却难以理解的原因。这种专长完全属于默会知识的范畴。[8]这是一种很难在教科书中阐述的东西，但事实核查人员说，这使他们的工作与党派批评家——那些无法看到自己的信念是意识形态而非事实的人的工作相区别。援引这种知识或技能是树立专业界限、消除批评的一种方式，有时还可以掩盖事实核查项目中的矛盾。同时，事实核查的日常工作经验和它所产生的工作知识值得认真对待。

寻根究底

117

事实核查首先是在新闻中寻找重要或有趣的声言来调查。正如上一章所指出的，这可能是一项耗时的工作：声言应激起读者的好奇心，但也必须是"可核查的"，并来自被认为公允的事实核查对象，最常见的是公职人员或政治候选人。在发现耐人寻味的陈述后，事实核查人员要寻找一种途径，以尽可能权威的方式证明它是否为真。通常情况下，这个过程从给声言作者（author of claim）打电话或发电子邮件开始。

这在一定程度上是个报道公平的问题——文章的主体必须得到回应的机会。即使是直接与官方数据相抵触的说法，也值得向作者求证。考虑一下密西西比州州长海利·巴博对奥巴马政府经济记录的攻击，本书第二部分的引言回顾了这一点：巴博声称自奥巴马总统在"大衰退"见顶时上任以来，已有 700 万个工作岗位流失，但劳工部的数据显示实际数字只有不到一半。不过，Fact-Check. org 的分析强调，州长的工作人员有机会道出他那边的故事。尽管很难想象巴博可以提供什么样

> 在发现耐人寻味的陈述后，事实核查人员要寻找一种途径，以尽可能权威的方式证明它是否为真。

的合理解释，但这篇文章的结论仍是："我们正在等待答复，如果我们得到答复，我们会把它转达给你。"[9]

正如该案例表明的，举证责任在声言作者一方。即使被核查的人从未回应，FactCheck. org 和 PolitiFact 都会发表一篇文章。PolitiFact 的原则声明解释说："提出事实性声言的人要对他们的话负责，并且应该能够提供证据予以支持。我们会努力核实他们的陈述，但我们认为谁发言谁就负责举证。"[10]而且，在联系声言作者后，事实核查人员没有义务用标准的"回应引语"来表达自己的观点。学员们被告知："只有在相关的情况下，只有在与所核查的事实有关的情况下，我们才会加上言论发出者的回应。我们不允许他们利用 PolitiFact 的报道来为他们的谈话要点评级。我们关注的是事实。"[11]

不过，联系声言作者不止是为了报道公平，更是报道方法的问题。它不仅提供了澄清作者意思的机会，而且提供了追踪一个有疑问的事实或数字的起源的机会——正如我们会看到的那样，这是许多事实核查中的决定性分析步骤。联络声言作者也可以帮助事实核查人员找到相关的文件、专家或其他权威研究的来源。特别是在核查工作比较棘手的情况下，这有助于确定研究和分析的框架。FactCheck. org 的一位编辑在一位来访的记者询问团队的方法论时强调了这一点。"就过程而言……我们在这里做的事情之一是去找那些提出这类声言的人，说：'好的，支持。有什么证据？'然后至少我们有一个基础来启动……我们有一些规范，我们可以核查信息并证明它们属实与否。"[12]

PolitiFact 要求其事实核查人员联系声言作者，并要求他们将此作为声言核查的第一步。测真培训手册解释说，提供"通往事实的路线图"会使研究更容易。它还加强了事实核查与标准政治报道之间的区别。正如一位编辑告诉我并向学员解释的那样，先致电声言作者鼓励事实核查人员保持开放心态。它抑制了记者为最后"逮人"采访而搜集证据的条件反射——从事实核查人员的角度来看，这不仅不公平，而且不科学。[13]以这种方式进行的事实核查颠覆了其他形式的"问责报道"的逻辑。调查记者有充分的理由把困难的采访留到研究的最后，把困难的问题留到采访的最后，这是新闻学院教授的标准策略。可能只有一次可以问出关键问题的机会，以获得可引用的回答或重要信息。另一方面，对于事实核查人员来说，最重要的引用已经被记录在案：被核查的声言。

核查一则声言的努力有时会引起与作者的对立。这可能是在幕后发生的。在奥巴马总统引用里根的话为新的富人最低税率——所谓的"巴菲特税"（Buffett Rule）① ——辩护后，《华盛顿邮报》的事实核查人员写道，这位共和党的英雄被断章取义了。[14]正如格伦·凯斯勒在一次采访中解释的那样，在该专栏上线之前，一位白宫官员打电话给他在《华盛顿邮报》的编辑，试图扼杀它。[15]（无论如何，这篇文章还是先行发表了。）在极少数情况下，声言主体可能会对事实核查人员进行先发制人的攻击。2011 年，保守派学者米歇尔·马尔金（Michelle Malkin）指控一名民主党议员认为"比起不得不去吃的拉面"，堕胎"对计划外的婴儿来说要好得多"。PolitiFact 联系到她以支持这一说法，马尔金在她的博客上做出了回应。她贴出了 PolitiFact 记者的整封电子邮件以及她自己的回复，指责记者已经铁了心指责她不理解博客的"讽刺"；指责她没有认识到意见和事实的区别，这是事实核查人员经常听到的批评。马尔金写道："我是一名意见记者，我的意识形态一直透明。你们是伪装成事实的中立仲裁者的意见记者。如果能明白这一点，你倒是能干得不错。"[16]PolitiFact 的学员被告知，要预设他们在研究过程中发送的任何电子邮件都可能成为公开文件。[17]

追踪虚假声言

调查几乎所有政治声言的关键步骤都是追根溯源。这在两个方面有所帮助。首先，找到包含统计数字的原始新闻报道或政策文件，往往可以证明它被误用。事实核查人员不仅关心一段陈述是否准确，而且关心它是否有误导性。其次，声言来自不同的权威：博客文章、报纸、智库、政府机构、学术专家等。形式逻辑的规则可能禁止"权威论证"，但在公共政治话语中，这些判断无法避免。展示声言来源和谁帮助扩散了它可以提供一个强有力的怀疑理由。

公众人物尤其是选战团队现在都希望事实核查人员能与他们建立联系，并且通常会准备好资料来源清单，以支持他们在广告、辩论和重要演讲（如

① 巴菲特税是以美国富豪沃伦·E. 巴菲特命名（Warren E. Buffett）的税项。2011 年 9 月，美国联邦政府最先提出此税项。2012 年，美国总统奥巴马在任内第三份国情咨文中再次提及此税项。该税项建议向年收入超过 100 万美元的家庭收取超过 30% 的税款，以在十年内为政府节省至少 470 亿美元。有关法案以 51 票赞成、45 票反对被参议院否决。

> 形式逻辑的规则可能禁止"权威论证",但在公共政治话语中,这些判断无法避免。

国情咨文)中提出的观点。我在一场培训中听到:"你会发现,总统的竞选团队已经习惯了(我们)——他们了解我们,尊重我们的工作,即使他们不同意我们做出的每一项裁决。"事实核查人员对那些以这种"专业"方式与他们打交道的竞选团队给予工作上的尊重,尽管他们也会打趣或抱怨那些麾下工作人员不回他们电话的政客们。[18]

为支持一项政治声言而提供的文件被称为"备份表"(backup sheet),有时只写作"备份"(backup)。[19]竞选广告的备份文件往往遵循一个标准的格式:一整页的网格,逐字逐句的引用,有时还有从广告中抽取的画面描述,并根据与每条声言相关的解释和来源进行排列。至少从1992年的选举开始,总统的竞选团队就准备了备份表来记录电视广告中的声言,以应对广告监察报道的兴起。[20](此外,电视台有一定的自由裁量权,可以拒绝那些声言无凭无据的广告。)正如2007年一位知名的共和党政治顾问在一场关于事实核查的论坛上所解释的那样:

> 当我们打造一场选战时……我们是最初的事实核查人员。真正的专业竞选人员不会推出他们没有经过事实核查的广告。二十年来,我没有向电视、广播或报纸提供过不附带文件包的广告,因为我们知道我们的工作要实话实说。[21]

然而很多时候,官方的支持直接破坏了提出的声言。几乎所有与我交谈过的事实核查人员都谈到了这一点。一个成为 PolitiFact 办公室传说的例子来自2008年的总统大选,当时该网站成立还不到一年。在竞选中以及在一场初选辩论中,罗姆尼指责克林顿总统(以及民主党人)为了追求"和平红利"而削弱了美国军队。为了支持这一说法,罗姆尼的一名工作人员通过电子邮件发送了联邦预算的某一页,该页显示克林顿主政时期白宫的国防开支有所减少。但同样的预算页面清楚地显示,这些减少实际上在更早的时候就已经开始了,在老布什总统任内。竞选团队故意歪曲证据的事实只是加强了指控;测真裁决指出"罗姆尼有选择地摆弄数字,使其看起来是克林顿在任内干的"[22]。罗姆尼的言论被评为"半真半假",一个适用于那些"部分准确"(partially accurate)但忽略了关键细节或断章取义的说法的评级。

作为参与式观察者,我撰写了一篇事实核查文章,遵循同样的模式对印第安纳州州长米奇·丹尼尔斯进行了核查。[23]丹尼尔斯在保守派政治行动会议上的一次演讲中声称，美国的债务利息开支很快就会超过国家安全开支。遵照 PolitiFact 的规程，我首先给州长的新闻秘书打电话。她没有接听，所以我留了言，并立即跟进发送了一封电子邮件。接着，我写信给几位经济学家，请他们帮助剖析丹尼尔斯的说法。四个小时后，新闻秘书回信解释说，目前的国防预算接近 7 000 亿美元，而且根据白宫的估计，到当前这个十年之末，债务利息将超过这个数字；她用《华盛顿观察家报》上一篇两年前的文章的链接证明了第二点。但丹尼尔斯说的是"几年内"，而不是在这个十年结束时。而且他宽泛地提到了"国家安全"支出，而不是国防预算。甚至在核实数据或与任何经济学家交谈之前，我就了解到州长已经获得了一些口头许可。[24]

我被告知，与竞选广告一起提供的备份表在抽去信源、断章取义方面令人瞠目结舌。在我造访 FactCheck. org 期间，团队中最有经验的实习生之一给我看了她前年写的一篇文章，该文剖析了针对阿肯色州参议员布兰奇·林肯（Blanche Lincoln）的攻击广告。[25]这则广告是由民主党初选中的一位竞争对手做的，声称林肯曾削减社会保险，并将她最近一次辩论中的发言拼接起来，暗示她打算再次这样做。但是，备份文件只能指出林肯十六年前曾对一项从未通过的修正案投了"赞成"票，该修正案将减少所有福利项目（不仅仅是社会保险）的开支，而且只发生在非常特定的条件下。FactCheck. org 发现这显然是有意误导，制造林肯倾向于削减社会保障的"假象"。不久后，这位挑战者就该事实核查接受了质询，并否认将对手断章取义；事实核查人员以另一篇文章对新的采访进行了驳斥。[26]

事实核查人员经常看到自己的裁决被选战活动歪曲。FactCheck. org 和 PolitiFact 的学员都听到了丰富多彩的例子，目的是上一堂强化课——政客为了当选满嘴跑火车。一个值得注意的例子是，俄亥俄州 PolitiFact 的一篇新闻稿授予众议院共和党人"几乎不为真"，仅比"假"高一档，因为众议院共和党人发出新闻稿，指责民主党人"疯狂支出"，这一指责使得提高联邦债务上限变得必要。[27]这篇报道发表次日，共和党人发布了一份新的新闻稿，大肆宣扬这一裁决。"俄亥俄州 PolitiFact 讲了真话：'贝蒂·萨顿（Bette Sutton）和她的民主党同僚们大肆挥霍，现在他们的信用卡已经被刷爆了。'"四个小时后，PolitiFact 就以另一场事实核查作为回应，开头是："上便是下？红即是蓝？"共和党人新发的新闻稿获得了"一派胡言"，这是

122

最低的评级。[28]（为了应对这样的剧情，PolitiFact 测真仪上的"几乎不为真"评级后来被改为"多半为假"。）

2015 年的一份报告认为，政治活动家有强烈的动机将事实核查"武器化"，因为"所有这些引人注目的匹诺曹指数和测真评级都是 30 秒政治回应或攻击的绝佳材料"[29]。在早些时候对地方电视新闻主管进行的调查中，29% 的广告监督报道者（在大型电视市场有近一半）报告说，这些报道被用于未来的竞选广告。新闻主管们说，在这些案例中，有三分之一的新广告歪曲了他们所引用的广告监察报道片段。[30] 我采访的几位政治活动家强调，战术上的考虑决定了什么样的说法会出现在竞选广告中。问题始终是，被质疑的可能成本是否超过了提出该声言所带来的政治利益。有人告诉我，反对派研究的标准不是看某项声言是否真实，而是看它是否"可以辩护"。[31]

如果声言的作者没有提供备份，事实核查人员就会求助互联网和律商联讯等专有新闻数据库。虚假声言和可疑统计数据通常来自政客的轻率引用或断章取义的新闻文章。在 PolitiFact 的培训课上，新晋的事实核查人员被告知："他们往往会依赖一些本身就很不可靠的新闻报道，或者他们会从博客上获取支持他们观点的报道。"[32] 一名学员随后选择了明尼苏达州代表米歇尔·巴赫曼的离奇数字作为自己的事实核查处女作：巴赫曼在一次广播采访中声称，由于总统的经济政策，家庭在阵亡将士纪念日的烧烤活动中要多支付 29% 的费用。巴赫曼的工作人员没有回复这位学员的电话，但他们在网上搜索时发现了《纽约邮报》的一篇文章，题目是"今年的野餐会让你多花 29%"。他们给记者打了通电话，发现这个数字是基于该报自己的计算，使用的是纽约市的食品价格。因此，PolitiFact 将分析结果按原料（汉堡、热狗、面包、土豆沙拉等）逐项重构——根据居民消费价格指数（CPI）的全国数据，美式烤肉（the typical American barbecue）的价格仅上涨了 10%。接受采访的经济学家进一步表示，白宫的政策与食品价格的不断上涨关系不大，巴赫曼赚得一个"假"。[33]

123

正如这一点所表明的，找到可疑说法或统计数字的来源通常从在谷歌上键入它开始。格伦·凯斯勒受访时说："当我遇到奇怪的事实时，我做的第一件事就是用谷歌搜索这些数字，这是弄清它从何而来的一套相当有效的方法。"[34] 他举了一个统计数据的例子说，当时众议院议长约翰·博纳（John Boehner）

> 找到可疑说法或统计数字的来源通常从在谷歌上键入它开始。

在对商界领袖的演讲和给白宫的公开信中摆弄着一堆统计数字：奥巴马政府有 219 项新规正在制定中，每项规定都将造成超过 1 亿美元的经济损失。他是

评估一项声言的大部分工作就在于发现它的起源和传播方式。

如何算出 219 条联邦法规的？凯斯勒在互联网上搜索了这个令人好奇的精确数字。它似乎源于一位曾在布什政府任职的"监管研究"专家的一篇评论文章。在一场采访中，她向凯斯勒介绍了她对联邦政府信息监管服务中心的"主要"规则分析。凯斯勒发现，许多规定（如果有的话）若干年内不会实施；有些规定在奥巴马上任前就已经在名单上了。许多规定被认为是主要内容，因为它们将产生 1 亿美元甚至更多的经济效益或消费者利益，而不是施加新的成本。博纳的一位发言人承认这些话有误导性。议长获得了三个匹诺曹。[35]

这样一来，评估一项声言的大部分工作就在于发现它的起源和传播方式。即使是最离谱的说法也有某种出处，即事实核查人员试图重建的媒体-政治生涯。一个在事实核查人员中现已成为经典的例子是，奥巴马总统2010 年底的印度之行将使美国纳税人每天花费 2 亿美元这个爆炸性的统计数字。FactCheck. org 和 PolitiFact（以及其他新闻媒体和博客）追溯到印度报业托拉斯（Press Trust of India，PTI）的一篇文章，该文章引用了马哈拉施特拉邦一位未具名官员的话。FactCheck. org 的分析很有帮助地再现了这一统计数字的媒体轨迹，从保守的新闻聚合网站"德拉吉报道"（Drudge Report）到拉什·林博（Rush Limbaugh）① 的广播秀和《华盛顿时报》（*Washington Times*）。[36] 当米歇尔·巴赫曼在有线电视新闻网上重复这一说法后，PolitiFact 将这一说法评为"假"，并同样追踪了其"在博客圈和保守派电波中"的路径。[37] 这两个网站都初步估计了这种旅行的实际成本，而政府的政策是不予披露。但他们反驳的力量在于揭示了这一声言不太可能的来源，以及它在现代媒体领域中未经证实的跨党派地区的传播方式。

证据和专家

正如迄今为止回顾的案例所表明的那样，核查事实往往开启了对信源的角逐。我听到的那些被反复引用来解释事实核查人员所做工作的例子，

---

① 美国右翼电台主持人、记者、作家。

强调了这项工作的简单和可靠。它们似乎不需要解释，也没有留下什么分歧的空间。一位公众人物调用关于就业、预算或税收的统计数字；事实核查人员查阅权威数据；政客要么有要么没有歪曲"真实"数字。在选择这些来源、使用他们的数据时，成熟的惯例通常会指引事实核查人员。FactCheck. org 的一名实习生想知道，为什么在评估有关失业的说法时只计算"非农"工作？她被告知，因为那是每个人都使用的标准。[38]但并不是每个案例都如此清晰。什么数据合适，哪些专家可以信任，共识中不可避免地存在着分歧。

依靠官方的公共数据是事实核查人员声称的客观性基础。PolitiFact 的实习生们被告知："我们是中立的，而且恪守公正。我们调查一个问题的所有方面，使用我们能找到的最不偏不倚的信源，然后做出决定。"[39]实践中这意味着尽可能地使用政府数据。一份原则声明强调："最好的信源是独立和非党派的。在全国层面，我们经常依靠诸如劳工统计局、人口调查局、政府问责办公室和国会预算办公室这样的联邦机构。在州一级，我们寻求类似的独立政府部门。"[40]

同样，FactCheck. org 的新实习生也收到了一份长达四页的可靠"网络资源"（web resources）清单，其中大部分是此类政府机构。这两家机构的培训都强调参考这些原始数据来源，而不是依赖有关失业或联邦预算的新闻报道或政策文件。部分原因是记者会犯错。但这也反映了一种普遍感受，即统计数据离其原始来源越远，它被扭曲或断章取义的风险就越大。FactCheck. org 的一名工作人员向实习生强调说："我们希望确保我们使用的是像劳工统计局这样的主要信息来源，而不是二手信息或者更糟。"[41]

对客观性的追求也建立在事实核查人员所谓"透明"的报道方式上。每个测真条目都有一个侧边栏，列出了研究过程中参考的资料来源和采访的每一个人，即使是文章正文中没有直接提到的人。像学术参考文献一样，这份资料清单包括出版和采访日期，并尽可能提供网络链接。典型的裁决依赖五到十个出处，但有些人引用得更多。我写的一篇核查保守派专家格伦·贝克的声言的文章（下一章将进行回顾）的来源清单就有 18 个不同的出处，包括新闻媒体、政策报告、四次专家采访等。[42]FactCheck. org 在其专题文章的末尾提供了类似的参考资料；较短的"电讯"文章只在正文中嵌入链接。《华盛顿邮报》的 Fact Checker 也会链接到所引用的文件，但没有公布单独的来源清单。

透明的必要性在 PolitiFact 的培训课程和测真培
训手册等内部文件中不断被强调，后者有一节专门
讨论了"信源和我们对透明的承诺"。每篇文章所附
的消息来源清单不断提醒我们，这是一种"新型报

"展示你的作品"的做法
同时是一种论证和说服的方
式，也是对那些仍然不忿的批
评者的一种防御。

道"，这个短语我听过很多次。披露消息来源非常自觉地执行了科学可复制
性的理念。"展示你的作品"的做法同时是一种论证和说服的方式，也是对
那些仍然不忿的批评者的一种防御。一位编辑向我解释："当你发布原始报
告的链接时，当其他人可以跟随你的报告并真正条分缕析它时，它就更科
学了。它不完全科学，但任何人都可以验证它。"（该团队曾一度考虑将研
究和采访记录与每篇报道一起公布，但记者们反对，认为消息来源会不再
接听他们的电话。）[43]

为了与这种"透明"的做法保持一致，FactCheck.org 和 PolitiFact 都只
使用可公开的信源。（相比之下，Fact Checker 有时会匿名引用政府官员的
话来为某项声言勾画语境。）FactCheck.org 没有声明的政策，但正如布鲁克
斯·杰克逊的解释："我们不引用匿名信源作为任何事实性证据。如果我们
这样做了，别人为什么相信我们？……我们认为我们的作品符合学术研究
的高标准。"他接着主动提出自己的观点，认为传统报道太容易纵容匿名请
求，它只有在最极端的情况下才应当被批准。[44]同时，PolitiFact 的政策强调
禁止不公开的记录或背景消息来源。测真仪使用说明指示"'消息人士称'
这句话不应该出现在 PolitiFact 的项目中"，并补充说，拒绝在报道中引用自
己的发言的官员已经被华盛顿新闻圈"容忍了太久"。学员们被告知，匿名
违反了事实核查的基本逻辑——"你不能让一个匿名的信源来驳斥事
实"——没有什么比违反这一规则更让编辑们不悦的了。[45]

虽然事实核查人员倾向于从公共机构获得原始数据，但在实践中，这
些统计数据很少能够支撑裁决。即使是直截了当的数字比较，也会让记者
觉得还不够分量去回答问题。我对州长丹尼尔斯的事实核查便是一例。[46]丹
尼尔斯声称，债务利息开支即将超过国家安全开支。官方数据很容易找到，
但很难解读。我是否应该像丹尼尔斯那样，使用白宫最新预算中预测的债
务利息开支？国会不是掌握着"财政大权"吗？什么才能算作"国家安全"
开支？官方国防预算不包括正在进行的战争的费用。那么中央情报局、国
家安全局和国土安全部又是怎么回事？是否有某种惯例？我采访了两位专
家，他们向我介绍了各种变化：一位来自预算监督机构"管理和预算办公

室监察"（OMB Watch），另一位来自倡导削减赤字的协和联盟（Concord Coalition）。令人高兴的是两位预算专家都认为，州长的计算结果并不正确。其中一位专家来自一个与削减赤字有关的团体，这一事实似乎使该案更加有力。[47]

"真相的三角验证"

咨询专家的需要给事实核查人员带来了一个真正的问题，这使他们不可避免地被拉入繁忙的全国数据和分析市场，这些数据和分析都是为意识形态议程服务的。PolitiFact 的一位编辑在培训期间开玩笑说："你要寻求独立、无偏见的消息来源——当今世界上没有这样的消息来源。"同样，Fact-Check.org 的实习生被警告要警惕那些推动政治议程的"华盛顿智库"——尽管"有一些好智库至少提供了它们想法之外的信息"。这两家机构的学员都被告知，在这种情况下，只要了解事实，就可以忽略倾向性解释。这也是一个无形的新闻知识问题。正如我反复听闻的，某些团队和特定专家

127

> 事实核查人员也因选择特定的专家或未能披露可能的偏见来源而受到攻击。

"学术实力雄厚"，纵使他们有自己的意识形态，但仍可以信得过他们提供的实实在在的数据或深思熟虑的分析。[48]

像其他新闻机构一样，事实核查人员给各种智库贴上政治标签——"左倾""亲共和党"等，以引导他们的读者。PolitiFact 的原则声明解释说："在一个按党派路线急剧极化的政治氛围中，可能很难找到真正独立的专家。许多技术上非党派的团体，如智库，实际上是与某个政党结盟的。如果我们引用它们的话，我们就会披露它们的倾向性。"然而，分配标签是个松散的惯例问题，智库有时会反对。[49]事实核查人员也因选择特定的专家或未能披露可能的偏见来源而受到攻击。一个特别生动的例子是在 2012 年春天，在 PolitiFact 对罗姆尼用来抨击白宫的一项失业统计数据提出质疑之后。[50]对此，罗姆尼竞选团队的政策主管回复了一封严厉的千字电子邮件，攻击 PolitiFact 的消息来源：其中一位曾向奥巴马竞选团队捐款，而另一位仅被称为普林斯顿大学教授的人实际上曾是奥巴马劳工部的首席经济学家。这位罗姆尼阵营的负责人指责事实核查人员的观点"存在令人尴尬的偏见和缺乏新闻标准"，告诫他们要再斟酌：

我无从得知 PolitiFact 是否意识到这一点但没有披露，或者她是否没有指明自己在政府中的角色——坦率地说，我不确定哪一个更糟糕……我希望你们与我一致认为这个评级是不恰当的，这篇文章没有反映出贵组织打算坚持的新闻标准。请收回这篇文章并尽快发布更正。

PolitiFact 以刊出这封电子邮件、采访另外四位经济学家，并在原测真文章中增加 700 多字的报道 "附录" 作为回应。现在的结论是这样："我们考虑了罗姆尼竞选团队的投诉，不过我们没有看到任何证据表明有必要改变我们的裁决。"[51]

精英事实核查人员以不同的方式协商这一政治化了的专业领域。在研究一则声言时，PolitiFact 的记者们被鼓励采访多重信源。几乎每篇测真文章都至少引用了两到三位专家的观点，有的甚至引用了十几位甚至更多专家的观点。有一篇文章咨询了 14 位不同的历史学家和军事专家，给罗姆尼打了个 "一派胡言" 的评级。罗姆尼曾表示，奥巴马总统领导下的美国海军和空军的规模是 1917 年和 1947 年以来最小的。[52]当其中一位专家不认可这一裁决时，一场小小的争议爆发了。他发表了一篇长篇评论，附上了他与 PolitiFact 记者的电子邮件往来，抱怨他被问到了 "诱导性" 问题；Politico 的一位批评者在一篇讽刺性的文章中报道了这一分歧。[53]作为回应，PolitiFact 的编辑在信中广而告之了这篇报道的研究内容和接受采访的专家人数：

> 在采访完来自海军历史和遗产司令部、遗产基金会、米切尔研究所和政府问责办公室的 14 人并阅读了来自上述机构的报告后，我们得出结论，虽然这些数字大体正确，但它们并不支持罗姆尼的观点。我们将这一说法评为 "一派胡言"，正像一位专家告诉我们的，它 "没有通过 '真诚测试'（the giggle test）①"。[54]

PolitiFact 的文章中经常有来自相反意识形态的专家或团体的分析，这种策略在内部被描述为 "真相的三角验证"。在一次培训中，一位编辑对新晋的事实核查人员说要 "多方寻觅信源"，"如果你在某件事情上得不到独立的消息来源，就去找保守派和自由派，看看它们在哪里重叠"。这位编辑

---

①　真诚测试又称 "傻笑测试"，是对某件事情是否正当或严肃的测试，其依据是某项声明或法律论证是否可以被真诚地提出，而不是被强迫做出。

驻外记者经验对事实核查人员来说是特别好的训练，因为报道外交和国际事务的记者被期望更具解释力。

认为，这种"三角验证法"并不是人为的平衡问题：重点是通过迫使这些专家"关注事实"来做出决定性的裁决。[55] 如前所述，对他们的工作所涉及的复杂公共政策领域，事实核查人员不能声称自己富有专长。但他们对自己选择合适的专家和从政治争论中提炼有用信息的能力充满信心。

FactCheck. org 不太强调外部专家，尽管大多数专题都包含一两个这样的采访。与 PolitiFact 一样，该机构的事实核查人员通常会注意到他们所咨询智库的政治倾向，并将其纳入分析。这可能意味着引用具有不同倾向的团体，或者只是强调专家们与党派路线的不同之处。例如，FactCheck. org 两次坚决驳斥了"供给侧"的观点，即依据拉弗曲线，减税可以通过刺激足够的额外经济活动来抵消政府收入的损失。[56] 在每一个案例中，分析都强调了来自保守派智库和曾在小布什政府工作过的经济学家的证词。美国企业研究所的一位专家说，在经济学家中，减税导致收入减少"没有争议"。潜台词很清楚：即使保守派经济学家也不会支持供给方的声言。

《华盛顿邮报》Fact Checker 专栏作家格伦·凯斯勒引用外部专家的频率远远低于同行。凯斯勒解释说，虽然他可能会采访经济学家或政策分析师，以确保他完全理解某个问题，但他尽量不在发表的专栏中引用这些消息来源。"我是那种对自己的判断有合理信心的记者，"他在接受采访时这样说，引向他长期报道白宫、国会、国务院、经济和国家政治的经验，"我喜欢说我自己的话，因为我实际上已经报道了华盛顿的几乎所有大事小情……你可以看我的简历，看我报道过的内容。"[57] 凯斯勒说，驻外记者经验对事实核查人员来说是特别好的训练，因为报道外交和国际事务的记者被期望更具解释力。将专家证言保持在最低限度是为了给该专栏一个独特的、实事求是的声音，使其有别于其他竞争对手。但这也有助于保护该网站不受那些不可避免的批评者攻击，这些批评者在事实核查人员使用的资料来源中读出了偏见。凯斯勒解释说："你很容易就翻车了。"他介绍说，在 PolitiFact 依靠与奥巴马政府联系的经济学家之后，争议出现了。他自己对罗姆尼同一说法的分析与 PolitiFact 的分析大致相同，但表述方式不同。凯斯勒的文章引用了一位共和党官员的回应，但没有援引任何经济学家的说法支撑其论点。[58]

"你不能照单全收"

最后，对证据和专家的选择成为专业事实核查人员划界的方式之一，以将自己的工作与有政治动机的对手的工作区分开来。三家全国性事实核查机构核查了许多相同的声言。它们经常互引对方（以及像 Snopes. com 这样的知名机构）的资料，并强调自己经常得出相同的结论。然而，精英事实核查机构几乎从未援引"媒体攻关"和"媒体研究中心"等政治上有倾向的网站的研究。[59]

即使在一个党派媒体引领了一段高调的故事时也是如此。例如 2008 年，在喜剧演员辛巴达（Sinbad）质疑了希拉里 1996 年波斯尼亚之行"在狙击手射程内降落"的回忆之后，"媒体研究中心"研究主任里奇·诺伊斯（Rich Noyes）利用该组织自己的新闻档案首次彻底驳斥了希拉里的说法。诺伊斯在 NewsBusters 博客上贴出了他的研究，其中有一段来自哥伦比亚广播公司的原始报道。这段令人震惊的视频片段显示第一夫人和她的女儿在北约控制的图兹拉空军基地受到大批友好群众的迎接。[60]四天后，《华盛顿邮报》Fact Checker 专栏调查了这一说法，授予第一夫人四个匹诺曹；随后，PolitiFact 在《华盛顿邮报》报道的基础上推出了自己的测真文章。[61]这两项事实核查基本上再现了"媒体研究中心"的分析，将新闻搜索与哥伦比亚广播公司的视频证据相结合。（该台当时已经从自己的档案中抽取并释出了 1996 年的报告——显然是由电子邮件中的"媒体研究中心"文章链接促成的。）[62]《华盛顿邮报》和 PolitiFact 都没有引用"媒体研究中心"的文章，但随着这个故事在主流媒体上传播开来，保守派团队很快就开始表功：

> 《华盛顿邮报》让它的 Fact Checker 与 NewsBusters 的里奇·诺伊斯结盟……我们"媒体研究中心"经常对主要媒体的事实核查机构持怀疑态度，因为我们对他们核查的政客也持怀疑态度。但希拉里的这个故事很容易驳斥，当他们在政治围栏的两边都使用了匹诺曹指数时，这便是《华盛顿邮报》的功劳。[63]

同时，如前所述，专业事实核查人员会利用一切机会在他们自己的非党派研究和有政治动机的研究公司之间划出一条明确的界限。有几位事实核查人员对我说，"媒体攻关"这样的网站可以成为原始材料的有用来源，如文字实录或视频剪辑，但不能指望它们公平无偏地调查问题。在 Fact-Check.org 的实习生培训中，这个问题意外地出现了。一位编辑使用谷歌搜索最近的事实核查时，我看到了"媒体攻关"的同题分析。这给新来的实习生们上了一次速成课：

> 外面有很多团队声称在做事实核查，实际上并没有。他们只是核查反对派而已，就像"媒体攻关"一样……他们因偏见而生，无关左右。他们生来就是为了打压另一派。他们出于自己的目的而故意置真相于不顾或歪曲真相……他们从某种观点出发，且会扭曲它。你不能照单全收。[64]

在 2011 年我在华盛顿特区协助举办的事实核查论坛上，主要的事实核查人员都赞同上述论点。如前言所说，这个为期一天的会议得到了开放社会基金会的支持，该基金会也资助了"媒体攻关"，一些与会者认为这个团队理应出席——直到专业记者反对给会议染上党派色彩。不过，讨论中"媒体攻关"还是反复被提及了。该团队经常驳斥与非党派事实核查人员相同的声言，并经常引用后者的文章作为证据。（该网站还高调批评它所反对的裁决。）某些情况下这些媒体的分析并无差别；当它们的作品像那么回事的时候，为什么不引用"媒体攻关"？[65] PolitiFact 的比尔·阿代尔解释说："就是一面倒，我认为这就是为什么它们不是一个可信之源。如果我是个自由派人士，我肯定一直读'媒体攻关'并看重它，但我真的认为作为新闻人，我们的角色是挖掘原始素材，做我们自己的分析。"[66]《华盛顿邮报》的格伦·凯斯勒附议：

> 关于"媒体攻关"我想说，它通过真正监测广播网和广播电台的方式搜集的数据令人印象深刻，在这种方式上我不可能追上它。但事实是它只看一面，这对它来说是个真正的问题……我认为任何人都没办法真的把它当回事……所以通过它特定的党派框架去运作，这根本不靠谱。[67]

不愿引用党派媒体批评家的做法与更多人不愿将博客作为权威信源的做法是一致的。

不愿引用党派媒体批评家的做法与更多人不愿将博客作为权威信源的做法是一致的。这不是一项严格的政策，但精英事实核查机构一般不会像其他同僚那样相信一个不太知名的博客。在我观察到的一例中，一名 PolitiFact 的实习生调查了白宫新闻秘书的声言，即共和党总统候选人在最近的一次辩论中没有使用"中产阶级"或"教育"这两个词。[68] 验证这一点意味着需要审视全篇 22 000 字的文本，寻找这些术语或其类似物。（虽然从技术上讲是准确的，但这一声言获得了"几乎不为真"的评级，因为候选人从未被问及教育问题，而且他们用了其他词来谈论中产阶级。）研究过程中，记者发现了一个开展了类似分析的博客，并将其纳入初稿的资料来源列表。一位编辑把它挑了出来，解释说："你做的他们也做了。"[69]

这引向了一个重要的观点：一般来说，精英事实核查机构把博客世界（乃至整个互联网）视为政治误传信息而不是对其予以纠正的载体。它们追踪错误声言的日常经验以及网上针对它们批评谩骂的持续洪流，使这种默认的观点得到了强化。事实核查机构引述博客的案例只是确认了它们对建制信源的偏爱。例如，FactCheck. org 和 PolitiFact 都曾多次引用"博客说法"（SCOTUSblog）① 和"沃洛克阴谋"（Volokh Conspiracy）的法律分析报告。但这些都是由知名的法律学者经营的受人尊敬的机构，这些学者在顶级法学院任教，并在最高法院为案件辩护。像著名智库一样，他们可能有自己的观点。（例如，"沃洛克阴谋"被认为具有持有自由至上的观点。）但是，他们的学历和建制地位（以及他们被感知的工作品质）将他们与事实核查机构眼中其他网络谩骂和党派主义的混合体区分开来。

语境和一致性

专业事实核查人员面临最困难、也是最有争议的问题，是如何处理语词和它们似乎意味着什么之间的分歧。事实核查几乎总是涉及从更广泛的公共辩论语境中摘取一段言论。出于这个原因，事实核查通常包括一则免责声明，去解释发现一则声言的真假并不意味着采取政策立场。但并不是每一句话都能干净利落地与它周围的语言和产生它的环境相切割。对事实核查机构来说，"语境"问题成了谈论一段言论旨在传达什么或人们可能如何对它进行合理解释的一种通用方式。它提出了意图的问题，使评估陈述

① 由律师、法学教授和法学院学生撰写的关于美国最高法院（Supreme Court of the United States，SCOTUS）的法律博客。

和发表陈述的人难以剥离。

FactCheck. org 和 PolitiFact 的培训课程不断强调，核查过程需要超越声言的字面真相。指导 PolitiFact 测真运作的两个核心原则之一是"语境攸关"（context matters）。FactCheck. org 的一位编辑向新来的实习生提出了同样的观点："语境就是一切。他们对事情的措辞非常可爱。"为了说明这一点，他指出了奥巴马总统刚刚在俄亥俄州托莱多的一家汽车厂夸下的海口。"我很自豪地宣布，由于你们的出色工作，政府已经完全偿还了在我的领导下由克莱斯勒进行的投资。"事实上，在小布什和奥巴马任内，政府永远不会看到 125 亿美元中的 13 亿美元被输送给汽车制造商；新总统只是把这些损失一笔勾销，然后把它们放在他前任的栏目中。编辑解释说："'在我的领导下'是这里的一个虚词。"评估这一说法某种程度上意味着理解它是如何被构建以推进政治目标的。但对白宫来说，这种分析似乎不公平地挑剔了一个为了满足事实核查人员而精心措辞的说法。编辑告诉我，奥巴马的一位新闻官打电话抱怨说，实际上，"我们做也不是，不做也不是"[70]。

这是一个常见的抱怨，其争议是事实核查人员在发现可辩护言论有误导性时所主张的阐释具有多大的回旋余地。在采访《华盛顿邮报》Fact Checker 专栏作家格伦·凯斯勒时，他刚刚对参议院多数党领袖哈里·里德（Harry Reid）的一项统计数据提出质疑，这是一个突出的例子。[71] 为了捍卫富人最低税率的提议，里德在参议院会议上宣称，2011 年"有 7 000 名百万富翁没有缴纳一分钱的联邦所得税。相反，普通美国人承担了这笔费用——这不公平"[72]。凯斯勒只能通过查阅国税局的数据和非党派的税收政策中心找到更低的数字，据此要求里德的发言人解释。发言人指出，税收政策中心进行了另一项不同研究——以限制性较小的"现金收入"标准而不是调整后的总收入来衡量百万富翁。凯斯勒给了参议院领导人两个匹诺曹，并这样解释这一裁决："面对选择时，可以使用白宫引用过的美国国税局实际数字，或使用与法案定义关系不大的夸大统计数字，而里德倒向了后者。"但里德的发言人极力反对。他通过电子邮件写道，正如《华盛顿邮报》专栏引述的那样，"里德参议员引用的事实是正确的。你核验了它，我向你提供了引用证明其正确。故事结束了……如果你认为我可以提供明确引证的真实陈述应获哪怕一个匹诺曹，那么你的博客存在的意义就超出了我的想象"[73]。

> "语境"问题成了谈论一段言论旨在传达什么或人们可能如何对它进行合理解释的一种通用方式。

计算百万富翁的正确方法是什么？就像政策辩论中经常出现的情况一样，当存在不止一个标准时，准确性的问题就会因需要判断某一特定标准在语境中是否合适而变得复杂。对于一位精通税收政策的资深经济记者来说，调整后的总收入显然是与"法案中的定义"相关的标准。一个更简单的、普通读者更熟悉的日常衡量标准看起来像是一个"夸大的统计数字"，旨在误导公众——至少足以获得两个匹诺曹。对以数字为标准的事实核查人员来说，处理语境是一个特殊的问题。正如第一章指出的，FactCheck. org正是因为这个原因而避免使用仪表。布鲁克斯·杰克逊告诉我："在很多情况下，一段言论在字面上真实，但会产生误导。"他认为，对细微差别的需求不利于以任何科学的方式对言论评级，并提到 FactCheck. org 的总部设在研究型大学："有人会说，'那你到底用什么尺度来确定？'由此我们总是远离试图分配某种'伪装指数'的做法。"[74]

这一谜团的戏剧性一例是，2012 年 4 月，时任共和党总统候选人的罗姆尼的竞选团队设计了对民主党关于共和党"向女性宣战"的说辞进行反击的言论。在竞选演讲和采访中，罗姆尼开始重复一个令人不安的统计数字：自奥巴马总统上任以来，超过 92% 的美国失业人口是女性。罗姆尼在接受福克斯新闻采访时说："他的政策正是对女性的战争。"从劳工统计局的数据中得出的失业人数是完全准确的。但是，事实核查人员和其他观察家认为这也有很严重的误导性：在 2007 年开始的经济衰退中，男性占到总失业人数的 60% 。头两年，诸如建筑业、制造业这些以男性为主的经济领域出现了严重的崩坏，然而这种损害在政府、教育和医疗保健领域的蔓延需要更长的时间。经济学家指出，这是在早期经济衰退中可见的一个典型周期。

三个事实核查机构都提供了这一语境，但以不同的方式处理核心矛盾。没有需要给定评级的负担，FactCheck. org 只是指出："就目前而言，罗姆尼的统计数字是准确的，但这不是全部。"[75]这篇文章引用了一位保守派经济学家的话，认为奥巴马的"反增长"政策如果有影响的话，是在伤害如煤矿和石油钻探等男性主导的行业，而他的医保法将促进女性就业。同时，《华盛顿邮报》的 Fact Checker 采取了不同寻常的举措，拒绝对罗姆尼的说法进行评级，称这一统计数字"亦真亦假"（true but false）。可想而知，保守派博主和媒体监督机构 NewsBusters 将这种细微差别解读为自由派媒体偏见的明显证据。[76] PolitiFact 解释说，"数字是准确的，但有相当大的误导性"，将此说法评为"多半为假"，因为它忽略了"会给人以不同印象的关键事实"。[77] 罗姆尼竞选团队在一封被广为宣扬的信中提出反对意见，保守派新闻媒体和博主对 PolitiFact 的分析进行了嘲讽。一位博主写道："我没明白，这是真的，但又说'多半为假'，因为……因为什么？因为奥巴马对这些数字没有责任?! 怎么会让这个断言'多半为假'呢？论断只是一个数字，而你说这个数字是正确的。结论应该是'完全为真'啊。"[78]

PolitiFact 和《华盛顿邮报》Fact Checker 所使用的评级是为了通过提供多个等级的真实性来处理字面和上下文的意义。正如我从所有的事实核查人员那里听到的那样，真相并不总是黑白分明的。但事实证明，以一致的方式对语境敏感的声言进行评级是困难的。凯斯勒解释说，在他的四级匹诺曹评级表上，最关键的分界线、最棘手的判断，是在两个匹诺曹（定义为"重大遗漏和/或夸大"）和三个匹诺曹（"重大事实性错误和/或明显矛盾"）之间。这标志着在语境上具有误导性的说法和掩盖事实真相的声言之间的界限，这种区分可能很难做到。凯斯勒告诉我："我坦率地承认，两个和三个匹诺曹之间的区别很难定夺。"[79]

PolitiFact 的编辑们试图制定明确的内部政策来处理那些在语境上存在误导的声言。我听到过多次被讨论过的最困难的案例，它们涉及隐含的责任：政客们经常通过声言来为一些转变邀功或推卸责任，说这是他们上任后发生的，或者是他们希望罢免的人上任后发生的。罗姆尼关于女性失业的说法就是一个例子——一个准确的统计数据被用来制造白宫的政策正在伤害女性的错误印象。最初几年，PolitiFact 对这些言论没有统一的处理方法，只要数字准确就可能获得"真"或"多半为真"的评价。例如 2010 年，罗得岛州普罗维登斯市市长将该市不断下降的犯罪率（三十年来最低）作为他成功争取进入国会的核心政绩。在同一时期，美国各城市的犯罪率大幅下降，一些专家将这一趋势归因于人口老龄化。但市长得到了罗德岛 PolitiFact 开的绿灯："尽管……不清楚他或他的政府对（前）政府期间开始下降的犯罪率有多大的直接责任，但我们将他的言论评定为'真'。"[80]

然而这种方法很容易被政客们"玩弄"，并导致事实核查人员将可能误导公众的信息认证为真。2011 年 5 月，总编辑向所有 PolitiFact 的记者和加盟者发出的电子邮件提请注意了这个问题："过去几个月，我们对有关失业和就业增长、汽油价格和其他无数统计数据的说法进行了大量评级，目的是说明一个简单的问题——

真相并不总是黑白分明的。

总统/州长/参议员/市长应该受到谴责。"一种新的方法被制定出来，以考虑"理智之人"如何解释这种言论。[81]正如比尔·阿代尔在一份名为"调整测真仪"的编者按中所解释的那样：

> 大约一年前，我们意识到我们回避了责备（blame）或赞扬（credit）的基本观点，而这正是关键信息。因此，我们开始将这些类型的声言作为复合言论进行评级。我们不仅核查数字是否准确，还核查经济学家是否认为某位官员的政策是导致增长或下降的重要因素。[82]

正如编辑的信中所认可的，这导致实践中出现了许多"半真半假"的裁决。[83]但这种政策的更大风险是它会被过度公式化地运用。即使是语言或环境上的细微变化也可能削弱看似明确的标准。例如在 2012 年的国情咨文中，奥巴马总统提供了以下充满希望的就业数据："过去 22 个月，企业创造了 300 多万个就业岗位。去年，他们创造了自 2005 年以来最多的就业岗位。"[84]演讲当天，PolitiFact 按其既有逻辑将这一说法评为"半真半假"。正如裁决所解释的那样，"在使用私营部门的就业数字时，奥巴马在两个方面都是正确的。但是，当他含蓄地为他的政府政策邀功时，他就走得太远了"[85]。然而读者和专家们对此表示强烈反对，认为一些编辑的裁决过于苛刻。第二天早上，PolitiFact 的事实核查人员进行了一次罕见的修改，将裁决改为"多半为真"，因为他们认为总统并不像他们最初认为的那样"含蓄地为他自己的政策邀功"[86]。

> 即使是语言或环境上的细微变化也可能削弱看似明确的标准。

总统的措辞选择在这里起了作用：他没有使用任何一条触发短语，比如"在我的领导下"，PolitiFact 将其解释为含蓄地邀功。但国情咨文的仪式逻辑也与 PolitiFact 的分析相悖。政治惯例要求总统发表讲话。人们期望他提供诚恳的评价，但也是充满希望的评价。总统并没有将这句话插入竞选广告中。某种程度上，制度性的政治语境模糊了陈述趋势和邀功之间的区别。然而新的裁决很难让 PolitiFact 的批评者满意。微软全国广播公司的瑞秋·麦道是个经常批评别人的人，她在充斥着严厉指责的五分钟节目中播放了国情咨文的相关片段，然后向观众仔细介绍了 PolitiFact 的原始和修订分析。她总结说：

> 总统说了两档子事，他们承认是真的，他们修正后的新评级是什么？是什么？多半为真？哦，多半为真。PolitiFact，你"下课"吧。真

是一团糟。你快闭嘴吧。你正在破坏英语中"事实"这个词的定义，你以你的名义假装真实罢了。英语听了你的话都想收回这个词。太尴尬了。你破坏了任何引用你的人的声名。[87]

在这些案例中，观察家们指责事实核查人员故意无视了言论的字面真相。一则完全准确的声言怎么可能不被评为完全真实呢？但是，字面意思和上下文意思经常被颠倒过来，左派和右派的批评者都指责记者们对技术细节或语义的关注使他们忽略了问题的更大真相。这方面最有力的例子，也是对事实核查机构融入美国政治的方式产生持久影响的例子，是关于共和党人计划对有50年历史、为美国老人提供保障的联邦医疗保险计划采取何种措施的争论。

共和党人是否计划扼杀联邦医疗保险？

从2011年春天起，这三家全国性的精英事实核查机构发表了一连串的文章，对民主党连篇累牍的进攻思路提出质疑：威斯康星州议员保罗·瑞安（Paul Ryan）提出的预算中设想的医保变化将"结束""废除"或"干掉"联邦医疗保险。[88]它们的分析非常一致。事实核查机构解释说，瑞安的提案对今天的联邦医疗保险受益人和未来十年符合条件的人来说，是现行制度的完整性保持不变，在一个新的"保费支持"系统下，晚近退休人员虽然将不得不支付更多，但不是要承担所有医疗费用。事实核查机构指出，《华尔街日报》的某篇文章经常被拿来证明该计划将"从根本上终结联邦医疗保险"，实则是被断章取义的。（遗漏了"作为一个直接支付账单的项目"这句话。）PolitiFact和FactCheck. org对电视广告中老年人显而易见的年龄问题提出质疑，这些广告显示他们为支付医疗费用除衫自证，或被一个长相酷似瑞安的人推下悬崖。（所描述的老年人年龄太大，其不会受到提案的影响。）事实核查机构皆主张，增加一个"据我们所知"这样简单的修饰语将使这一声言更有可辩护性。[89]

裁决触及了2012年选举中的一个关键问题，即批评瑞安提案的人反应非常激烈。[90]在PolitiFact将这一说法列为2011年的"年度谎言"之后，人们的愤怒达到了顶峰。[91]（FactCheck. org和Fact Checker也将其列入类似的年终名单。[92]）宣布的当天，《纽约时报》专栏作家保罗·克鲁格曼在一篇题为《安息吧，PolitiFact》（PolitiFact，R. I. P. ）的文章中写道："这真的很糟糕。PolitiFact，这个本应监督政治中的错误声言的组织，已经宣布了它的年度谎言，而且是一段恰好属实的言论——共和党人已经投票终结联邦医疗保险。"[93]哈佛大学的尼曼守望者网站的一位批评人士起草了一封千字道歉信，交由 PolitiFact 创始人比尔·阿代尔发表；阿代尔在信中承认，事实核查机构如此渴望"给参众两院都泼上一盆冷水"，以至于它们将一则"基本属实"（essentially true）的声言当成惊人的谎言处置。[94]"媒体攸关"指责事实核查机构散布谬论，"活像美国民主的毒瘤"[95]。格伦·凯斯勒在他自己写的关于今年最糟糕谎言的文章导言中说："事实核查遭到了攻击！"为了强调，他还引用了媒体内参网站 Gawker 的一句不友好的话："PolitiFact 危矣，别再看它了。也别读什么'四个匹诺曹'的东西了。方便的时候不要再使用一些皮包公司般拙劣的小脏词、暗号或数字系统了，而要阅读实际的论点。这就是在制造妖术。"[96]

自由派的分析也是非常一致的。批评者指责事实核查网站——特别是 PolitiFact——盲目照本宣科，掩盖了拟议的联邦医疗保险改革将意味着什么的真相。在将其转换为对私人保险计划的某种补贴时，老年人健康权利的本质将会丧失。美国进步中心的一位观察者写道："为受益人设定费用上限，关闭传统的收费服务项目，并迫使老年人加入新的私人保险，通过取消过去46年来对该计划的一切定义来终结联邦医疗保险。"[97]《华盛顿月刊》（*Washington Monthly*）的一篇文章将这一变化比作从法拉利上取下车标并将其粘贴在高尔夫①上：

> "我的法拉利呢？"车主会问。
>
> "它在这儿，"我会回答，"有四个轮子、一个方向盘，还有踏板，后面写着'法拉利'。"
>
> 根据 PolitiFact 的推理，我实际上并没有更换这辆车——如果你不同意，你就是一个满嘴跑火车的骗子。[98]

似乎无法对这样的情节进行决定性的事实性分析。许多观察家认为这个问题是个意见问题，不适合进行事实核查。[99]"共和党的计划是否确实终

———————————

① 这里的高尔夫指的是一种由德国大众汽车生产的小型家庭轿车。这款车型在全球有着非常可观的销量，与主打赛车和高性能跑车的法拉利有着明显不同的定位。

结了联邦医疗保险？我认为是的。但这显然是阐释的问题，不是事实。"
《纽约》（*New York*）杂志的一位批评人士说。[100]这与一年前《华尔街日报》
一篇社论中的论点相呼应，该社论回应了 PolitiFact 之前的"年度谎言"，即
共和党声称奥巴马总统的医保改革计划相当于"政府接手"医保。文章说：
"PolitiFact 的判令是更大新闻趋势的一部分，它试图将所有的政治辩论重塑
为谎言、误传信息和'事实'的问题，而不是世界观或原则的差异。"[101]

但是，我们应该如何区分那些可以核查的事实和那些属于世界观方面
的声言？共和党人在 2010 年和 2012 年的竞选中广而告之的关于"政府接
手"医疗保险的言论，提供了一个有说服力的案例。事实核查机构指出，
"平价医疗法案"实际上会扩大私人保险市场，不会以公立医生或公众保险
为主。正如 FactCheck. org 解释的那样："它离建立一个像英国或加拿大那样
由政府运作的体系还差得远。"[102]该分析暗示了一套"理性的人"标准：
"政府接手"不是意见问题，而是考虑到世界实际形态的理性论证问题。这
种阐释性的判断贯穿在事实核查中。如前所述，即使决定有多少百万富翁
不交税，结果也还是有争议的。更确切地说，发表限定和定义的声明（根
据这个标准，而不是那个标准）是必要的，同时还需要做出阐释。只核查
那些没有人叫以反对的、作为政治意见的声明，将使可核查的领域变得非
常狭窄。

对"终结联邦医疗保险"裁决的愤怒回应使这些问题变得尖锐起来。
从事实核查人员的角度来看，自己的分析直截了当，且得到了几十位不同
背景和派别的专家的支持。考虑这样的表述：如果在未来的某个日期，将
联邦医疗保险的覆盖面在一定的程度上缩小就会"结束"该计划，那么人
们会怎么评价一个真正结束该计划的计划？[103]重要的是，这种进攻思路被
事实核查人员给予了严苛的评级，至少部分与他们在自然环境中遇到它的
方式有关。无论这条指控如何被驳斥，它都会在几个月内回响。它出现在
苛刻的广告中，这些广告赤裸裸地断章取义，展示了一位年迈的祖母从悬
崖上被推下去的画面。而且，这显然是一场有备而来、相互协调的全国战
略的一部分。

> 但在日常的事实核查工作
> 中，信息的内容、形式，以及
> 产生它的政治语境，都与它的
> 真实性这一价值有关。

专业事实核查人员并不抽象地评估声言。他们
评估真实的人在特定情况下以特定方式发表的言论，
这些意外状况必然会影响他们的事实分析。在许多
批评者看来，他们在从语境角度解释声言上做得矫

枉过正了。[104] 但在日常的事实核查工作中，信息的内容、形式，以及产生它的政治语境，都与它的真实性这一价值有关。事实核查人员同意意见问题不能被核查，但他们反对那些将这一标签作为欺骗性声言之许可的党派人士。布鲁克斯·杰克逊在一本关于政治"虚假信息"（disinformation）的书中写道："不要轻易地把这种事情当成单纯的阐释差异来看。事情不止于此。双方都在积极努力地欺骗公众。"[105]

对事实核查人员来说，"终结联邦医疗保险"的说辞只是记者和政治活动家所说的"医疗恐慌"的又一个例子——两党吓唬长者的悠久传统，而长者是美国政治参与度最高、最可靠的选民之一。凯斯勒在一次电视采访中说："只要是涉及联邦医疗保险的广告，读者就应该关掉电视或将其静音，因为双方都会尽可能地将其夸大。"[106] 这三家事实核查机构在它们的分析中都有意提到了这一长期的政治传统。2012 年 3 月这一说法再次浮出水面后，FactCheck.org 回顾了这段争议，并为事实核查同行辩白：

> 用虚假的退休福利说法来吓唬老年人是一种老套路，两党都在反复使用……
>
> 我们后来把这一说法称为"2011 年的弥天大谎"之一，我们在Politifact.com 和《华盛顿邮报》的朋友们也同意。PolitiFact 称其为"年度谎言"，而《华盛顿邮报》Fact Checker 专栏作家格伦·凯斯勒称其毫无道理可言，足以让他使用四个匹诺曹这一最差的评级，并在后来成为"2011 年最大匹诺曹"之一。
>
> PolitiFact 的"年度谎言"评级引起了自由派批评人士和左翼新闻媒体的怒吼，包括微软全国广播公司的瑞秋·麦道，更不用说民主党的党工，好像他们集体持有"联邦医疗保险"这个名字的商标一样。
>
> 说回来。事实仍然是事实，我们仍然认为这些说法具欺骗性，即使民主党人认为它们在政治上有用。[107]

与许多新闻工作者一样，事实核查人员通过美国两党政治的左右棱镜来看待政治声言的炮制。不断提及"两方"或"双方"是他们坚持客观性和组织研究政治言说之日常工作的方式。无论哪一党派被核查，支持者的蔑视只会加强这些条件反射。在我参加的一场小组讨论中，比尔·阿代尔被直接问到关于"年度谎言"评选的争论。他知晓来自批评者和读者的愤怒反应——超过 90% 的电子邮件对这一裁决表示异议。他解释了 PolitiFact

的理由，强调了"恐吓长者"是两党共同的策略。他指出，FactCheck. org 和 Fact Checker 得出了相同的结论。然后他解释说，事实核查人员在这种情况下几乎总是这样做，当他们没有从一方得到信息时，他们就从另一方得到答案："这是一种大胆的新闻形式，打这些电话……你将会面临很多批评。这就是为什么没有多少人干这档事。因为我们干的是这么一档子事：一天之内给出两个评级，左右两边的观众都会疏远我们。这算哪门子的商业模式？"[108]

像这样的争论是事实核查领域的一个基本的、反复出现的特征。事实核查人员试图通过建立一套基本事实来妥处公共问题，理智之人愿意认可这些事实，认为它们应该被作为未来论辩的坚实支柱。为了做到这一点，他们依靠一套一致的、相当成理的规则和程序：采访声言作者，使用官方来源的数据，咨询独立专家，等等。如第二章所述，他们的项目体现了我们想当然的"事实"的意义，这些基本粒子就像原子的认识论等价物一样可以被组装成关于世界的真实论点，几乎没有解释或怀疑的余地。事实核查人员有时会宣扬他们工作的精简版，强调他们经常得出相同的结论。

但是，核查事实的工作比这种理想化的图景所显示的要更加棘手。事实核查人员必须是无情的怀疑论者，质疑政客们为支持其声言而引用的每一项参考资料。而且他们在自己的研究中很少有完全可靠的信息来源。事实核查人员依靠无形的新闻知识来识别值得信赖的消息来源，从相互竞争的专家那里进行"真相的三角验证"，并从有倾向的意识形态论证中提炼出可靠的信息。这些新闻人在一个言论往往比他们所说的更有意义的世界里工作，而事实只有在特定的制度安排下才会被凝聚在一起。他们的分析总是面临挑战——将事实核查人员视为政治行动者，并质疑他们对客观性的主张。下一章将直接转向这些认识论问题，对 PolitiFact 的测真仪进行详细研究。

> 事实核查人员必须是无情的怀疑论者，质疑政客们为支持其声言而引用的每一项参考资料。

第五章 操作"测真仪"

测真仪这个虚构工具是组织事实核查工作的主要手段，是核查事实一致性和客观性的基础。事实核查以异常清晰的方式抓住了客观报道的核心悖论，许多专业记者都理解这一悖论：将事实和价值区分开来是必要的，又是不可能的。只有遵循所谓的"更现实的现实主义"才能认识到以现实为基础的真相声言也受到意义生成语境的限制。

事实核查是一项有争议的工作。正如我们所看到的那样，事实核查人员经受住了来自政客、风云人物和不同意他们得出的结论的日常读者的不断批评。"用作品证明"的做法并没有使这些记者免受关于偏见的指控；相反，它为那些对其信源或方法提出异议的批评者提供了可靠的素材。事实核查人员经常听到这样的批评：他们偏袒一方或另一方，或者努力在双方之间寻求"虚假平衡"（false balance）。其他批评者也承认事实核查是一种由出于善意的记者完成的艰难工作，但也指出了这项事业的基本缺陷。

一个常见的观察结果是，事实核查人员不会随机地或以任何科学方式选择可核查的声言。[1]正如第三章指出的，他们自己提出了"我们是新闻工作者，不是社会科学家"的观点。[2]但事实核查人员也认为他们的报道捕捉到了政治话语中的真实模式。在竞选活动开始的前一天，一份针对希拉里PolitiFact 记录的 2015 年年中评估报告这样宣布[3]："自 2007 年开始运转以来，我们已经针对希拉里进行了 100 多次事实核查。"读者在比对 2016 年的总统候选人后就可以发现，希拉里及其对手杰布·布什（Jeb Bush）① 在超过三分之二的测真裁决中获得了"半真半假"及以上的好成绩，特德·克鲁兹（Ted Cruz）② 不到三分之一，而特朗普只有 5%。事实核查似乎能很好地找出那些公然漠视真相的政客。[4]

第二个也是更基本的批评是，事实核查人员会把实际上关乎意见或观念形态的问题等同于事实问题。自由派和保守派的批评人士都经常提出这一论点，他们还指出，事实核查人员在分析政治声言时混淆了准确性和公平性。[5]政治科学家尼汉曾是一名事实核查人员，他警告说，记者"在评估那些以证据为基础能够加以解决的声言时，只需援引事实本身的权威，而不应误入对政治过程的主观判断，或对术语（terminology）的语义争议"[6]。也有其他政治科学家认为整个事实核查项目都存在缺陷，认为事实核查人

---

① 共和党参选人，美国第 41 任总统老布什的次子，其兄小布什为美国第 43 任总统。
② 另一名共和党参选人。

员违背了"朴素的政治认识论"(naïve political epistemology),其基础是"一项默认的前提,即不可能对事实进行真正的政治辩论,因为事实是明确的,不需要解释"[7]。

> 与其他记者一样,他们将对抵达完全客观真相之能力的怀疑与对尝试的价值的信心相调和。

事实核查人员确实会使用正误判断的字眼。但他们也自相矛盾地坚持认为,人们可以合理地反对他们的裁定,因为在政治中,真相从来不是非黑即白的。"事实可以是主观的。"一位事实核查人员向我解释道。[8]事实上,事实核查人员在他们的每一项裁决上都加了一个星号来注释,承认事实核查是在事实难以捉摸的政治领域进行的一项不完美的人类事业。对于整个专业新闻业来说,情况也是如此。第一次世界大战后,用于定义专业新闻领域的客观性规范是对舒德森所称的"朴素经验主义"(naïve empiricism)失能的回应———一种以规则和程序为基础,而不是以记者可以对世界举起一面镜子的观念为基础[9],来重塑适度且有效的为追求真相所做的努力。与此同时,事实核查人员相信他们所做的事情。与其他记者一样,他们将对抵达完全客观真相之能力的怀疑与对尝试的价值的信心相调和。

这些悖论在 PolitiFact 运作的测真仪中清晰地显现了出来。这个虚构的真实度显示工具甚至曾经被其他事实核查机构称为噱头。[10]但是,测真仪扮演着一种复杂的角色:它组织并常规化了核查事实的工作,同时也为事实核查人员提供了一种谈及该项目局限性的方式。本章首先回顾了"运作"测真仪的规则,然后转向扩展个案研究:我在该组织总部以参与式观察者的身份进行研究,并撰写了一份事实核查报告,调查了保守派权威人士格伦·贝克的某个声言。这个案例让我们注意到在第二章中讨论过的制度性事实的不稳定性。它展示了事实和价值的判断如何在事实核查中必要地结合在一起,以及这与寻找真相的实际方法如何一致。

145

"祝贺您购买了测真仪"

在专业的事实核查机构中,PolitiFact 拥有研究政治声言和做出裁决的最详细流程。这在一定程度上源于该集团的特许经营模式。为了将 PolitiFact 的方法授权给州一级合作伙伴,该机构必须将这一方法整理成条文;机构也必须制定可在培训课程中传授并纳入正式文献的政策和程序。这项工作产生了 PolitiFact 最重要的组织知识库——测真仪"用户手册"。这本大约

20 页的培训手册最初是《奥斯汀美国政治家》报（*Austin American-Statesman*）① 在 2010 年为得克萨斯州的 PolitiFact 编写的。该手册的首要目标是使越来越多的半独立 PolitiFact 新闻编辑室的裁决大体保持一致。而据我观察，一旦 PolitiFact 面临争议或批评时，逐步发展的手册也是一个关键的制度资源。它提供了一种解决内部辩论的主文本（master text），也为该机构发表公开声明解释其方法提供了依据。[11]

对过程的关注也与 PolitiFact 开创一种新型数据库新闻（database journalism）的理念相符，它将搜集远远超出当前新闻周期的相关记录和统计数据。在我观察到的一次培训课程中，事实核查新人被告知，不要因为这个原因而忘记在他们的所有工作中附上完整的日期——日、月、年。一位编辑宣称："一个世纪以后我们将成为行业中经验丰富的佼佼者。"上述数据库模式是 PolitiFact 任务的核心。正如我反复听到的那样，测真裁决档案为选民提供了一种评估公职候选人的新方法，这种资源将随着每一个选举周期而愈发丰沛。将特许经营权授权给全国性报纸的另一个好处是可以在当地有前途的政客职业生涯的早期就开始追踪他们；当他们踏上全国舞台时，PolitiFact 已经在数据库中详细记录了他们的发言。为了使这些聚合数据有意义，用来生成每条测真裁决的方法必须尽可能一致和合理。[12] 这为 PolitiFact 网络中的新闻编辑室建立了一个并行的编辑层级。尽管目标是让合作伙伴独立运作，但职权范围总是指向 PolitiFact 的高级编辑，他们是测真方法论的把关人。[13]

获得商标注册的测真仪是 PolitiFact 事实核查程序的基础。该组织公布的每项裁决都以六级制对一项表述的准确性进行评级。"测真仪的目的是反映一则声言的相对准确性。"PolitiFact 网站这样向读者解释，并描述了单独评级的方式：

> 该计量表有六个等级，真实度依次下降：
>
> 真（True）——表述准确，没有明显的遗漏。
>
> 多半为真（Mostly True）——表述准确，但需要澄清或补充信息。
>
> 半真半假（Half True）——表述部分准确，但遗漏了重要细节或断章取义。

---

① 得克萨斯州首府奥斯汀的主要日报。该报纸对该州中部地区的报道颇为丰富，尤其是在政治报道方面。

多半为假（Mostly False）——表述包含了一些事实，但忽略了一些关键事实，让不同的人产生不同印象。

假（False）——表述不准确。

一派胡言（Pants on Fire）——表述不准确，甚至提出了荒谬的说法。[14]

尽管 PolitiFact 的方法论自 2007 年网站上线以来已发生了显著演变，但测真用语几乎没有变化。一次实质性修改发生在 2011 年年中，最初的评级"几乎不为真"被改为"多半为假"，以回应经常有人抱怨原来的标记方式对误导性表述（misleading statements）给予了太多信任度。[15]然而，这样的调整总会威胁到数据库的完整性，因此不能轻率地进行。此一转换可以追溯测真数据库中的所有表述（为受影响的裁决添加编辑注释）。虽然评级的原始定义没有改变，但纵观重新标记的裁决，如果更严格的标准已经出台的话，似乎有些表述的评级应当更慷慨一些（也许该得到"半真半假"的评价）。[16]

顾名思义，PolitiFact 的记者带着一些玩笑的心态看待测真仪。这个词的英文名称"Truth-O-Meter"中的大写字母"O"带有一些 20 世纪中叶"刻奇"（kitschy）的未来主义色彩，提醒我们，可靠而科学地判断何为真相的机器并不存在［简单地称其为"真相计量表"（Truth-Meter）会传达出更严肃认真的信息］。在访谈和办公室的打趣当中，PolitiFact 的工作人员经常开玩笑地提到这种虚构的仪器。在一名政治科学家指责该网站存在选择偏见后，一位工作人员建议在编辑按语中提醒全世界，测真仪"不是一种科学工具"。测真仪的用户手册也可以应对这种模棱两可的状态。像一本真正的产品手册那样，我看到的那一版用户手册在首页祝贺用户购买了这款仪器："倘若操作和维护得当，您的测真仪将让您享用经年！但是要多加留意，因为不正确的操作可能会导致不安全的情形。"接下来是一系列安全须知，提醒大家不要把政治看得太重，电子风暴（electrical storms）要与测真仪绝缘。[17]这种开玩笑的态度符合该手册和 PolitiFact 在其他资料中强调的事实核查原则之一："理性的人可以对一则声言得出不同的结论。"[18]正如受训学员们所学到的："这是一项人类事业，而真相不是非黑即白的。测真仪背后的哲学就处在灰色地带。"[19]同样，PolitiFact 创始编辑的一则手记告诉读者："我们使用测真仪的目的是给出一则声言的真相，但我们认识到真如此这般，测真仪捕捉到了事实核查人员为他们的崭新事业带去的自反性。

相并不总是非黑即白的。"[20]

如此这般，测真仪捕捉了到事实核查人员为他们的崭新事业带去的自反性（reflexivity）。同时，这种虚构的设备在 PolitiFact 中扮演着重要的组织角色。测真仪是 PolitiFact 吸引潜在媒体合作伙伴投入一种新的、更严谨新闻形式的核心。从字面上看，测真仪的操作是一州特许经营许可和记者培训课程的基础。PolitiFact 鼓励播报政治事实裁决的广播电视合作伙伴展示测真仪的评级代号（其中一些使用了带音效的动画版本）。测真仪也是 PolitiFact 网站模块化的基础，它是新闻源和数据库的枢纽。这种模块化有助于解决制作新闻和保留记录之间反复出现的张力，因为过去的裁决可以从数据库中提取，以推出专题报道。模块化还有助于解决各州网站和全美 PolitiFact 总站之间的潜在紧张关系。主要的新闻推送可以列出来自各州新闻编辑室的有趣条目，同时确保完成这项工作的机构获得信用和广告收入。[21]

"测真仪"的原理

PolitiFact 的记者在日常报道中非常严肃地对待测真仪的"适切操作"。测真仪这个虚构工具是组织事实核查工作的主要手段，是核查事实一致性和客观性的基础。正如培训手册说的那样：

> 我们常说自己创造了一种新的新闻形式。当我们必须要做出测真裁决时尤其如此。做出裁决的程序是你在新闻教科书中找不到的东西。从本质上说，我们必须创造一种新型的新闻"法理"（jurisprudence），一套指导我们的测真裁决的原则，并使其稳固、一致。[22]

测真仪的适切操作可分为两个阶段。首先，事实核查必须按照第三章和第四章中描述的 PolitiFact 程序进行报告和撰写：确定明确的"待裁决表述"，给作者提供充实证据的机会，查阅原始数据源而不是二手报告，等等。尽管对测真条目的研究可能棘手又费时，但以我的经验，写这些文章本身挺简单、很有趣。PolitiFact 的多数报道都遵循一个相当简单的说明性秘诀（expository recipe）。有几次我听到有人将其描述为"反转倒金字塔"（inverted pyramid upside-down）：新闻以待裁决表述的上下文情境作为开头进行详细分析，最后得出最重要的信息——裁决。（上述说明性的公式是有效的，因为通过测真图示也可以一目了然地看到裁决。）培训手册将这个写作过程提炼成一个逐段渐进的模板，以供新的事实核查人员在学习如何为测真写作时使用。[23]

119

这个公式的关键是，测真条目为读者制定了探索声言的过程。报道本身提供了"叙事弧"（narrative arc），包括关键段落的过渡：我们想知道这是否正确，我们找到了这些数据，我们给这些专家打了电话，等等。（PolitiFact 在很大程度上依赖于复数形式的第一人称。[24]）就像法律论证一样，PolitiFact 经常使用一些比较，通过向读者解释为什么选择某项声言以及最终裁决如何达成来不断证明自己的正当性。正如我们看到的，事实核查文章往往是"关于新闻的报道"（stories about the news），人们可从中检视误传信息在媒体网络中的传播。但与此同时，每个测真条目也是一篇关于报道工作即新闻行为规范的报道。

在研究和撰写测真条目的过程中，记者会对被核查声言给予初步评级。当一个条目的首轮编辑工作完成时，测真操作的第二阶段就开始了。PolitiFact 的记者和编辑们开玩笑地称负责这一阶段工作的组织为"星法院"（star chamber）①：由三位 PolitiFact 编辑（不包括原作者）组成的特设小组根据已发布的测真评级定义和一套解释这些定义的指导原则来决定最终裁决。这些指导原则是 2010 年制定的，借鉴了现有裁决的"判例法"（case law），以及到那时为止做出所有裁决的三位 PolitiFact 编辑的经验。"根据测真仪做裁决并不像您之前在新闻学院里学到的规则一样有迹可循。"学员们被告知："我们发明测真仪，也必须发明它的使用原则。"[25] 2011 年的一封编辑信向公众介绍了这些原则，在 2013 年的续篇中，PolitiFact 以如下方式描述了这些原则：

> 措辞攸关（words matter）——我们密切注意声言的具体措辞。这是一个准确的表述吗？它是否包含缓和的单词或短语？
>
> 语境攸关（context matters）——我们在完

> 正如我们看到的，事实核查文章往往是"关于新闻的报道"，人们可从中检视误传信息在媒体网络中的传播。但与此同时，每个测真条目也是一篇关于报道工作即新闻行为规范的报道。

---

① 星法院成立于 1487 年，因位于英国伦敦国会大厦的一间屋顶有星形装饰的大厅而得名。星法院创立之初，为制衡权贵阶层而被赋予了较大权力。查理一世掌权期间通过星法院对出版物进行管制，因而星法院逐渐获得了钳制言论自由的恶名。历史上星法院的滥权成为美国宪法第五修正案的参考，目的是允许被告避免自证其罪。

整的上下文中检视该声言，包括声言发出前后的评论、引发声言的问题，以及这个人试图提出的观点。

举证责任（burden of proof）——提出事实声言的人要对自己的言论负责，而且应该能够提供证据来支持自己的言论。我们会尽力验证他们的表述，但我们相信举证责任在于陈述人。

150

陈述可能既对又错（statements can be right and wrong）——我们有时会对包含两个或两个以上事实性论断的复合陈述进行评级。在这些情况下，我们会在查看单个部件后对整体的准确性进行评估。

时机（timing）——我们的裁决基于发表声言的时间和当时的可得信息。[26]

根据我的观察，指导原则经常在"星法院"会议上被直接或间接引用。许多裁决都是围绕着"措辞攸关"和"语境攸关"这两个核心原则之间的张力展开的。（如学员们所学到的那样，这些原则是按照重要性排序的。）同样，根据普通法类推，也可以引用之前的裁决来阐明原则的适用情境。大多数"星法院"会议只持续 10 到 15 分钟，几乎没有争议；在我观察到的 25 次以上的"星法院"会议中，只有少数是有争议的。三位小组成员中必须有至少两位就最终裁决达成共识，尽管一致同意是最好的且可实现的，但是有些会议的争论会变得相当激烈。在我目睹的一个案例中，争论持续了几乎一个下午，小组不得不重新开了两次会。[27]

在"星法院"会议上

即便是能达成一致的"星法院"会议也证明了这一点。最终裁决的共识建立在路径依赖和不完全一致的方式上；正如事实核查人员坦率承认的那样，这个过程既是科学，也是艺术。相邻的测真等级之间的界限很难划分。这可能会让数字声言格外难以判断：引用的统计数据要有多精确才能被称为"真"？或者"半真半假"？[28]2007 年以来非常早期的测真条目中，得克萨斯州的罗恩·保罗（Ron Paul）① 声称有 5 000 名美国人在伊拉克和阿富汗丧生，因此获得了"多半为真"的评价。[29]正如测真仪用户手册所

---

① 得克萨斯州众议员，1988 年、2008 年和 2012 年曾作为共和党总统候选人三次参加美国总统大选。

解释的那样，尽管保罗将这个数字夸大了13%，但他更重要的观点即许多美国人在战争中丧生这一事实并没有因数字需要纠正而被削弱。相反，我对印第安纳州的米奇·丹尼尔斯进行的事实核查（上一章进行了回顾）裁定他在六七年前预测的一项预算活动为"假"。[30]可以说，美国支付的债务利息最终会超过国家安全开支这一事实提供了一个"真实因素"，值得给出稍好的评级。这一严厉的裁决反映出，在没有向公众透露计算方法的情况下，对相隔十年的预算数据进行比较的声言是多么掩人耳目。[31]

在某些情况下，裁决表述必须进行微调或修整，以达成共识。例如，在2011年初的一次电视采访中，明尼苏达州共和党和茶党（Tea Party）的宠儿米歇尔·巴赫曼谴责了近期的"大政府"越权行为："想想看，政府必须为幼崽们购买吸乳器？你们想说的是保姆国家（nanny state）吗？我想你们刚刚重定义了保姆国家。"[32]她的指控来自美国国税局的一项规则变化，该规则将吸乳器归为医疗用品，这意味着人们现在可以使用特殊的免税医疗储蓄账户购买它。显然，巴赫曼将新税制的状态等同于国家购买吸乳器，这是种具有误导性的表述。但她的说法是"假"，还是其中包含了足够事实的"几乎不为真"？（当时该评级尚未被更改为"多半为假"。）PolitiFact网站的编辑们对该问题进行了简短的辩论，重新将裁决陈述聚焦到巴赫曼的实际用词选择上，即政府将"*出面*（go out）购买"吸乳器，这似乎排除了免税购买的可能，有助于围绕该声言为"假"达成共识。[33]

我所目睹的最具争议性的"星法院"会议涉及对失业率数据的直接裁决。有望成为共和党总统候选人的罗姆尼在一次保守党政治行动会议上发表演讲时，用一种戏剧性的方式描绘了美国劳动力市场的状况："如今，美国无业的男女人数比加拿大就业人数还多。"[34]由于针对失业和未充分就业（underemployment）有许多不同的计算方法，因此这个声言非常难以分析。接受采访的经济学家表示，罗姆尼的计算方法有可能是作数的，但不能通过标准的美国失业率数字来实现，甚至不能通过扩展政府的定义［包括与劳动力"关系不大"（marginally attached）的工人］来实现。同时，罗姆尼的工作人员提出了一个更宽泛的衡量标准作为支持，其中包括被迫接受兼职工作的美国人。[35]

由于缺乏明确的标准，被召集来评估条目的编辑之间存在激烈分歧。主张裁定为"假"的人援引了PolitiFact的"措辞攸关"原则。罗姆尼说的是"无业"，因此显然不包括未充分就业的兼职工人。（这是FactCheck.org

在精简分析中用来揭穿声言的逻辑，该分析简单比较了美国和加拿大的官方劳工统计数据。[36]）然而，进一步拓展这一论点，"无业"的美国人可能包括顺利退休的人员甚至儿童，这种情况下，一些工作人员指出，他的说法从字面上看是正确的，但毫无意义。也就是说，"措辞攸关"以一种非常有限的方式存在。即使是字面上的阐释，谈论经济数据时也要遵循既定惯例。[37]

另一个发现声言为"假"的主要论据是"真相的三角验证"。来自左翼〔布鲁金斯学会（the Brookings Institution）〕和右翼〔美国传统基金会（the Heritage Foundation）〕的经济学家在受访时对罗姆尼的声言提出了质疑。不仅如此，两边的经济学家都表示这种比较有些随意。"坦率地说，我不认为罗姆尼的比较有什么意义，不管它能不能得到支持，毫无疑问，美国的无业人口总数超过了卢森堡的劳动力总数，"保守派经济学家这样说道，"美国和加拿大拥有相似的国土面积和语言，但除此之外，这种比较给我的印象，用外交辞令来讲是选择不当。"换句话说，即使该声言以某种标准来看是站得住脚的，但它似乎旨在创造某种误导性印象。这虽然不是针对罗姆尼的直接证据，但使他的工作人员提供的证据的说服力显得更为不足。[38]

罗姆尼的情况也同样能说明问题。PolitiFact 的一位编辑坚持认为，美国的失业统计数据倾向于排除未充分就业的工人，总的来说就是那些完全放弃找工作的人，因此问题的严峻性被低估了。参加会议的每位记者都能理解这一公认的批评。文章草稿甚至指出，将所有非自愿离开劳动力市场的美国人计算在内可能会使罗姆尼的比较具有有效性；然而，关于这些前工人的数量，尚无可靠的正式官方统计数字，这也不是罗姆尼的工作人员为该声言辩护的方式。尽管如此，持反对意见的编辑认为，将评级定为"几乎不为真"甚至"半真半假"更有助于"讲好失业故事"。政治考量渗入其间，但不是二元政党政治。一位编辑就新闻业的作用及其应当讲述的故事提出了规范性的主张。评审小组的另一位编辑则大声疾呼："不要让您对失业的个人偏见遮蔽您的判断。"最终，由于执笔作者保留裁决为"假"的同时承诺"加强移情"，提出异议的编辑在一定程度上得到了安抚，并在文章中添了几句话。[39]

测真仪用户手册敦促记者像法官一样思考。但 PolitiFact 的"星法院"会议并不依照某份已被固定下来的文档展开。为了达成共识，待评声言及评价的写法都可能生变。在这种情况下，固定的过程会被打破。编辑们被迫两次重新召集会议，在做出判定为"假"的裁决之前，犹豫不决的小组

成员不得不被替换掉。三名小组成员的投票并没有
产生明显的多数，因为大家强烈希望一致通过，也
可能是因为不愿忽略作者对温和评级的坚决反对。
（据我所知，在大约90%的情况下，执笔作者的原
始裁定在整个过程中都可以得到保留。）测真方法论并非坚不可摧。作为在
常规情况下达成共识的灵活装置，它能够达到最好的运作效果，与会者不
得不违反标准程序来处理难以达成共识的情况。[40]

> 机制的完美运作并不重要，重要的是它如何体现承诺并针对特定情况下可能不同的活动开展常规运作。

　　根据我的观察，PolitiFact 的记者们有一种共同的感觉，即尽管测真仪
不是一种科学工具，但依然会被当作科学工具来对待，这会提醒记者事实
核查是"不同类型的新闻报道"并帮助他们开展实践。"总而言之，'星法
院'会议是三名接受过新闻学训练但将自己的判断纳入了测真仪的人。"编
辑安吉·德罗布尼奇·霍兰这样告诉我，并强调，相邻裁决之间的差异可
能与价值观有关。[41]机制的完美运作并不重要，重要的是它如何体现承诺并
针对特定情况下可能不同的活动开展常规运作。虚构的测真仪将决定真相
的形成过程和困扰这项事业的认识论问题的客观化。就像一位编辑的笔记
所说的那样，这使记者们更容易谈论这些挑战，从而批评和调整自己的方
法，以"调整"测真仪。[42]它使我们有可能承认自己作为真理仲裁者的不
完美，而不放弃对客观性的信仰和承诺。测真仪不是科学，但它鼓励使用
它的人类更加科学地前进。

对格伦·贝克的事实核查

　　仔细回顾我以参与式观察者的身份为 PolitiFact 撰写的文章，就能明白
运作测真仪的日常工作如何开展。我在这家总部位于华盛顿的事实核查机
构开展我主要的访问工作时，正值 2011 年初埃及发生民众抗议活动。这显
然是个能引起人们兴趣的重要话题。有关埃及的说辞迅速填满了 PolitiFact
待查声言的"餐台"，该机构也在抗议活动期间完成了五个相关测真条目的
发布。

　　我被派去从事研究工作并撰写测真文章，我搜索了微软全国广播公司
和福克斯新闻政治谈话节目的文字实录，发现了一些与抗议活动有关的似
乎值得核查的声言。[43]福克斯的一位商业分析师提供的统计数据令人惊讶：
埃及人把超过一半的收入花在食物上，而美国人只花了 6%。自由派的微软

全国广播公司主持人瑞秋·麦道将抗议活动比作柏林墙的倒塌，因为"没有人真正预见它的到来"；我想知道这种传统的历史智慧是否真的正确。但是福克斯新闻的主持人格伦·贝克（他后来离开了该电视台）对埃及的穆斯林兄弟会提出了令人震惊的说法，这似乎使他成了接受测真的最佳候选人。贝克在彼时前一周的广播节目中向听众解释了以下内容："本周我们提过，如果穆巴拉克下台，穆斯林兄弟会将是最有可能夺取政权的组织。它已经公开表示要对以色列宣战，并结束与以色列的和平协议，致力于建立我们和您说过的国家。"[44]

> 测真条目对单个声言（通常为逐字引用）做出裁决，即"裁决声明"。

测真条目对单个声言（通常为逐字引用）做出裁决，即"裁决声明"。在一名编辑的同意下，我开始研究穆斯林兄弟会"公开表示要对以色列宣战"的说法。我试图摒弃对贝克节目的一般误解，以开放的心态回答这个问题；我对这个伊斯兰政治组织知之甚少，似乎完全有可能证明上述说法至少有一部分为真。事实上，最初的证据就在朝这个方向发展：在三天前的一次广播中，贝克引用了一位穆斯林兄弟会"高级官员"的话，称"人民应该做好对以色列开战的准备"[45]。如果是真的，这句话听起来像是相当有说服力的证词。第一步是找出那位官员是谁，并确认贝克认为是该官员说了那些话。

翻译和评估

PolitiFact 指示事实核查人员首先尝试联系可疑声言的作者。如前所述，这被认为是公平的，但也是权宜之计——备份来自信源的信息有助于确定调查方向，而且由于这些信息经常被断章取义，因此可以为捍卫将一则声言判定为"假"的裁决提供有力的证据。我开始尝试通过电子邮件和电话联系格伦·贝克节目的网站上列出的媒体联系人。PolitiFact 过去曾调查过贝克的几份声明，其他记者告诉我，他的工作人员不会做出回应。这种情况也不例外。因此，我开始试图追溯这位保守派风云人物引文的源头。我还没意识到贝克节目的网站上公布了他节目中的信源名单，我在谷歌上搜索了"人民应该做好对以色列开战的准备"这样的字眼，出现了两万多条结果，所有这些结果似乎都来自之前的两周。[46]

要记录这些词语的确切起源是很困难的。我能找到的最早的参考文献是英文版《耶路撒冷邮报》（*Jerusalem Post*）网站在 2 月 1 日发布的一篇简短文章，文章的开头是这样的："希伯来语商业报纸《以色列经济学家报》（*Calcalist*）报道，埃及穆斯林兄弟会的一名主要成员周一对伊朗的阿拉伯语新闻网阿拉姆网络（Al-Alam）表示，他希望看到埃及人民准备与以色列开战。"[47]这篇文章还提到一个名字：穆罕默德·加尼姆（Muhammad Ghannem）。但无论是这篇文章还是随后的任何英文报道都不能与《以色列经济学家报》联系起来，也不能与阿拉姆网络的任何报道联系起来。我开始在伊朗的网站上寻找原始报道的参考资料，最终找到了一套行之有效的策略：将"加尼姆"这个名字翻译成阿拉伯语并粘贴到阿拉姆网络的搜索框中，会出现一篇 1 月 31 日的文章，通过谷歌翻译将其译成英文后可以发现，加尼姆似乎是在报道前一天接受的新闻采访，采访主题是美国支持埃及军队。文章的中间部分包含了一个转述加尼姆号召非暴力抵抗的句子："人民愿意接受与以色列的战争，直到世界意识到埃及人民已经做好了一切准备……来摆脱这个体制。"[48]

想想这所暗示的媒体发展轨迹吧。这些煽动性的说辞是 1 月 30 日阿拉姆网络用阿拉伯语发布出来的。不知何故，它引起了一家希伯来语商业报纸的注意；也许《以色列经济学家报》经常关注伊朗媒体，或者一些读者提醒该报留意这则消息。随后，《耶路撒冷邮报》用英文刊登了这篇文章，并将其完全算到另一家报纸头上。这篇新作只有三段，但有一个引人注目的标题，还给引述的话安排了一位新的作者："穆斯林兄弟会：'埃及人民准备与以色列开战。'"

有几种不同的翻译在这里发挥了作用。首先，阿拉伯语单词被翻译成希伯来语，然后再或多或少地被忠实地翻译成英语。根据语境、修辞实践、社会和政治规范等，人们可能会对单词的字面意思或应有的意义存在分歧。我最终看到了来自四个不同来源的译文，每一个都略有不同。[49]我采访过的一位政治学家指出，穆斯林兄弟会成员早期曾发表过"毫无意义的花言巧语"，他强调，不应混淆这些言论和官方政策。另一位专家则强调，提到备战是在加尼姆号召非暴力反抗之后。他声称，这一点是为了证明穆巴拉克政权不代表埃及人民，而不是为了证明其发动了战争。

但是其他"翻译"也在起作用。[50]首先，一个人的演讲被归于一个组织。正如我们将看到的那样，加尼姆是否能够合法地代表该群体发言，这一问题成为分析的关键。然后，文本被从书面纪实语境翻译到另一种材料当中。一篇关于美国与埃及军方关系的冗长讨论中隐藏着的一个短语，成为其自身新闻报道的主题，并以一个令人震惊的宣战标题出现。现在一个节点文档的存在将加尼姆的暴力修辞锚定在了网络话语中——这是一份英文的文本伪造物，有自己的网址，来自一个确定的新闻来源。这个短语的各种变体迅速在博客、讨论组、新闻网站和有线电视新闻网上传播开来。[51]《耶路撒冷邮报》文章发表的当天，贝克在他的福克斯新闻节目中重复了这句话：

> 他们对以色列有何看法？穆斯林兄弟会的一名高级官员刚刚表示，他是在表达对埃及抗议者的支持时这样说的。记住这一点很重要。"人民应该做好对以色列开战的准备。"……

> 你不相信我？我不在乎。自己去做功课。不要相信我。自己去做功课。去格伦·贝克网站（GlennBeck.com）查查吧。如果你不相信我们的研究，自己去找吧。

第二天，2月2日，伊利诺伊州参议员马克·柯克（Mark Kirk）的网站上出现了这句话，他在发言中呼吁白宫"注意有关穆斯林兄弟会、他们的领导人和他们试图将埃及带回13世纪这一计划的越来越多的警告"[52]。那一天，这些话也出现在了《华盛顿时报》《纽约邮报》和《投资者商业日报》（Investors Business Daily）的言论版，以及《商业内幕》（Business Insider）的评论文章中。这些报道都将这一短语的作者确定为穆斯林兄弟会的"领导人"或"主要成员"，但没有对其地位做出解释。[53]微妙的修辞手法使加尼姆的话在代表整个穆斯林兄弟会这个目标时更具权威性。《华盛顿时报》实事求是地宣称，该组织的"外交政策被兄弟会领袖加尼姆简洁地概括了一下"[54]。但是，这是对一段事实、一个论点的简洁概括，还是仅仅是一种巧妙的措辞？与此同时，贝克用一个模棱两可的代词"他们"完全回避了这个问题："他们已经公开表示要对以色列宣战。"

加尼姆言论的巡回旅行提供了一扇窗，说明了新闻是如何通过翻译和重新语境化的过程在媒体网络中传播的。在日常工作中，事实核查人员就是这个过程的学生。追踪关于穆斯林兄弟会的声言如何传播是评估工作的一部分。不管合理与否，这个短语的网络足迹之所及开始影响我的判断。假若加尼姆的声明果真重要，为什么美国的精英媒体没有报道它？为什么白宫没有回应？事实上，正如我发表的测真文章所指出的那样，有线电视新闻网、全国公共广播和各大新闻机构都从穆斯林兄弟会发言人那里获得了有关和平条约的官方保证。

穆罕默德·加尼姆是谁？

随着对格伦·贝克声言来源的确认，问题变成了如何去理解它。这在没有专家的情况下是不可能进行的。假设加尼姆的话被准确引用，那么这项裁决似乎就转向了一个问题：这些话是否反映了穆斯林兄弟会的政策。但是，如何知道官方的政策是什么，或者是否真诚？我发现许多新闻文章和学术报告似乎都与这些问题有关。但是，我之所以相信自己正确解读了这些证据，是因为有学者同意穆斯林兄弟会计划对以色列宣战的说法荒唐可笑。

为了了解加尼姆接受阿拉姆网络的采访时的背景，我首先向布鲁金斯学会、美国外交关系委员会（Council on Foreign Relations）和卡耐基国际和平基金会（Carnegie Endowment for International Peace）的中东问题专家发送了电子邮件。（这些组织中的两个曾在一个测真条目报告中被引用，该条目权衡了格伦·贝克早些时候关于穆斯林兄弟会据称与"基地组织"有关的说法。[55]）我注意到，它们是外交政策方面的精英，记者们一直被批评毫不怀疑地依赖这些精英，而对寻找公正来源的其他策略视而不见。这些学者中只有一位回信，让我去找另外四位学者，他们是乔治·华盛顿大学（George Washington University）、乔治敦大学（Georgetown University）、肯特州立大学（Kent State University）和得克萨斯大学奥斯汀分校（the University of Texas-Austin）的政治学家。[56]

四位政治学家都做出了回应。其中三人确认，关键在于加尼姆不是穆斯林兄弟会16人指导办公室（Guidance Office）的成员。一位研究埃及政治的专家说："我从未听说过他。"这些采访的共识是，庞大的组织包含了许多不同的观点，但格伦·贝克严重错误地描述了它的目标；一位学者称他的声言为"宣传鼓动"。另一位专家承认，穆斯林兄弟会对以色列的官方政策"有点模棱两可"，但从未接近于呼吁战争。这些学者强调，看待针对以色列的修辞时并不能总是停留在表面价值上，他们将加尼姆的言论置于埃及1979年与以色列签订的和平条约及其达成方式的更广泛的历史背景中。[57]正如一封电子邮件中所解释的那样：

> 穆斯林兄弟会是一个庞大的组织，内部有许多不同的观点。我从

来没有听到任何人公开或私下表示他们"有意对以色列宣战"。我听说过穆斯林兄弟会中的一些人抨击犹太复国主义（把它等同于帝国主义）。他们几乎总是谈论美国和以色列，以及双重标准。我也在报纸上读到穆罕默德·阿基夫（Mohammed Akif）① 说，该条约可以被送交全民公投。但没人说起过战争。

几件事：这在埃及不是一种罕见的立场②。许多人认为该条约是单方面签署的，并不符合他们的利益（从条约的签署和执行方式上来看）。解放广场中的许多民主抗议者（世俗人士、民族主义者、进步主义者和无神论者）会对以色列和条约提出类似的要求。[58]

经过两天的研究，证据似乎相当明确。除了各种各样的保守派说法共同指向了《耶路撒冷邮报》外，我没有发现任何支持贝克看法的论点，即穆斯林兄弟会"公开宣称他们想对以色列宣战"。我的论点似乎应该能说服理性的观察者。但这个案例并非无懈可击。几种基础性反对意见不可能以任何决定性的方式被消除：我对格伦·贝克有偏见；我引用的专家有偏见；该条目忽略了能够讲出另外一个故事的证据，过于相信强硬伊斯兰主义者的官方声明，他们常说的观点是以色列终究不应该存在。值得注意的是，在这次抗议活动中，穆斯林兄弟会的发言人也正式放弃了对总统之位的期望——该组织很快就会放弃这一立场。

这凸显了事实核查工作的不确定性。我着手去核实穆斯林兄弟会是否曾表示想要开战，但这不可避免地带来了一个棘手的问题，即谁能代表兄弟会说话，我需要以此来评估他们是否真的说过自己打算宣战。甚至加尼姆是谁以及他说过什么这些基本的"事实"都不是分析的稳定起点；与穆斯林兄弟会的其他声明、该组织的历史等进行比较，就可以判断这些言论是否属实。如果加尼姆的言论与官方政策大相径庭，这本身就可以作为他不是一位可靠发言人的证据，或者他的言论不应该像美国和以色列的保守派那样被解读。[59]相反，人们可以想象一位专家提出这样的观点：穆斯林兄弟会的真正目标只能通过其成员在"阿拉伯街头"（Arab Street）上的热度来解读。

穆斯林兄弟会专家的证词似乎提供了一个清晰的逻辑论证，其前提是

---

① 即穆罕默德·马赫迪·阿基夫（Mohammed Mahdi Akef），2004—2010 年担任穆斯林兄弟会负责人，2017 年 9 月 22 日去世。原书中写作"Mohammad"，疑为作者笔误。

② 原文为"not a an［sic］usual position"。

只有官员才能代表组织进行权威发言。正如我发表的文章所总结的那样："穆斯林兄弟会的一些成员可能在求战。但那些求战者不能代表这个团体；而那些真正代表团体说话的人不会那样说。"然而，这一论点的前提最终是建立在这样一种感觉上：认为穆斯林兄弟会打算通过西奈半岛①对埃及强大的邻国发动战争是**不合理**的。如果历史发生了意想不到的转折，事后看来，对加尼姆等人的言论不屑一顾的逻辑将受到质疑。未来的事件可以使人从一个完全不同的角度来看待事实。[60]

> 未来的事件可以使人从一个完全不同的角度来看待事实。

格伦·贝克的回应

很大程度上基于中东问题专家的证词，我给贝克的声言暂时评级为"假"；在一次"星法院"会议上，PolitiFact 的三位编辑一致同意这个评级。2011 年 2 月 15 日上午 11 时后不久，相关测真条目上线了。[61]一个包含格伦·贝克的照片、他的声言和裁决的摘要数据框出现在 PolitiFact 的新闻推送的顶部；推特和脸书上也发布了相应的链接。点击"裁决"，会显示长达 1 100 个词的完整分析，包括所使用的 19 个不同信源的列表。[62]将该条目添加到 PolitiFact 的内容管理系统中，网站会自动在格伦·贝克的官方记录上再登记一个"假"的评级。有了新的数据点之后，对他的统计涵盖了 21 条陈述，其中只有 7 条被评为"半真半假"及以上。[63]

随着格伦·贝克盟友和反对者的各方回应的出现，新的"假"裁决立即开始在媒体-政治网络上开辟道路。这条消息发布的当天，"媒体攸关"将其做成头条："关于穆斯林兄弟会想要对以色列宣战的声言，PolitiFact 给贝克评级为'假'。"[64]该帖子链接回了 PolitiFact，并转载了原文的大部分内容；其他激进的博客也纷纷链接到"媒体攸关"条目上。这项裁决可能会被纳入进步主义的网络，就像《耶路撒冷邮报》引人注目的标题被保守派引用一样。将冗长的分析简化为单一的、决定性的数据点催生了引用，有助使 PolitiFact 的工作具有高度可移植性。

测真裁决也引起了格伦·贝克工作团队的注意。在这篇文章发表两天

---

①　西奈半岛是亚洲西端一块北接地中海、南邻红海的三角形半岛，半岛之西为苏伊士运河，东北部是以色列和埃及的国界，数千年来始终具有重要的战略价值。

161

后，时任格伦·贝克网站内部博客作者的斯图·布吉耶（Stu Burguiere）①在 PolitiFact 的测真图示下逐条进行反驳，指针指向"彻底失败"（Utter Fail）。[65]布吉耶指出，PolitiFact 已经承认贝克准确地引用了《耶路撒冷邮报》的话；从定义上说，这不应该确定他的声言为真吗？报纸不正是这次事实核查的目标吗？（这是事实核查人员经常听到的抱怨；PolitiFact 的政策是要求人们对他们所使用信源的准确性负责。）布吉耶还把矛头对准一位来自乔治·华盛顿大学研究中心的专家，他开了一个关于贝克长期反对伍德罗·威尔逊（Woodrow Wilson）总统②遗产的玩笑："不讽刺地讲，他们选择了一个处理格伦·贝克时能想到的最不可信的信源：伍德罗·威尔逊。我不是在开玩笑。"（有趣的是，"媒体攻关"条目的第一条评论就预测到了这一攻击路线。）这篇"斯图博客"的文章总结道："所以，错误的评级来自格伦准确地引用了一份报纸的话，准确地引用了一名穆斯林兄弟会成员的话，此人显然在伍德罗·威尔逊中心（Woodrow Wilson Center）③的穆斯林兄弟会声望排行榜上排名不够高。多么具有破坏性的案例啊！"

作为进一步的证据，布吉耶还引用了一位广受欢迎的神职人员尤瑟夫·卡拉达维（Youssef al-Qaradawi）的暴力反以色列言论。德国《明镜周刊》（*Der Speigel*）称卡拉达维是穆斯林兄弟会的一名知识分子领导人。据该杂志报道，这位伊斯兰电视传道者（televangelist）赞扬了大屠杀，并在一次布道中"请求上帝'杀死犹太复国主义者，有一个算一个'"。[66]当天晚些时候，贝克在他的电视节目中继续了这样的推理："PolitiFact 说我关于穆斯林兄弟会想要与以色列开战的声言是错误的，尽管我们已经向你们展示了卡拉达维的言论。哦，那个家伙，他被评为地球上第九位最有影响力的穆斯林，每周有 6 000 万观众。"[67]

我还收到了几封来自格伦·贝克粉丝的私人邮件，他们对我的分析提

---

① 斯图·布吉耶原名史蒂夫·布吉耶（Steve Burguiere），以"斯图"（Stu）而闻名，美国广播节目制作人，也是《格伦·贝克》（*The Glenn Beck*）节目的总编剧。

② 即托马斯·伍德罗·威尔逊（Thomas Woodrow Wilson），美国第 28 任总统，1913—1921 年在任。他所秉持的国际主义被后人称为威尔逊主义，主张美国登上世界舞台为民主而战斗，支持小民族建立民族国家。这样的理念在美国外交政策中颇具争议，被理想主义者效仿，被现实主义者排斥。

③ 即伍德罗·威尔逊国际学者中心（Woodrow Wilson International Center for Scholars），也简称威尔逊中心，是一家位于美国华盛顿特区的总统纪念馆，如此命名，是为了纪念曾任美国总统的威尔逊。它是世界知名的智库。

出异议，让我去看他的网站以及公共电视网、《明镜周刊》和其他新闻机构搜集的证据。这些邮件很有礼貌，但也直截了当。"亲爱的格雷夫斯先生，"一封信这样开始，"'对以色列宣战'和向真主祈祷'杀死所有犹太复国主义者'有什么区别？目标是一样的，即使用来实现这个目标的词语是不同的。"另一封信则宣称："我不得不说，你们发布的这个评级以及其他一些评级正在破坏我对你们的信任……贝克夜以继日地播放穆斯林兄弟会成员呼吁摧毁以色列的视频。"[68]下面这个人非常密切地参与了关键论述：

> 事实上，穆斯林兄弟会的一些内部人士已经表明了这一点。《耶路撒冷邮报》错误地报道说，格伦·贝克引用的那个人是穆斯林兄弟会的重要人物，但该组织的其他成员也发表了同样的言论。
>
> 我建议你改变你的"测真仪"，以反映格伦言论的准确性，或许可以考虑谴责《耶路撒冷邮报》，而不是格伦·贝克。
>
> 格伦·贝克网站上有一个详细的论证，可供你进一步参考。
>
> 我怀疑你其实不在乎真相，你只是单纯想痛击格伦·贝克。[69]

我的分析和格伦·贝克网站上的反驳都将在未来被收录到网上的政治辩论中。几个月后，在福克斯新闻、PolitiFact和斯图尔特《每日秀》之间的媒体对峙中，一段插曲再次浮出水面。在6月中旬接受福克斯新闻的采访时，斯图尔特宣称，民意调查显示该电视台的观众是"最常被误导的媒体观众"；PolitiFact分析了他的说法，并将其裁决为"假"。[70][福克斯特定节目《福克斯秀》（*Fox Shows*）的观众在知识调查中表现得相当出色，有时甚至比斯图尔特自己的观众的质量还要高]作为回应，两天后，斯图尔特在他自己的节目中假装严肃地宣称："我遵从他们的判断并为我的错误道歉……不这样做……会破坏我努力假装关心的正直和信誉。"[71]接着，他用四分钟回顾了福克斯新闻的各大人物在PolitiFact上的糟糕记录。正如斯图尔特所说，福克斯新闻的21条被评级为"假"和"一派胡言"的声言填满整个屏幕，直到几乎看不到这位喜剧演员的脸。在这里，测真仪作为正在进行的争论中被引用的数据点，正以数据库所设想的方式被精确地使用。PolitiFact对这位喜剧演员的关注做出了积极回应，并附上了一封编辑部来信（an editor's letter），提供了斯图尔特节目的"注释版"：一份按被引用顺序排列好的、他提到过的所有声言的摘要。[72]

"衬衫袖子里的客观性"

穆斯林兄弟会是否声明了对以色列宣战的意图？这个问题听起来很直截了当，而且事后看来，得到一个令人信服的事实性答案并不困难。事实证明，更棘手的是如何准确理解答案是"符合事实的"（factual），是什么让它令人信服。这个案例再次表明，事实核查的日常工作与我们可能的随意想象是多么不同。从证据和理性驱动的意义上来说，我对贝克声言的调查是客观的。现有的事实制约了分析。例如，如果指导办公室的成员赞同加尼姆的言论，我可能就会被推向一个不同的结果。但是，如果这意味着要得出一个基于上帝视角的对事实的看法、没有任何人为判断或解释痕迹的无可争辩的结论，那么对贝克的分析就是不客观的。在工作中紧随专业事实核查人员之后，就好比洛林·达斯顿（Lorraine Daston）和彼得·盖里森援引科学史时所说的"衬衫袖子里的客观性"（objectivity in shirt sleeves）：客观性是"通过训练和每天重复而习得的根深蒂固的手势、技术、习惯和气质"[73]。约翰·内隆（John Nerone）认为，这也是对新闻客观性实践的一种很好的描述，尽管它不能产生我们所渴望的确定性："因此，对新闻工作者来说，重要的真相……是他们认为以负责任的方式产生的东西……尽管它是目前关于真相问题的最佳答案，但从认识论的角度来看，衬衫袖子里的客观性既不令人信服（因为它不是一种认识论），也没有可靠到可以作为一种谎言和操纵之监控的地步。"[74]

就像本章中回顾的其他事实一样，对贝克声言的调查也都着眼于人类栖居的制度现实中产生的制度性事实。我在第二章中指出，这些事实在实践中远不如我们想象的那样稳定。制度性事实依赖于标准或定义，例如失业，而这些标准或定义往往不确定，或被以多种方式理解。定义上的差异在日常的制度生活（institutional life）中并不总是很重要，事实上还可能会被缓解。[75]当有人试图通过引用权威标准来证明一则声言的合理性时，无论这则声言是实质性的还是修辞性的，这些差异都会在争议时刻浮出水面。关于制度性事实的争议提出了一个问题，即谁是一个组织、安排或想法的合法发言人。[76]

> 事实证明，更棘手的是如何准确理解答案是"符合事实的"，是什么让它令人信服。

当涉及一个团体，比如穆斯林兄弟会，在美国的政治背景下没有自身合法的制度性联系（institutional ties）时，很容易看出制度性事实的不稳定性。对一个团体自我定义的尊重在这种情况下通常会变得不适用。对于那些认为穆斯林兄弟会根本不合法、不值得信任的人来说，利用其官方声明来证明其对以色列立场的想法是可笑的。2012 年美国驻利比亚班加西的外交大楼遇袭后，"基地组织"如今的规模问题也揭示了类似的动态。"基地组织"是一个紧密联系的组织、一张松散的网络，还是一套广泛的意识形态？由于该团体在美国没有制度性置办（institutional purchase），官员们有很大的空间来划定其边界。（例如，为在非洲、东南亚和其他地方采取军事行动提供辩护。）[77]

如何权衡加尼姆的反以色列言论问题凸显的地处事实核查核心的认识论困境？神职人员的言论是否应该根据穆斯林兄弟会的官方政策进行检验，如果不符合就予以驳回？还是他们应该提供证据，证明官方政策不是一个可靠的标准？这是实验室研究中所谓"实验者回归"（experimenter's regress）① 的一个版本。正如社会学家哈里·柯林斯（Harry Collins）所描述的，科学家无法使另一个实验室的实验结果重现，就不知道他们是已经否定了那个结果，还是仅仅是没能正确地运行这个实验。[78]柯林斯和其他人认为，在朴素地解释科学如何运转时，复证（replication）并没有（事实上也不能）发挥它假定的那种直接的决定性作用。这强调了无形知识（tacit knowledge）在进行实验和解释结果中的作用。它指出了信任的重要性，因为信任根植于社会关系和制度安排中，根植在科学事实的形成过程中。正如一个真正持怀疑态度的科学家会为了一套简单的实验室程序进行一系列未必能被验证的检验所表明的那样，科学家必须信任由一系列事实构成的整个网络（包括他们的仪器、他们的供给品等），以便检验任何特定的事实。[79]这在每天的报道程序中都有明显的呼应，就像盖伊·塔克曼用她著名的例子说明一篇真正秉持怀疑论的新闻应该是什么样的："罗伯特·琼斯（Robert Jones）和他所谓的（alleged）妻子费伊·史密斯·琼斯（Fay Smith Jones）昨天在他们所谓的（supposed）家里举行了一场他们所谓的（described as）鸡尾酒会。"[80]

---

① 实验者回归与实验仪器有关，意为正确的结果有赖于观测。为了弄清某事物是否存在，首先必须建造一台精确的仪器并进行观测，但在进行实验并获得正确的结果之前，人们无法知道仪器是否精确，这会导致实验者并不知道什么是正确的结果，如此循环往复，直到永远。

165

PolitiFact 和其他事实核查机构尽可能地依赖官方数据和既定标准。即使是完善的、认证公共事实（certifying public facts）的制度性机制也总是有待商榷，就像 PolitiFact 的编辑们就如何评估罗姆尼关于失业的声言展开的辩论那样。对这一声言的研究迫使事实核查人员考虑，美国最常使用的数据是否未能反映就业的实际情况。在这方面，罗姆尼的论点代表了对传统失业标准的临时性、渐进式的颠覆，使这位候选人在那个政治时刻与其他主张更宽泛定义的声音（如进步经济学家）保持一致。罗姆尼的幕僚们在这次事件中并没有为他的统计数据辩护，而是提出了一套新的失业率衡量标准的原则性论点，但他们本应这样做——其他人现在可以用指向他的攻击来证明这一点。PolitiFact 的文章也让失业率的制度性事实变得稍微不那么稳定：报告强调，实际上没有真正的失业率，而是有许多相互竞争的衡量标准，这些衡量标准没有一个能完全反映出非自愿离开劳动力市场的人数。

必须保持标准。由于在每一个例子中都得到了褒扬，这些标准似乎变得普遍或抽象：它们被转载到报纸文章、法律论点或科学计算中，并被编码到从算法、教科书到助记设备等智识技术中。社会学家拉图尔认为，标准（包括定义松散的标准）的流通将我们认为具有内在社会性的类别自然化，进而用来了解自己、进行研究、实施公共政策，等等。"如果不看报纸，人们怎么能把自己定位为'中上层阶级''雅皮士'（yuppy）或'预科生'呢？"他问道。[81]也就是说，特定标准和"准标准"那混乱的、历史特定的流通成了制度性事实的基础。

事实核查机构面对的标准远比失业率更为模糊。新闻判断将这些记者吸引到耸人听闻或令人惊讶的说法和政治争议领域。它恰恰把他们准确地引向那些定义不断变化、制度性事实面临分化危险的领域。最关键的是，正是在解释的行动（acts of justification）中，标准才会被援引或质疑。为了提出一个理由或捍卫一个立场，我们从特殊到一般，从局部到普遍，以一种可能改变两者的方式来划定界限。《耶路撒冷邮报》曾将"穆罕默德·加尼姆"等同于"穆斯林兄弟会"。紧接着，格伦·贝克和其他保守派的言论都从这种联系中汲取力量，并加强了这种联系。[这是拉图尔"招募"（enrolling）盟友概念中体现出的双重行动。[82]]他们将这

166

> 社会学家拉图尔认为，标准（包括定义松散的标准）的流通将我们认为具有内在社会性的类别自然化，进而用来了解自己、进行研究、实施公共政策，等等。

一联系与一系列证明穆斯林兄弟会构成了威胁的证据和论点联系起来："你不相信我？……自己去做功课。去格伦·贝克网站查查吧。"受到 PolitiFact 裁决的挑战，格伦·贝克和他的辩护者开始诉诸常识，并通过阐明标准来证明他的立场是正确的："贝克夜以继日地播放穆斯林兄弟会成员呼吁摧毁以色列的视频"，"我们已经向你展示了卡拉达维的言论"。只有这些来自暴力伊斯兰主义者的话才重要，而非自由派专家的分析。

寻找"契合度"

正如我早些时候所建议的那样，如果必须在不稳定的事实领域中穿行，就需要对专业事实核查人员和调查记者进行比较。这两种新闻形式处理的故事所涉及的不是简单的未知之事，而是被积极地质疑或怀疑的事。两者都要求记者不仅要报道，还要在相互竞争的现实叙述之间做出判断。因此，双方都假定记者会在必要时质疑官方声言，以及这些声言所依据的程序或标准。艾特玛和格拉瑟在他们对调查性报道的研究中举了一个例子，据称，马里兰州郊区一处拘留中心发生了大规模强奸案，《华盛顿邮报》的一位记者调查了这个案子。她显然不能依赖官方资料和统计数字；这篇报道的组织前提是这样的强奸案被系统性地低估了。但记者也不能简单地从表面上了解囚犯的情况，或以任何直截了当的方式核实他们各自的故事。在这样的案件中，想要得到真相，不能直接确证，而是要在多个不一致的证词和其他证据中寻找"契合度"（goodness of fit），根据"一个使它们在道德上有序和真实的、具有价值的概念框架"来权衡并将其编织在一起——这是一种记者对大事件（the larger story）是什么、为什么重要的不断演变的意识。[83]因此，确证是一种"新闻手艺的无形知识"，并且总是由价值观构成。艾特玛和格拉瑟坚持认为，经常使用的拼图隐喻对这类调查不公平，因为"看起来如此令人信服地在故事中交织的一系列事实首先由这个故事塑造，就像故事是由道德秩序塑造的一样"[84]。

从哲学家希拉里·普特南那里借用的"契合度"意象也很好地描述了事实核查机构在其必须驾驭的制度现实中为过去的脱节归因的方式。事实核查人员不像调查记者那样直接质疑制度性秩序。但他们确实只有找到解决矛盾的方法才能得出结论，而为了达到这个目的，他们需要从一系列不一致的专家描述中寻找一致性。穆罕默德·加尼姆含糊不清的说法，他在穆斯林兄弟会内不确定的地位，该组织对和平条约的官方安抚，以及对以色列宣战这一看似不合逻辑的行为，所有这些凝聚在一起，支持了贝克声言为"假"的裁决。当然，这一推理反映了许多关于世界的不言而喻的信念。最值得注意的是与某些描述相反，穆斯林兄弟会与记者通常报道的其他政治团体之间的相似性大于差异性，它会像任何长期成立的团体一样理性、自利地行动。

总的来说，贝克危言耸听的言辞似乎没有道理。这是事实核查机构经常提出的一个标准，它为道德和逻辑判断留出空间，强调了艾特玛和格拉瑟所说的"事实和价值密切地相互依赖"[85]。这位脱口秀主持人的说法是不合理的，因为它不顾相反的重要证据，而且它似乎故意断章取义来夸大威胁。正如经常发生的情况一样，PolitiFact 的反驳部分取决于可核查声言的媒体-政治格局（media-political geography）——在这个案例中是追溯反以色列言论的源头，并展示其如何被传播到保守派媒体和美国参议院。

对公平性和准确性的判断在这里深深交织在一起。在 PolitiFact 的方法论和评级系统中，欺骗性和虚假的证据是被一同考虑的。当然，使用断章取义的证据，可以发表一则完全准确但不公平的声言。PolitiFact 致力于根据现有的最佳证据或专业知识对声言进行评级。然而，在实践中，事实的不准确和对真相的漠视常常同时出现，后者有助于为前者提供一个理由。至关重要的是，没有必要对穆罕默德·加尼姆的地位或穆斯林兄弟会的政策做出肯定，以表明贝克和其他人对这些细节采取了放任态度。当证据不明确或标准不确定时，对论点公平性的评估有助于缩小差距。但这只不过是说，当这些机制失灵时，我们所依赖的用于证明制度性事实的机制中始终捆绑着的价值观就会显现出来。

事实核查以异常清晰的方式抓住了客观报道的核心悖论，许多专业记者都理解这一悖论：将事实和价值区分开来是必要的，又是不可能的。[86]价值观构成的报道常规在新闻工作的风格中表现得最为明显，与事实核查和调查报道一样，认证事实的制度机制也存在疑问。同时，坚持用一套经过深思熟虑的程序来调查符合事实的声言，在大多数情况下，都会产生一幅合理的、经过共识验证的世界图景。如果说我们不能直接接触现实，或者说没有借助普遍的阿基米德优势来建立无可争辩的事实，

在实践中，事实的不准确和对真相的漠视常常同时出现，后者有助于为前者提供一个理由。

并不意味着一种观点和其他观点一样好。只有遵循所谓的"更现实的现实主义"（more realistic realism）才能认识到以现实为基础的真相声言也受到意义生成语境的限制。[87]

PolitiFact 和格伦·贝克之间的冲突再次将我们的注意力吸引到事实核查人员工作的媒体上。它强调了在线话语的开放性，以及用一种永久的方式解决事实辩论的困难。这些情节让人想起拉图尔精心描绘的一幅图像：面对一堆引文，一位持怀疑态度的科学家作为"异见者"，如果要质疑一项科学声言，就必须解开这些引文。穆斯林兄弟会对以色列的真正立场是什么？贝克有他的链接列表，我也有我自己的。拉图尔在《行动中的科学》（*Science in Action*）一书中写道：

> 一篇没有参考文献的论文就像一个在夜晚的陌生大城市中无人护送的孩子，孤立无援、迷失方向，任何事情都有可能发生在他身上。相反，用大量脚注攻击一篇论文意味着异见者必须削弱其他论文的可靠性，或者至少会受到不得不这样做的威胁……在这一点上，技术文献和非技术文献的区别并不在于一种是关于事实的，另一种是关于虚构的，而是**后者搜集了一些手头上的资源，而前者拥有大量的资源，甚至来自遥远的时间和空间。**[88]

16:9

在这种物质意义上，关于网上事实的辩论变得相当技术化。当然，这并不仅仅是一个谁拥有更长引文列表的问题，引文来源的权威程度也各不相同，而且它们可能或多或少地被合理地部署以构建一个案例。但做出这些评估需要真正的工作：这是一个判断问题，而不是不言自明的事实；结果总是容易受到挑战。事实核查机构在媒体-政治网络中运作，这些网络的轮廓塑造了他们的推理及其对世界的影响。下一章将讨论事实核查机构与三个关键群体（公众、政客和其他新闻工作者）的关系，指出他们的工作在为谁而做、目的是什么等方面遇到的困难。

> 只有遵循所谓的"更现实的现实主义"才能认识到以现实为基础的真相声言也受到意义生成语境的限制。

第三部分

事实核查的影响

"什么都说"

2014 年最受关注的竞选之一是对肯塔基州参议员米奇·麦康奈尔（Mitch McConnell）把持了 30 年的美国参议院席位的争夺。随着反在任者的情绪在全国范围内高涨，这位强势的共和党人面临来自肯塔基州民主党籍州务卿艾莉森·伦德甘·格里姆斯（Alison Lundergan Grimes）惊人的强劲挑战。这场竞选中出现了一系列来自双方阵营的恶意负面广告。在距离竞选结束还剩一个月的时候，由于被指控与破坏国家煤炭工业的力量结盟，格里姆斯反击了一则广告，指控麦康奈尔和他的妻子"从反煤团体（anti-coal groups），包括纽约市市长迈克尔·布隆伯格（Michael Bloomberg，又译迈克尔·彭博）的反煤基金会（anticoal foundation）那里拿走了 60 万美元"。为了说明这一点，广告将布隆伯格和麦康奈尔夫妇的剪影与标志性的纽约天际线放在一起，相映成趣，他们身着相同的燕尾服。在不祥的特写镜头中，这位著名的亿万富翁市长站在麦康奈尔身后，身高略比怒容满面的麦康奈尔高，仿佛在指挥他。

事实核查机构对这则广告进行了去伪存真。格里姆斯的竞选团队以麦康奈尔的妻子、前劳工部长赵小兰（Elaine Chao）在彭博慈善基金会（Bloomberg Philanthropies）和富国银行（Wells Fargo bank）董事会任职期间获得的薪酬作为佐证。但这两个组织的发言人解释说，董事会成员与投资政策的制定无关。彭博慈善基金会曾支持一项名为"走出煤炭"（Beyond Coal）的环保项目，每年向赵小兰支付不到 1 万美元。虽然她从银行赚的钱要多得多，但很难被称为"反煤团体"——尽管富国银行承诺削减对山顶清除作业的投资，但这家银行仍然是煤炭行业的主要支持者，事实上，它被环保主义者指出为燃煤发电厂提供资金。《华盛顿邮报》的 Fact Checker 指出，格里姆斯的"误导性和不可信的广告"从未被发布到油管上（"这往往是一场竞选活动想要掩盖某些东西的迹象"），并给了它四个匹诺曹，这是该网站最差的评级。[1]一天后，PolitiFact 发表了"假"的裁决，并在一份详细的分析中引用了 20 多个信源，包括它的竞争对手。[2]

格里姆斯竞选团队密切关注事实核查机构。2014 年底，格里姆斯的一位高级顾问在一场选情复盘（postmortem）中宣称："如果我们播出了一些事实上不正确的东西，我们就对竞选造成了巨大的不利影响。"他解释道："大多数竞选活动只关乎一件事，那就是我信不信这个混蛋，这就是问题的关键。我们竭尽全力想告诉你们，我们不会对你们撒谎。"[3]在选举过程中，工作人员回答了来自事实核查机构的数十个问题。这位候选人在邮件和广告中大肆宣扬不利于麦康奈尔的裁决。格里姆斯的一个名为"什么都说"（Say Anything）的网站援引了 FactCheck. org、PolitiFact、《华盛顿邮报》Fact Checker 和其他"独立事实核查机构"的说法，说明她的对手不可信。[4]然而，来自这些事实核查机构的尖锐指责并没有迫使格里姆斯做出让步。相反，就在选举日的前两周，一个新的广告位让这位候选人自己站在一个部分关闭的发电厂前，再次指责麦康奈尔从"煤炭的敌人"那里拿走了 60 万美元。《华盛顿邮报》的格伦·凯斯勒对这则新广告又给出了四个匹诺曹，称它"可能是这个肮脏的竞选年里最糟糕的广告"，并得出结论："格里姆斯应该为自己感到羞耻。"[5]这一严厉的判决至少对格里姆斯造成了一点伤害：它催生了《莱克星顿先驱导报》（*Lexington Herald-Leader*）的一篇措辞强硬的文章，且格里姆斯被麦康奈尔的竞选团队编造成了一个可怕的邮件发送者。[6]对事实核查机构来说，这只是证实了政客们在一场绝望的竞选中即将陷入的深渊。正如凯斯勒后来所解释的那样：

> 令人吃惊的是，格里姆斯自己站在镜头前亲自重复了这一说法，尽管她已经被告知这是假的，这是一个很好的迹象，表明她发现自己深陷其中……格里姆斯最终成为肯塔基州历史上第一位输掉所有产煤县的民主党参议员候选人，这再次表明了她为什么如此不顾一切地继续提出这一指责。[7]

专业的事实核查机构经常指出这类事件，以打消人们认为它们的工作将以某种方式清除美国政治中的欺骗和扭曲的想法。2009 年关于医保改革的辩论最能说明这一点。[8]奥巴马总统雄心勃勃的改革计划是在当代事实核查图景中展开的第一个重大政策倡议。这一问题在全美国媒体上占据主导地位的时间超过一年之久，而且完全取决于事实核查机构所擅长的那种详细而复杂的问题。

随着辩论的形成，资深记者詹姆斯·法洛斯（James Fallows）大胆预测，在线事实核查将产生有益的效果。法洛斯记录了20世纪90年代克林顿总统医疗改革计划的失败，特别关注在电台谈话节目和精英媒体上自由传播的误传信息。最具破坏性的指责来自未来的纽约州副州长贝特西·麦考伊（Betsy McCaughey），她在《新共和》上发表了一篇颇有影响力的分析文章，认为该计划几乎将私人医疗保健视为非法。[9]这一解释明确地与克林顿法案的最初条款之一相抵触。[10]尽管如此，有关其严格限制和严厉惩罚的说法还是广为流传。正如乔治·威尔1994年初在《新闻周刊》上所重复的那样：

> 逃离政府的控制，去选择自己的医生或购买其他医疗服务几乎是不可能的。医生的工资只能由政府批准的计划支付，费用由政府规定。医生收受病人的金钱将是非法的，而那些被迫为他们认为需要但政府认为没有必要的医疗而行贿的人，将被判处15年监禁。[11]

法洛斯在2009年5月和7月的广播中两度宣称，相比之下，今天的"新闻和舆论生态"对这种恶意歪曲的态度要差得多。事实核查机构提供的"即时反馈"会在最恶劣的谎言获得关注之前就将其戳破，而"在那个年代，一些明摆着是虚假的、可以证明是虚假的东西是不能被推翻的，因为没有其他机器来处理它"。法洛斯举了一个很有希望的例子：麦考伊编造了一个2009年经济刺激法案中据称隐藏着对医疗保险限制的新谎言，这一谎言曾被拉什·林博和《华尔街日报》发现，但在被人们通过互联网揭穿后似乎失去了吸引力。[12]

然后是"死亡小组"。就像麦考伊在前共和党参议员弗雷德·汤普森（Fred Thompson）的广播节目中所说的那样，新的医保规则要求老年人接受"如何更早了结生命"的咨询以节省资金，这一想法已经在保守派专家中流传了几个月。但自从莎拉·佩林在脸书上发表了一篇煽动性的帖子后，媒体一片哗然："我所了解和热爱的美国不是这样的：我的父母或我患有小儿唐氏综合征的孩子必须站在奥巴马的'死亡小组'前，让他的官僚们基于对他们'社会生产力水平'的主观判断，做出他们是否值得被医保惠及的决定。"

某种意义上说，法洛斯的预测是准确的——佩林的说法立即被广泛揭来自记者和学者们的许多批评都集中在事实核查是否"有效"以及如何才能更好地使其发挥作用上。

穿,不仅被事实核查机构揭穿,还被许多电视和纸媒记者揭穿,在州和地方媒体以及全国媒体上都是如此。一些记者用自己的声音而不是引用外部权威来质疑关于"死亡小组"的言论。[13] FactCheck. org、PolitiFact 和"媒体攸关"都明确反驳了这一指控;那条声言成为 PolitiFact 的首个"年度谎言"。[14]《纽约时报》通过头版头条宣称"'死亡小组'的虚假谣言有一些熟悉的根源",这使人们注意到麦考伊在新近的歪曲中扮演的角色。[15] 但是这些干预措施对推动有关医保的更合理的公共讨论没什么作用。即使事实核查机构做出了它们的裁决,保守派议员、候选人和专家们也重复了这一指控。在全国各地的市政会议上,人们都在讨论这个问题,为晚间新闻制作了戏剧性的镜头,并预示了民主党将在 2010 年中期选举中遭遇重大失败。佩林在脸书上发帖后不到一周,法洛斯就在《大西洋月刊》的博客中正式改弦易辙:"两周前我说过,今天的传播体制在我看来已经追上了那些编造事实的人。我是错的。"[16]

专业的事实核查机构总是被问到它们的工作是否真的能带来变化。[17] 这个问题会在会议、小组讨论和连线采访（on-air interview）中出现。这种新的新闻品牌的趋势文章想知道它们是否真的能说服任何人或抑制政治谎言——如果不能,"为什么要花这么多时间来让政客们承担责任呢?"[18] 来自记者和学者们的许多批评都集中在事实核查是否"有效"以及如何才能更好地使其发挥作用上。[19] "对于监督政治广告、辩论和演讲的事实核查机构来说,选民想要和需要的是在事实上准确的信息,这是一个信条。"《今日美国》的一篇关于事实核查运动的文章这样写道:"他们似乎不能让政客们停止说一些不真实的话。"[20] 在 2012 年竞选活动接近尾声时,已故的颇具影响力的《纽约时报》媒体专栏作家大卫·卡尔对产生了"史上事实核查最充分的选举"的努力不屑一顾:

> 在过去 18 个月的任何时候,空中都有如此多的"真相中队",以至于在空中相撞似乎是一种真实的可能。
>
> 但随着竞选活动接近尾声,很明显,真相最终成了一堆冒烟的残骸。在不进行冗长的谎言分类的情况下,夏秋两季出现了一种模式:两位候选人的竞选团队都编造了大量谎言,因此遭到痛斥,然后又继续说出这些谎言。[21]

事实核查可能以三种不同的方式对三种不同的受众"起作用"。[22]首先，它可以提供事实性信息，使读者摆脱错误信念，或使他们对欺骗性声言有所防备——以及，也许，改变他们对政治问题的思考，或者导致他们以不同的方式投票。其次，事实核查机构可能作为一种直接的资源或作为范例，鼓励其他记者质疑谬论、对事实辩论进行判断，而不仅仅报道相互竞争的观点。最后，事实核查可能会由于其对公众舆论或新闻报道的影响（或者可感知的影响）而抑制政治谎言，因为这会让公众人物扭曲真相的代价变得更高。

然而，事实核查机构对于它们对世界的影响只做了非常谦虚的宣称。当被问及这些问题时，他们的一些轶事回应与这三种影响模式一致。事实核查机构经常表明这种体裁受读者欢迎的程度，这反映在流量统计数据和来自公众的令人鼓舞的电子邮件中。"选民渴望事实核查。"PolitiFact 的比尔·阿代尔在回复卡尔的专栏时写道。他指出，选举期间该网站的日访问量有时会超过 100 万次。[23]他们经常提到事实核查对于其他记者来说是一种有用的资源。"我们确实对其他记者有很大影响，这就是我们工作的魅力所在，"FactCheck. org 的一位编辑对一群访问该网站的海外记者说，"我们经常被报纸记者引用。他们对我们说'好吧，这些人是真相的非党派仲裁者'。"[24]

事实核查人员都可以举出这样的例子：一个公众人物似乎会放弃一个被判定为错误的话题。同时，他们也直率地承认政治谎言没有丝毫减少，而且永远不会消失。早期一例出现在 2008 年总统大选期间，当时奥巴马经常声称靠自己的努力读完了大学和法学院。FactCheck. org 对一则重复这句台词的电视广告提出质疑：奥巴马的《我父亲的梦想》（*Dreams from My Father*）一书指出，这位候选人做过几份暑期工作，靠贷款支付学费，而不是靠在学校打工挣学费。[25]布鲁克斯·杰克逊回忆："后来奥巴马再也没有说过那样的话。"[26]在一场事实核查会议上，《华盛顿邮报》的格伦·凯斯勒讲述了一位参议院共和党领导人的故事，在一次关于医保的重要演讲之前，这位领导人要求手下工作人员通读 Fact Checker 的所有相关专栏，确保他不会获得任何匹诺曹。比尔·阿代尔对此表示赞同："我也听到格伦说那些参议员们说过同样的话，他们告诉自己的工作人员'我不想"一派胡言"，我希望你能审查我说的每句话'，所以我认为这是一件非常积极的事。"[27]

然而其他政客对此并不在意。前纽约市市长朱利安尼（Rudy Giuliani）

是事实核查人员最喜欢的例子：尽管一再受到挑战，但前列腺癌幸存者朱利安尼坚持在英国"社会化医疗"（socialized medicine）下重复该疾病被严重夸大的死亡率统计数字。[28]事实核查机构经常讲粗枝大叶或孤注一掷的候选人的故事，这些候选人认为重复一个被推翻的说法毫发无伤。事实核查人员饶有兴致地引用了罗姆尼的一位民调员在 2012 年竞选后期前景黯淡时道出的（现已声名狼藉的）誓言："我们不会让竞选活动被事实核查人员左右。"[29]尽管这句话意在质疑事实核查机构的客观性，但它却成了政客们漠视真相的代名词。这只是证实了他们自己经常说的话：记者永远不会强迫政客们停止撒谎。[30]四年后，特朗普的竞选活动成为同一课的受宠对象。"在 FactCheck. org 成立的 12 年里，我们从未见过他的对手，"该网站在 2015 年末写道，并首次称他为"扯淡之王"（King of Whoppers），"他脱颖而出的原因不仅在于他事实性错误的声言数量之大，而且还在于当被证明错误时，他还厚颜无耻地拒绝承认错误。"[31]

　　这本书的最后一部分讨论了事实核查的目的。这个问题包含了许多困难的问题：谁是事实核查的真正受众，事实核查人员们认为他们为谁而作？这类新闻合适的使命是什么？事实核查在世界上究竟有什么影响？事实核查能产生更大的影响吗？应该产生吗？这些问题牵涉到事实核查人员与三组核心支持者之间的关系：公众、政客和其他新闻工作者。第六章考察事实核查人员与公众和新闻业的关系，他们与政治世界的联系将是本书最后一章的主题。

第六章 | 事实核查人员及其公众

　　对记者来说，随口说说一篇文章发表后的影响是一回事，刻意去改变人们的信仰或行为完全是另一回事。事实核查人员试图让公众知情，但至少不是为了说服或影响他们。事实核查机构的大多数实际读者并不符合其迎合的理想读者形象。

和其他记者一样，事实核查人员希望他们的工作能①改变世界。他们渴望在重大政治辩论中发挥作用，让重要人物引用他们的观点，赢得公众的信任。每一次事实核查人员的聚会都在某种程度上转向这样一个问题：这种报道是否重要，怎样可以更重要。在2014年于伦敦举行的全球事实核查峰会上，PolitiFact的母公司报纸《坦帕湾时报》的编辑发表了一篇充满希望的主题演讲，强调了事实核查人员的崇高使命——"把权力还给长期以来在政治言论市场上处于严重劣势的公民。"[1] 这就引出了一个不可避免的问题：一位意大利记者想知道，事实核查真正产生影响的例子在哪里？美国记者从2012年的总统大选开始进行相关报道，一些候选人一旦被曝光似乎就会放弃虚假声言。在俄亥俄州，一名参议员席位竞逐者赢得了一连串引人注目的"假"和"一派胡言"的裁决，当选民以他的不诚实记录为由拒绝他时，他付出了代价。[2] PolitiFact的创始人比尔·阿代尔宣称，事实核查人员需要更好地记录这些"影响的轶事"（anecdotes of impact）：

179

> 我们经常被问到这个问题，我相信你们也一样，你知道，"你们做过哪些真正有影响的事实核查？"……如果你（像我一样）是一名记者，我倾向于走出去做更多的新闻，而不是躺在功劳簿上孤芳自赏，你懂的。而且我们需要跟踪这些，因为我们*正在*产生巨大影响。[3]

六个月后，在华盛顿举行的一次事实核查机构会议上，这个问题再次被提了出来，这时，2014年美国中期选举已经结束。一系列的小组讨论提出了诸如为什么虚假广告（false advertising）在事实核查的巨大发展中持续存在，还有什么新形式或技术可以使这一工作更有效等问题。活动的组织者、长期的媒体批评家和媒体分析师汤姆·罗森斯蒂尔最后认为，事实核查机构需要更主动地考虑自己的工作对现实世界的影响：

> 每一次事实核查人员的聚会都在某种程度上转向这样一个问题：这种报道是否重要，怎样可以更重要。

---

① 此脚注标号前的文字在原文中为大写。

这里隐含的问题是，是否有一个关于改变的理论？我们如何影响政治话语或选民？我想简单地说，"我往池塘里扔石头，因为那是我的工作"，而不去想它会产生什么或不会产生什么涟漪，以及人们为什么扔更大的石头来干掉我的石头——我的意思是，我们身处一个不同的世界，因为我们不是人们摄取新闻（news diet）的唯一刺激物。[4]

但"往池塘里扔石头"是客观新闻一种慎思的（deliberate）、深值于心的专业立场。他们仍担忧对政客、同行甚至读者的影响，这种担忧并不亚于传统新闻机构同行的担忧。对记者来说，随口说说一篇文章发表后的影响是一回事，刻意去改变人们的信仰或行为完全是另一回事。事实核查人员试图**让公众知情**，但至少不是为了说服或影响。当我问 FactCheck. org 网站的布鲁克斯·杰克逊，事实核查是否可以围绕重要公共问题"改变对话"时，他表示反对并回溯了客观新闻的经典一课："让我兴奋的是，我们发布的信息正在得到更广泛的传播。在试图改变对话上我是老派的。我一直被教导应去报道，而不是成为故事的一部分。"[5]

本章探讨了事实核查机构与公众和新闻业的关系，这是其工作的两重重要支持。针对二者，事实核查机构仍然有不同的目标，在这里将被区别对待。重要的是要认识到：在当代媒体环境中，二者之间的界限被模糊了，这使日常读者变成一种通信媒介（communications medium），同时也比以往任何时候都更清楚地表明，其他记者也是事实核查报道的关键受众。专业事实核查人员的日常工作不仅包括新闻工作（newswork），还包括**媒体工作**（media work），目的是提高报道的影响力并妥处其引发的反响。专业事实核查人员需要为理想化的、渴求信息的公民（可以自由地反对或赞同他们结论的公民）写作，以解决事实核查内蕴的政治和认识论紧张。但是，这种寻求真相的民主公众形象与他们每天遇到的公众发生了冲突。

其他记者某种程度上是这一新型新闻体裁最重要的受众，而改变新闻文化是一个决定性的目标，尽管有时不为人所知。在他们付梓的作品中，事实核查人员对传统政治报道的明确批评大多是含蓄的，原因有二：事实核查机构作为细分媒体（niche outlet）① 的相关性和影响力取决于其与其他新闻机构的工作关系，同时作为媒体（而非政治）批评者的运作会动摇它

_180_

---

① 在这里我们将这个词译成"细分媒体"，指的是以事实核查这一新闻体裁提供专门新闻服务的媒体。这与中国语境下俗称的、报道特定行业议题的垂直/垂类媒体类似。

们作为客观记者的地位。本书强调了新闻业的客观地位不仅建立在特定的新闻编辑室实践的基础之上，而且建立在一张在整个场域内再生产了新闻权威的专业、组织和制度关系网络的基础之上。

"你说话的方式不是记者真正思考的方式"

事实核查暴露了客观新闻实践中隐含的紧张关系，正是因为它如此公开地把改良主义者（reformist）的野心和辞令视同儿戏。通过清理公共话语而产生影响的可能性不可避免地导致了一系列新的问题，这些问题对行动主义者和社会科学家很有吸引力，但对记者来说却非常尴尬：应当如何改进事实核查以获得最大影响？如果研究表明它并不总是能说服读者，那么如何才能使它更有说服力？为什么政客在某些情况下会注意事实核查，其他情况下却不注意？如何鼓励其他记者采用这种报道方式？

所有这些问题都出现在 2011 年底我在华盛顿协助组织的事实核查会议上。[6]这次会议包括专业事实核查人员、其他记者、政治学学者、传播学学者、政策倡导者，以及参与媒体和政治改革的基金会官员。一个不变的主题是记者和其他参与者对事实核查意义的不相容。当讨论转向记者如何更好地"羞辱"政客、让他们说真话时，《华盛顿邮报》初代事实核查人员迈克尔·多布斯插话道：

> 我能简单回应一下吗？你说的都是记者的崇高使命。我的意思是，大多数记者在他们的野心上都比较谦虚。我们不是在谈论改变世界或改变政治话语。我们说的只是诚挚真实地报道一切。更重要的是你说话的方式不是记者真正思考的方式。[7]

另一方面，讨论的重点是让事实核查对读者更有说服力。许多实验研究表明，人们对与他们的政治观点相悖的新信息有惊人的抵抗力，甚至在阅读更正文章后更加执着于错误的信念，这就是所谓的"适得其反效应"（backfire effect）。[8]在会议之前，两位政治学家准备了一份报告，总结了这项研究，并提出了使事实核查更有说服力的方法（避免混淆的否定、使用图表来传达事实等）。[9]讨论中，这些学者煞费苦心地强调，受过良好教育和政治参与度高的读者（那些可能会访问事实核查网

> 事实核查暴露了客观新闻实践中隐含的紧张关系，正是因为它如此公开地把改良主义者的野心和辞令视同儿戏。

站的人）不一定更容易接受新的信息。相反，正如布伦丹·尼汉所解释的那样："这些人非常善于剔除与他们之前立场矛盾的信息，然后想出理由坚持他们已经相信的东西。"[10]

　　然而，房间里的记者们似乎对研究所描绘的、关于他们在现实世界影响力的严峻图景并不担忧。《华盛顿邮报》现任事实核查人员格伦·凯斯勒指出，他在 1996 年报道一场总统辩论时第一次尝试事实核查，注意到了人们对这种阐释性报道的"渴望"："读者的反应太惊人了。我的意思是，他们就是喜欢它。"PolitiFact 的比尔·阿代尔附议："我有一套美国政治理论，大体上是三分论（a pie with three slices）。"他解释说，对于处于两个政治极端之间的选民来说，事实核查机构是一种有价值的资源。[11]布鲁克斯·杰克逊认为，记者长期以来一直接受这样的事实，即不管证据如何，有些人会相信他们自己想相信的任何事情。他以著名的末日邪教为例，这些人的信仰在预言的世界末日没有到来后只会变得更加强烈。[12]"这就是我们要面对的人类动物，"杰克逊接着说，"所以我对我们能取得的成就期望有限。我认为我们已经做得很好，期待看到更多。我相信多做一些的话是会对民主产生积极影响的。是真的，我希望看到证据；如果不是，那我就不打算关注了。"[13]

　　尽管有点幽默，但这种回应表明了一种信念，即记者只有在为民主服务时才会对其工作的特殊影响视而不见。说服力的问题困扰着专业新闻的客观性宣称，至少在专栏之外是如此。事实核查机构不希望为放大公众对事实的扭曲而担责，并且愿意接受有助于避免这种风险的研究。[14]但他们也不想承担说服人们接受某种观点的责任。"我们不是来改变人们的想法的，我们是来给选民提供他们需要的信息的，"当时的 PolitiFact 的二号人物安吉·德罗布尼奇·霍兰在接受采访时告诉我，"我们所做的事情具有内在价值。"[15]正如本书第二部分所示，这些记者的目标是真相大白（相信他们总体上达到了这个目标），但也坚持读者可以对他们的任何结论自由地保持异议。阿代尔在 2012 年的一个小组讨论中这样解释："我想我们的目标是不希望人们继续被误导，但再说一遍，我不是宣传者（propagandist），我是记者。"[16]

　　事实核查机构同样拒绝承担改变政治行为的责任，这是为他们的工作所面对的民主公众保留的角色。在同一场小组讨论中，听众中的一名记者问道："总得有个界限，让人们知道他们被监察着，这样他们就不能再扯谎

183

了。您是否看到了这方面的成效?"阿代尔给出了关注事实核查机构和其他一些不关注事实核查机构的公众人物的常见例子,包括福克斯新闻主持人比尔·奥莱利(Bill O'Reilly)在被 PolitiFact 点名后做出的道歉,这令人感到惊讶。但接着他又把问题转了过来:

> 我的目标不是让政客们停止撒谎。我是记者,我的目标是拱卫民主。接下来,民主,可以决定你想用我提供的信息做什么。你可能会决定你同意它,以各种方式让当选官员负责,不给他或她投票或做其他任何事,或者在某些情况下你也可能决定你不同意。你可能不同意"年度谎言",你可能不同意我们做出的任何特定裁决。但我的目标不是让政客们停止撒谎。我的目标是给你信息,让你成为更好的公民。我认为这就是记者的角色。当我们进入这个角色时,我们希望他们停止撒谎,我认为我们有点超出了记者的界限。[17]

像这样有距离感的言论体现了以适合客观新闻的方式来界定事实核查使命的努力。他们提升了公民身份的信息模式,完美地反映了社会学家甘斯所说的美国"新闻业的民主理论",其核心思想是新闻媒体向选民提供的数据推动了民主进程。[18]与调查记者一样,事实核查机构以不同寻常的直白方式参与公共话语。它们反对和支持政治言论,而不是简单地将其传达给公众。他们的工作是一种直接干预,往往会引起公众人物的即刻反应。但就专业的自我理解而言,只有理性的民主公众才能让事实核查机构的工作有意义。"可以肯定的是,事实核查人员并不一定希望改变政客的行为,"格伦·凯斯勒在为《外交》杂志(Foreign Affairs)撰写的关于全球事实核查运动的文章中解释道,"相反,他们的目标是对公民进行关键政策问题的教育。这样的想法意味着,如果人们更了解情况,他们就会做出更好的选择。"[19]

与此同时,这些有距离感的言论也掩盖了与之强烈相反的愿望:相关、重要、改变现状。事实核查机构希望得到读者和新闻工作者的信任,希望他们报道的政客尊重甚至敬畏他们。像其他记者(还有医生、大学教授、餐厅工作人员等)一样,他们以多种方式(有时甚至是以相互矛盾的方式)理解自己面对的公众。对事实核查人员来说,在保持客观性实践所要求的正式距离的情况下,在这些不同的语言风格之间辗转腾挪是一种应对工作的日常紧急状况和工具性要求的方式。

184

> 与调查记者一样,事实核查机构以不同寻常的直白方式参与公共话语。

事实核查的受众

像今天的许多记者一样，事实核查人员最直接的体验是通过在线流量统计和每天源源不断的电子邮件及评论来了解他们的受众。这是新闻编辑室研究中的一个老生常谈的比喻，记者历来对他们的读者和受众知之甚少，也不想知道。20 世纪 70 年代，甘斯曾在哥伦比亚广播公司、全国广播公司、《时代》周刊和《新闻周刊》观察过一些他所研究的精英记者。"我惊讶地发现……他们对真正的受众知之甚少，拒绝接受反馈。"[20]行政管理层保护记者不受读者信息和反馈的影响，比如投诉信。与此同时，记者和编辑们发现，想象一群抽象的民主公民很有用，甘斯称之为"受众形象"（audience image），他们被假定与记者和编辑共享相似的阶级和教育背景，并需要新闻业提供的信息。

这幅图景的准确性究竟提高了多少仍有待商榷。[21]但毫无疑问，今天的记者比 20 年前更容易接触到受众的反馈和信息。[22]即使是位阶较低的记者通常也知道他们的网站总体表现如何，哪些文章最吸引人。尽管有关内部共享"指标"（metrics）或"分析"（analytics）的政策仍然各不相同，但这些数据可从多个来源获得，且在新闻编辑室中具有高度蔓延性。[23]各大新闻网站都会展示自己的索引，显示哪些文章被浏览得最多，被通过电子邮件传送、被推特或博客转发得最多。当然，记者是热衷于媒体的用户，他们可以在网上看到人们对他们工作的评论。对于记者来说，孤立于受众的运作是很困难的，但这在 20 世纪却是很典型的。

事实核查人员也不例外。他们密切关注自己的作品在数字媒体领域留下的痕迹。然而与前几代记者相比，他们对理想化的受众形象的投入并不少。（这与一个更广泛的发现相呼应，即"占主导地位的职业价值观"即使在面对与受众偏好相矛盾的信息时仍在继续指导新闻判断。）[24]事实核查人员根据不同的情境，以非常不同的方式向他们的受众传达：作为知情公民而做出民主选择的抽象公众，作为因事实核查人员的工作而起伏不定的网络流量，同时也作为狂热的、有党派色彩的"乌合之众"（crowd），受众是传播政治

作为知情公民而做出民主选择的抽象公众，作为因事实核查人员的工作而起伏不定的网络流量，同时也作为狂热的、有党派色彩的"乌合之众"，受众是传播政治误传信息的一个关键载体。

误传信息的一个关键载体。

媒体工作：在线推广新闻，培养关注度

三家顶尖的事实核查机构中都充斥着大量关于受众的信息。顶级编辑通常会知道在给定的任何一天，哪些新闻正在"上演"（performing）。采访中，他们自愿提供了一些统计数据，比如典型流量数据、邮件列表中的人数（数万人）和收到的电子邮件数量（每周数百封甚至数千封邮件）。在我的田野调查期间，FactCheck. org 使用谷歌分析（Google Analytics）来衡量其网站上的活动，而 PolitiFact 和《华盛顿邮报》Fact Checker 则通过 Omniture 网站分析系统收到的每日流量报告。PolitiFact 向我展示了这份报告，它列出了整个网站每小时的流量和总流量，以及按页面访问量、独立访问者和平均花费时间列出的前 25 篇文章。报告还显示了该网站在美国最大的 25 个都会区、排名最高的"推荐域"（referring domains），以及带来流量的搜索关键词方面表现如何。[25]这些信息几乎难以保密。在我访问 PolitiFact 期间，办公室中的话题至少每天都会触及网站表现：哪些事实核查被哪些人出于何种原因在推特或博客上转发，各州的 PolitiFact 网站表现如何，以及 PolitiFact 整体来说是不是处在"优质流量日"（good traffic day）或"优质流量周"（good traffic week）。[26]

编辑和记者不仅可以获得这些信息，还会对线上注意力的起落形成一种感知，积极尝试追热点（shape it）以吸引新读者，使整体流量尽可能高并保持一致。在这方面，受众成为受工具性流量驱动的资源。只有访客达到相当数量，才能推动主要事实核查网站流量统计的指针发生变化，这些网站每月获得数百万的页面访问量和数十万的独立访客数。但总体流量由一个小得多的影响力圈子的兴趣决定，反映在推特的活跃度、来自知名博客和新闻网站的入站链接，以及主要广播电视网的采访或引用上，有时被称为"媒体热点"（media hits）。在我的观察中，事实核查人员密切留意这些数字关注（digital attention）的各种迹象，并对围绕特定新闻故事产生的实际或潜在的"流行"（buzz）有着敏锐的感觉。日复一日，这都是他们作为记者获得成功或产生影响最容易达到的指标。

培养注意力和流量首先要学会写出能在搜索引擎上表现出色的标题和标签。比尔·阿代尔对新闻专业一个班级的学生说："我们只为一个读

者——谷歌——拟标题。"这阻碍了抖机灵或对双关语的使用。搜索引擎优化首先需要使用多为专有名词的清晰和描述性的标题。［只有 FactCheck. org 偏离了这个公式，有时会打出"切尼的酷刑逻辑"（Cheney's Tortured Logic）这样机智的标题。］编入推特和谷歌中的搜索（searches programmed into Twitter and Google）能够显示媒体和政界的哪些人在谈论哪些事实核查条目。编辑们试图以他们认为能为他们的网站带来持续流量的方式发布新的事实核查；如果同时准备好了两个条目，其中一个可能会在当天晚些时候被发布和推广，以扩大流量，让每个条目都有机会激起尽可能多的水花（as much buzz as possible）。事实核查人员把竞选辩论和重要演讲等引人注目的事件视为吸引新读者和建立固定受众的机会。就像在第三章中所提到的，这些网站通常会将多条事实核查汇总到与当前时事相关的主题故事下。［甚至可能在事件发生之前发布一个故事"罩"（shell），以便在谷歌上取得更高排名。］[27]

吸引受众还意味着通过电子邮件和社交媒体推广新文章。这三家事实核查机构的记者和编辑们在脸书和推特上不遗余力地推销他们的作品（有时也包括竞争对手的作品）。推特尤其被视为主要的流量驱动者，新条目会在每个网站的官方推特账户和记者的个人推特账户下得到发布。在设计如何敏锐地走近社交媒体上，人们倾注的思考多得令人吃惊，这一话题在 2014 年世界各地的事实核查机构会议上引发了热烈的讨论。社交媒体也是办公室谈话和新事实核查人员培训课程中经常出现的话题。我在 PolitiFact 的时候，一位编辑惋惜地说，曾有工作人员忘了在推特上发布一份很有前景的事实核查报告，这意味着该网站错过了"四小时流量黄金期"。当天晚些时候，全体员工召开会议，就"谁该在什么时候发推"制定了一致策略，讨论了诸如一天中发布新条目的最佳时间、多久转发一次、这个过程是否可以自动化等一系列问题。有事实核查人员对这种网上自我推销感到不安。但普遍的看法是，事实核查领域的竞争使得推特对 PolitiFact 而言更加重要，而且一般来说，在推动流量方面，社交媒体比搜索引擎更有价值。[28]

记者的这种例行推广工作可被称为"媒体工作"，以区别于报道、写作和新闻编辑的传统新闻工作。[29]媒体工作似乎日益成为专业的基础，在事实核查人员和其他记者之间的关系中占有突出地位，本章后面将有讨论。然而，媒体工作的重要性没有得到承认，它的成功依赖于非正式的组织资源和一定程度的无形知识。[30]在线媒体工作将不同的受众聚合在一起进行事实核查。政客、记者、学者、博主和日常读者都成为吸引注意力和兴趣的潜

187

在驱动力。人人皆媒。同样，在线发布提供的详细流量测量对区分这些受众几乎没什么作用——至少是在它们被如常使用和讨论时。

真实和想象的读者

尽管受到了强烈的关注，但受众指标和流量统计数据似乎并没有改变事实核查人员对他们为谁写作的编辑意识。他们在工作时，脑海中对民主公众有一个抽象的形象。事实核查网站的理想读者寻求对公共问题保持了解，但缺乏时间或专业知识来整理所有相互竞争的声言。理想的读者希望在选举日做出理性的选择，但却被政治误传信息的洪流淹没。最重要的是，理想的读者可能有政治偏好，但不会对与这些偏好相悖的事实信息嗤之以鼻。[31]

事实核查机构每周都会收到数百封来自读者的电子邮件，并经常强调那些能证明上述形象的读者。《华盛顿邮报》的格伦·凯斯勒在一次事实核查会议上说："我最喜欢的是我从读者那里收到的信（这些信每周一次、两次、三次地到来），读者说，你知道，'我真这么想，但你说服了我'。"FactCheck. org 的布鲁克斯·杰克逊表示同意：

> 我知道有些人是真诚地……被他们听到的政治废话迷惑，尤其当不同候选人相互矛盾的时候。他们寻找可靠的信息来源，这些人就是我们的目标。有时我们甚至会收到人们的信息，比如有人会说："我是民主党人，但我很感激你所做的一切，因为我想知道我的人是否在对我撒谎。"有不少这样的人。[32]

这种参与度高但在政治上不专业的形象，清楚地反映在事实核查机构的新闻工作中。尽管他们的语调有些不同，但这三家媒体都是为非专业人士写作的。他们努力避开技术术语和政治辞令，用日常读者能够理解的术语来表达复杂的问题。"我注意到了读者对基本信息的渴望，"凯斯勒说，"因为问题是，政客说话都用暗语。"[33]事实核查机构认为自己提供了选民所需的对实质性问题的报道（即使他们并不总是能意识到这一点），而那些传统的"赛马"报道却不能做到。正如 PolitiFact 的比尔·阿代尔在接受采访时所说：

> 我想说（传统报道的）另一个缺陷是过于强调

188

> 事实核查网站的理想读者寻求对公共问题保持了解，但缺乏时间或专业知识来整理所有相互竞争的声言。

政治，强调谁上谁下、谁赢谁输，而忽略了对选民来说事情真正意味着什么这一事实基础。PolitiFact 确实开创了一种报道问题和公共政策的创造性方式。我认为这就像让人们吃蔬菜一样。他们不想吃蔬菜，但如果你能把蔬菜做得好吃，他们会吃的。[34]

为了配合这种"来点蔬菜"的方法，PolitiFact 的培训生被告知，网站奖励"清爽透彻的写作"。"这里的关键词是透彻，"一位编辑强调说，"我们在 PolitiFact 上非常强调透彻和清晰。这不是提供花哨轶事的地方。"正如第三章所提到的，编辑们有时会假想一位远离华盛顿的中等收入读者"梅布尔"，根据他的需求来选择可能的故事。事实核查人员也试图在他们的工作中注入幽默。这一点在 PolitiFact 网站上体现得尤为明显，正如测真培训手册所传授的那样，该网站有种略不敬的声音，"不会把这些事情看得太严肃"，并试图让那些不是"政治迷"（political junkies）的人能够接触到政治。[35]［例如，一则"奥巴马出生地怀疑派"（birther）的事实核查报道以这样的方式开头："过去的几周里，有关医保的争论占据了我们的大部分时间，我们能回到重要的问题上来吗？比如，奥巴马的肯尼亚出生证明是怎么回事？"[36]］但是公众总是可以参与到这个笑料中。事实核查网站着力避免专业媒体或高客（Gawker）①、Politico 等政治枢纽（political hubs）使用的圈内用语和讽刺幽默。

然而，事实核查机构的大多数实际读者并不符合其迎合的理想读者形象。与传统新闻机构的同行相比，事实核查记者更容易被读者们充满敌意、有时甚至是失控的交流淹没。这是事实核查人员经常在私人谈话和公共论坛上提出的主题，也是每个新事实核查人员必须适应的工作的一部分，是将他们团结在一起的同志情谊的一部分。培训第一天，FactCheck.org 的实习生就学会了如何回复团队每天收到的约 200 封电子邮件。一位编辑敦促他们，无论问题有多离奇荒谬（每个人都对更多离谱的例子窃窃私语），都要保持尊重，并预警了一些想要挑起争端的党派拥趸的存在："不要卷入任何来来回回的辩论。你只要（把信息）直接发出去就行了。如果他们说'你满脑子都是这种想法'或'我不信'，那就随便他们吧。不值得费口舌。"[37]

---

① 一家总部位于纽约市的美国博客运营商，主要关注名人和媒体行业，自称是"曼哈顿每日媒体新闻和八卦的来源"。

相反，事实核查人员给我的印象是，他们希望自己的工作不会受到如此激烈的争议。

与之相似，PolitiFact 的实习生也了解到，他们需要有一层厚脸皮才能从事这种工作。当我因在 PolitiFact 发表的关于格伦·贝克的事实核查条目而开始从不高兴的读者那里收到私人电子邮件后，我被鼓励去回复那些礼貌的反对意见而非"仇恨邮件"（hate mail），并记住在电子邮件中回复的任何东西都可能被用来对付我。我说过，直率的批评会让人感到非常不安。我被告知"这是一种早期（the first thousand times）反应"，很快，人们就学会了扫描事实上的反对意见，忽略那些尖刻的批评。FactCheck. org 和 PolitiFact 网站定期发布读者电子邮件节选，包括一些对他们工作的严厉评价，平衡地表明自由派和保守派读者都觉得它们有问题。不过，只有 Fact Checker 允许读者直接在已发表的文章下发表评论（这是《华盛顿邮报》网站的一项标准功能）。FactCheck. org 和 PolitiFact 将评论转移到脸书页面，其中一个原因是脸书不允许匿名，这可能会促进更多的公民对话。即便如此，有人告诉我，党派人士主导了评论，因此讨论不那么有价值。[38]

日复一日，上述公众反应的模式变得常规化、可预测。对网络政治话语中充满火药味的党派动态，事实核查人员发展出了敏锐的嗅觉。他们能预测到哪篇文章会引起左翼或右翼读者异常激烈的反应，尤其是当知名专家学者注意到这一点时。（在 PolitiFact 和 FactCheck. org 上，我都听说自由派的微软全国广播公司主持人瑞秋·麦道的几句不友好的话会引发大量愤怒的电子邮件，一位编辑称之为盲目追随她的"绵羊"。）[39] 给记者写愤怒的信当然不是什么新现象。[40] 然而在网上，这种反馈对记者和其他读者来说更直接，更连篇累牍，也更可见。讽刺的是，同事实核查人员希望看到的深思熟虑的信息寻求者相比，狂热的党派受众可能更能提升网站表现。然而，我没有听到这些人谈论有关事实核查工作被工具性地作为流量来源的争议。相反，事实核查人员给我的印象是，他们希望自己的工作不会受到如此激烈的争议。

"群众都是极端分子"

这种可预见的、模式化的敌意只会强化事实核查人员的坚定信念，即公众话语被光谱"两边"的党派极端主义扭曲了。这也使他们对受众作为新闻资源所扮演的角色有了不同看法。[41] 三家精英媒体都强调了读者在对可核查的条目提出建议和批评它们的工作时提供了价值。格伦·凯斯勒在接受电台采访时说："我每天都会收到成千上万封读者来信，他们对我写的东西表示喜欢或讨厌，实际上我从一些读者那里学到了很多东西，他们对我写的东西做出了深思熟虑的回应，这也启发了我的思考。"[42] 如前所述，PolitiFact 根据公众反馈重新配置了测真仪（将"几乎不为真"改为"多半为假"），少数情况下读者的反对使 PolitiFact 改变了裁决。有人这样告诉我："当足够多的人告诉你你错了，有时这就不是党派之争了。"编辑们已经在讨论增加一项功能，让读者自己给声言评级，并将结果与正式的测真裁决一起公布。FactCheck.org 还向读者征集对新闻报道的想法和评论，并致力于回复读者的问询。当一名访问记者（visiting journalist）问及事实核查工作是否可以"众包"时，一位编辑回答说，读者有时会在 FactCheck.org 的工作中发现事实性错误，并表示明年的一个主要项目是增加网站的公众参与。[43]

　　不过，尽管事实核查人员有时会对众包的说法表示赞同，但据我观察，他们对某些自组织的网络公众能够可靠地完成这项工作的想法非常怀疑。事实核查人员表示，要使读者在事实核查工作中扮演的角色制度化，其挑战在于遏制党派冲动。用《华盛顿邮报》的初代事实核查人员迈克尔·多布斯的话来说："如果我们能找到展示真正专业知识的方法，而不是煽动更多的党派诽谤，读者将是知识和良好判断力的非凡来源。"[44] 或者像我在 PolitiFact 时所听到的："你需要足够的人群来压倒党派之争。"[45] 虽然一些海外网站依赖某种形式的众包，但美国在这方面最雄心勃勃的努力是 NewsTrust①的"真相诘究队"（Truthsquad），这是一个在基金会的支持下于 2010 年年中启动的短期试点项目。真相诘究队让读者在一个从"真"到"假"的滑块上对声言评级，并将结果制成表格。[46] 我特地询问了专业事实核查人员对这项尝试的看法。尽管 FactCheck.org 是该项目的官方合作伙伴，但布鲁克斯·杰克逊对这一努力能否实现真正的事实核查表示怀疑："我希望有一种方法能够利用众包进行真正的事实核查，但这很难。你不能通过投票来决定事实，而这恰好是众包的核心所在。"[47] PolitiFact 的比尔·阿代尔也同样持怀疑态度：

---

　　① 一家非营利新闻网站，用户可以在该网站上参考新闻报道，根据新闻质量对报道进行评级，发表评论并添加认为有价值的报道。

这是个有趣的想法，我对此持开放态度，但到目前为止，我还没有看到群众（crowd）愿意做所有的功课……这里面有很多细微的差别……在这一点上，我认为专业记者在事实核查方面做得最好。政治中的群众（the crowd in politics）的问题是，他们如此两极分化，你无法让中立的人参与进来。群众都是极端分子（extremist）。[48]

人们很容易将这些反应视为被围攻行业当中专业人士所做的边界划分。但是，对众包的怀疑凸显了对新媒体技术及其对公共话语更深层影响的矛盾心理。在与 PolitiFact 的一名事实核查人员共进午餐时，我询问对方对政治事实核查的迅速兴起有何看法——为什么是现在？互联网与此有关吗？是的，对方立即回答道：互联网使谎言和信息失真比以往任何时候都更容易被肆无忌惮、不受挑战地传播。这是专业事实核查人员的默认观点，他们承认互联网赋予了他们的工作以可能性，但也坚持认为同样是互联网使事实核查工作具有必要性。"这就是新媒体的悖论。"阿代尔告诉新闻专业的学生。获得公正的事实比以往任何时候都要容易，但人们却不这么做。[49]

事实核查人员确实颂扬"互联网革命"，因为它大大简化了获取原始数据和研究的流程。[50] 但这些记者公开追挽新闻业"把关人"地位的下降，媒体和政治改革者常常将之视为积极的发展。正如阿代尔对某位采访者所解释的那样："在 20 世纪 60 年代，任何国家都有一些电视网，可能还有一些大型报纸，它们是决定人们需要阅读或听到什么信息的过滤器。"他接着说：

> 互联网时代发生的事情是，那些过滤机制、传统媒体（legacy media）不再那么重要了，因为你仍然可以从你习惯的报纸或电视网获得信息，但你也可以从博客和互联网获得信息，甚至是你的疯子叔叔转发给你的电子邮件，他有各种各样的阴谋论。因此，对于记者来说，尤其是对于事实核查人员来说，我们必须意识到过滤机制已经消失了。[51]

对事实核查人员来说，这种转变（"过滤机制消失了"）——为他们开发一种新闻新体裁提供了最迫切的理由。在 2007 年出版的一本关于政治误传信息的书中，布鲁克斯·杰克逊和杰米森强调了媒体体制变化对公众话语和理解的有害影响，指出有线新闻和互联网都是"强

对于记者来说，尤其是对于事实核查人员来说，我们必须意识到过滤机制已经消失了。

大的新型欺骗武器"[52]。在一次采访中,杰克逊给
我举了一个关于奥巴马总统出生地争议的例子,如
果是在 20 年前,记者们不必去拆穿这些荒谬的传言
(rumor),因为这些传言可能会被共同否认。"过去,
专业记者和编辑扮演着把关人的角色。"他解释说:

在事实核查运动的存在主义叙事中,数字时代误传信息兴起的浪潮促使新闻业的基本方向向政治领域转移。

> 那些日子已经一去不复返了,现在这个星球上的每一个人实际上 *198*
> 都受到了所有疯狂的小道消息、线索、谣言、恶意谎言和胡说八道的
> 影响,这些都是我们过去作为记者能够整理出来并将它们阻拦在公众
> 话语之外的……这里不再有把关的功能,因为这里没有门,没有篱笆。
> 信息不断地涌来,大部分是误传。[53]

　　在事实核查运动的存在主义叙事中,数字时代误传信息兴起的浪潮促
使新闻业的基本方向向政治领域转移。记者不再能扮演决定新闻的角色,
必须承担起更棘手的任务:决定什么是真实的。但重要的是要认识到,他
们对互联网的矛盾心理实际上是对搅动网络的公众的矛盾心理,而这些人
往往是充满敌意和非理性的受众,记者们比以往任何时候都更了解他们。
这使得事实核查人员在编辑、讨论和付梓作品时,与传统新闻价值观所设
想的民主公民的理想化程度如此接近,这一点更加引人注目。

事实核查人员与其他新闻工作者

　　事实核查人员是非常不情愿的媒体批评家。以 2011 年秋天占据全美新
闻媒体一周的"松饼门"(Muffingate)丑闻为例:在其他"奢侈消费"的
例子中,美国司法部总监察长的一份报告显示,在华盛顿一家酒店举行的
执法会议上,与会者每吃一块松饼就会被收取 16 美元的费用。政客和知名
人士抓住了这一令人震惊的统计数字,全国各地的新闻媒体也都抓住了这
个机会。一项分析发现,在报告发布后的八天里,有 223 则新闻报道提到了
"16 美元的松饼"或采用了类似形式的表达;超过五分之四的人不加批判地
重复了这个数字,没有试图发出质疑或做出解释。[54]天价糕点为报纸的报道
提供了诱人的先机。《华盛顿邮报》的一篇头版文章这样开篇:

> 哪里的松饼会超过 16 美元?
> 原来是在一次政府会议上。

191

在普通咖啡店里，它们的价格可能只要 2 美元多一点，但司法部在华盛顿的首都希尔顿酒店（Capital Hilton）举行的一场聚会为其支付的价格是它的七到八倍。周二，松饼似乎很快就要和五角大楼 600 美元的马桶座圈一样，成为浪费开支的象征。[55]

当然，这篇报道"好得令人难以置信"，正如《华盛顿邮报》自己的监察专员在随后一周发表的一篇措辞尖锐的评论所指出的那样。根据酒店逐项列出的支出明细，总监察长的报告确实多次提到了 16 美元这个数字。但是仔细阅读（或者"到距离《华盛顿邮报》几百英尺①远的首都希尔顿酒店去一趟"）就会发现账单上不是仅有松饼。[56] 事实上，政府在每人每天的食物上花费了相当节俭的 15 美元，其中涵盖了包括水果和糕点在内的欧式早餐、下午茶、咖啡和其他饮料。这家连锁酒店和司法部均在几天内纠正了这一记录。

在这种情况下，报纸和电视台的记者们对这个扭曲数字的流传做出的"贡献"不比政客少。批评很快出现在从"媒体攻关"到《华尔街日报》的各大媒体的报道中，这些批评指责记者没有全面报道事件，或者在新信息曝光后没有在显著位置进行更正。[57] PolitiFact 还分析了"16 美元松饼"的相关声言，知名保守派人士比尔·奥莱利在乔恩·斯图尔特的《每日秀》上依然重复了这则声言。奥莱利获得了"多半为假"的评级。PolitiFact 链接了对新闻业在事件中的作用的严厉评估，但它自己只提供了最不痛不痒的指责："媒体报道是对总监察长总体负面发现的总结，但情不自禁地从 16 美元的松饼开始。公平地说，这是对报告的逐字引述（verbatim quote）。"[58]

在精英事实核查机构中，这算是一种不同寻常的直接的新闻批评。专业事实核查人员与他们的记者同行之间有着迷人又矛盾的关系。事实核查从新闻中来，填补了新闻的缺位，可以说事实核查需要通过新闻才能产生最大影响。事实核查人员经常引用其他记者的话，并努力被他们引用和引述。这一体裁为新闻业转向新闻机构间的合作提供了一个鲜明的例证。[59] 与此同时，专门从事事实核查的媒体的存在是对传统政治报道失能的一种控诉。在事实核查人员的日常工作中，有时在广泛的公众评论中，对他们自身所从事职业的改良主义批评经常会出现。但在他们发表的文章中，这种批评充其量隐而不彰。

---

① 1 英尺约合 30 厘米。

"这是我们一直以来该做的事"

195

当事实核查人员必须解释他们所做的事情时，无论是在非正式的谈话中还是在正式的采访中，一个常见的说法是，这是每一位优秀的记者都应该做的事情。我几乎从每一个与我交谈过的事实核查人员那里都听到了这样的话，但争议时刻可以让批评变得更加尖锐。在全国公共广播的一次采访中，比尔·阿代尔这样解释公众对 PolitiFact 网站 2011 年"年度谎言"评选的普遍反对：

> 我们在很多方面破坏了协议。我们已经说过，我们不再只是政客的传声筒……这动摇了建制。我认为人们不习惯新闻业这样做，我认为这反映了新闻业的失职，**这才是我们一直以来该做的事**。[60]

如第二章所述，事实核查机构经常把它们的新闻体裁描述为对传统新闻业失能的一种回应。在一次会议上，当被问及这个问题时，三家精英事实核查机构的创始人都表示同意，布鲁克斯·杰克逊称自己是"恢复常态的'他说，她说'型记者"，而阿代尔坚称 PolitiFact "源于我自己的内疚"。[61] 在更广泛的事实核查环境中，某些职业上的溃败会一再出现，就像在 2003 年入侵伊拉克之前未能质疑白宫的声言一样。[62] "我认为媒体在最近十年的早期，在伊拉克战争前夕，确实放弃了自己的角色。"美国广播公司新闻记者杰克·塔珀告诉斯蒂芬·科拜尔（Stephen Colbert），当时他和阿代尔一起出现在后者主持的电视节目《科拜尔报告》（*Colbert Report*）当中，宣布 PolitiFact 和美国广播公司的《本周》结成新的合作伙伴关系。[63] 事实核查人员认为自己是以报道实践为榜样的，他们认为报道实践要求更高、更诚实，更符合行业的始创理想。正如迈克尔·多布斯所写的那样：

> 2007 年夏天我向《华盛顿邮报》的编辑建议推出 Fact Checker 栏目，很大程度上是因为我觉得《华盛顿邮报》的报道偏离了寻求真相的传统。而在有"赛马"报道的地方……我觉得我们受到了政治阶层的排挤，以至于忽视，或者至少是淡化了更宏大、更重要的问题……寻求真相和讲述真相被贬抑到新闻工作的边缘，而不是占据它们应有的新闻工作的中心地位。[64]

196

> 事实核查机构经常把它们的新闻体裁描述为对传统新闻业失能的一种回应。

在我访问 FactCheck. org 和 PolitiFact 时，这种使命感显而易见。我听到了对"他说，她说"报道和"赛马"报道的批评，这些批评不仅来自这些组织的创始人，而且几乎来自所有员工，甚至是兼职员工。PolitiFact 针对将要支付数万美元以获准使用该机构方法论的潜在特许经营商进行的推广相当大胆，它邀请这些新闻机构采用比目前更高的新闻标准。测真培训手册也反映了这种更高的使命感："PolitiFact 报道的门槛比我们在报纸上发表的许多其他报道更高。对于一则典型的报纸新闻来说，我们只要摆出每一方的事实，让读者决定他们的感受即可。但对于 PolitiFact 来说，我们要更深入地挖掘，研究更多的资料来源，得出正确的结论。"[65]

如前所述，事实核查人员不断强调，这种新闻体裁比典型的竞选报道需要更多的时间和精力。他们有时会为没有在常规报道中进行事实核查寻找借口，认为这是为了满足紧迫的截稿期限的需要。"当我还是一名政治记者的时候……日复一日地做竞选报道……我会尽力去核查事实，"格伦·凯斯勒解释道，"但我经常没有足够的版面或者被削减版面，因为……就叙事而言，细节有点太复杂了。"[66]在一次采访中，有线电视新闻网的常驻媒体评论员问比尔·阿代尔为什么更多的报纸不做事实核查。"这需要大量资源，需要真正履行承诺，"阿代尔回应说，"它们必须愿意让记者和编辑投入到需要花费更长时间的新闻工作中去，因为这不是你能迅速做到的事情。"[67]

然而，事实核查人员有时会提供更具批判性的描述，认为政治记者不敢反驳官员，因为害怕失去"拿料的机会"（access）。FactCheck. org 的布鲁克斯·杰克逊坦率地告诉我："和准确相比，有些记者更偏好拿料。"[68]考虑到这一点，PolitiFact 鼓励各州的合作伙伴安排大量记者投入到全职的事实核查中去，而不是让更多人从其他条线过来轮换。人们担心的是，那些需要与政治人物保持良好关系的记者会不敢拿出"测真仪"，害怕写出尖锐的测真条目。阿代尔告诉我："事实核查报道是最自由的，因为它从不需要关心怎么拿料。"他接着说道：

> 你希望条线记者不会比说出市长酒后驾车之类的话更不情愿（质疑官员所说的事实）。但我认为这是固有的……官员对条线记者的掌控就是，如果他们愿意，他们可以断了记者的料，不给他们放料。我从来不担心这个。某种程度上，如果我们（对政客）大声疾呼的想法还有什么阻力，我觉得这种阻力通常来自条线记者。[69]

尽管有这些成熟的批评，但主要的事实核查机构都非常小心，不让自己的新闻听起来像媒体批评。事实核查人员调查的大多数声言首先出现在新闻报道中。他们引用报道中的消息来源，但几乎从不责怪它们确立了一种欺骗性的说法。值得注意的是，即使谎言出自有瑕疵的或耸人听闻的报道，这一观点仍然成立。一个例子出现在 PolitiFact 的一次培训会议上：该网站对佛罗里达州民主党人的一份新闻简报给出了"一派胡言"的评价，这份简报指出该州的共和党总检察长声称次贷危机不是"大问题"。[70] 分析清楚地表明，错误源自他们准确地引用了当地一家报纸的报道。这篇报道张冠李戴，把其他人的话套到总检察长那里去了。例子温和地点出："文字实录有两个关键之处与新闻报道不同。"尽管上述报纸出现失误，民主党还是获得了 PolitiFact 的最差评级。

尽管有这些成熟的批评，但主要的事实核查机构都非常小心，不让自己的新闻听起来像媒体批评。

与之类似，PolitiFact 和 FactCheck. org 多次驳斥了参议员麦凯恩等人反复提到的凤凰城是全球绑架之都的说法。[71] 两边的事实核查人员均将这一可疑数据的来源追溯到了美国广播公司的一档新闻节目，尽管多次发出问询但从未被证实。他们指出，这一数字在报纸和电视报道中被广泛重复。但他们把批评留给了政客。PolitiFact 写道："这个节奏有点像打地鼠（Whac-A-Mole）。你击倒一个在说这个的政客，另一个又突然跳出来在别的地方说这个。"[72] 然而，就像"松饼门"争议一样，新闻机构在传播这一耸人听闻的统计数据方面做了和政客们同样多的工作。《赫芬顿邮报》的一位批评人士说："媒体玩了一个'传话游戏'（Whisper Down The Lane），导致了这种疯狂的扭曲，即认为凤凰城是世界上第二大容易被绑架的地方。"[73]

被视为误入媒体批评领域显然让事实核查人员感到不悦。在担任《华盛顿邮报》事实核查人员的第一年，格伦·凯斯勒参与了一场辩论，辩论内容涉及时任副总统的拜登是否曾在提高美国债务上限的闭门谈判中把茶党活动家比作"恐怖分子"。这项指控起源于华盛顿新闻网站 Politico 的一篇报道，凯斯勒对副总统予以否认的这篇报道和其他重复这一说法的"可疑"报道提出了异议。[74] Politico 严厉地回应道："等一下。他要么说了，要么没说。这是需要核查的事实。核查的方法是报道出来，而不是攻击那些报道出来的人。"[75] 在一篇年度盘点文章中，凯斯勒称自己的文章为"大错特错"（clunker），就差向 Politico 及其读者道歉了：**我们从未打算成为新闻批评家（journalism critics），我们将努力把注意力集中在这个选举季的政客**

身上。"[76]

这种反应指出了事实核查人员不愿在其发表的作品中批评其他新闻机构的一重原因。专业新闻工作在新闻报道和媒体批评之间划出了一条鲜明的界限，事实核查人员把自己完全定位为前者。FactCheck. org 的一位明星实习生告诉我"关键是要弄清真相"，对其他记者提出改进意见会显得"八卦"且"小气"。在 PolitiFact 网站上，佛罗里达州民主党人被一篇错误的报纸文章引向"一派胡言"的案例被用在了一次培训课程上，以表明事实核查人员总是应该追溯原始的文字实录。一位编辑强调"报纸报错了"。有一名学员想知道 PolitiFact 是否指出了报纸报道的错误，对方回答说："没有，因为我们不是去核查报纸的，我甚至不知道报纸察觉到了这一点。有时我也会为此挣扎。例如，我真的很想打电话给新闻媒体同行，说'嘿，你把事情搞砸了？'那不是我的事。**我不是来纠正新闻界**(the news press)**的**。"[77]

在新闻界批评同行是尴尬的，而且也违背了事实核查机构对自己在新闻界求真传统中所处地位的理解。这些组织因其报道之作荣誉加身。[78]事实核查机构是由拥有长期报道资历和深厚专业网络的资深记者创立的。经验丰富的政治记者充实了机构的队伍，他们可以出席诸如白宫记者晚宴①这样的独家活动。他们视自己为客观性的标杆旗手——而不是党派媒体监督者这类美国政治话语中声量最大的媒体批评家。正如第一章所指出的那样，从事实核查的角度来看，媒体批评大多受到了政治的污染。

媒体工作：与其他新闻编辑室建立联系

专业的事实核查机构与经常推广其工作的传统新闻机构有着某种共生关系。事实核查人员承认这一部分工作，但经常试图将其放在更为正确的位置。布鲁克斯·杰克逊和比尔·阿代尔都告诉我，被其他媒体引用和采访并不是首要目标。[79]"我首先是记者，我的目标是做好新闻工作，"阿代尔说，"如果它被电视网或《纽约时报》引用和采访，那是很好的，这种情

---

① 白宫记者晚宴是白宫记者协会（White House Correspondents' Association，WHCA）主办的年度活动。通常情况下美国总统会出席晚宴，媒体则予以报道。白宫记者协会是报道白宫和美国总统相关事务的记者组织，成立于 1914 年 2 月 25 日，独立于白宫运作。

经常发生，但我从不认为那是我们的目标。"然而日常现实要复杂得多。据我观察，高端媒体上的"曝光"（hits）是验证事实核查重要性的关键来源——就像《纽约时报》发表明尼苏达州米歇尔·巴赫曼

> 事实核查被接受为一种正当的新闻形式，并提供了切实的证据，证明它可以对公共事务产生有意义的影响。

的简介时，在侧边栏用很长的篇幅介绍了她在测真仪上的糟糕表现。在一次新事实核查人员的培训会上，一位编辑指出，这篇报道显示了 PolitiFact 的工作在竞选活动中的重要性："这有价值。这很重要。我们准确地捕捉到她在准确性方面确实存在问题。"[80] 在 PolitiFact 和 FactCheck. org 网站上，这样的案例经常出现。这两个网站都经常发布文章，提醒读者注意知名媒体上的采访或引用。[81] 来自主要媒体的关注有助于吸引更多受众，事实核查人员通常会注意到被主要媒体"曝光"之后的流量激增。[82] 但这也带来了更大的专业认可，表明事实核查被接受为一种正当的新闻形式，并提供了切实的证据，证明它可以对公共事务产生有意义的影响。

在组织层面上，大量的工作和注意力被投入到事实核查机构与其他媒体的关系中。作为一种体裁，事实核查很好地适应了专业新闻的协作转向以及新闻编辑室之间、跨媒体平台之间的伙伴关系（并且可以说是这种合作和伙伴关系的产物）。[83] PolitiFact 不同寻常的特许经营模式生动地说明了这一点。与各州媒体合作伙伴签订的授权合同包括联合供稿和收入分成，还包括新的新闻方法论训练。值得注意的是，这些合作关系使一间新闻编辑室中的记者受制于在其他城市的另一家公司的编辑们的编辑标准。[84] 事实核查网站也与纸媒、广播电视和网络上不断变化的新闻媒体建立了正式和非正式的联盟。当 FactCheck. org 网站开始直播 2004 年总统大选时，作为政治新闻节目的便捷来源，新体裁的吸引力变得显而易见。很快，媒体开始援引该群组的工作，并邀请布鲁克斯·杰克逊在直播中简要评估竞选声言。在那次竞选中，杰克逊做了几十次实况转播，出现在全国公共广播、有线电视新闻网、全国广播公司、美国广播公司和公共电视网等频道和频率中。2007 年上线时，PolitiFact 和《华盛顿邮报》的 Fact Checker 迅速加入了媒体圈；比尔·阿代尔更是无处不在，仅在 PolitiFact 成立的第一年，他就在直播中客串了 200 多次。[85] 在 FactCheck. org 和 PolitiFact（包括后者在各州的特许经营合作伙伴）刊头上排序较低的记者也会受到报纸和广播电视媒体的邀请，尽管次数不多。[86]

这些临时关系可能会产生较长期的分销协议，通常与选举季挂钩。因

此，2012 年，FactCheck. org 在 WCBS 广播电台① ［"周五事实核查"（Fact-Check Friday）］ 和全国广播公司电视网联合制作了每周的事实核查节目片段（全国广播公司的一位制片人在 FactCheck. org 位于安南伯格公共政策中心的总部现场制作了高度精练的视频片段）。该网站允许免费复制其作品，并与《今日美国》、《费城询问报》、《赫芬顿邮报》和雅虎新闻等一系列印刷和网络新闻媒体达成了非正式协议。即将上任的网站主管尤金·基利在一次采访中强调，扩大这样的合作关系是当务之急。[87] 尽管《华盛顿邮报》的格伦·凯斯勒就职于一家发行量很高的全国性报纸，但他也热衷于与媒体接触。在 2012 年的竞选中，凯斯勒在公共电视网、全国公共广播、微软全国广播公司和福克斯等一系列广播电视网上提供实时事实核查；展望 2016 年，我们的目标是为这个选举周期确立一个"常规安排"（regular gig）。[88]

PolitiFact 在媒体合作方面迈出了步伐。2010 年，该网站开通了各州媒体特许经营网络，并与美国广播公司的《本周》节目合作，每周对节目嘉宾进行事实核查（调查结果逢周三公布，两家网站都对其进行了推广）。为了 2012 年的总统大选，PolitiFact 与全国公共广播共同制作了一个名为"发报机"（Message Machine）的选举报道专题，并在不同的时间点与有线电视新闻网和微软全国广播公司达成了协议，其事实核查人员在选举季数十次出现。该机构还与地方电视台合作：2012 年和 2014 年，赫斯特电视台（Hearst Television）在全国地方附属台播出自购的 PolitiFact 节目。PunditFact 一上市就开始寻求类似的分销交易，媒体曝光度是 PunditFact 的非营利支持者用来衡量其成功与否的指标之一。2014 年，PunditFact 与"野兽日报"（Daily Beast）② 达成协议，前者将其周日政治秀的精编刊登在后者的网页上，后者为这些精编支付费用。然而，出于对媒体人物和媒体本身的关注［PunditFact 一直在运作五大电视新闻网的"记分卡"（scorecard）］，这可能会限制该网站对潜在合作伙伴的吸引力。[89]

为广播电视媒体进行事实核查的吸引力尤其突出。阿代尔告诉一位电视记者："测真能撑起很不错的电视节目，因为它既生动又有实质内容。"[90] 事实核查也造就了"伟大的电视节目"，因为它及时播出，如果从特定的网站取材，制作成本就非常低廉。通常情况下，事实核查机构在与

---

① 一家位于纽约市的广播电台。
② 译名为日报，实为美国一家新闻网站。

广播电视媒体的协作中没有金钱往来；媒体获得的素材填补了每日新闻的空档，而事实核查机构也为自己和这一新闻体裁赢得了更广泛的读者。[91] 布鲁克斯·杰克逊告诉我："被窃取或被抄袭对我们来说还好。"[92] 从一开始，依靠专门的事实核查人员提供的素材就帮助其他新闻编辑室接受了这一做法。在 2007 年的一次会议上，旧金山湾区电视台（KGO-TV）① 的一名政治记者就他的电视台如何在 2004 年总统大选期间运作事实核查打趣说："我们所做的就是盗用 FactCheck. org……我们让布鲁克斯到美国广播公司的驻地接受我们的采访，向我们解释他在做什么，让他同意我们播出他的故事。"[93]

事实核查机构催生了一种新闻工作的类型，它非常巧妙地嵌入了广播和电视新闻的模块化节目运作（programming economy）中，这仍然是大多数美国人的主要新闻来源。[94] 已刊载的事实核查可以很容易地被组合成三到五分钟的片段，可供直播节目使用，亦可将其编辑成杂志风格的片段。出于平衡的需要，这些片段有一套高度标准化的格式。比如大多数片段的时间大约为四分钟，包括三到四则不同的事实核查，例如在竞选中挑战双方候选人，或者在初选辩论中检验几位候选人的声言。事实核查网站提供了支撑它的基本叙述和研究，广播电视媒体要做的就是在其中插入政客声言的视频或音频剪辑片段。我为一位专业事实核查人员的访问提供了背景，通常是在与主持人的现场调侃中将节目从一则声言推进到下一则声言。

观察安排和执行这些出镜（media appearance）背后涉及的幕后工作，只是加强了事实核查这种体裁对当下媒体环境的良好适应。电视上的事实核查节目很快就汇集在了一起。我在 PolitiFact 见证的一个案例是在微软全国广播公司的《每日简讯》（*Daily Rundown*）节目中，阿代尔进行了五分钟现场采访，内容与华盛顿正在进行的预算辩论有关。就在采访前一天，一段简短的电子邮件交流决定了三个测真条目将被曝光，内容关于奥巴马总统、众议院议长约翰·博纳和总统候选人唐纳德·特朗普的声言。电视台制作了一份简单的、一页纸的大纲，按照讨论顺序列出上述三人、他们声言的确切措辞，以及 PolitiFact 对每个案例的裁决。这项工作与 PolitiFact 共进同享，以确保细节准确无误；然后加入一些图形元素，它们将在阿代尔出镜时被打在屏幕上。主持人

> 观察安排和执行这些出镜背后涉及的幕后工作，只是加强了事实核查这种体裁对当下媒体环境的良好适应。

---

① 美国广播公司拥有和经营的电视台，向旧金山湾区观众广播。

查克·托德（Chuck Todd）在采访开始时说："我们将和比尔·阿代尔一起彻查'数字盛会'（numberpalooza）。"节目播出时，覆盖其上的文本突出了被质疑的声言；当阿代尔做出裁决时，一个动态的测真仪显示了每一项裁决结果（以响亮的蜂鸣示意裁决评级中的"假"，以鸣笛示警示意"一派胡言"）。联席主持人萨凡纳·格思里（Savannah Guthrie）在点评总统之位转由共和党对手把持的权力交接时严肃地说："若别无其他的话，可以说测真面前人人平等。"[95]（见图6.1）

203

图6.1　比尔·阿代尔造访有线电视新闻网并查看2011年初选辩论中的几项声言
资料来源：《早安美国》（*American Morning*），有线电视新闻网，2011年10月19日。

　　如前所述，这类媒体工作很大程度上依赖非正式资源（特别是与其他媒体专家的人际关系）以及无形知识。[96]事实核查人员和其他记者在媒体工作中涉及的诀窍（know-how）通常不会被正式视为工作的一部分。在测真培训手册中，没有哪一页涉及如何开展一次好的电视采访、如何选择一个合适的媒体合作伙伴，以及如何在有争议的事实核查中挨过众怒。但是对新闻业来说，这些技能也许总是比人们所承认的更有意义：在一个以自由职业、跨媒体合作，以及依靠其他渠道接触有意义受众的专业新闻机构为特色的世界里，这些技能变得越来越重要。（另一个当代的例子是提供调查报道的非营利组织，它们同样寻求媒体合作，并将其作品交给主流新闻媒体发布。）[97]

　　因此，无论台前幕后，了解演播室内的情况对事实核查人员参与日常新闻话语至关重要。正如我在两次参观演播室时观察到的那样，经常来访的客人会被保安认出（甚至可能有上次参观时留下的访客徽章）。他们可以和其他访客开玩笑，讨论哪家电视台的休息室（green room）最好。他们知道要多早赶去演播室——你不希望为上镜耗去整个上午，但你绝对不能迟到。从这个意义上说，上电视既严肃又不严肃。对于一个老手来说，电视直播的经历可能会变得相当随意，但错误的后果却并非如此。电视和广播新闻的节目运作会犒赏那些有演播室经验的、值得信赖的嘉宾，他们在百忙中参与到故事和节目片段（通常是即时的现场片段）的组装中来。当然最重要的是镜头前的行为：有能力在一个空旷的演播室对着摄像机说话时感到自在；能够用简短有力的声音清晰地讲话；既要准备充分又要显得自然，随时可以开一两个玩笑；被主播提示时要能接过话头。正如比尔·阿代尔告诉我的："我知道该怎么倒出我的词儿（hit my lines）。"[98]

媒体间联系与客观地位

　　事实核查人员与其他记者和媒体主管的关系是夯实这一新兴体裁的重要资源，上述关系在长期的职业生涯中被培植起来。事实核查人员被嵌入个人和专业网络中，再现他们作为客观记者（objective journalist）的身份，受其他客观记者所托，执行裁

> 事实核查人员被嵌入个人和专业网络中，再现他们作为客观记者的身份，受其他客观记者所托，执行裁决事实争议的棘手业务。

决事实争议的棘手业务。如前所述，事实核查人员在出镜中扮演着鉴证人
（testifier）的角色——"杰克逊说奥巴马总统出生在他所说的地方"。这些
脚本煞费苦心地强调，证词来自经验丰富、没有党派义务（partisan commit-
ment）的专业记者："这位是布鲁克斯·杰克逊，曾任《华尔街日报》和有
线电视新闻网的高级调查记者。他现在运营 FactCheck.org，这是一个与宾
夕法尼亚大学安南伯格公共政策中心有关的非党派组织。"[99]引用或引述他
们的记者会条件反射般地把"非党派"标签贴在事实核查人员身上。有几
个例子可以说明这种一贯的新闻业的叩拜（genuflection）：

> 非党派网站 FactCheck.org 提供了两年前的国会证词，这位前议长
> 在证词中说，他仍将支持对主要污染企业实施总量和交易管制。[100]

> 比尔·阿代尔是非党派事实核查网站 PolitiFact 的编辑，他和我一
> 起来到演播室讨论这部影片。[101]

> 据非党派网站 FactCheck.org［的维丽卡·诺瓦克（Viveca Novak）］
> 称，奥巴马的任何一张选票都不会对收入 42 000 美元的家庭增税。[102]

> 我们现在请到了安吉·德罗布尼奇·霍兰。她是非党派事实核查
> 网站 PolitiFact.com 在佛罗里达州的编辑。[103]

> 但是谁会赢得罗姆尼和佩里之间的赌注呢？来自非党派组织 Fact-
> Check.org 的尤金·基利说："里克·佩里（Rick Perry）① 可能是
> 错的。"[104]

> 非党派的 PolitiFact 关注了债务利息问题［两党（both sides）都倾
> 向同意其非党派倾向的分析］。他们说，如果总统的预算获得通过，年
> 度支出减去利息将与 2017 年的年收入持平。[105]

最后一段节选也来自第三章提到过的一个插曲。奥巴马总统在记者招
待会上承诺，他的新预算将在几年内停止增加国家债务；几个小时后，
PolitiFact 网站发布了一篇 1 200 字的测真条目，裁定该声言为"假"。[106]当
新任白宫新闻秘书在第二天早上的新闻发布会上重申这一说法时，美国广
播公司驻白宫记者杰克·塔珀公开反驳了他。塔珀强调了 PolitiFact 的非党
派地位，这就像一道护身符："这次即使非党派力量已经看到了债务增加，
并且说出白宫确实增加了债务之后，你们仍将继续声称没有增加债

---

① 美国共和党政治人物，第 14 任美国能源部部长，2000—2015 年担任得克萨斯州州长。

务吗?"[107]

塔珀是事实核查运动的公开盟友。2004 年大选期间，他是美国广播公 *206*
司《事实而已》（*Just the Facts*）的工作人员，曾多次与布鲁克斯·杰克逊
或比尔·阿代尔实况连线开展事实核查；作为美国广播公司《本周》节目
的临时主持人，他与 PolitiFact 建立了节目的合作关系。他在有关事实核查
的会议和小组讨论中加入核查人员的行列。但在对峙的时刻必须援引 Politi-
Fact 的客观地位（objective status），坚持"两党都倾向同意其非党派分析"。
（更准确地说，两"党"都同意 PolitiFact 的一些分析，但很少是相同的分
析。）毫无疑问，他不会引用（任何一家精英新闻媒体的记者也都不会引
用）"媒体攸关"或"媒体研究中心"等公开的政治信源（openly political
source）来反驳总统所说的话。

这是罕见的成功之举，也是我亲眼看到的事实核查工作被用来削弱公
开声言的最明显的例子——面对面，在白宫也不过如此。当争执的消息传
到 PolitiFact 时，办公室里一片欢呼雀跃，工作甚至都停顿了一会儿。有人
建议像 PolitiFact 和 FactCheck. org 网站在类似场合所做的那样，发表关于这
一事件的评论，但这一次，这个想法被认为太自鸣得意了。一位员工开玩
笑说这听起来有点绝望，就像在宣布"看! 我们很重要!"但是，专业事实
核查人员**确实**希望发挥作用，而关于他们重要性的最切实证据在于被著名
媒体引用、引述和采访。[108]

以上述方式发挥作用的能力取决于事实核查人员作为客观记者的地位。
这种地位在其媒体形象中得到了反映**和塑造**；也就是说，这体现在引用和
链接他们的地点和人的网络中。这是正式公告（formal declarations）和任务
声明（mission statements）的问题，是以专业奖项、媒体合作等形式体现的
同行认可问题，也是无数的个人背书（endorsements）和肯定（affirmations）
的问题。"非党派组织 FactCheck. org 说……"这些地位确认模式的影响在
今天以全新的方式可见，当然也有悠久的历史。想想赫伯特·甘斯被大量
引用的观点：如果《纽约时报》不存在，"它很可能就得被发明出来"[109]。
像新闻业这样一个竞争激烈但高度需要共识驱动的
领域需要编辑标准制定者和议程设置者。从《纽约
时报》这样的领导者那里获取编辑线索，为其他新
闻媒体提供了某种保障，尽管这增加了新闻精英的
权威并批准了一套特定的报道实践和新闻判断。

> 专业事实核查人员确实希望发挥作用，而关于他们重要性的最切实证据在于被著名媒体引用、引述和采访。

207

通过有意识的选择、自动或不经意的选择，精英事实核查人员积极塑造自身的媒体形象。

通过有意识的选择、自动或不经意的选择，精英事实核查人员积极塑造自身的媒体形象。正如他们在自己的研究中避免党派信源（某些建制智库除外）一样，事实核查人员寻求在媒体上的曝光度，以彰显他们标榜的客观性。他们吹嘘自己在《纽约时报》上"大受欢迎"，但很少关心源自"媒体攸关"的流量，尽管后者会常规化地通过事实核查网站来推动工作。事实核查人员更喜欢接受有线电视新闻网和三家传统电视网的采访，而不是福克斯新闻和微软全国广播公司，后一组有党派背景。一位事实核查人员告诉我，在后两家电视台做"日间"新闻节目是可接受的，但比尔·奥莱利和瑞秋·麦道等知名人士主持的晚间"政治"节目则不行。我还听说，在选择电视合作伙伴的过程中，对政治认同的担忧甚至可能会压倒对制作价值和技术专长的强烈偏好。也就是说，如果一家电视网受到党派关系的影响，那么拥有制作最精良的事实核查节目甚至最多的观众，并不一定会使它在竞选期间成为事实核查机构最好的合作伙伴。[110]

最后，应该强调的是，上述（事实核查人员以及引用他们的新闻机构的）关注和偏好以戏剧性的方式影响了事实核查机构的实际媒体形象。我认为对任何关注事实核查环境的人来说，马上就能直观地看出来这一点：与特定的事实核查机构交谈（talk to）的媒体人或谈论（talk about）特定事实核查机构的媒体人，他们在政治路线上大相径庭。简单地说，精英、非党派的事实核查机构最常被它们的专业同行提及；同时，党派媒体对党派事实核查网站给予了不成比例的关注，尽管它们不仅仅对志同道合的网站这么做。

在比较电视新闻节目中不同事实核查机构的媒体足迹时，上述差异显而易见。一个简单但具有启发性的分析是，对采访或谈论三家精英事实核查机构或它们最直言不讳的党派对手的新闻播报进行计数：以左翼著称的"媒体攸关"和保守派的"媒体研究中心"及其网站 NewsBusters[111] 对 2008年至 2014 年八大主要电视网新闻节目的汇总结果表明，首先，事实核查机构皆为电视新闻领域所熟知。除了《华盛顿邮报》的 Fact Checker 之外，其他两家事实核查机构都出现了数百次；"媒体攸关"以超过 800 次的播放次数位居榜首，其次是 PolitiFact，有接近 750 次。[112]（见图 6.2）

然而，媒体形象的差异是惊人的。FactCheck. org 和 PolitiFact 都从那些将自己定位为非党派的电视网那里获得了极大的关注，尤其是有线电视新闻网和全国公共广播。在这两例中，只有不到三分之一的节目被福克斯新

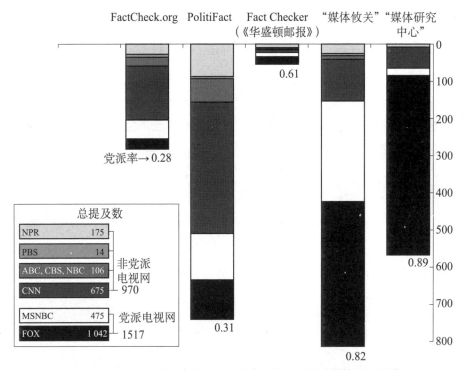

图 6.2 2008—2014 年按电视网划分的事实核查机构被媒体提及的情况

注：一项内容分析揭示了事实核查机构在不同政治背景下的电视网媒体足迹。党派事实核查机构主要被党派电视网福克斯和微软全国广播公司引用，而三家精英事实核查机构最常出现在有线电视新闻网、公共电视网和全国公共广播等电视网当中。

资料来源：卢卡斯·格雷夫斯和帕特里斯·科尔的分析。詹妮丝·奥尔森绘图。

闻或微软全国广播公司（这两家电视网分别以保守派和自由派自居）提到（《华盛顿邮报》的 Fact Checker 明显例外；2012 年，格伦·凯斯勒经常接受福克斯新闻和微软全国广播公司日间新闻节目的采访）。

两家党派媒体批评网站的模式则相反。保守派的"媒体研究中心"有90%的关注来自党派电视网，其中最大份额来自福克斯新闻。对进步派的"媒体攻关"来说，这种影响几乎同样富有戏剧性，其节目提及次数的80%都来自福克斯新闻或微软全国广播公司。有趣的是，与自由派电视网相比，保守派电视网对"媒体攻关"的关注度更高。在所有提及自由派媒体批评的媒体报道中，福克斯新闻的报道占了近一半（当然是负面的），这些批评将大部分精力用于驳斥福克斯新闻上的误传信息。[113]

研究专业的事实核查机构与他们的关键受众之间的关系揭开了这一新兴实践活动的核心矛盾。正如我们所见，事实核查机构坚持认为，唯一适合记者的任务是向理性的、渴望得到事实的公众提供信息。尽管记者们和任何人一样明白公众是多么无足轻重，他们依然非常关心自身对现实世界政治辩论的影响。实践中，事实核查机构在公共话语中的重要性主要体现在他们与其他记者的地位再生产（status-reproducing）关系上，这在肯定事实核查正当性的同时，也放大了事实核查的影响。这些在受众和使命上的关键张力有助于阐明事实核查机构在试图改革客观新闻实践所面临的认识论悖论。它们的工程项目要求它们说出确凿的事实，做出决定性的裁决；但事实核查人员也需要能够否定自己的工作，将其提交给有权不同意其结论的受众进行判断。最后一章考察了事实核查机构政治评论文章的性质和局限。

> 事实核查机构坚持认为，唯一适合记者的任务是向理性的、渴望得到事实的公众提供信息。

第七章 | 事实核查的局限

尽管在政治世界中拥有独特优势，但事实核查人员小心地避免任何将重大争议或公共话语整体状况归咎于某一政党的分析。批评家不断指责事实核查人员误入了意见和意识形态的领域，在这些领域中，进行客观的事实分析是不可能的。

每一次事实核查都是附着在公开声明上的一个评估性脚注，一种告诉世界是否应该信任它的注解。事实核查机构以敢于直面政治偏见、在事实争议中站队、揭露政治欺诈而自豪。正像我多次听到的那样，如果记者想参与一项新的事实核查行动，就必须习惯这种做法。"PolitiFact 是不同的。刚开始的时候会觉得很尴尬，"事实核查新人在开始他们的测真训练时被警告，"你必须决定哪一方是对的。我不得不说，我第一次写'奥巴马总统夸大其词'这句话的时候……觉得很不舒服。"[1]

尽管如此，对于新入行的专业事实核查人员来说，某些类型的评估仍然过于令人不舒服。他们所进行的是非常狭义的政治批评。事实核查人员会在他们的文章中得出结论，但这只是当下的即时结论。他们非常刻意地专注离散分立的声言和个体政治行动者。尽管在政治世界中拥有独特优势，但事实核查人员小心地避免任何将重大争议或公共话语整体状况归咎于某一政党的分析。本章探讨了这些新闻工作者所进行的政治干预的尖锐局限，这些局限常使他们被指责为他们一贯谴责的虚假平衡。在对事实核查日复一日的常规、实践及如何理解客观性的仔细研究中，一个更为细致且有趣的观点浮现了出来。

"读者不得不自己做决定"

2011 年夏天，华盛顿上演了围绕赤字削减计划（deficit-reduction plan）的紧张辩论。共和党议员拒绝提高国会批准的联邦债务上限，除非政府通过削减数万亿美元的开支来抵消这一限制。这清楚地说明了事实核查的局限性。在这场被广泛描述为政治危机的事件中，事实核查人员曾数十次介入。最坏的情况是，这场危机可能导致美国首次出现债务违约。[2]事实核查人员驳斥了共和党人的说法，即白宫①要求开出"空头支票"（blank

①　当时入主白宫的是民主党籍总统奥巴马。

check），以增加新债务。（为了偿还已经花掉的钱，提高债务上限是必要的。）他们确证，在每一位现代总统的任期内，债务上限都被提高了，但这又与民主党声称当前两党的摊牌史无前例的说法相矛盾（民主党人曾在小布什总统任内就债务上限边缘政策与其建立紧密关系①）。事实核查人员提供的评估大多不确定是否像白宫警告的那样，如果国会不能在最后期限前采取行动，社会保障金真的会停止发放。[3]

但专业事实核查人员并没有解决争议最激烈的政治问题：谁在这里犯了错？哪个党更糟？虽然民主党和共和党领导人互相指责，但媒体的大量分析集中在谈判条款和双方诚意处理的意愿上。建制派的共识是（至少在公开谈判中），白宫已经做出更多让步，同意"历史性"（historic）削减开支，这将激怒不少民主党选民。[4]一些温和的保守派人士敦促共和党人放弃对新税种的坚决反对，接受适度增加税收以确保达成一项大规模的赤字削减协议。[5]当 FactCheck. org 的一名编辑出现在广播节目《谈谈媒体》上讨论这一争议时，访问者追问她到底哪一方有错。这段对话（由节目转录）值得详细引用：

> 布鲁克·格莱斯顿（Brooke Gladstone）：谁应该为这场危机负责？
>
> 洛丽·罗伯逊：需要两个人才能制造僵局。因此，双方都应该为未能达成协议而受到指责。
>
> 布鲁克·格莱斯顿：不过，大多数妥协都是总统做出的，这是真的吗？
>
> 洛丽·罗伯逊：嗯，我的意思是，我认为这是一个观点问题。以及……
>
> 布鲁克·格莱斯顿：跟我解释一下，这怎么成了个人观点问题。奥巴马一直愿意削减一大笔支出，以换取更小比例的收入。共和党人唯一支持的就是削减开支，对吧？
>
> 洛丽·罗伯逊：是的，我想……我想这么说很对（笑）。你知道，我们很难说，哦，有人比其他人更喜欢阻止这个。我们，你知道，我们真的，我们也不知道这些会议。
>
> 布鲁克·格莱斯顿：我并不是想把你逼到墙角、无言以对，但我

---

① 小布什总统为共和党籍。所谓边缘政策指的是最大限度抬升债务上限，有游走在危险边缘的意味。

不得不说，如果你们都不打算对这件事直言不讳，那么谁会呢？

洛丽·罗伯逊：嗯，我们并不准备拐弯抹角（笑）。我的意思是，我们只是在自己的报道中不断地讲，我们不会以这样那样的方式听取观点。你知道，很多人，尤其是在总统大选期间，会问我们谁撒的谎更多，能不能给我一个排名，谁是最实话实说的政客。首先，我们不想看起来像是在支持某人，所以我们不想这么做。所以我们要告诉你我们发现了什么，如果我们发现它有严重的误导性，或许你没发现，但我们要把它放在那里，读者得自行判断。

布鲁克·格莱斯顿：洛丽，非常感谢。

洛丽·罗伯逊：谢谢。[6]

这是一个典型写照。当被问及两大党是否存在明确区别，或者美国公共生活中是否存在一贯的扭曲时，专业事实核查人员援引了他们使命的最狭义版本：我们提供信息，而不是政治评论。公民必须"自行判断"。这并不是要质疑事实核查人员的辩白。有充分的理由说，将债务上限危机归咎于某个人是一个观点问题。人们对什么是支出上的"历史性"让步或"适度"增税持不同意见。根据他们的观点，人们对这场正在展开的危机的解读非常不同，他们关注的是特定事件，而不是其他事件。"事实可能是主观的，"《华盛顿邮报》的格伦·凯斯勒告诉我，"根据你的观点，你会以不同的方式看待事实。"[7]但是，观察人士也出于类似的原因，对什么算是联邦医疗保险的"政府接管"或医疗保险的"终结"持不同意见，Fact-Check.org及其同行果断地提出了这些问题。正如在前面几章中所展示的，批评家不断指责事实核查人员误入了意见和意识形态的领域，在这些领域中，进行客观的事实分析是不可能的。

在专业事实核查人员看来，比起是什么让某些政治上有争议的判断看起来像是"意见的问题"，这种不一致本身就没有那么有趣了。在这些情况下，他们对客观性的理解和实践受几重相互加强的因素影响：第一，正式承诺以开放的心态处理问题，这不利于某些类型的系统分析；第二，一套日复一日、活生生的工作经验不需要广泛的、党派式的批评，把责任归咎于某一方；第三，不断关注自己在美国媒体-政治网络中的位置，这体现在他们的职业地位和关系上，也体现在他们被引用、引述、采访、链接和谈论的地方。[8]正如上一章所讨论的，这种网络位置再生产了事实核查人员作为客观记者的地位，并提供了他们在公共事务中值得一报（worthwhile reporting）的最有形的证据。网络位置还告诉他们什么是公平合理的事实核查的工作意识。

> 这种网络位置再生产了事实核查人员作为客观记者的地位，并提供了他们在公共事务中值得一报的最有形的证据。

观点、争论和政治批评

前几章回顾的剧目让我们重新审视了是什么将事实核查与传统的政治报道区分开来。这是一种异乎寻常的能够引起争端的新闻工作。事实核查人员从新闻中提取一项陈述，分析它，并将结果转化为一篇新的新闻报道——一则判断这个陈述的报道，至少是含蓄地判断言者（speaker）的报道。这些新闻工作者从不说任何人撒谎。［事实核查人员说，这需要走进一个人的内心。"撒谎"（lie）这个词是言者的特征，而不仅仅是陈述的特征。］[9] 但这三家网站都对谴责不屑一顾，授予"匹诺曹"和"一派胡言"的裁决，并列出年度最大"弥天大谎"名单。"如果你给他们一个'一派胡言'的评级，你本质上就是在说他们是个骗子，"我在一次培训中听到这样的话，"需要一些时间来适应。"[10]

虽然是玩笑话，但这些称呼强调了事实核查与言论版文章共同的批评意愿，这使得这一体裁的报道有别于传统的政治报道。局外人倾向于把记者和社评人（editorialist）或意见作家（opinion writer）之间的区别看作一个简单的"主题问题"（subject matter）：前者提供确凿的事实，而后者则从事一种更为模糊的行业，提供了一些飘忽不定的东西。在日常用法中，"意见"与猜测（conjecture）、推测（speculation）甚至品味相关联——与有关世界的可靠数据相反。但是这并不是对许多意见记者所做工作的一种恰当描述，这些工作往往涉及更多的事实调查和"走读式报道"（shoe-leather reporting）①，而不是竞选过程中的日常报道。[11]

专业人士对这一区别有不同的看法。在新闻业的实际分工中，意见意味着更接近争论（argument）或批评（critique）——一种援引规范价值的事

---

① 指老派或传统新闻业强调从一个地方走到另一个地方观察事物和与人交谈，而不是坐在室内的书桌旁。详见纽约大学卡特新闻研究所"媒体思维"（PRESSTHINK）网站：https://pressthink.org/2015/04/good-old-fashioned-shoe-leather-reporting/。

实性应对方式。[12] 言论版上的许多文章搜集事实，以建立个案、评估政策、做出认可或提出政治批评。这个意义上自相矛盾的是，事实核查一直被看作一种"意见新闻"（尽管从业者拒绝被贴上这种标签）。[13] 2012 年，《纽约时报》的公共编辑就用这种逻辑询问读者，该报是否应成为他所称的"真相守望者"，并质疑即使是在硬新闻（straight news）中也会有误导性的说法。[14] 他举了一个例子，提到了《纽约时报》一位著名专栏作家最近的一篇事实核查文章（事关全职事实核查人员也揭穿过的一则声言）：

> 在竞选过程中，罗姆尼经常说奥巴马总统发表过"为美国道歉"（apologizing for America）的演讲，保罗·克鲁格曼在 12 月 23 日的一篇专栏文章中反对这一说法，认为政治已经进入了"后真相"阶段。
>
> 作为专栏作家，克鲁格曼显然有自由叫出他认为是谎言的东西。我留给读者的问题是：新闻记者也应该这样做吗？……如果是这样，《纽约时报》又该如何做到客观公正呢？

许多给出回应的《纽约时报》读者认为这个问题毫无意义。他们希望看到更多的事实核查，但反对以下前提：核查事实是意见作家自然的兴趣范围。[15] "布里斯班先生对专栏作家和记者工作的看法似乎有失偏颇，"其中一位读者写道，"专栏作家的工作是发表意见和观点，并说服读者。记者的工作是尽可能地报道事实，尽可能地确定事实。"根据这一常识性观点，保持客观就是对事实辩论做出裁决，并宣布谁掌握了事实。正如另一位回应的读者写下的："客观有时不公平。"

但是传统上实行的客观性拒绝对官方声言提出事实层面的挑战。[16] 它拒绝争论争议性问题，甚至抵制事实性争论，这些问题是积极辩论的主题。事实核查妨碍了新闻客观性，因为它的批评方式似乎偏袒了一方。再考虑一下《纽约时报》的理据，第二章回顾了该报在发现只有美国采取水刑（waterboarding）这种做法之后才拒绝将其描述为酷刑："在政治争端中，使用一个词等于偏袒一方，我们的一般做法是向读者提供有助于他们自行做出判断的信息。"[17] 人们对这个标签是否适用存在分歧。但最能说明问题的是，当美国记者毫无争议地将这个词用于外国政府的水刑时，这些问题并没有被提出。比如，红色高棉的抗议不会以同样的方式被视为"政治争端"。记者依靠实际（real）又具体

> 记者依靠实际又具体的政治语境来区分那些不言而喻的真实陈述、那些必须有证据支持的陈述，以及那些本质上与政治观点或意识形态有关的陈述。

的政治语境来区分那些不言而喻的真实陈述、那些必须有证据支持的陈述，以及那些本质上与政治观点或意识形态有关的陈述。[18]在一篇关于事实核查的后续文章中，《纽约时报》的公共编辑站出来支持在报纸中增加更多的事实核查内容，但呼吁适度："硬新闻中争论无所不在不是解决问题的办法。"他引用了时任执行主编吉尔·艾布拉姆森（Jill Abramson）的话，后者担心如果该报上的事实核查过于常规，"我们的读者会发现《纽约时报》有倾向性"，并将该报"视为一名**斗士**（combatant），而不是事实的仲裁者（arbiter）"。[19]在这里，客观性不仅关乎真理，也关乎中立。

　　这些关切有助于说明专业事实核查人员所持的脆弱的、跨界的立场，他们每天被指责为斗士而不是中立的事实仲裁者。他们视自己为客观报道者，也越来越被其他记者这样对待。但他们的工作某种程度上有争议，而硬新闻报道通常不会这样。一些人没有受过对这些做出区分的教育，只关注事实核查人员在政治话语中占据的位置（关注他们工作中的对话模式），把事实核查人员与专栏作家、博客作者和其他意见记者混为一谈，这可以原谅。正如一个又一个案例所显示的那样，事实核查激起了政治行动者的激烈反应。其中一些在幕后发生，比如竞选工作人员或新闻发言人打来的电话。[20]但与十年前的情况相比，这一批评性话语在更大程度上公开进行。事实核查人员和他们的批评者之间的拉锯在新闻网站、政治博客、评论和推特上形成了错综复杂的链接。[21]这些被中介的争议本身有时会成为新闻事实，值得像全国公共广播和《纽约时报》这样的精英新闻机构发表题为"面临考验的政治事实核查"（Political Fact-Checking Under Fire）的分析文章。[22]

　　公开批评就是在寻求回应，因此有卷入政治争论的风险。理解事实核查的一种方式是把它当作一种适应"站队"（taking side）的新闻业——它提供政治批评，并经受住它所引发的反应。许多将这些机构与其他新闻机构区分开来的具体做法都可以从这个角度来解读。专业事实核查人员会实践一种慢新闻，在新闻周期后至少稍慢一拍。他们尽其所能地从美国政治的"双方"那里找到要核查的声言。他们只使用公共信息来源。他们洋洋洒洒数千字来分析哪怕是最简短的声言，展现他们所有的工作，以便能够发布事实核查人员的标准免责声明："即使你不同意我们做出的每一个呼吁，我们的研究和分析也可以帮助你搞清楚什么是真正的政治话语。"[23]

一个平衡框架

事实核查人员预想政治批评，发展出试图化解批评的反应。"我们将以一种相当大胆的新闻形式做出最好的决定，"比尔·阿代尔告诉全国公共广播，"当我们这样开展工作的时候，我认为在我们生活的这个党派世界的一方或另一方的人很自然会不高兴。"[24]一种策略是只做出最低限度的回应，或者只在精心选择的场所做出回应，并始终保持自己的平衡——往往通过展示他们从政治光谱的另一边收到的批评。事实核查人员经常强调这一点。"有些人写……'这个激进的保守派为《华盛顿邮报》写一个事实核查专栏干什么？'"格伦·凯斯勒在电视采访中说，"还有一些事情，比如 Power Line①或《旗帜周刊》说我是主导政治话语的某些自由主义议程的一部分。"

事实核查人员通过两个认同互不相容意识形态的政党视角来看世界。在采访或公共论坛中，他们几乎总是遵循这样的规则——不仅涉及一方的例子，还涉及另一方的例子，或至少是一份反思性的免责声明："我应该注意到双方都这样做。"[25]这个平衡框架甚至适用于已被载入事实核查起源叙事的恶劣扭曲（第二章讨论过）。我们不可能不注意到在有关事实核查的文章和会议上被反复提及的标志性案例（signal case），它们主要来自共和党方面：1988 年老布什竞选过程中的"坦克"和"周末通行证"（又称威利·霍顿）广告②；2004 年针对约翰·克里的"雨燕艇"攻击；泽尔·米勒当年在共和党全国代表大会上的演讲；以及 2008 年及以后的一些奇谈怪论，比如关于奥巴马总统的"出生地争议"传言，或者莎拉·佩林关于"死亡小组"的言论。

如前所述，事实核查人员经常将"雨燕艇"攻

> 事实核查人员预想政治批评，发展出试图化解批评的反应。

---

① 一家著名的美国保守派政治博客。

② 1988 年美国总统大选期间，民主党籍候选人杜卡基斯为平息因在军事问题上的无知而遭受的批评，在密歇根州通用动力公司工厂外拍摄了一张乘坐坦克的照片。老布什的竞选团队在一则攻击性广告中使用了这段录像，并配以滚动文字，列出了杜卡基斯对军事相关法案的否决。这一事件仍然是一个被普遍引用的公共关系反面例子。霍顿（生于 1951 年 8 月 12 日）是一名美国重刑犯，在因谋杀罪被判无期徒刑（不得假释）时是马萨诸塞州周末休假计划的受益者。他没有从休假中返回，最终实施了攻击、武装抢劫和强奸，然后在马里兰州被抓获并被判刑，至今仍被监禁。关于霍顿休假的争议成为 1988 年总统大选的一个主要问题，因为老布什在与民主党提名的杜卡基斯竞选时经常提起霍顿。

击事件作为政治新闻的一个转折点。[26]在 2007 年举行的第一次"媒体事实核查"大型会议上，与会者有幸观看了美国广播公司的杰克·塔珀调查越战时期传言的视频片段。塔珀谈到了揭穿这些攻击的挑战，然后迅速转向了克里竞选团队夸大其词的一个例子。[27]同年，泽尔·米勒在民主党全国代表大会上的讲话充满了对克里投票记录的歪曲，这表明政治报道需要变得更加咄咄逼人。《华盛顿邮报》的格伦·凯斯勒在 2011 年的一次会议上回忆说："我真的去找编辑说'这太疯狂了，让我写一篇头版头条的报道吧'。"他接着说："但后来我接到了一个来自小布什竞选经理尖叫着打来的电话，（对方）说'你们这些混蛋为什么不为克里做这些？'这是个非常好的问题，你知道，因为克里和共和党人一样糟糕。"[28]

但在所谓的"事实核查年"中，两党是否同样歪曲了事实？[29]克里"和共和党人一样糟糕"吗？那一年，华盛顿一位著名的记者因为一份泄露给保守派"德拉吉报道"的内部备忘录而招致尖锐的批评，该备忘录称，新闻业不应该假装民主党和他们的对手一样卑鄙和虚伪。[30]这个问题在公共电视网的一次圆桌会议上被直接提了出来，会议讨论总统大选白热化时的事实核查。"你会怎么做……如果事实上一方的歪曲、夸大或错误陈述比另一方严重得多？"一位《新闻一小时》的主持人想知道答案："你获得了某种平衡吗？如果是的话，这是一种人为的平衡吗？""嗯，这是一个复杂的问题。"塔珀答道，他认为如果说当年共和党的攻击最初更严重，那么民主党很快就赶上来了。他继续说："不必非得'他说，她说'。你肯定不想把一位候选人的轻微误述（minor misstatement）等同于另一名候选人扯下的弥天大谎（huge whopper）；但如果两位候选人都在说谎，这通常也是事实，你就应该努力提供平衡，平衡的既视感。"[31]

FactCheck. org 的创始人布鲁克斯·杰克逊参加了这场圆桌会议，他也提出了同样的问题。"我认为，平衡必须体现在你看待每则事实性声言时的标准上，"他解释说，"我们要批评我们发现的误述。如果一名候选人一直在说真话，而另一候选人一直说假话，这将是相当片面的①，但到目前为止，这种情况还没有发生。"[32]

> "我认为，平衡必须体现在你看待每则事实性声言时的标准上。"

---

① 指的是策略性的平衡报道。

众所周知的自由派偏倚？

我在 PolitiFact 开展田野工作期间，问题以惊人的方式达到了顶点。如前所述，这家事实核查网站把重点放在历史数据库上，读者可以通过该数据库查找各种政治人物、专家和政治团体的总体测真记录页。作为一种政策问题，该网站不按政党汇总结果——但这些计算对于局外人来说很容易。2011 年初，明尼苏达大学的一位政治科学家在他的博客上统计了过去十三个月里发布的超过 500 条测真裁决。[33] 分析发现，PolitiFact 以大致相同的比率核查了共和党和民主党的声言。但共和党政客的表现要糟糕得多，他们获得"假"和"一派胡言"裁决的次数是通常的三倍多；39% 的共和党声言属于评级最低的两类，而民主党的这一比例仅为 12%。总的来说，在对现任和前任官员做出的"假"和"一派胡言"裁决当中，共和党人占了四分之三。

这篇文章在网上迅速传播开来，成为 PolitiFact 办公室即刻关注的话题。对于如此明显倾向反对某一政党的统计数据，存在两种可能的解释。一位政治学家的分析提供了一种解释，并很快被保守派媒体批评家接受，那就是 PolitiFact 在选择要进行核查的声言时肯定有偏见。文章说："这些发现回避了一个核心问题，那就是 PolitiFact 选择最终评级的过程是怎么样的？"它的结论是："过去一年，共和党人获得 23 次'一派胡言'的评级，而民主党人只有 4 次，看来他们选择的运动是打猎，而猎物是大象。"从保守的《旗帜周刊》到《纽约时报》等媒体都引用了这项研究，作为事实核查倾向针对共和党的证据。[34]

当然，另一种解释是，调查结果揭示了政治行为中的一种**实际**偏倚——美国两大政党的成员并不总是以相同的比例或方式撒谎。尽管这位政治科学家几乎不承认这种可能性，但其他观察者认为这一结果清楚地证明，在政治欺骗和夸大方面，共和党人更糟糕地作奸犯科。克里斯·穆尼（Chris Mooney）① 在《国家》杂志上发表的一篇文章指出："毕竟，还有另一种可能性：左翼可能更经常是正确的（或者右翼更经常是错误的），而事实核查人员太过能干，至少在很长一段时间内没能反映出这一点。"[35] 作为

---

① 美国记者，专注于科学与政治危险的交叉点，曾于 2020 年获得普利策奖。

事实核查领域著名的自由派观察者，作者对《华盛顿邮报》的 Fact Checker 发表的匹诺曹评级进行了平行分析①。他发现，共和党人的平均表现更差；值得注意的是，他们得到的"四个匹诺曹"评级（这一评级只属于那些最恶劣的谎言）是民主党人的两倍。这篇文章的结论是："我不希望事实核查人员试图停止尝试平衡两党声音（be bipartisan），也不希望他们在民主党人真正配得上这样的评级时保持沉默。不过，斯蒂芬·科拜尔的一句话或许最能概括他们作品的真正含义：'现实中有种众所周知的自由派偏倚。'"

尽管如此，事实核查人员仍竭力避免这种解读。格伦·凯斯勒对其 2011 年给出的匹诺曹进行年终分析时发现，民主党的表现比共和党略好，他将这一差别归因于共和党的总统初选。（他写道："我们在看着你，巴赫曼众议员。"）[36] 但凯斯勒一再强调，他认为没有基于党派的、始终如一的差别。"我很少注意自己是在给民主党还是共和党评级，我相信随着时间的推移，这些数字会趋于平均，"他告诉穆尼，"在报道华盛顿政客 30 年之后我自己的经验是，如果双方都认为这会给他们带来政治优势，他们就会翻转事实。"[37] 在另一次采访中，凯斯勒给了我一个非常精确的表述：

> 我所相信的是，如果两党都认为操纵统计数据会促进他们的政治利益，那么他们在操纵统计数据的意愿上是同等的。现在，就像我说的，**我并不是在判断一方是否比另一方做得更多**——这只是一个问题，当他们面临是否应该操纵统计数据的决定时，他们会以同样的方式去做……
>
> 我看到的唯一区别是，当你质疑民主党人是否会这样做时，民主党人似乎比共和党人更生气，我认为这是因为民主党人认为记者应该更多地站在他们一边。共和党人认为主流媒体一直在反对他们，所以他们没有这种期望。[38]

PolitiFact 一直不愿意参与有关自身统计数据的辩论。发布当天，上述政治学家的分析在 PolitiFact 办公室里引起了不小的轰动。PolitiFact 的基本方法论受到质疑，每个人都明白批评者会抓住结果不放。工作人员开玩笑说，上周该网站遭到了自由派人士的攻击，他们被一系列有利于威斯康星

---

① 平行分析是一种统计方法，用于确定主成分分析中需要保留的成分数量或探索性因素分析中需要保留的因素。心理学家约翰·L. 霍恩（John L. Horn）创造了这种方法，1965 年首次发表于杂志《心理测量学》（*Psychometrika*）。

州好斗共和党州长的裁决激怒；现在保守派也加入了这场论争。PolitiFact 的工作人员显然对他们的作业程序充满信心，他们并没有通过分析发现任何普遍存在的选择偏见。与此同时，至少在我的观察中，事实核查人员没有被另一种解读吸引，尽管这种解读验证了他们的工作。[39] 阿代尔坦率地承认了这场辩论在网上发酵时框定的严酷选择："这在博客圈引发了一场非常有趣的讨论：要么我们有偏见，要么共和党人撒谎更多，这取决于你的观点。但我希望尽可能地远离那种分析之事，专注于为其他人提供数据，让他们可以利用这些数据做出全面解读。"[40]

关于 PolitiFact 及其各州合作伙伴编制的综合数据之争议不断浮现。2012 年夏天，弗吉尼亚州共和党发表了一篇长达 86 页的报告，号称是"致联邦的公开信"，旨在记录作为《里士满时报快讯》（*Richmond Times-Dispatch*）分支机构的弗吉尼亚州 PolitiFact （PolitiFact Virginia）的反共和党偏见。报告指出，共和党人的声言被核查得更为频繁，得到的负面评价也更多。该报告的作者宣称："当这种偏见继续存在，不公平地影响弗吉尼亚州选民对州主要官员的看法，并潜在地扭曲选举报道和结果时，我们不能继续袖手旁观。"[41] 不久之后，一个保守派的媒体监察小组发表了一项分析报告，结果显示，在俄亥俄州 PolitiFact （PolitiFact Ohio）的工作人员中，登记在册的民主党人是共和党人的四倍。接着，到 2013 年，乔治梅森大学媒体与公共事务中心（Center for Media and Public Affairs at George Mason University）宣布，共和党人在 33% 的时间里得到了 PolitiFact 最糟糕的两类评级，而民主党人只有 11%。根据该中心的数据，超过半数的民主党人声言至少被裁定为"部分正确"，而共和党人的这一比例不到五分之一。[42] 这一次，PolitiFact 直接给出回应。一份编者按指出，该机构基于"新闻判断"（news judgment）来选择声言，然后小心地回避了根本的问题："PolitiFact 对具体声言的事实准确性进行评级，我们不去衡量哪一方撒的谎更多。"[43]

为什么不那么做？编辑们已经不止一次被问过，为什么 PolitiFact 拒绝按党派对测真统计数据进行分类，尽管该网站以其他方式（如言者、主题等）为读者汇总数据。对这类问题的回答总是要援引该机构作为客观观察者的角色。"人们用各种方式打量我们的数据。他们找到了他们想要找到的东西。"比尔·阿代尔告诉新闻专业的学生他的主张，作为裁判，PolitiFact 应该远离那些辩论："你不能要求裁判对洋基队（Rays-Yankees）的比赛进行评论……应希望裁判专注地做出裁决。"在一次事实核查会议上，他进一步阐述了这个比喻：

> 趋势问题对我们来说很难办……人们会问谁撒谎更多，共和党人还是民主党人，我说，这就像问一个裁判谁更可能获胜，洋基队还是红袜队（Red Sox）——这只取决于发挥。所以我认为，作为事实核查人员、记者，我们的基本角色是判断个人声言是真是假，还是介于两者之间的某个地方——所以我们不会过多地进行那种推测。[44]

批评者们很容易将事实核查人员对这些问题的试探性态度解读为专业记者人为制造平衡（artificial balance）和错位客观（misplaced objectivity）的又一例证。[45]一位自由派观察者创造了这么个新名词——"他撒谎/她撒谎（he lied/she lied）"，以此来描述事实核查领域的"虚假对等"（false equivalence）。[46]这是个粗略分析，但从以下意义上说并非完全错误：对传统新闻报道常常抑制政治辩论和批评的关切，同样也抑制了事实核查人员的**特定**论点和**某些**批评。尽管事实核查人员刻意地，而且在我看来非常真诚地致力于拒绝虚假客观性的新闻实践，但上述情况仍然存在，这告诉了我们一些重要的事。

趋势问题

事实核查群体已经发展出并逐渐完善了一套专业的话语和一套具体的新闻实践，以适应裁决政治争议中的事实的任务。他们发表的每一篇文章都带有政治批评。尽管如此，他们仍然拒绝接受所谓的"元"批评（"meta" critique），即使这种批评出现在他们自己的作品中："趋势问题对我们来说变幻莫测。"正如本章开头所提到的，事实核查机构的客观性实践受到三重相关因素的影响和制约，这三重因素极大地限制了它们的政治批评。

第一重因素是正式的承诺：以开放的心态对待事实性问题，避免分析（甚至是事实性问题的分析）对这一使命的可能干扰。事实核查人员认真对待他们调查的每一项声言，无论言者是谁、他/她的记录如何，都要遵循同样的程序。就连 FactCheck. org 的实习生都被告知，他们必须"能够独立思考，抛开任何党派偏见"。尽管他们忠于事实，但这些记者们也经常说"事实不是非黑即白"，"事实可以是主观的"，人们有理由不

> 批评者们很容易将事实核查人员对这些问题的试探性态度解读为专业记者人为制造平衡和错位客观的又一例证。

223

同意他们的事实性结论。也就是说，就像第二章中提到的那样，事实核查人员对事实的不确定性有着异常强烈的感觉。他们亲眼看到政治框架如何塑造事实性阐释。这种日复一日的工作只会增强他们自己对敲定一般立场的敏感性，而这些立场可能会影响他们对个人声言的分析。

这是"趋势问题"的一个难对付的地方。如果共和党人（或民主党人）在一段时间内或总体上更经常、更严重地发表误导性声言，事实核查人员宁愿不知道、不去想，当然也不把追踪党派差异作为首要任务。这不仅会影响人们对他们的看法，还会影响他们对待工作的态度。比尔·阿代尔说："我们不按党派评级，因为我们希望我们的选择基于时效、与读者相关，而不是错误的平衡，即试图确保每一方获得同等数量的'一派胡言'评级。"[47]矛盾的是，按照这种观点，正是因为事实核查人员不关注各方的总体表现，我们才可以对他们的总体数据给予一定程度的信任。事实核查人员承认他们的工作并不真正科学。但他们仍然采用实验方法的语言，并试图在他们的工作中对其进行粗略的建模。这就意味着某些知识可能会有缺陷（corrupt），即某些位置对中立的观察者来说是不可能的。格伦·凯斯勒告诉我："在我所处的位置上，我不太愿意做出判断……我只是不能说一方或另一方更愿意忽视事实，特别是当我面对着双方都愿意忽视事实的许多例子时。"[48]

这种反应也暗示了第二重因素：事实核查人员对争议性媒体-政治话语的日常参与如何塑造了他们的客观性实践。它的真实有两个方面。首先，他们的日常经验为他们认定的政治框架下的事实核查提供了丰富的现实世界模型。从某种基础层面的意义上说，客观意味着表现得不同于那些有明确议程的人或群体——尤其是那些党派媒体监察者，专业事实核查人员非常小心地将自己与之区分开来。像"媒体攸关"和"媒体研究中心"这样的组织专门着眼于大局，它们的报告意在揭示美国媒体中的重大偏见模式。它们推崇支持其观点的事实核查，对那些不支持它们的则一概拒绝。它们

224

的事实核查以广泛的政治批判为框架。专业事实核查人员则通过他们每天看到的例子来强化对什么有倾向性、什么是一边倒的分析的感知。他们对这种意识形态式的批评的厌恶，只会因为他们的作品在政客、知名人士和日常读者中激起的强烈反应而得到巩固。

更重要的是，政治事实核查的即时经验可能会推翻某个政党撒谎更多或更离谱的观点。趋势变化多端，因为事实核查人员日复一日地在总统竞

选和州初选中遇到从政界名宿到无名小卒的荒谬声言。如第四章和第五章所示，对表述的评估不是孤立的，而是处在其实际的、被中介的政治语境中——比如粗俗的、散布恐惧的电视广告，或者演讲中赤裸裸的歪理邪说，不断重复，直到它们不再产生政治优势。在这一文本层面上，对专业事实核查人员来说，更有意义的观察不是共和党人平均得到更多的匹诺曹，而是政客们通常会大肆扯谎、扭曲事实。当然，这可能与政治专业人士的观点不符，他们对己方的候选人及其发布的信息深信不疑。在 2014 年的选后复盘中，一位竞选顾问担心，事实核查可能会掩盖重要政治争论的"更大真相"。这位顾问抱怨道：

> 我认为这是一种公认的智慧，腐败的政客想要欺骗人们，他们会通过广播电视播放广告，他们会撒谎、欺骗、偷窃，只是为了赢……我想这有时候是真的。但在很多情况下这不是真的。我想对你们说，这就是许多事实核查人员和公众处理政治广告的透镜，它变成了某种"自我实现的预言"（self-fulfilling prophecy）。[49]

正如我们所见，事实核查人员培养出了一种熟悉的新闻犬儒主义（journalistic cynicism），对政治行为本身或自身对政治行为的影响抱有较低的期望。这是一种非常舒适的犬儒主义。这与新闻工作者不应该试图改变政治行为的感受不谋而合，改变的努力被认为可能不恰当，也可能徒劳无功。分析美国政治中说谎的广义模式将会引出新的艰涩问题——事实核查人员如何工作：如果有一方对话语进行了更多的扭曲，为什么不把重点放在它身上？系统性的分析带来了理解事实核查任务的新方法。在 2014 年的同一场会议上，一名观察者问道，如果事实核查人员同意在竞选广告播出前对其进行仔细检查（vet），是否可能对公共话语产生最大影响。房间里的记者们极力反对。"我认为预先核准信息从来不是我们的职责。我认为那是非常危险的做法。"PolitiFact 的安吉·德罗布尼奇·霍兰说：

> 当你要做出预先批准的时候，你就以一种我认为滑坡（slippery slope）的方式成了倡导者和行动者。作为记者，我们能站稳脚跟的地方就是做个说真话的人。但当我们开始扮演与政治行动者合作的角色时，我们就开始对结果产

225

> 正如我们所见，事实核查人员培养出了一种熟悉的新闻犬儒主义，对政治行为本身或自身对政治行为的影响抱有较低的期望。

生利害关系……对坐拥独立新闻之传统的我们来说，我们不站队，任何为政治行动者提供建议的角色都不应由我们扮演。[50]

其次，事实核查人员的客观性实践反映了他们对自己在美国媒体-政治网络中地位的持续反思性关注。尽管他们每天都被指责是左翼或右翼的党徒（正如他们经常指出的那样），但这些新颖的新闻媒体在精英政治话语中享有真正的话语权。他们受到了白宫和国会山的国家级政客们的关注。他们的作品出现在全国各地的报纸和新闻广播中，包括备受尊敬的国家级新闻信源中。他们因领导了一场通常被称为新闻业鼎新运动（a bold new movement）的运动而获得至高的专业荣誉。"趋势问题"很棘手，因为事实核查机构的公共话语权取决于保护其非党派地位。事实核查机构抵制（将责任归咎于某一政党或者简单地把话语定性为左翼和右翼的显著差异）系统性政治批评，部分原因是这种批评会侵蚀允许他们发表个人事实判断的专业地位。他们或多或少地直接认可了这一点；正如格伦·凯斯勒告诉我的："如果我突然做出判断并说'啊哈，这一方完全偏离正轨了'，那么这就完全削弱了我作为一个真正中立的仲裁者的信誉（credibility）。"[51]

记者所描述的读者信任问题也可以从网络位置的角度来理解，第六章已经描述了广义上的理解：作为个人和机构关系的组件（fabric）参与新闻和媒体的每日工作常规，这些常规体现和再现了专业地位。记者谈论这些问题时使用的语言强调，客观和*被视为*客观并不是局外人可能认为的截然不同的问题。事实核查人员确实担心宣称某一党派不诚实会招致有偏见的指责。但他们也认为这样不恰当，会使自己的判断产生偏差，并产生同行认为有失公平公正的分析结果。在日常新闻工作的背景下，对专业地位的关注和对恰当新闻实践的关注相辅相成。

现实世界中，客观性的常规运作被嵌入真实世界（商业、政治、专业等）中，这种观念并不新鲜。实践中，什么算作证据取决于政治环境，特别是因循被报道者的地位或权力而有所不同。如前所述，《华盛顿邮报》在水门事件调查期间实施的异常严格的"双信源"（two sources）规则就是一个典型例子。尽管这则报道是虚构的，但它说明了一个观点，即核查标准是根据主体来确定的。[52]我们可以在原则上讲抽象的证据规则，但这些规则必须始终适用于具体的案例。对记者、科学家、律师等专业人士来说，某些调查需要比其他调查更加谨慎；可以相信某些声言，另一些则必须经过一丝不苟的核查，这在直觉上是讲得通的。

放眼新闻业，上述观点强调了一种防御性，一种对客观性的主张和构成客观性的具体实践本质上的防御性。这些总是在一定程度上反映了对记者和他们供职之组织的潜在威胁：诉讼、广告损失等。也就是说，粗疏地看，新闻工作者为确定事实所做的事，以及有资格成为被报道之事实的事情种类，部分取决于外部行动者对此能做出什么回应。[53] 20 世纪早期美国新闻业中发展起来的客观性规范，在第二个方面也被视为具有防御性。在一个较长的历史文化区间内，舒德森和其他人把客观性解读为一种认识论上的回撤立场（fall-back position）——一种对公众理性和"朴素现实主义"（naïve realism）日益增长的不信任的专业适应。[54] 至关重要的是要看到这两种关于客观性规范的观点紧密联系在一起。诸如报道每个故事的"两面"或避免直接政治批评等防御性习惯是记者处理政治*和*认识论不确定性的方式。

这种防御框架适用于事实核查人员对客观性的理解和实践，但其差异反映了他们生产的不寻常的新闻工作种类，以及媒体系统中更广泛的变化。就事实核查人员所从事的工作而言，他们以一种非常特殊的方式攸关公共生活。他们不是通过水门事件式的"曝光"来影响政治领域，而是通过成千上万的小微事实去干预，这些干预渗透到日益以学者们所说的"媒体间"联系和影响为特征的新闻环境中。[55] 他们的新闻报道通过合作和采访，以及无数的个人注释、挪用和推广行为进行传播。某种程度上，这个领域一直存在的情况对事实核查人员来说更加明显和直接：无论就单篇报道还是作为新闻机构来说，事实核查成功与否都取决于其他媒体和政界声浪如何对待他们的工作。像今天的许多同行一样，事实核查人员的地位反映在他们的作品留下的网络痕迹中——他们和其他人一样，每天都在观察这些痕迹。

在这个充满政治色彩、紧密相连的媒体环境中，事实核查人员不仅在他们工作所用的来源和方法中表现出他们的客观性，还在他们链接的新闻机构、接受的采访、形成的伙伴关系和打算回应的攻讦中都表现出客观性。如果说传统新闻编辑室的决定性风险是法律和经济上的，那么对于过去十年领导事实核查运动的机构来说，最直接的危险就是

> 无论就单篇报道还是作为新闻机构来说，事实核查成功与否都取决于其他媒体和政界声浪如何对待他们的工作。

失去对精英媒体和政治网络的吸引力。在试图建立新闻正当性和事实核查的政治关联时，事实核查人员面临着一种现实的可能性，即一些争议最终会被证明是巨大的——大到会解除他们的"地位确认关系"（status-affirming relationship），改变他们的媒体形象，并将他们推向一种新的网络平衡，转变成一个镜像了他们在自我定义时原本希望反对的党派政治和媒体批评家角色。考虑到事实核查机构已经将一种新的客观性实践成功地制度化，因此，这一结果在今天看来似乎不太可能。

结　语

　　对正在发生的事件进行过多的解读是有风险的，但美国事实核查运动的领导者们似乎更大胆地用介入者的语言来描述他们的使命，不仅为抽象的民主公众提供信息，而且还积极地塑造政治讨论。

　　事实核查与美国政治的制度结构紧密相连。它已经成为华盛顿日常政治生活的一部分，不仅被记者视为例行公事，而且被事实核查报道中的大多数政客视为合法。一个值得注意的迹象出现在 2015 年 10 月的某个周四，当时希拉里终于出现在众议院班加西问题特别委员会（House Select Committee on Benghazi）面前，该委员会 18 个月来一直在调查导致四名美国人死亡的美国驻利比亚大使馆遇袭事件。所有的目光都集中在这位民主党领跑者和她的共和党对手之间的对峙上，人们对希拉里国务卿任期的广泛调查有可能严重损害她的总统竞选活动。在一天的质询中，她在委员会中的民主党盟友四次援引独立事实核查来转移共和党的指责。"当《华盛顿邮报》的'事实核查人员'考察这一说法时，他们给了它四个匹诺曹。"这位资深民主党人一度这样宣称，以反驳希拉里亲自拒绝额外安保要求的指控，并指出"他们称之为弥天大谎"[1]。

　　这没什么不寻常。两党议员在议会演讲和委员会辩论中引用事实核查的做法越来越普遍，他们经常把已发表的事实核查报道记入《国会议事录》（*Congressional Record*）①。[2] 希拉里出席会议的前一个月，共和党领导人利用事实核查人员的研究捍卫一项反堕胎法案，并对总统与伊朗的核协议提出质疑。PolitiFact 网站将 2013 年度谎言奖授予了奥巴马总统，因为他承诺"如果你喜欢你的医保计划，你就可以保留它"，这成为推翻医保法案运动的一个标志。国会山上的法案反对者把这个奖项变成了海报和奖杯。2015年 3 月底，当参议院终于通过立法废除医改法时，参议院多数党领袖援引 PolitiFact 的话宣称："奥巴马医改是一部破碎的法案，满是失信的承诺。"[3]

　　当我 2016 年初写作本书时，似乎可以肯定的是，正在进行的总统大选将为美国新闻工作者的事实核查设定新高度（set a new high-water mark）。

---

　　① 《国会议事录》是美国国会议事和辩论的正式记录，由美国政府出版局出版，在国会开会时发行。《国会议事录》索引则每天在线更新，每月出版。在国会会议结束时，每天的《国会议事录》索引都会被汇编成册，形成永久版本。

几乎每一位主要候选人都面临事关诚实的问题，这些问题在一个新闻周期中往往会占据一两天内的新闻热点。新闻媒体广泛报道称，希拉里正在淡化她之前对跨太平洋伙伴关系协定（Trans-Pacific Partnership，TPP）的热情，本·卡森（Ben Carson）① 对自己人生故事的各种细节进行了美化，卡丽·费奥瑞娜（Carly Fiorina）② 歪曲了她在一段令人不安的反堕胎视频中看到的内容，她甚至在福克斯新闻上也对这一点提出了直截了当的质疑。[4] 唐纳德·特朗普因一系列煽动性的谎言引发新闻媒体轮番对他进行抨击，这些毫无根据的谎言包括编造有关黑人与白人犯罪的统计数字、疯狂夸大白宫计划接纳叙利亚难民的人数，以及世贸中心倒塌后数千名美国穆斯林在新泽西街头庆祝。在《新闻会客厅》这个经常被批评为政治人物不惜代价夸大真相的论坛上，特朗普坚称其亲自看到了穆斯林庆祝的视频，这遭到了尖锐指责："你在竞选美国总统。你的话很重要。诚实很重要。基于事实的东西很重要。"[5]

全美各大新闻编辑室已斥巨资对选举活动进行事实核查。全国公共广播推出了一个新的竞选专题节目，名为《条分缕析》（Break It Down），它将事实核查和阐释性报道结合起来，"为快节奏的政治报道添一层分析"[6]。根据 FactCheck. org 网站的研究，有线电视新闻网正在制作每周视频事实核查，设计自己的测真仪，对竞选声言进行评级，这对该电视网来说尚属首次。其五分制量表从真到假，中间一级是"这很复杂"（It's Complicated）。全国广播公司新闻部与 PolitiFact 建立了合作关系，从《新闻会客厅》开始，将事实核查纳入其政治新闻节目中。根据这一安排，该广播网的新闻记者可以委托事实核查人员进行独家调查。与此同时，《纽约时报》为 2016 年总统大选指定了一名"首席事实核查员"，并首次在一个专门的网页上收集所有事实核查资料。该报纸甚至朝着评级要求迈出了一小步，用红色、黄色或绿色等带有"有点"（嫌疑）、"夸大"等特殊裁决的彩色标签核查事实。这些简短的判决随后可被嵌入相关新闻报道中。[7]

每场辩论都会带来各类新闻机构对事实铺天盖地的核查。2016 选举季，诸如沃克斯网、FiveThirtyEight 和 Politico 等专门的政治和政策网站已加入主流电视网和报纸的行列，这些网站推出了一种新的"测错仪"（Wrongome-

---

① 美国民主党政治人物，前美国住房和城市发展部部长。

② 曾任惠普公司董事长兼 CEO，是美国商业及科技界中最具影响力的女性之一，曾于 2015 年宣布在美国共和党内争取 2016 年总统大选候选人提名。

ter），用来报道辩论（尽管有其名，Politico 的事实核查并没有使用评级系统）。[8]福克斯新闻推出了一种大胆的视觉手段来分析共和党初选辩论：在候选人发表可疑陈述的视频片段中，用一个巨大的动画图章打上"真"或"假"的烙印。与此同时，《每日秀》以一个常设栏目剖析了辩论，即"真正的事实是什么？"。这个栏目将认真的研究和对事实核查这一体裁的温和调侃相结合；声言赢得的评级形如"错误但可爱"和"真实但无意义，有点像希特勒如何善待狗"等。[9]

专职的事实核查机构并没有闲着。2015 年，FactCheck. org 推出了"科学核查"（SciCheck），这是一个由斯坦顿基金会（Stanton Foundation）资助的永久性栏目，旨在揭穿"党派人士为影响公共政策而做出的虚假和误导性科学声言"；该网站对竞选活动中被候选人本·卡森抨击的有关气候变化、疫苗风险甚至热力学定律的言论都进行了评论。除了与有线电视新闻网合作外，FactCheck. org 还与《今日美国》和 NBC 环球集团（NBC Universal）签订了选举年的发行协议，其竞选报道也会出现在 MSN 网站、《赫芬顿邮报》和其他高流量网站上。与此同时，在经历了几年艰难岁月之后，PolitiFact 的各州特许经营网络似乎又复苏了。2015 年秋天，该网站与《得梅因纪事报》合作推出了艾奥瓦州版，与加利福尼亚州公共广播（California Public Radio）合作推出了另一个加利福尼亚州版。PolitiFact 还与媒体公司爱德华·威利斯·斯克里普斯（E. W. Scripps）达成协议，将在俄亥俄州、科罗拉多州、亚利桑那州和内华达州的电视台成立分支机构。在一大笔资助下，另外四个州的网站预计将在夏季前上线。在选举年与全国广播公司新闻部合作将有助支付 PolitiFact 的研究费用，并使其在全国广播公司和微软全国广播公司获得广泛曝光。

各种联合行动承诺让事实核查更加清晰可见。非营利组织互联网档案馆（Internet Archive）获得了一笔拨款，将在其 2016 年的政治广告追踪系统中建立事实核查功能，该数据库搜集了来自全国各地方台的政治广告。PolitiFact、FactCheck. org、《华盛顿邮报》的 Fact Checker、公共诚信中心（Center for Public Integrity）① 等机构对每个商业广告的捐助者和支出数据进

① 公共诚信中心是一家非营利新闻调查组织，是美国最大的非党派非营利调查中心之一，其初衷是"揭示有权力的公共和私人机构的滥权、腐败和玩忽职守等行为，以迫使他们诚实、正直、负责地行使权力，并且以公众利益为先"，曾于 2014 年获得普利策调查性报道奖。

行了综合研究。更重要的长期项目由杜克大学记者实验室领导，他们开发出了一个不可见的网络代码系统，记者可以使用标签来标记他们事实核查的不同部分：被核查的声言、说出声言的人、最后的裁决等。一旦得到实施，新标准将使搜索引擎更容易识别事实核查，新闻网站或应用程序也更容易自动为新闻中报道的政治声言附加更正。

这样一来，一种在十五年前还几乎不存在的新闻就不可能被忽视了。很难说它减少了绝对的政治谎言，即使这种谎言可以衡量。相反，人们的共识似乎是，至少在初选中，2016 年的总统大选标志着合理的、基于事实的政治话语的数量创下新低，甚至比最近被死亡小组和出生证明的疯狂声言主导的竞选还要糟糕。[10] 越来越多的记者和学者将像特朗普这样被称为"后真相"候选人的民粹主义局外人的成功解读为公众对谎言漠不关心的危险证据。[11] 全美的事实核查人员都特别指出，这位名人亿万富翁表现出了对事实异乎寻常的漠视，即使在这个异乎寻常狡诈的选举季来说也是如此。2015 年底 FactCheck.org 写道："今年对政治性弥天大谎（political whopper）来说是标志性的一年，也是扯淡之人（teller of tall tales）的标志性年份。"[12]

矛盾的是，政治欺骗的可见代表了事实核查的某种胜利。记者可能无法抑制政治中的谎言，但他们无疑会将我们的注意力吸引到这一点上，将现在的反思焦点放在政治话语中的事实问题上。如果说 2007 年首次聚集在一起的"满腹经纶的事实核查人员"的主要目标是为他们的新型新闻工作确立角色，那么他们无疑是成功的。专业新闻工作的伦理和实践词库已经为适应他们而扩大。正在进行的竞选活动的过度行为只会激起人们对更积极的竞选报道的呼吁，可以从各个领域感受事实核查运动的影响。例如2015 年末，《纽约时报》首次推出了一种新的竞选报道：对特朗普 9.5 万字公开声明的计算机驱动（computer-driven）分析，凸显了他如同"20 世纪的煽动家"一般的口才。[13] 这种非同寻常的审视彰显了事实核查的批判性精神；它还表明，以专业事实核查人员的工作成果为基础，可以认定特朗普独特的不诚实记录证明了使用不寻常新闻工具的必要性。

这让事实核查运动何去何从？本书的一个主要论点是，事实核查人员首先应当被理解为新闻业的改革者。他们团结一致的使命不是整肃政治（这显然是徒劳的，可能也是不恰当的），而是改变新闻

> 记者可能无法抑制政治中的谎言，但他们无疑会将我们的注意力吸引到这一点上，将现在的反思焦点放在政治话语中的事实问题上。

业。对传统政治报道的共同批评是引领这一运动的事实核查人员从一开始就有的共识，而不仅仅是组织安排甚至是报道风格。这种批评为他们不断发展的专业话语提供了首要主题，有助于招募媒体合作伙伴、培训新员工，以及向记者同行解释自己。它为事实核查的制度化历史赋予了叙事上的连贯性和道德上的力量，有助于定义这一运动，并将其纳入美国新闻业的故事当中。

这种专业话语还在继续演变。随着事实核查作为新闻体裁的正当性不再受到严肃质疑，事实核查人员可能会获得更大的自由来宣称其独特的可能性。首先，按党派比较的禁忌有了一些逐渐消退的迹象。2015 年末，PolitiFact 的新编辑安吉·德罗布尼奇·霍兰为《纽约时报》撰写了一篇评论文章，对现任和前任总统候选人的测真记录进行了调查。[14] 在一如既往的告诫中指出事实核查的方法是新闻性的而不是科学性的之后，这篇文章进行了举例说明，标题可被概括为"所有政客都撒谎。一些人比其他人撒谎更多"，附图则根据获得"多半为假"或更糟糕裁决的频率对 17 位政客进行了排名。没有明说但难以忽视的是，名单几乎可以完全按党派划分。所有在三分之一以上的时间里获得最差评级的候选人都来自右翼，在 2016 年的总统大选中，有三位右翼候选人的表现糟糕到令人咋舌。正如一家报纸的社论给出的评论，"在 PolitiFact 的统计数据中，没有办法粉饰共和党和民主党之间的差距"[15]。

对正在发生的事件进行过多的解读是有风险的，但美国事实核查运动的领导者们似乎更大胆地用介入者（interventionist）的语言来描述他们的使命，不仅为抽象的民主公众提供信息，而且还积极地塑造政治讨论。PolitiFact 创始人比尔·阿代尔在 2015 年 7 月于伦敦举行的第二届全球事实核查峰会开幕词中说："从州长到参议员，美国政客们……的行为明显因我们而发生了改变。"[16] 第六章讨论的"往池塘里扔石头"的实践取态似乎正在消退——至少在事实核查人员聚在一起讨论他们运动的未来这一背景下，上述取态似乎正在消退。每一次新的会议都更迫切地提出一个问题，即如何衡量和最大限度地发挥事实核查在政治领域的作用。这是一个日益活跃的全球邮件列表中的主要话题，在这里，事实核查人员交换"影响趣闻"（anecdotes of impact），回顾有关他们工作的学术研究，并考虑新技术如何增强他们对现实世界讨论的影响力。"衡

> 随着事实核查作为新闻体裁的正当性不再受到严肃质疑，事实核查人员可能会获得更大的自由来宣称其独特的可能性。

231

量事实核查人员的影响"也正是波因特研究所 2015 年末推出的国际事实核查网络在线枢纽的四大核心主题之一。[17]

当然，事实核查人员一直希望他们能有所作为。正如我们所看到的，这些记者乐于把握任何可以改变公共话语或政治行为的迹象，而在其他时候又坚持认为这不是目标。像任何职业领域的成员一样，他们会根据不同的情境，以不同的方式思考和谈论自己的工作。这也许是了解当今这个领域如何变化的最好方式。随着美国主要的事实核查人员越来越多地栖身在自己明确定义的专业网络中，与非营利组织和学术界保持牢固而持久的联系，他们发现自己更经常地处于一种介入式任务可能会适当发挥作用的情境中：向基金会寻求新的资助，向当前的资助者报告成就，与其他国家的事实核查人员讨论最佳实践做法，等等。日益增长的国际事实核查运动包括来自党派媒体传统的报刊，如英国的《卫报》或法国的《解放报》（*Libération*）①，以及诸多以政治改革为公开使命的活动家和善治团体（good-government group）。在这些情况下，美国新闻业对"成为报道的一部分"（being part of the story）的广泛禁令（即记者只应寻求告知，不应施加影响的观念）失去了一些约束力。[18]

这并不是说专业事实核查人员正在抛弃客观报道的语言和惯例。[19]恰恰相反，事后看来，将这一运动视为对美国新闻业客观性规范的肯定想必会更有意义。但记者们理解这一准则以及准确性和公平性等相关理念的方式将有所不同。随着新的报道实践和它们所确立的专业价值的制度化，这个领域的重心在逐步但有意义地转移。归根结底，事实核查运动最持久的影响可能是给予了政治记者新的许可，让他们拥抱专业新闻中既重要又脆弱的揭黑和改革主义的冲动。

> 事实核查运动最持久的影响可能是给予了政治记者新的许可，让他们拥抱专业新闻中既重要又脆弱的揭黑和改革主义的冲动。

235

① 又译《自由人报》，1973 年由让-保罗·萨特（Jean-Paul Sartre）等人创建于巴黎，是法国第一张建有官方网站的日报。

注　释

第一部分　事实核查的景观

引言

[1] Mitt Romney, "Let Detroit Go Bankrupt," *New York Times*, November 18, 2008.

[2] Paul Bedard, "Jeep, an Obama Favorite, Looks to Shift Production to China," *Washington Examiner*, October 25, 2012, http://washingtonexaminer.com/jeep-an-obama-favorite-looks-to-shift-production-to-china/article/2511703.

[3] Craig Trudell, "Fiat Says Jeep Output May Return to China as Demand Rises," *Bloomberg Business*, October 22, 2012, http://www.bloomberg.com/news/2012-10-21/fiat-says-china-may-build-all-jeep-models-as-suv-demand-climbs.html.

[4] Nathan Bomey and Brent Snavely, "Romney Repeats False Claim of Jeep Outsourcing to China; Chrysler Refutes Story," *Detroit Free Press*, October 26, 2012, http://www.freep.com/article/20121026/BUSINESS01/121026036/Obama-Chrysler-Romney-s-claim-of-Jeep-outsourcing-to-China-is-false; 以及 Tom Troy, "Romney Worries about Jeep Going to China," *Toledo Blade*, October 26, 2012, http://www.toledoblade.com /Politics/2012/10/26/Romney-worries-about-Jeep-going-to-China.html.

[5] Jill Lawrence, "Romney Ad Wrongly Implies Chrysler Is Sending U.S. Jobs to China," National Journal, October 28, 2012; 亦可参见 Todd Spangler, "Romney's Latest Ad Claims He Will Do More for the Auto Industry than Obama," *Detroit Free Press*, October 28, 2012, http://www.freep.com/article/20121028/NEWS15/121028024/Romney-s-latest-ad-claims-he-will-do-more-for-the-auto-industry-than-Obama.

[6] Greg Sargent, "The Morning Plum: Romney's Jeep-to-China Lie Earns Brutal Headlines in Ohio," *Plum Line* (blog), *Washington Post*, October 30, 2012, http://www.washingtonpost.com/blogs/plum-line/post/the-morning-plum-romneys-jeep-to-china-lie-earns-brutal-headlines-in-ohio/2012/10/30/6ca63574-227e-11e2-ac85-e669876c6a24_blog.html.

[7] "Remarks by the President at a Campaign Event-Hilliard, OH," Office of the Press Secretary, the White House, November 2, 2012, http://www.whitehouse.gov/the-press-office/2012/11/02/remarks-president-campaign-event-hilliard-oh.

广告是最冷酷无情的竞选政治。" Jim Rutenberg and Jeremy W. Peters，"Two American Automakers Rebut Claims by Romney，" *New York Times*，October 31，2012.

［9］Jim Rutenberg and Jeremy W. Peters，"G. O. P. Turns Fire on Obama Pillar, the Auto Bailout，" *New York Times*，October 30，2012.

［10］"In Context：Mitt Romney, Ohio, and the Auto Bailout，" *All Things Considered*，National Public Radio，October 31，2012.

［11］Jon Greenberg，"Mitt Romney Says Obama's Chrysler Deal Undermined U. S. Workers，" PolitiFact，October 30，2012，http：//www. politifact. com/truth-o-meter/statements/2012/oct/30/mitt-romney/mitt-romney-obama-chrysler-sold-italians-china-ame/；Glenn Kessler，"4 Pinocchios for Mitt Romney's Misleading Ad on Chrysler and China，" Fact Checker，*Washington Post*，October 30，2012，http：//www. washington post. com/blogs/fact-checker/post/4-pinocchios-for-mitt-romneys-misleading-ad-on-chrysler-and-china/2012/10/29/2a153a04-21d7-11e2-ac85-e669876c6a24_blog. html；以及 Eugene Kiely，"Romney Distorts Facts on Jeep, Auto Bailout，" FactCheck. org，October 29，2012，http：//www. factcheck. org/2012/10/romney-distorts-facts-on-jeep-auto-bailout/.

［12］Angie Drobnic Holan，"Lie of the Year：The Romney Campaign's Ad on Jeeps Made in China，" PolitiFact，December 12，2012，http：//www. politifact. com/truth-o-meter/arti cle/2012/dec/12/lie-year-2012-Romney-Jeeps-China/.

［13］引自 Lois Romano，"10 Most Delusional Campaign Moments，" Politico，December 6，2012，http：//www. politico. com/story/2012/12/10-most-delusional-campaign-moments-84670. html；David Axelrod 的话引自 Drobnic Holan，"Lie of the Year. "

［14］杜克大学记者实验室 2015 年初的一项统计发现，全世界有 89 个事实核查网站，其中 30 个在北美。参见 Joshua Benton，"Fact-Checking Sites Continue to Grow in Number Around the World，" *Nieman Lab*（blog），January 20，2015，http：//www. niemanlab. org/2015/01/fact-checking-sites-continue-to-grow-in-number-around-the-world/.

［15］根据《牛津英语词典》，"校对员"一词首次出现是在 1803 年；"文字编辑"在 1899 年；"事实核对员"在 1938 年，指的是《时代》周刊（*Time*）的研究部门。

［16］Christian Lorentzen，"Short Cuts，" *London Review of Books*，April 5，2012；以及 Craig Silverman，*Regret the Error：How Media Mistakes Pollute the Press and Imperil Free Speech*（New York：Union Square Press，2007）.

［17］一个较早的例子来自 Frank Scully，"Scully's Scrapbook，" *Variety*，March 1，1944.

［18］参见 Craig Silverman，"Newsweek Ditched Its Fact-checkers in 1996, then Made a Major Error，" Poynter. org，August 21，2012，http：//www. poynter. org/news/media wire/185899/the-story-of-when-newsweek-ditched-its-fact-checkers-then-made-a-major-error/.

［19］Ta-Nehisi Coates，"In Praise of Fact-Checkers，" *Atlantic*，August 21，2012，http：//www. theatlantic. com/national/archive/2012/08/in-praise-of-fact-checkers/261368/.

［20］出自作者 2012 年 2 月 26 日对彼得·坎比（Peter Canby）的电子邮件采访；

2011 年 8 月 11 日对马德林·埃尔芬拜因（Madeleine Elfenbein）的电话访谈；2011 年 8 月 24 日对贾斯汀·沃格特（Justin Vogt）的访谈。

[21] John McPhee, "Checkpoints," in *Silk Parachute*（New York：Farrar, Straus and Giroux, 2010）, 165 – 96.

[22] 出自作者 2011 年 2 月 9 日及 17 日的田野笔记。

[23] 出自作者 2014 年 6 月 9 日的田野笔记。参见 Neil Brown, "Five 'Essential Understandings' of the Fact-Checking Movement," PolitiFact, June 18, 2014, http：//www. politifact. com/truth-o-meter/article/2014/jun/18/5-essential-understandings-fact-checking-movement/.

[24] 在专业领域内，该奖项被认为是对 PolitiFact 经常提出的声言的验证：事实核查构成了"一种新的新闻形式"，为数字时代重塑了监督传统。参见 Jack McElroy, "Politi-Fact Is Most Important Pulitzer This Year," *Knoxville News Sentinel*, April 21, 2009, http：//knoxblogs. com/editor/2009/04/21/politifact_is_most_important_p/.

[25] Craig Silverman, "AP Grows Fact Checking Beyond Politics to Breaking News, Beat Reporting," Poynter. org, January 9, 2012, http：//www. poynter. org/news/mediawire/158337/ap-grows-fact-checking-beyond-politics-to-breaking-news-beat-reporting/.

[26]《华尔街日报》的社论和专栏作家多次抨击政治事实核查是一种意见新闻的形式。参见 James Taranto, "The Pinocchio Press," *Wall Street Journal*, September 4, 2012；以及 James Taranto, "Factitious 'Fact Checking,'" *Wall Street Journal*, September 21, 2015, sec. Opinion.

[27] 我在田野调查中多次听到这种说法，这也是事实核查人员公开提出的一个观点。参见 Bill Adair, "Inside the Meters：Responding to a George Mason University Press Release About Our Work," PolitiFact, May 29, 2013, http：//www. politifact. com/truth-o-meter/blog/2013/may/29/responding-george-mason-university-press-release-a/.

[28] 李普曼早在 1922 年的《舆论》（*Public Opinion*）（1922；New York：Free Press, 1997）一书中就提出了这个论点。对新闻生产的社会学研究可以说是从怀特（David White）对"把关"的经典研究开始的。参见 David M. White, "The 'Gatekeeper'：A Case Study in the Selection of News," *Journalism Quarterly* 27, no. 1（1950）：383 – 96；亦可参见 Stephen D. Reese and Jane Ballinger, "The Roots of a Sociology of News：Remembering Mr. Gates and Social Control in the Newsroom," *Journalism and Mass Communication Quarterly* 78, no. 4（2001）：641 – 58.

240

[29] 除了甘斯的《什么在决定新闻》（1979；repr. Evanston, IL：Northwestern University Press, 2004），对美国新闻生产中的结构性影响和偏见的基础性研究还包括马克·费什曼（Mark Fishman）的《制造新闻》（*Manufacturing the News*）（Austin：University of Texas Press, 1980）；吉特林的《新左派运动的媒介镜像》（*The Whole World Is Watching：Mass Media in the Making and Unmaking of the New Left*）（Berkeley：University of California Press, 2003）；丹尼尔·哈林（Daniel Hallin）的《未经审查的战争：媒体与越南》（*The Uncensored War：The Media and Vietnam*）（Berkeley：University of California

Press，1989）；利昂·V. 西格尔（Leon V. Sigal）的《记者与官员：新闻制作的组织与政治》（*Reporters and Officials：The Organization and Politics of Newsmaking*）（Lexington，MA：D. C. Heath，1973）；以及盖伊·塔克曼（Gaye Tuchman）的《做新闻：现实的社会建构》（*Making News：A Study in the Construction of Reality*）（New York：Free Press，1978）。

［30］Michael Schudson，*Why Democracies Need an Unlovable Press*（Cambridge：Polity Press），88.

［31］C. W. Anderson，*Rebuilding the News：Metropolitan Journalism in the Digital Age*（Philadelphia：Temple University Press，2013），6.

［32］这方面的知名书目包括安德森的《重塑新闻》（*Rebuilding the News*）；帕布罗·博奇科夫斯基（Pablo J. Boczkowski）的《数字化新闻：网络报纸的创新》（*Digitizing the News：Innovation in Online Newspapers*）（Cambridge，MA：MIT Press，2005）、《工作中的新闻：信息充裕时代的模仿》（*News at Work：Imitation in an Age of Information Abundance*）（Chicago：University of Chicago Press，2010）；艾玛·海明威（Emma Hemmingway）的《走进编辑部：地方电视新闻的数字化生产》（*Into the Newsroom：Exploring the Digital Production of Regional Television News*）（London：Routledge，2008）；尼基·厄舍（Nikki Usher）的《〈纽约时报〉是怎么做新闻的》（*Making News at the New York Times*）（Ann Arbor：University of Michigan Press，2014）。

［33］Michael Schudson，"The Objectivity Norm in American Journalism，" *Journalism* 2，no. 2（August 1，2001）：150，doi：10. 1177/146488490100200201. 这种在新的制度性论坛（如新闻学院和专业社群）中精心阐释和编撰的元素成为一种论点，它将客观性规范的起源溯至 20 世纪 20 年代，而不是过去半个世纪中由其占据主导地位的复杂报道实践。

［34］虽然这句话是过去几年流行起来的，但这是个古老的想法。参见 Barbie Zelizer，"Journalists as Interpretive Communities，" *Critical Studies in Mass Communication* 10，no. 3（1993）：223 － 24，doi：10. 1080/15295039309366865.

［35］尽管客观性规范在战时获得了制度上的认可（并以 19 世纪末的报道实践为基础），但专业、客观的新闻理想型（the ideal of professional，objective journalism）可以说直到二战后才成为范式。更深入的讨论参见 Silvio R. Waisbord，*Reinventing Professionalism：Journalism and News in Global Perspective*（Cambridge：Polity Press，2013），29 － 31.

［36］第二章详细讨论了这一演变。凯文·巴恩赫斯特给出了不错的概览，参见 "The Interpretive Turn in News，" in *Journalism and Technological Change：Historical Perspectives，Contemporary Trends*，ed. Clemens Zimmermann and Martin Schreiber（Chicago：University of Chicago Press，2014），111 － 41.

［37］这些转变某种程度上影响了几乎所有关于媒体和政治的当代学术研究。它们以不同的方式受到持续关注，例如 Ronald N. Jacobs and Eleanor R. Townsley，*The Space of Opinion：Media Intellectuals and the Public Sphere*（New York：Oxford University Press，2011）；Markus Prior，*Post-Broadcast Democracy：How Media Choice Increases Inequality in Political Involvement and Polarizes Elections*（New York：Cambridge University Press，2007）；以及 Bruce A. Williams and Michael X. Delli Carpini，*After Broadcast News：Media Regimes，*

241

Democracy, and the New Information Environment, Communication, Society, and Politics (New York：Cambridge University Press，2011)．

[38] 我在两篇文章中讨论了"媒体间联系"和关于它们的文献。Lucas Graves，"Blogging Back Then：Annotative Journalism in I. F. Stone's Weekly and Talking PointsMemo，" *Journalism* 16，no. 1（January 2014）：99 – 118，doi：10. 1177/1464884914545740；以及 Lucas Graves and Magda Konieczna，"Sharing the News：Journalistic Collaboration as Field Repair，" *International Journal of Communication* 9（June 2015）：1966 – 84，http：// ijoc. org/index. php/ijoc/article/view/3381/1412. 直接关注媒体间的联系与影响的主要研究参见 Boczkowski，*News at Work*；Pablo J. Boczkowski，"Technology，Monitoring，and Imitation in Contemporary News Work，" *Communication，Culture，and Critique* 2，no. 1（2009）：39 – 59，doi：10. 1111/j. 1753 – 9137. 2008. 01028. x；Stephen D. Reese and Lucig H. Danielian，"Intermedia Influence and the Drug Issue：Converging on Cocaine，" in *Communication Campaigns About Drugs：Government，Media，and the Public*，ed. Pamela J. Shoemaker（Hillsdale，NJ：L. Erlbaum Associates，1989），29 – 46；Carsten Reinemann，"Routine Reliance Revisited：Exploring Media Importance for German Political Journalists，" *Journalism and Mass Communication Quarterly* 81，no. 4（December 2004）：857 – 76，doi：10. 1177/107769900408100409；以及 Daron R. Shaw and Bartholomew H. Sparrow，"From the Inner Ring Out：News Congruence，Cue-Taking，and Campaign Coverage，" *Political Research Quarterly* 52，no. 2（June 1999）：323 – 51，doi：10. 1177/106591299905200204.

[39] 参见 Matt Hadro，"Pants on Fire？Despite Media Outcry，Romney's 'Lie of the Year' Was True，" *NewsBusters*，January 18，2013，http：//newsbusters. org/blogs/matt-hadro/2013/01/18/pants-fire-despite-media-outcry-romneys-lie-year-was-true；以及 Kyle Drennen，"NBC' s Lauer：'Swift and Unanimous' Agreement Romney Ohio Ad 'Campaign Politics at Its Cynical Worst，'" *Media Research Center*，November 6，2012，http：//www. mrc. org/biasalerts/nbcs-lauer-swift-and-unanimous-agreement-romney-ohio-ad-campaign-politics-its-cynical-wor.

[40] 参见 Hannah Groch-Begley，"Fox Airs Misleading Fact Check of Romney Jeep Ad，" Media Matters for America，November 2，2012，http：//mediamatters. org/blog/2012/11/02/foxs-airs-misleading-fact-check-of-romney-jeep/191106；以及 "Fox's Varney Declares That Romney's Misleading Claim About Jeep Production in China Is 'Flat-Out Accurate，'" Media Matters for America，November 1，2012，http：//mediamatters. org/video/2012/11/01/foxs-varney-declares-that-romneys-misleading-cl/191061.

[41] "新闻中的事实核查"会议于 2011 年 12 月 14 日在华盛顿特区的新美国基金会总部举行。我和格莱斯耶组织了这场活动，他是我哥伦比亚大学研究生院的同学，当时在新美国基金会担任媒体政策研究员。我们为会议选定了主要议题，召集了所有与会者，安排了当天的四场小组讨论，并委托相关专家开展原创性研究以促进讨论。我们还共同撰写了会上展示的报告之一：《2012 年春季的事实核查世界：概述》（The Fact-Checking Universe in Spring 2012：An Overview）（新美国基金会，2012 年 2 月）。此次会议

的与会者中包括 PolitiFact 和 FactCheck. org 的创始人和来自《华盛顿邮报》的两位 Fact Checker 专栏作家。

[42] 首届全球事实核查峰会于 2014 年 6 月 9 日至 10 日在伦敦举行，第二章对此有详细讨论。总部设在美国的波因特研究所在福特基金会、奥米迪亚网络和克雷格连接（Craig Connects）的支持下主办了这次活动。PolitiFact 创始人、前高级编辑阿代尔 2013 年加入杜克大学新闻学教师团队，他筹划了这次会议。我是被要求帮助设计议程和小组讨论的几个人之一，我还分析并展示了杜克大学记者实验室搜集的关于海外事实核查的数据。波因特研究所向我提供了参加这次会议的差旅资助。

[43] Christopher M. Kelty, *Two Bits*: *The Cultural Significance of Free Software*（Durham, NC: Duke University Press, 2008）, 18, 263−64. 凯蒂（Christopher M. Kelty）把免费软件伦理扩展到新领域的研究项目为研究事实核查环境提供了有益参照。从被探究的时期来看，免费软件和事实核查都是新兴领域，其实践仍然开放且不确定（因此是"摸索"）；部分出于这个原因，学术研究人员以学术界人士的身份、以不同往常的深入程度获邀参与其中［通过组织会议、与报告人（informants）分享发现等］。

[44] 甚至为会议准备的学术成果也暴露了内蕴在事实核查领域中的张力。一位学者的报告草稿中出现了一个突出的例子，即左派广泛持有关于儿童疫苗之危险的错误信念，以反驳保守派垄断误传信息的假设。一名活动支持者大声反对这一点，称此例为"虚假平衡"，尽管这个例子在正式发布的报告中仍然存在。

[45] 隐藏的社会结构和过程会在变化、争议或反常的时刻浮出水面（常态在非常态下可见），这一观点贯穿了定性社会科学。不安定或不合适的时刻让人们有机会接触到贝克（Howard Becker）的"世界"（worlds）和拉图尔（Bruno Latour）的行动者网络（actor-networks）。他写道："新的主题，这就是你需要行动者网络理论的原因。"同样的意象是加芬克尔（Harold Garfinkel）"破坏"（breaching）实验概念的基础。参见 Howard Becker, *Art Worlds*（Berkeley: University of California Press, 1982）; Geoffrey C. Bowker and Susan Leigh Star, *Sorting Things Out*: *Classification and Its Consequences*（Cambridge, MA: MIT Press, 1999）; Harold Garfinkel, *Studies in Ethnomethodology*（Cambridge: Polity Press, 1984）; 以及 Bruno Latour, *Reassembling the Social*: *An Introduction to Actor-Network-Theory*, Clarendon Lectures in Management Studies（Oxford: Oxford University Press, 2005）, 142.

[46] 这样的批评是事实核查界的一贯做法，第四、五、六章给出了不少例子。

[47] 我要感谢某位匿名评阅人，他促使我明确指出事实核查人员的意识形态问题，以及它是否对美国媒体-政治主流构成实质性挑战。尼尔森阅读了这份手稿的草稿，他提出了一个重要且反直觉的观点，即鉴于政客面临的压力，我们可能会对他们撒谎的程度感到惊奇。政客和竞选战略家认为，他们不遗余力审查自己的工作，抱怨事实核查人员抓住琐碎的细节而忽略了更大的真相。在本书第四章和全书最后一部分都可以找到这样的例子。

第一章 满腹经纶的事实核查人员

[1] 该活动是 2014 年 6 月 9 日至 10 日由波因特研究所主办的全球事实核查峰会。

关于事实核查人员的数据来自波因特研究所对与会者的调查，以及杜克大学德维特·华莱士媒体与民主中心记者实验室（DeWitt Wallace Center for Media and Democracy at Duke University）对全球事实核查网站的研究。这些数据是与 PolitiFact 创始人、杜克大学新闻学教授比尔·阿代尔以及研究助理香农·贝克汉姆（Shannon Beckham）一起分析的。

[2] 出自作者 2014 年 6 月 9 日的田野笔记。关于与会者对峰会的两个描述参见 Bill Adair, "Lessons from London: Fact-Checkers Have Passion, but Need More Checks," Poynter. org, June 13, 2014, http://www.poynter.org/how-tos/journalism-education/255806/lessons-from-london-fact-checkers-have-passion-but-need-more-checks/; Glenn Kessler, "The Global Boom in Political Fact Checking," Fact Checker, *Washington Post*, June 13, 2014, http://www.washingtonpost.com/blogs/fact-checker/wp /2014/06/13/the-global-boom-in-fact-checking/.

[3] 出自作者 2014 年 6 月 9 日的田野笔记。被记录的发言者有印度 FactChecker. in 网站的高敏德拉伊·埃西拉伊（Govindraj Ethiraj）、埃及"穆尔西测真仪"的阿穆尔·苏卜希（Amr Sobhy）、乌克兰 StopFake 的玛戈·冈塔（Margo Gontar）、意大利"政治测真"网站的马特奥·阿格诺莱托（Matteo Agnoletto），以及《卫报》的朱丽叶·乔维特（Juliette Jowit）。

[4] PolitiFact 创始人比尔·阿代尔以杜克大学新闻学教授的新身份组织了这次峰会。该活动源自一项研究项目，旨在确认世界各地的事实核查举措，主要目标是成立一个国际事实核查协会。自 2010 年以来，阿代尔、布鲁克斯·杰克逊和格伦·凯斯勒为非洲、澳大利亚、欧洲和南美洲的事实核查创业公司提供了建议。

[5] 出自 2007 年 11 月 9 日迈克尔·多布斯在"一派胡言：政治谎言与媒体事实核查人员的崛起"会议上的评论，安南伯格公共政策中心主办，华盛顿特区。

[6] Margaret Sullivan, "Facts, Truth…and May the Best Man Win," *Public Editor's Journal* (blog), *New York Times*, September 4, 2012, http://publiceditor. blogs. nytimes. com /2012/09/04/facts-truth-and-may-the-best-man-win/. 在一次采访中，沙利文明确呼吁《纽约时报》成为"真相守望者"（truth vigilante），并回答了她的前任提出的问题，参见 Joe Strupp, "Incoming *New York Times* Public Editor: 'Newspapers Must Be Truth Vigilantes,'" *Media Matters for America* (blog), July 16, 2012, http://mediamatters. org/blog/2012/07/16/incoming-new-york-times-public-editor-newspaper/187159. 关于硬新闻报道（straight news reports）对事实核查的关注，参见 Arthur S. Brisbane, "Should the Times Be a Truth Vigilante?" *Public Editor's Journal* (blog), *New York Times*, January 12, 2012, http:// publiceditor. blogs. nytimes. com/2012/01/12/should-the-times-be-a-truth-vigilante/. 我在一篇文章中讨论了布里斯班（Arthur Brisbane）的论点和对此的回应，参见 Lucas Graves, "Digging Deeper into the New York Times' Fact-Checking Faux Pas," *NiemanLab*, January 18, 2012, http://www.niemanlab. org/2012/01/digging-deeper-into-the-new-york-times-fact-checking-faux-pas/.

[7] Ken Layne, "More Funny Fisk, from Sept. 19," *KenLayne. com* (blog), December 9, 2001, http:/kenlayne. com/2000/2001_12_09_logarc. html#7775149（通过 archive. org

访问）。这次攻击的目标是罗伯特·费斯克（Robert Fisk），他是伦敦《独立报》（*Independent*）的资深中东记者——也许最著名的是，他为数不多的采访过奥萨马·本·拉登（Osama bin Laden）的西方记者之一。肯·莱恩（Ken Layne）和其他所谓的战争博客经常删除费斯克的邮件，以至于"致费斯克"（to Fisk）成了一个动词。这一事件已被学者和记者广泛评论，对此的详细描述参见 Scott Rosenberg, *Say Everything*: *How Blogging Began*, *What It's Becoming*, *and Why It Matters* (New York: Crown, 2009), 131–64.

［8］Nicholas Lemann, "Amateur Hour: Journalism Without Journalists," *New Yorker*, August 7, 2006.

［9］Mark Gongloff, "Fact-Checking Walmart's Fact-Check of the New York Times," *Huffington Post*, June 24, 2014, http://www. huffingtonpost. com/2014/06/24/walmart-fact-check-new-york-times_n_5525588. html; Ari Rabin-Havt, "Wal-Mart Flunks Its Fact-Check: The Truth Behind Its Sarcastic Response to the Times," *Salon*, http://www. salon. com/2014/06/25/walmart_flunks_its_fact_check_the_truth_behind_its_sarcastic_response_to_the_times/; David Tovar, "Fact Check: The New York Times 'The Corporate Daddy,'" *Walmart TODAY*, June 20, 2014, http://blog. walmart. com/opportunity/20140620/fact-check-the-new-york-times-the-corporate-daddy.

［10］"Fact Check: Why What Speaker Boehner Just Said Is Completely Wrong," Nancy Pelosi: Democratic Leader, September 30, 2013, http://www. democraticleader. gov/newsroom/fact-check-why-what-speaker-boehner-just-said-is-completely-wrong/.

［11］Don Seymour, "#SOTUGOP: House Republicans Host Digital Fact Check & Social Q&A on GOP. gov/SOTU," Office of the Speaker of the House, January 24, 2012, http://www. speaker. gov/video/sotugop-house-republicans-host-digital-fact-check-social-qa-gopgovsotu; Jake Sherman, "GOP Launching SOTU Website," Politico, February 12, 2013, http://www. politico. com/story/2013/02/gop-launching-website-for-sotu-87481. html.

［12］"Clinton's Hard Choices: Facts Vs. Fiction Volume 1," GOP. com, June 10, 2014, http://www. gop. com/news/research/clintons-hard-choices-facts-vs-fiction-volume-1/.

［13］Karen Tumulty, "Will Obama's Anti-Rumor Plan Work?" *Time*, June 12, 2008; Marisa Taylor, "White House Launches Health-Care Response Site 'Reality Check,'" *Wall Street Journal Blogs*, August 11, 2009, http://blogs. wsj. com/digits/2009/08/11/white-house-launches-health-care-response-site-reality-check/.

［14］这则谣言一如既往地包含了一丝真相。据事实核查，在最初的半身像制作期间，小布什总统借来的半身像在他任期结束时已被归还给英国大使馆。参见 Dan Pfeiffer, "Fact Check: The Bust of Winston Churchill," *White House Blog*, July 27, 2012, http://www. whitehouse. gov/blog/2012/07/27/fact-check-bust-winston-churchill; Dan Pfeiffer, "Fact Checking the Fact Checker," *White House Blog*, June 7, 2011, http://www. whitehouse. gov/blog/2011/06/07/fact-checking-fact-checker.

［15］Elizabeth Flock, "Attack Watch, New Obama Campaign Site to 'Fight Smears,'

Becomes Laughing Stock of Conservatives," *Washington Post*, September 16, 2011, https://www. washingtonpost. com/blogs/blogpost/post/attack-watch-new-obama-campaign-site-to-fight-smears-becomes-laughing-stock-of-the-internet/2011/09/14/gIQAspHDSK_blog. html.

[16] 谈论政治和媒体机构之间不断变化之关系的一种方式是借助布尔迪厄场域理论的语言。在最近的一项分析中，莫妮卡·克劳斯（Monica Krause）根据新闻场域特有的、"自主"的一极与经济和国家权力"它治"（heteronomous）一极的相对强度，确定了美国新闻业的四个不同时代。克劳斯写道："特定领域的资本在媒体中组织实践的力量各不相同。"她认为，自 20 世纪 70 年代以来，经济压力的增加和监管的减少（在其他因素之外）导致了"积极新闻采集"（active newsgathering）和新闻场域自主性的下降。参见 Monika Krause, "Reporting and the Transformations of the Journalistic Field: U. S. News Media, 1890—2000," *Media, Culture, and Society* 33, no. 1（2011）: 100, doi: 10. 1177/0163443710385502. 其他与之大致相似的论断参见 Erik Neveu, "Four Generations of Political Journalism," in *Political Journalism: New Challenges, New Practices*, ed. Raymond Kuhn and Erik Neveu, ECPR Studies in European Political Science（London: Routledge, 2002）. 与此同时，这种发展可能会"为专业新闻批评和反对提供一个更为明显的目标"，在该场域的某些部分带来更大的自信，参见 Rodney Benson, "News Media as a Journalistic Field: What Bourdieu Adds to New Institutionalism, and Vice Versa," *Political Communication* 23, no. 2（2006）: 193, doi: 10. 1080/10584600600629802.

[17] 当然，新闻和政治总是以明显和微妙的方式交织在一起。丹尼尔·哈林之所以将美国新闻业的"高度现代主义"（high modernism）时期定义为专业人士宣称独立似乎基本没有问题的 20 世纪中叶，正是因为媒体和政治精英具有共同的意识形态。参见 Daniel C. Hallin, "The Passing of the 'High Modernism' of American Journalism," *Journal of Communication* 42, no. 3（September 1992）: 14 – 25, doi: 10. 1111/j. 1460-2466. 1992. tb00794. x.

[18] Jay G. Blumler and Dennis Kavanagh, "The Third Age of Political Communication: Influences and Features," *Political Communication* 16, no. 3（July 1, 1999）: 218, doi: 10. 1080 /105846099198596. 主要着眼于美国和英国，两位作者在新世纪前夕指出，新闻机构和媒体面临的更大竞争压力通常在几个重要方面改变了政客和政治记者之间的关系，例如促进了更多的相互仇视，转向小报报道和"信息娱乐"（infotainment）等。

[19] Ronald N. Jacobs and Eleanor R. Townsley, *The Space of Opinion: Media Intellectuals and the Public Sphere*（New York: Oxford University Press, 2011）, 12. 关于意见空间的拓展参见 pp. 10, 35 – 53.

[20] David Hochman, "Rumor Detectives: True Story or Online Hoax?" *Reader's Digest*, April 2009, http://www. rd. com/home/rumor-detectives-true-story-or-online-hoax/; David Pogue, "At Snopes. com, Rumors Are Held Up to the Light," *New York Times*, July 15, 2010, http://www. nytimes. com/2010/07/15/technology/personaltech/15pogue-email. html; Brian Stelter, "Debunkers of Fictions Sift the Net," *New York Times*, April 4, 2010.

[21] 该网站为十几位知名政客（包括最近的总统候选人）提供了专门页面。但这

些政治人物主要是作为目标对象，而不是谎言的传播者。

[22] "About snopes. com," Snopes. com, http：//www. snopes. com/info/aboutus. asp.

[23] "About Spinsanity," Spinsanity, http：//www. spinsanity. org/about/. 这家网站专注于风云人物、两个主要政党的政客和其他知名的政治意见与呼声（voices）。

[24] 喜剧中心频道《每日秀》，2004 年 8 月 12 日，纽约。

[25] 在新美国基金会和美国新闻研究所的主持下，我与尼汉密切合作，开展了一些测量政治事实核查增长和可能效果的研究项目。

[26] 用一些观察家喜欢的语言，他们在从事"新闻行动"（act of news）或"新闻业行动"（act of journalism）。参见 Sue Robinson, "The Active Citizen's Information Media Repertoire：An Exploration of Community News Habits During the Digital Age," *Mass Communication and Society* 17, no. 4 （March 17, 2014）：509 – 30, doi：10. 1080/15205436. 2013. 816745；Josh Stearns, "A New Call to Protect Acts of Journalism," *Free Press* （blog）, October 17, 2013, http：//www. freepress. net/blog/2013/10/17/new-call-protect-acts-journalism.

[27] Herbert J. Gans, *Democracy and the News* （New York：Oxford University Press, 2003）.

[28] 最初的任务说明可通过互联网档案馆查阅。截至 2015 年年中，该数据保持不变。参见 "Our Mission," FactCheck. org, http：//www. factcheck. org/about/our-mission/.

[29] 出自作者 2012 年 12 月 3 日在华盛顿特区对布鲁克斯·杰克逊的访谈；2011 年 3 月 17 日在宾夕法尼亚州费城对尤金·基利的访谈；另见 Cary Spivak, "The Fact-Checking Explosion," *American Journalism Review* 32 （2010）；"Slip by Dick Cheney regarding FactCheck. org," *All Things Considered*, NPR （Washington, DC：October 6, 2004）.

[30] 根据网站的公开信息，在 2010 至 2015 财年期间，安南伯格基金会提供的平均支持为每年 73. 4 万美元。参见 "Our Funding," FactCheck. org, http：//www. factcheck. org/our-funding/.

[31] "Our Mission," FactCheck. org, http：//www. factcheck. org/about/our-mission/；另见作者 2010 年 12 月 3 日在华盛顿特区对布鲁克斯·杰克逊的访谈。

[32] 出自作者 2010 年 12 月 3 日在华盛顿特区对布鲁克斯·杰克逊的访谈；2014 年 3 月 24 日对尤金·基利的电子邮件访谈。另见 Lucas Graves and Magda Konieczna, "Sharing the News：Journalistic Collaboration as Field Repair," *International Journal of Communication* 9 （June 2015）：1966 – 84, http：//ijoc. org/index. php/ijoc /article/view/3381/1412.

[33] 出自作者 2011 年 3 月 17 日和 6 月 8 日的田野笔记。我观察到的这批实习生显然对政治比对新闻业更感兴趣，其中仅有四分之一的人表示对新闻感兴趣。

[34] 出自作者 2010 年 12 月 3 日在华盛顿特区对比尔·阿代尔的访谈；以及 2011 年 2 月 7 日的田野笔记。

[35] 出自 PolitiFact 网站 2007 年 7 月 12 日的报道，可通过互联网档案馆访问。

[36] 出自作者 2010 年 12 月 2 日在华盛顿特区对比尔·阿代尔的访谈；Steve My-

ers，"PolitiFact Takes Lesson from Fast-Food Industry as It Franchises Fact Checking，"Poynter. org，May 3，2010，http：//www. poynter. org/latest-news/top-stories/102422/politifact-takes-lesson-from-fast-food-industry-as-it-franchises-fact-checking/；Spivak，"The Fact-Checking Explosion"；以及作者 2011 年 2 月 7 日、9 日和 17 日的田野笔记。

[37] 关于这些变故凸显了此类与众不同的新闻合作伙伴关系所隐含的紧张关系的讨论，参见 Graves and Konieczna，"Sharing the News."《克利夫兰诚报》关于其退出的描述中提到了裁员和对 PolitiFact 测真仪之"武断分类"（arbitrary categories）的不满；该报提出了自己的 10 级评级体系。参见 Ted Diadiun，"Coming：Truth Squad Reporting without the Gimmicks，"Cleveland. com，http：//www. cleveland. com/readers/index. ssf/2014/01/coming_truth_squad_reporting_w. html；Anna Clark，"The Plain Dealer Drops Politi-Fact, but Keeps on Factchecking，"*Columbia Journalism Review*，June 17，2014，http：//www. cjr. org/united_states_project/cleveland_plain_dealer_politifact_fact checking. php.

[38] Myers，"PolitiFact Takes Lesson."

[39] Andrew Beaujon，"New PolitiFact Service Will Fact-Check Pundits，"Poynter. org，October 10，2013，http：//www. poynter. org/latest-news/mediawire/225595/new-politifact-service-will-fact-check-pundits/；Rem Rieder，"Rieder：PunditFact Will Keep the Pundits Honest，"Gannett News Service，October 14，2013；"Who We Invest In：PolitiFact and Pun-ditFact，"Democracy Fund，http：//www. democracyfund. org/portfolio/entry/politifact-and-punditfact.

[40] 赞助方网站的一个网页解释了这样做的理由："我们希望这一举措能够证明事实核查在追究意见领袖的责任和影响其他媒体组织采取类似做法方面可以发挥的宝贵作用。"

[41] 将在本书的第三部分讨论。另见 Graves and Konieczna，"Sharing the News."

[42] 出自迈克尔·多布斯在"一派胡言：政治谎言与媒体事实核查人员的崛起"会议上的评论。另见 Jack Shafer，"Lie Detectors，"*Slate*，September 20，2007，http：//www. slate. com/articles/news_and_politics/press_box/2007/09/lie_detectors. html.

[43] Michael Dobbs，*The Rise of Political Fact-Checking*（Washington，DC：New America Foundation，February 2012），7.

[44] Michael Dobbs，"True but False，"Fact Checker，*Washington Post*，December 19，2007，http：//voices. washingtonpost. com/fact-checker/2007/12/true_but_false_1. html.

[45] Dobbs，*Rise of Political Fact-Checking*，9.

[46] 出自格伦·凯斯勒在"新闻中的事实核查"会议上的评论，新美国基金会主办，2011 年 12 月 14 日；作者 2012 年 4 月 18 日对格伦·凯斯勒的电话访谈；以及格伦·凯斯勒在全球事实核查峰会上的评论。

[47] Glenn Kessler，"About the Fact Checker，"Fact Checker，*Washington Post*，September 11，2013，http：//www. washingtonpost. com/blogs/fact-checker/about-the-fact-checker/.

[48] Gregory Ferenstein，"Realtime Political Fact-Checking Becomes A Reality with WaPo's 'TruthTeller,'"TechCrunch，January 29，2014，http：//techcrunch. com/2013/

01/29/realtime-political-fact-checking-becomes-a-reality-with-wapos-truth-teller/；Craig Silverman，"Washington Post's TruthTeller Project Hopes to Birth Real-Time Fact-Checking," Poynter. org，August 8，2012，http：//www. poynter. org/latest-news/regret-the-error/183774/washington-posts-truthteller-project-hopes-to-birth-real-time-fact-checking/；Craig Silverman，"Washington Post Expands Fact-Checking Project-and Not Just to Movie Trailers," Poynter. org，February 28，2014，http：//www. poynter. org/latest-news/top-stories/241474/washington-post-expands-fact-checking-project-and-not-just-to-movie-trailers/.

［49］出自作者 2014 年 6 月 10 日的田野笔记。

［50］Rem Rieder，"A Busy Season for Political Fact-Checkers," *American Journalism Review* 34（June 2012）.

［51］出自作者 2011 年 6 月 15 日的田野笔记。

［52］出自迈克尔·多布斯在"一派胡言：政治谎言与媒体事实核查人员的崛起"会议上的评论。

［53］出自作者 2011 年 2 月 15 日的田野笔记。

［54］"Q&A with Glenn Kessler," *Q&A*，C-SPAN（Washington，DC：January 15，2012）；文字实录参见 http：//www. c-spanvideo. org/program/303324-1.

［55］"他说，她说"一词被用来表示难以裁决的事实争议，首次使用至少可以追溯到安妮塔·希尔（Anita Hill）1991 年在参议院为最高法院法官克拉伦斯·托马斯（Clarence Thomas）的确认听证会上作证时；参见 William Safire，"On Language," *New York Times*，April 12，1998. 2003 年，它成了报道即使有明确证据也无法裁决的事实争议的标签，参见 Brent Cunningham，"Re-Thinking Objectivity," *Columbia Journalism Review* 42，no. 2（August 200）：24–32；Jay Rosen，"He Said，She Said，We Said," *PressThink*（blog），June 4，2004，http：//archive. pressthink. org/2004/06/04/rutenmilbank. html.

［56］出自布鲁克斯·杰克逊在"新闻中的事实核查"会议上的评论。

［57］Barbie Zelizer，"Journalists as Interpretive Communities," *Critical Studies in Mass Communication* 10，no. 3（1993）：224，doi：10. 1080/15295039309366865. 通过元话语在塑造新闻实践和自我理解中的作用进行思考的关键参考文献，参见 Barbie Zelizer，*Covering the Body：The Kennedy Assassination，the Media，and the Shaping of Collective Memory*（Chicago：University of Chicago Press，1992）. 最近的概念综述可参见 Matt Carlson，"'Where Once Stood Titans'：Second-Order Paradigm Repair and the Vanishing U. S. Newspaper," *Journalism* 13，no. 3（2012）：267–83，doi：10. 1177/1464884911421574.

［58］事实核查机构一直非常欢迎学术研究人员，原因有很多，包括外界对其工作感兴趣的真挚振奋（genuine excitement）。学术关注也可能产生更直接的好处，有助于获得新闻业对事实核查机构的关注，确证它们的公共服务使命，更重要的是鼓励非营利部门的支持。

［59］"场域修补"的概念在作者的后续研究中有所发展，参见 Graves and Konieczna，"Sharing the News."

［60］多米尼克·马切蒂（Dominique Marchetti）认为，新闻业的特定子领域在经济

和政治自主性方面与它们报道的领域（体育、医学等）有所不同，这些领域"或多或少地控制着自身的媒介化（mediatization）进程"。在这些布尔迪厄式的术语中，事实核查似乎独立于它所报道的场域（政客）；然而，事实核查机构也依靠与其他邻近场域的联系来拱卫这种自主性，如学术界和非营利部门。参见 Dominique Marchetti, "Subfields of Specialized Journalism," in *Bourdieu and the Journalistic Field*, ed. Rodney Benson and Erik Neveu（Cambridge：Polity, 2005），77.

[61] Ben Smith, "The Facts About the Fact Checkers," Politico, November 1, 2011, http：// www. politico. com/news/stories/1011/67175. html；另见作者 2010 年 12 月 3 日在华盛顿特区对布鲁克斯·杰克逊的访谈。

[62] 第六章详细讨论了这种"媒体工作"（media work）。参见 Spivak, "The Fact-Checking Explosion"; Diana Marszalek, "PolitiFact Aims to Boost Local TV Presence," *TVNewsCheck*, February 28, 2012, http：//www. tvnewscheck. com/article/57723/politifact-aims-to-boost-local-tv-presence.

[63] 出自比尔·阿代尔在全球事实核查峰会上的评论；作者 2012 年 12 月 2 日在华盛顿特区对比尔·阿代尔的访谈；Hannah Vinter, "Bill Adair, Editor of Politifact：'Readers Love This Kind of Accountability Journalism,'" World Association of Newspapers and News Publishers, August 18, 2011, http：//www. wan-ifra. org/articles/2011/08/18/bill-adair-editor-of-politifact-readers-love-this-kind-of-accountability-journal; Jackie Ogburn, "Bill Adair：Creating New Forms of Journalism," Sanford School of Public Policy, Duke University, September 26, 2013, http：//news. sanford. duke. edu/news-type/news/2013/bill-adair-creating-new-forms-journalism.

[64] 出自 2012 年 9 月 26 日吉姆·德林卡德在华盛顿特区全国新闻俱乐部（National Press Club）"2012 年总统候选人事实核查"小组讨论会上的评论。另见 Michael Scherer, "Fact Checking and the False Equivalence Dilemma," *Time*, October 9, 2012, http：//swampland. time. com/2012/10/09/fact-checking-and-the-false-equivalence-dilemma/.

[65] 截至 2014 年底，杜克记者实验室编制的全球数据库中包含的 71 个活跃事实核查网站中，除 11 个外，其他所有网站都在使用测真仪（该数据库分别统计每个美国 PolitiFact 特许经营商）。使用测真仪的网站涵盖了从长期存在的印刷和广播媒体到民主团体网站、大学和智库。

[66] 出自作者 2011 年 8 月 18 日对布鲁克斯·杰克逊的电话访谈；另见 Matt Schwartz, "Truth Police：The Man Behind Factcheck. org," *Huffington Post*, March 28, 2008, http：//www. huffingtonpost. com/good-magazine/truth-police-the-man-behi_b_88654. html.

[67] 出自布鲁克斯·杰克逊在"新闻中的事实核查"会议上的评论；作者 2010 年 12 月 3 日在华盛顿特区对布鲁克斯·杰克逊的访谈；作者 2014 年 3 月 24 日对尤金·基利的电子邮件访谈。

[68] Glenn Kessler, "Pinocchio Tracker：Fact-Checking the Presidential Candidates," Fact Checker, *Washington Post*, December 14, 2011, http：//www. washingtonpost. com/blogs/fact-checker/post/pinocchio-tracker-fact-checking-the-presidential-candidates/2011/12/

13/gIQABntttO_blog. html.

［69］保罗·迪马吉奥（Paul DiMaggio）和沃尔特·鲍威尔（Walter Powell）称之为"制度同构"（institutional isomorphism），这是一个理解趋同的有用框架，他们将其归因于组织需要处理结构化组织场域内的不确定性。参见 Paul J. DiMaggio and Walter W. Powell, "The Iron Cage Revisited: Institutional Isomorphism and Collective Rationality in Organizational Fields," *American Sociological Review* 48, no. 2（April 1, 1983）: 147 – 60, doi: 10. 2307/2095101.

［70］Brooks Jackson, "Firefighters, Fact-Checking and American Journalism," Fact Check. org, December 21, 2012, http: //www. factcheck. org/2012/12/firefighters-fact-checking-and-american-journalism/.

［71］出自尼尔·布朗（Neil Brown）在全球事实核查峰会上的评论。

［72］在全球事实核查峰会上，谈到尤金·基利和 FactCheck. org 的联合创始人、传播学学者凯瑟琳·霍尔·杰米森时，阿代尔说："到最后，尤金会离开这里，会用手机给凯瑟琳打电话说：'哦我的天啊凯瑟琳，这些年来你是千差万错！'"

［73］出自作者2014年6月9—10日的田野笔记。以及比尔·阿代尔和威尔·莫伊在全球事实核查峰会上的评论。

［74］出自作者2014年6月9—10日的田野笔记。这项原则并不排除应邀参加峰会的任何团体。

［75］盖伊·塔克曼比任何人都更好地掌握了许多客观报道的基本战略和防御阵容，并提供了最早的学术描述，即所谓的"他说，她说"报道。Gaye Tuchman, "Objectivity as Strategic Ritual: An Examination of Newsmen's Notions of Objectivity," *American Journal of Sociology* 77（1972）: 660 – 79.

251

［76］Gianpietro Mazzoleni and Winfried Schulz, "'Mediatization' of Politics: A Challenge for Democracy?," *Political Communication* 16, no. 3（1999）: 247 – 61, doi: 10. 1080/105846099198613; Jesper Stroömbaäck, "Four Phases of Mediatization: An Analysis of the Mediatization of Politics," *International Journal of Press/Politics* 13, no. 3（2008）: 228 – 46, doi: 10. 1177/1940161208319097.

［77］社会理论家曼纽尔·卡斯特（Manuel Castells）认为，与大众媒体时代相比，在今天的网络社会中，"媒体不是权力的持有者，但它们大体上构成了决定权力的空间"。参见 Manuel Castells, "Communication, Power and Counter-Power in the Network Society," *International Journal of Communication* 1（2007）: 242, http: //ijoc. org/index. php/ijoc/article/view/46/35.

［78］"Frustration in the White House Press Corps," narrated by Brooke Gladstone and Bob Garfield, *On the Media*, NPR（Washington, DC: March 1, 2013）, http: //www. onthemedia. org/story/272841-frustration_white_house_press_corps/.

［79］对强"媒介化"假设的重要挑战可参见 Rasmus Kleis Nielsen, *Ground Wars: Personalized Communication in Political Campaigns*（Princeton, NJ: Princeton University Press, 2012）. 另见 David Deacon and James Stanyer, "Mediatization: Key Concept or Conceptual Bandwagon?" *Media, Culture and Society* 36, no. 7 (October 1, 2014): 1032 – 44, doi: 10. 1177/0163443714542218.

[80] Lori Robertson, "Campaign Trail Veterans for Truth," *American Journalism Review*, 26 (December/January 2005): 38 – 43; Spivak, "The Fact-Checking Explosion."

[81] "Campaign Desk: CJR's Desk for Politics, Policy, and the Press," *Columbia Journalism Review*, http: //www. cjr. org/press_room/_resources/pdf/Campaign_Desk_One_Sheet. pdf.

[82] Thomas Medvetz, *Think Tanks in America* (Chicago: University of Chicago Press, 2012).

[83] "About PolitiFact Bias/FAQ," PolitiFact Bias, http: //www. politifactbias. com/p/about-politifact-bias. html.

[84] "Our Mission," Accuracy in Media, http: //www. aim. org/about/mission-statement/.

[85] Arthur S. Hayes, *Press Critics Are the Fifth Estate: Media Watchdogs in America* (Westport, CT: Praeger, 2008), 21 – 34; Mike Hoyt, "Defining Bias Downward: Holding Political Power to Account Is Not Some Liberal Plot," *Columbia Journalism Review* 43 (January 2005), http: //www. cjr. org/behind_the_news/defining_bias_downward_holding. php.

[86] Roger Aronoff and Bethany Stotts, "New York Times Attempts to Blur Benghazi Scandal," *AIM Report*, January 1, 2014, 1, 3.

[87] 出自作者2011年2月25日对里奇·诺伊斯 (Rich Noyes) 的电话访谈；另见 Rich Noyes, "Hillary Shot at in '96? No Media Mention of Bosnia 'Sniper Fire,'" *NewsBusters* (blog), March 18, 2008, http: //newsbusters. org/blogs/rich-noyes/2008/03/18/hillary-shot-96-no-media-mention-bosnia-sniper-fire.

[88] Jeff Cohen, "What's FAIR?," *Extra*!, June 1, 1987.

[89] Hayes, *Press Critics Are the Fifth Estate*, 76. 另见 Constance L. Hays, "Making It Work; FAIR or Not?," *New York Times*, May 19, 1996.

[90] Jim Naureckas, "Dems Didn't Start Social Security-and Other False Factchecks from Factcheck. org," *FAIR Blog*, September 5, 2012, http: //fair. org/blog/2012/09/05/dems-didnt-start-social-security-and-other-false-factchecks-from-factcheck-org/.

[91] Peter Hart, "AP's Mostly Factless Factcheck," *FAIR Blog*, September 6, 2012, http: //www. fair. org/blog/2012/09/06/aps-factless-fact-check/.

[92] "About Us," Media Matters for America, http: //mediamatters. org/p/about_us/.

[93] Charles Clark, "Media Matters Stakes Claim as High-Volume Watchdog," *National Journal*, September 4, 2010.

[94] 出自作者2010年10月15日的田野笔记。

[95] 出自作者2010年10月15日在华盛顿特区对塔特·威廉姆斯的访谈。

[96] 第三章和第四章阐述了这一点。《华盛顿邮报》首位事实核查专栏作家多布斯就是一个突出的例子，他写道："如果你只批评一方（比如左倾媒体），你就不再是事实

核查人员。你是政治竞选的工具。"参见 Dobbs, *Rise of Political Fact-Checking*, 13.

［97］出自格伦·凯斯勒在"新闻中的事实核查"会议中的评论。

［98］在最初的参考文献中，托马斯·吉尔因将科学中的边界工作描述为"一种意识形态风格，一种科学家试图通过与非科学智力或技术活动形成有利对比来为科学创造公众形象的意识形态风格"。他指出，科学家强调科学工作与非科学工作的不同和不一致的方面是科学的权威的来源，这取决于具体情境。参见 Thomas Gieryn, "Boundary-Work and the Demarcation of Science from Non-Science: Strains and Interests in Professional Ideologies of Scientists," *American Sociological Review* 48 (1983): 781.

［99］关于"边界工作"在专业新闻工作语境下的探讨，参见 Ronald Bishop, "From behind the Walls: Boundary Work by News Organizations in Their Coverage of Princess Diana's Death," *Journal of Communication Inquiry* 23, no. 1 (January 1999): 90 – 112, doi: 10. 1177/0196859999023001005; Mark Coddington, "Defending a Paradigm by Patrolling a Boundary: Two Global Newspapers' Approach to WikiLeaks," *Journalism & Mass Communication Quarterly* 89, no. 3 (2012): 377 – 96, doi: 10. 1177/1077699012447918; Seth C. Lewis, "The Tension Between Professional Control and Open Participation," *Information, Communication & Society* 15, no. 6 (2012): 836 – 66, doi: 10. 1080/1369118X. 2012. 674150; Matthias Revers, "Journalistic Professionalism as Performance and Boundary Work: Source Relations at the State House," *Journalism* 15, no. 1 (2014): 37 – 52, doi: 10. 1177/1464884913480459.

［100］Rob Tornoe, "'Pants On Fire,'" *Media Matters for America* (blog), December 22, 2011, http://mediamatters. org/blog/2011/12/22/pants-on-fire/162174.

［101］Jeffrey Meyer, "Tampa Bay Times Slams Michelle Bachmann for 'Lying' According to Liberal 'PolitiFact,'" *NewsBusters* (blog), May 30, 2013, http://newsbusters. org/blogs /jeffrey-meyer/2013/05/30/tampa-bay-times-slams-michelle-bachmann-lying-according-liberal-polit.

［102］Jack Coleman, "Maddow Heaves NY Times Under the Busin On going Feud with PolitiFact," *NewsBusters* (blog), June 11, 2014, http://newsbusters. org/blogs/jack-coleman/2014/06/11/maddow-heaves-ny-times-under-bus-ongoing-feud-politifact.

［103］Bill Adair, "The Value of Fact-Checking in the 2012 Campaign," PolitiFact, November 8, 2012, http://www. politifact. com/truth-o-meter/article/2012/nov/08/value-fact-checking-2012-campaign/; Jackson, "Firefighters, Fact-Checking and American Journalism. "

［104］Justin Bank, "Palin vs. Obama: Death Panels," FactCheck. org, August 14, 2009, http://www. factcheck. org/2009/08/palin-vs-obama-death-panels/; Angie Drobnic Holan, "Sarah Palin Falsely Claims Barack Obama Runs a 'Death Panel,'" PolitiFact, August 10, 2009, http://www. politifact. com/truth-o-meter/statements/2009/aug/10/sarah-palin/sarah-palin-barack-obama-death-panel/; "Fox News Personalities Advance Palin's 'Death Panel' Claim," Media Matters for America, August 10, 2009, http://mediamatters. org/research/200908100054; "Trudy Lieberman on Health-care Reform, Gary Schwitzer on Health

News Study," *CounterSpin*, August 14, 2009, http://fair.org/counterspin-radio/trudy-lieberman-on-healthcare-reform-gary-schwitzer-on-health-news-study/; Gabriel Voiles, "How 'Death Panels' Became a 'Justifiable Political Claim,'" *FAIR Blog*, August 19, 2009, http://www.fair.org/blog/2009/08/19/how-death-panels-became-a-justifiable-political-claim/.

［105］这与《阅读公众舆论：政治行为体如何看待民主进程》（*Reading Public Opinion: How Political Actors View the Democratic Process*, Chicago: University of Chicago Press, 1998）一书的一个核心论点很相似。赫布斯特（Susan Herbst）指出，包括国会工作人员和党派活动家在内的政治行动者依靠媒体来表达公众意见。感谢尼尔森指出了这一点。

［106］Michael Schudson, *Discovering the News: A Social History of American Newspapers* (New York: Basic Books, 1978), 188－89.

第二章　客观性、真相探寻和制度性事实

［1］Hannah Arendt, "Lying in Politics: Reflections on the Pentagon Papers," *New York Review of Books*, November 18, 1971, http://www.nybooks.com/articles/archives/1971/nov/18/lying-in-politics-reflections-on-the-pentagon-pape/.

［2］对得出这一结论的有益概述参见 Glenn Kessler, "Reaffirmed: 4 Pinocchios for a Misleading Mitt Romney Ad on Chrysler and China," Fact Checker, *Washington Post*, January 24, 2013, http://www.washingtonpost.com/blogs/fact-checker/post/reaffirmed-4-pinocchios-for-a-misleading-mitt-romney-ad-on-chrysler-and-china/2013/01/24/095964a8-667d-11e2-9e1b-07db1d2ccd5b_blog.html.

［3］这些案例将在第四章中得到讨论。另见 Lucas Graves, "In Defense of Factchecking," *Columbia Journalism Review*, August 9, 2013, http://www.cjr.org/united_states_project/in_defense_of_factchecking.php.

［4］例如 Andrew McCarthy, "Palin Was Right on the 'Death Panels'-A Dissent from Today's NRO Editorial," *National Review Online*, August 17, 2009, http://www.nationalreview.com/corner/185755/palin-was-right-death-panels-dissent-todays-nro-editorial-andrew-c-mccarthy. 与此同时，一些"奥巴马医改"的支持者同意死亡小组是真实的、由私人保险业管理的，例如 Froma Harrop, "There Are Death Panels: The Insurance Industry Runs Them," *Seattle Times*, August 18, 2009; Mike Madden, "The 'Death Panels' Are Already Here," *Salon*, August 11, 2009, http://www.salon.com/2009/08/11/denial_of_care/.

［5］这是一个关键点：我们在日常生活中谈论事实的方式（尽管不是我们实际推理的方式）反映了威廉·詹姆斯（William James）所说的"理性主义"（rationalism）的各个方面，这一观点设想了一套统一的、逻辑上连贯的抽象真理方案，它超越并解释了我们所经历的现实。这是有实际意义的："事实"作为一个范畴的用处恰恰在于它们的主张，在于它们对永久性和普遍性的主张。但我们想象事实的方式、我们使用或制造事实的方式的不同，很大程度上有助于解释环绕在事实核查周围的争议。William James, *Pragmatism and Other Writings* (New York: Penguin Books, 2000).

［6］Jelani Cobb, "Last Battles," *New Yorker*, July 6, 2015, 27. 另见 Ta-Nehisi

Coates, "What This Cruel War Was Over," *Atlantic*, June 22, 2015, http://www.theatlantic.com/politics/archive/2015/06/what-this-cruel-war-was-over/396482/; Jon Greenberg, "In Defense of Confederate Flag, Frequent Fox News Guest Claims Civil War Wasn't About Slavery," PolitiFact, June 25, 2015, http://www.politifact.com/punditfact/statements/2015/jun/25/gavin-mcinnes/tweet-civil-war-was-about-secession-not-slavery/.

[7] Jon Greenberg, "George Will Says a Sneeze or Cough Could Spread Ebola," Pundit-Fact, October 19, 2014, http://www.politifact.com/punditfact/statements/2014/oct/19/george-will/george-will-claims-sneeze-cough-spread-ebola/.

[8] 马特·卡尔森（Matt Carlson）对这种"新闻元话语"的视角和例子开展了有益的述评，参见"'Where Once Stood Titans': Second-Order Paradigm Repair and the Vanishing U. S. Newspaper," *Journalism* 13, no. 3（April 2012）: 268 – 69, doi: 10.1177/1464884911421574. 两篇杰出的元新闻批评为当代事实核查运动奠定了基础，分别是 Brent Cunningham, "Re-Thinking Objectivity," *Columbia Journalism Review* 42, no. 2（August 2003）: 24 – 32; Jay Rosen, "The View from Nowhere," *PressThink*（blog）, September 18, 2003, http://archive.pressthink.org/2003/09/18/jennings.html.

[9] Lucas Graves, "Blogging Back Then: Annotative Journalism in I. F. Stone's Weekly and Talking Points Memo," *Journalism* 16, no. 1（2015）: 99 – 118, doi: 10.1177/1464884 914545740.

[10] 罗纳德·梅（Ronald May）援引休斯顿·沃林（Houston Waring）的话说："媒体对麦卡锡不公平吗？"[《新共和》周刊（*New Republic*），1953 年 4 月].

[11] 同上。参见泽利泽的讨论"Journalists as Interpretive Communities," *Critical Studies in Mass Communication* 10, no. 3（1993）: 230 – 33, doi: 10.1080/152950 39309366865.

[12] 例如，从 1981 年的有利时刻回首往事，一位采访过麦卡锡的记者认为："只有像他这样精彩的表演才能让客观性的卫道士们承认事件的意义与事实一样重要。"参见 Edwin R. Bayley, *Joe McCarthy and the Press*（Madison: University of Wisconsin Press, 1981）, 85; 泽利泽亦有讨论: "Journalists as Interpretive Communities," 232.

[13] 舒德森[和埃利奥特·金（Iliot King）]认为，里根与美国人民之间的联系不可动摇的神话源于新闻工作者们对里根政策成功与新闻业对其印象的不断调和，以及来自"电视时代"的传统智慧。参见 Michael Schudson, *The Power of News*（Cambridge, MA: Harvard University Press, 1995）, 137.

[14] Lou Cannon, *Governor Reagan: His Rise to Power*（New York: Public Affairs, 2003）, 470. See, e. g., "Ronald Reagan and the Facts," *Argus-Press*, June 3, 1980; 以及 Lou Cannon, "Winging It: What the President Really Meant to Say," *Washington Post*, January 24, 1982.

[15] Christopher Hanson（under pseudo. William Boot）, "Iranscam: When the Cheering Stopped," *Columbia Journalism Review*, March/April 1987, 20. 舒德森亦有讨论: *Power of News*, 130.

255

［16］Howard Kurtz, "15 Years Later, the Remaking of a President," *Washington Post*, June 7, 2004.

［17］Michael Dobbs, *The Rise of Political Fact-Checking* (Washington, DC: New America Foundation, February 2012).

［18］David Hoffman, "Press Conference by Reagan Follows Familiar Pattern," *Washington Post*, September 30, 1982, A20.

［19］Lou Cannon, "Reagan Calls South Africa 'Reformist'; White House Later Modifies President's Praise for Regime," *Washington Post*, August 27, 1985; Glenn Frankel, "Reagan's South Africa," *Washington Post*, August 27, 1985.

［20］Dobbs, *Rise of Political Fact-Checking*, 4－5.

［21］"Buying the War," *Bill Moyers Journal*, PBS, April 25, 2007; Dobbs, *Rise of Political Fact-Checking*.

［22］参见 Lori Robertson, "Campaign Trail Veterans for Truth," *American Journalism Review*, December/January 2005, http://www.ajr.org/article.asp?id=3784.

［23］出自劳埃德·格罗夫 (Lloyd Grove) 对杰米森的引用，参见 "Campaign Ads Play Fast and Loose with the Truth," *Washington Post*, October 21, 1988, A1. 另有文章对这场选战及其报道进行了极富深度的 (piercing) 描述，参见 Joan Didion, "Insider Baseball," *New York Review of Books* 35, no. 16 (October 27, 1988).

［24］Tom Rosenstiel, "Policing Political TV Ads," *Los Angeles Times*, October 4, 1990.

［25］参见 Bill Adair and Angie Drobnic Holan, "Remembering David Broder and His Passion for Fact-Checking," PolitiFact, March 11, 2011, http://www.politifact.com/truth-o-meter/article/2011/mar/11/remembering-david-broder/; Dobbs, *Rise of Political Fact-Checking*; Mark Stencel, "Broder's Shift Key: An Unlikely Online Makeover," NPR, March 10, 2011, http://www.npr.org/2011/03/10/134421511/broders-shift-key-an-unlikely-online-makeover.

［26］参见 David Broder, "Should the Media Police the Accuracy of Political Ads?" *Washington Post*, January 19, 1989, A22; David Broder, "Five Ways to Put Some Sanity Back in Elections," *Washington Post*, January 14, 1990, B1; David Broder, "Put Sanity Back into Our Elections," *Washington Post*, February 25, 1990, B7; David Broder, "Sick of Issueless Campaigns," *Washington Post*, March 28, 1990, A23.

［27］Broder, "Five Ways to Put Some Sanity Back in Elections."

［28］Broder, "Should the Media Police the Accuracy of Political Ads?"

［29］Grove, "Campaign Ads Play Fast and Loose with the Truth."; Broder, "Should the Media Police the Accuracy of Political Ads?"

［30］出自 1992 年 2 月 26 日理查德·瑟雷克尔德 (Richard Threlkeld) 在 "政治广告的媒体分析" (Media Analysis of Political Ads) 小组讨论会上的评论，安南伯格传播学院主办，华盛顿特区。另见 Bob Collins, "Death of a Fact-Checker," *NewsCut* (blog),

January 13，2012，http：//blogs. mprnews. org/newscut/2012/01/death_of_a_fact-checker/.

[31] 关于广告监察趋势的起源，如下文献进行了讨论，参见 Debra Gersh Hernandez，"Improving Election Reporting," *Editor & Publisher* 129，no. 40（October 5，1996）：16. 根据这一资料，这种新闻体裁最早出现在 1986 年的《洛杉矶时报》（*Los Angeles Times*）上。

[32] David Broder，"Sick of Issueless Campaigns."

[33] Rosenstiel，"Policing Political TV Ads." 斜体为作者所加。另见 Adair and Holan，"Remembering David Broder."

[34] Justin Bank，*Newspaper Adwatch Stories*：*Coming Back Strong*（Philadelphia，PA：Annenberg Public Policy Center，November 9，2007），该文研究了最大的报纸，全文可搜索。关于广告监察在 20 世纪 90 年代的发展，另见 Courtney Bennett，"Assessing the Impact of Ad Watches on the Strategic Decision-Making Process：A Comparative Analysis of Ad Watches in the 1992 and 1996 Presidential Elections," *American Behavioral Scientist* 40，no. 8（August 1997）：1，161－82，do i：10. 1177/0002764297040008014；Stephen Frantzich，"Watching the Watchers：The Nature and Content of Campaign Ad Watches," *Harvard International Journal of Press/Politics* 7，no. 2（Spring 2002）：34－57，doi：10. 1177/1081180X0200700204；Chris Glowaki，Thomas J. Johnson，and Kristine E. Kranenburg，"Use of Newspaper Political Adwatches from 1988—2000," *Newspaper Research Journal* 25，no. 4（Fall 2004）：40－54.

[35] 出自作者 2012 年 12 月 3 日在华盛顿特区对布鲁克斯·杰克逊的访谈；"Media & The Campaign：Better This Year?" *All Things Considered*，NPR，May 26，1992；Edwin Diamond，"Getting It Right," *New York*，November 2，1992.

[36] Bob Papper，*TV Adwatch Stories*：*On the Rise*（Philadelphia，PA：Annenberg Public Policy Center，November 9，2007）.

[37] 出自作者 2012 年 12 月 3 日在华盛顿特区对布鲁克斯·杰克逊的访谈。

[38] 参见 Joseph N. Cappella and Kathleen Hall Jamieson，"Broadcast Adwatch Effects：A Field Experiment," *Communication Research* 21，no. 3（June 1994）：342－56，doi：10. 1177/009365094021003006；Kathleen Hall Jamieson and Joseph N. Cappella，"Setting the Record Straight：Do Ad Watches Help or Hurt?" *Harvard International Journal of Press/Politics* 2，no. 1（January 1997）：13－22，doi：10. 1177/1081180X97002001003. 这项研究产生了一种技术，即将被审查的广告放置在一角而不是填满屏幕，在以下文章中亦有讨论，参见 Bennett，"Assessing the Impact of Ad Watches"；Brooks Jackson and Kathleen Hall Jamieson，*UnSpun*：*Finding Facts in a World of Disinformation*（New York：Random House，2007）；Robertson，"Campaign Trail Veterans for Truth."

[39] "Not So Fast," *On the Media*，WYNC，January 16，2004，http：//www. onthe media. org/2004/jan/16/not-so-fast/.

[40] Robertson，"Campaign Trail Veterans for Truth"；"Fact Checking the 2004 Presidential Debates," *NewsHour*，PBS，October 21，2004.

257

[41] 出自 2007 年 11 月 9 日杰克·塔珀在"一派胡言：政治谎言与媒体事实核查人员的崛起"会议上的评论，安南伯格公共政策中心主办，华盛顿特区。

[42] 参见 Bennett，"Assessing the Impact of Ad Watches"；Frantzich，"Watching the Watchers"；Glowaki，Johnson，and Kranenburg，"Use of Newspaper Political Adwatches."

[43] 出自作者 2010 年 12 月 2 日在华盛顿特区对比尔·阿代尔的访谈；另见比尔·阿代尔在"一派胡言：政治谎言与媒体事实核查人员的崛起"会议上的评论；Gabrielle Gorder，"Just the Facts：An Interview with Bill Adair，Founder and Editor of Politi-Fact，" *NPF Newsbag*（blog），National Press Foundation，October 3，2011，https：//web. archive. org/web/20150603095125/http：//nationalpress. org/blogs/newsbag/just-the-facts-an-interview-with-bill-adair-founder-and-editor-of-politifac/.

[44] 米勒在演讲后接受采访时受到质疑，参见 "Interview with Senator Zell Miller，" *Live Event/Special*，CNN，September 1，2004；*Hardball with Chris Matthews*，MSNBC，September 1，2004.

[45] 出自 2011 年 12 月 14 日比尔·阿代尔在"新闻中的事实核查"会议上的评论，新美国基金会主办，华盛顿特区。

[46] 出自 2012 年 2 月 28 日比尔·阿代尔在"政治生活的事实"会议上的评论，新美国基金会主办，华盛顿特区。

[47] 出自迈克尔·多布斯在"一派胡言：政治谎言与媒体事实核查人员的崛起"会议上的评论；另见 Dobbs，*Rise of Political Fact-Checking*，4.

[48] Glenn Kessler and Dan Morgan，"GOP Prism Distorts Some Kerry Positions，" *Washington Post*，September 3，2004.

[49] Thomas Lang，"Glenn Kessler on Fact-Checking Candidates，Getting off the Bus，and Reporters Who Are Ahead of the Curve，" *Columbia Journalism Review*，September 17，2004，http：//www. cjr. org/the_water_cooler/glenn_kessler_on_factchecking. php.

[50] 出自作者 2012 年 4 月 18 日对格伦·凯斯勒的电话访谈，另见 "Q&A with Glenn Kessler，" *Q&A*，C-SPAN，January 15，2012，http：//www. c-spanvideo. org/program/303324-1.

[51] 出自迈克尔·多布斯在"一派胡言：政治谎言与媒体事实核查人员的崛起"会议上的评论。

[52] 提出这一观点的文献参见 Michael Schudson，*Watergate in American Memory*：*How We Remember，Forget，and Reconstruct the Past*（New York：Basic Books，1992）；Barbie Zelizer，*Covering the Body*：*The Kennedy Assassination，the Media，and the Shaping of Collective Memory*（Chicago：University of Chicago Press，1992）.

[53] Zelizer，"Journalists as Interpretive Communities，" 223 – 24.

[54] 参见 Dobbs，*Rise of Political Fact-Checking*，5 – 6；另见迈克尔·多布斯在"一派胡言：政治谎言与媒体事实核查人员的崛起"会议上的评论。

[55] Dobbs，*Rise of Political Fact-Checking*，8. 参见杰克·塔珀的评论："Sunday Morning Fact-Checking，" *Colbert Report*，Comedy Central，April 14，2010，http：//

www. cc. com/episodes/6r394e/the-colbert-report-april-14-2010-david-shields-season-6-ep-06051；以及沃尔特·平卡斯的评论："Buying the War," *Bill Moyers Journal*, PBS, April 25, 2007.

[56] 专业事实核查人员完全依赖公共文件和信源。一些暗示布什政府对伊拉克的指控站不住脚的证据可以在公开报告中找到，比如联合国武器核查人员的报告。但在美国入侵伊拉克之前，最好的怀疑性报道［如奈特·里德报业（Knight Ridder）华盛顿分部广受赞誉的报道］是在国防和情报机构内持不同意见的匿名专家的支持下完成的。参见 Michael Massing, "Now They Tell Us," *New York Review of Books*, February 26, 2004.

[57] Kevin G. Barnhurst, *Seeing the Newspaper* (New York：St. Martin's Press, 1994).

[58] 参见 Michael Schudson, *Discovering the News：A Social History of American Newspapers* (New York：Basic Books, 1978), 160 – 64, 183 – 94.

[59] Kevin G. Barnhurst, "The Interpretive Turn in News," in *Journalism and Technological Change：Historical Perspectives, Contemporary Trends*, ed. Clemens Zimmermann and Martin Schreiber, 111 – 41 (Chicago：University of Chicago Press, 2014).

[60] 参见 Kevin Barnhurst and Diana Mutz, "American Journalism and the Decline in Event-Centered Reporting," *Journal of Communication* 47, no. 4 (December 1997)：27 – 53, doi：10. 1111/j. 1460 – 2466. 1997. tb02724. x；Thomas E. Patterson, *Out of Order* (New York：A. Knopf, 1993)；Michael Schudson, "The Politics of Narrative Form：The Emergence of News Conventions in Print and Television," *Daedalus* 111, no. 4 (1982)：97 – 112；Carl Sessions Stepp, "The State of the American Newspaper：Then and Now," *American Journalism Review* 14 (1999)：60 – 76.

[61] Katherine Fink and Michael Schudson, "The Rise of Contextual Journalism, 1950s—2000s," *Journalism* 15, no. 1 (2014)：11, doi：10. 1177/1464884913479015.

[62] 《纽约时报》"亮点"专栏的编辑在 2014 年年中这样解释了它的使命："我们会毫不犹豫地对事情发生的原因和未来可能发生什么做出分析判断。我们将告诉你我们如何做出这些判断，并请你得出自己的结论。" David Leonhardt, "Navigating the News with the Upshot," Facebook, April 21, 2014, https：//www. facebook. com/notes/the-new-york-times-the-upshot/navigating-the-news-with-the-upshot/1453536644883143.

[63] Margaret Sullivan, "'Just the Facts, Ma'am' No More," *New York Times*, January 25, 2014, http：//www. nytimes. com/2014/01/26/public-editor/just-the-facts-maam-no-more. html.

[64] 最近的一项分析参见 Erik P. Bucy and Maria Elizabeth Grabe, "Taking Television Seriously：A Sound and Image Bite Analysis of Presidential Campaign Coverage, 1992 – 2004," *Journal of Communication* 57, no. 4 (2007)：652 – 75, doi：10. 1111/j. 1460-2466. 2007. 00362. x. 另见 Kevin G. Barnhurst and Catherine A. Steele, "Image-Bite News：The Visual Coverage of Elections on U. S. Television, 1968 – 1992," *Harvard International Journal of Press/Politics* 2, no. 1 (1997)：40 – 58, doi：10. 1177/1081180X97002001005；Daniel C. Hallin, "Sound Bite News：Television Coverage of Elections, 1968 – 1988," *Journal of*

Communication 42, no. 2 (1992): 5 – 24, doi: 10. 1111/j. 1460 – 2466. 1992. tb00775. x.

[65] Kevin G. Barnhurst, "The Makers of Meaning: National Public Radio and the New Long Journalism, 1980 – 2000," *Political Communication* 20, no. 1 (2003): 9, doi: 10. 1080/ 10584600390172374.

[66] Barnhurst and Mutz, "American Journalism"; Michael Schudson, "Political Observatories, Databases & News in the Emerging Ecology of Public Information," *Daedalus* 139, no. 2 (2010): 100 – 109.

[67] Walter Lippmann, *Public Opinion* (1922; repr. New York: Free Press Paperbacks, 1997).

[68] Michael Schudson, "Political Observatories, Databases & News."

[69] Schudson, *Discovering the News*, 173, 176 – 82.

[70] Stepp, "The State of the American Newspaper," 65; 在以下文献中亦有探讨，参见 Fink and Schudson, "Rise of Contextual Journalism," 7.

[71] Daniel C. Hallin, "The Passing of the 'High Modernism' of American Journalism," *Journal of Communication* 42, no. 3 (1992): 14 – 25.

[72] 对政治的进步批判和对科学的信心为新闻业提供了"话语框架，以锚定对权威和声望的所有权"；参见 Sylvio Waisbord, *Reinventing Professionalism: Journalism and News in Global Perspective* (Cambridge, U. K.: Polity Press, 2013), 28.

[73] Barnhurst and Mutz, "American Journalism," 49; Fink and Schudson, "Rise of Contextual Journalism."

[74] James Fallows, *Breaking the News: How the Media Undermine American Democracy* (New York: Vintage Books, 1997), 116 – 26.

[75] Alicia C. Shepard, "Celebrity Journalists," *American Journalism Review*, September 1997, http://ajrarchive. org/article. asp?id = 247.

[76] 有关讨论参见 Lucas Graves, "Digging Deeper into The *New York Times*' Fact-Checking Faux Pas," Nieman Journalism Lab, January 18, 2012, http://www. nieman lab. org/2012/01/digging-deeper-into-the-new-york-times-fact-checking-faux-pas/.

[77] 出自布鲁克斯·杰克逊和格伦·凯斯勒在"新闻中的事实核查"会议中的评论。

[78] 事实上除了关于政治策略的故事外，哈林 1992 年被广泛引用的文章指出，早期的事实核查是新闻业中介（journalistic mediation）的一例，参见 Hallin, "Passing of the 'High Modernism' of American Journalism," 19.

[79] 一项有帮助的文献综述可参见 Toril Aalberg, Jesper Stroömbaäck, and Claes H. de Vreese, "The Framing of Politics as Strategy and Game: A Review of Concepts, Operationalizations and Key Findings," *Journalism* 13, no. 2 (February 1, 2012): 162 – 78, doi: 10. 1177/1464884911427799.

[80] 新闻学者杰伊·罗森（Jay Rosen）将"精明"视为报道政治（political press）的"职业宗教"，这一点令人印象深刻。参见 Jay Rosen, "Why Political Coverage Is Broken," PressThink, August 26, 2011, http://pressthink. org/2011/08/why-political-cover-

age-is-broken/; Jay Rosen, "Karl Rove and the Religion of the Washington Press," PressThink, August 14, 2007, http: //archive. pressthink. org/2007 08/14/rove_and_press. html.

[81] 关于策略框架和愤世嫉俗, 参见 Joseph N. Cappella and Kathleen Hall Jamieson, *Spiral of Cynicism: The Press and the Public Good* (New York: Oxford University Press, 1997). 另见 Rosen, "Why Political Coverage Is Broken."

[82] 例如, 由于担心被视为非美国人, 有线电视新闻网发布了一份备忘录, 要求在报道阿富汗平民伤亡的同时也要提示美国人的伤亡。类似的担忧导致微软全国广播公司解雇了主持人菲尔·多纳休 (Phil Donahue), 因为他对美国入侵伊拉克的理由持怀疑态度; 一份内部备忘录解释说, 他 "给电视网的战时公众形象找麻烦"; 参见 Matt Wells, "CNN to Carry Reminders of U. S. Attacks," *Guardian*, November 1, 2001; 另见 "Buying the War."

[83] "Buying the War" 中查尔斯·汉利 (Charles Hanley) 在接受采访时所说。

[84] Gaye Tuchman, *Making News: A Study in the Construction of Reality* (New York: Free Press, 1978), 87n4.

[85] "It Pays to Advertise? Using Advertising to Convince Americans of the Need to Go to War with Iraq," 60 *Minutes*, CBS, December 8, 2002.

[86] "Buying the War" 中鲍勃·西蒙 (Bob Simon) 在接受采访时所说。

[87] 事实核查和科学工作之间的比较经常出现在事实核查人员 (如下一部分讨论的) 以及他们的批评者当中。参见 Joseph E. Uscinski and Ryden W. Butler, "The Epistemology of Fact Checking," *Critical Review* 25, no. 2 (June 2013): 164 - 65, 178, doi: 10. 1080/08913811. 2013. 843872.

[88] 这是一种观念, 判断信仰或陈述究竟是承载真理还是与现实中产生真理的事实没有明确关系的观念。在分析哲学中, 这一定义的主要倡导者是伯特兰·罗素 (Bertrand Russell) 和 G. E. 摩尔 (G. E. Moore), 有时可以追溯到亚里士多德。亚里士多德在《形而上学》 (*Metaphysics*) 中写道: "说存在者不存在或不存在者存在的人为假; 说存在者存在和不存在者不存在的人则为真。" (To say of what is that it is not, or of what is not that it is, is false, while to say of what is that it is, and of what is not that it is not, is true.)

[89] 这一概念的阐述首见于 Edmund Husserl's *Ideas* (1913); 下文亦有讨论: Steven Shapin, *A Social History of Truth: Civility and Science in Seventeenth-Century England* (Chicago: University of Chicago Press, 1994), 29 - 32.

[90] 出自作者 2011 年 2 月 16 日的田野笔记。

[91] 从语言上来说, 这一点在路德维希·维特根斯坦 (Ludwig Wittgenstein) 的 "家族相似性" (family resemblances) 概念中得到了最好的体现。他把这种不精确看作是语言的一种具有创造意义的资产, 而不是一种缺陷。Ludwig Wittgenstein, *Philosophical Investigations*, 4th ed. (Chichester, West Sussex, U. K. : Wiley-Blackwell, 2009), 36e - 41e (para. 67 - 77).

[92] Greenberg, "George Will Says a Sneeze"; Aaron Sharockman, "A Few Words to Those Who Think George Will Was Right about Ebola Going Airborne Through a Sneeze," PunditFact, October 20, 2014, http: //www. politifact. com/punditfact/article/2014/oct/20/few-

words-those-who-think-george-will-was-right-ab/.

［93］ John R. Searle, *The Construction of Social Reality* (New York：Free Press, 1995)；John R. Searle, *Speech Acts：An Essay in the Philosophy of Language* (London：Cambridge University Press, 1969).

［94］ 瑟尔在下文中攻击了相对主义或"反现实主义"(antirealist) 观点：*Construction of Social Reality*, 149－176. 另见 John R. Searle, "Why Should You Believe It?" *New York Review of Books*, September 24, 2009.

［95］ Searle, *Construction of Social Reality*, 28. 构成性规则遵循简单的公式"X 在情境 C 中算作 Y"。

［96］ 瑟尔认为，制度性事实源于人类的"集体意向性"(collective intentionality) 能力，这种能力允许我们将特定的身份功能分配给边界标记，或以特定方式制作带有特定标记的特定物品。Searle, *Construction of Social Reality*, 47－51.

［97］ 一些文献很好地记录了这一点，例如 Neal Desai, Andre Pineda, Majken Runquist, Mark Andrew Fusunyan, Katy Glenn, Gabrielle Kathryn Gould, Michelle Rachel Katz, et al., *Torture at the* Times：*Waterboarding in the Media* (Cambridge, MA：Joan Shorenstein Center on the Press, Politics, and Public Policy, 2010), http：//dash. harvard. edu/handle/1/4420886.

［98］ 例如，关于"实验者回归"(experimenter's regress) 的讨论，参见 Harry M. Collins, "Tacit Knowledge, Trust and the Q of Sapphire," *Social Studies of Science* 31, no. 1 (February 2001)：71－85.

［99］ 甚至这些事实也受到质疑；例如，在 2014 年的一次电视公开露面中，前副总统迪克·切尼挑战了日本士兵在美国因犯罪受审的共识。参见 Glenn Kessler, "Cheney's Claim That the U. S. Did Not Prosecute Japanese Soldiers for Waterboarding," Fact Checker, *Washington Post*, December 16, 2014, http：//www. washingtonpost. com/blogs/fact-check er/wp/2014/12/16/cheneys-claim-that-the-u-s-did-not-prosecute-japanese-soldiers-for-waterboar ding/.

［100］ Brian Stelter, "Study of Waterboarding Coverage Prompts a Debate in the Press," *Media Decoder* (blog), *New York Times*, July 2, 2010, http：//mediadecoder. blogs. ny times. com /2010/07/02/study-of-waterboarding-coverage-prompts-a-debate-in-the-press/. 参见 Graves, "Digging Deeper."

［101］ Dean Baquet, "The Executive Editor on the Word 'Torture,'" *New York Times*, August7, 2014, http：//www. nytimes. com/times-insider/2014/08/07/the-executive-editor-on-the-word-torture/.

［102］ 拉图尔将这种观点与实证主义联系起来，但它可以说反映了常识性的事实观。参见 Bruno Latour, *Reassembling the Social：An Introduction to Actor-Network-Theory* (Oxford：Oxford University Press, 2005), 112.

［103］ 参见 Searle, "Why Should You Believe It?". 瑟尔在这里似乎误解了"社会建构主义"，认为它要么是一种激进的唯名论 (nominalism)，要么是一种认为不依赖我

们的理解就不存在任何物质现实的观点。在许多地方，拉图尔明确拒绝这些观点以及为了将"社会"的观点具体化为非物质和"自然"之外的东西的"社会建构"标签；参见 Latour, *Reassembling the Social*, 88－106. 对于这一常见误解，约翰·杜翰姆·彼得斯（John Durham Peters）可能给出了最聪明、最精辟的回答："拉图尔不是科学的敌人。他是科学爱好者，因此更愿意看到它赤裸裸。"参见 John Durham Peters, *The Marvelous Clouds*：*Toward a Philosophy of Elemental Media*（Chicago：University of Chicago Press, 2015）, 40. 关于对瑟尔的直接挑战，另见 Howard S. Becker, "Book Review：John R. Searle *Making the Social World*：*The Structure of Human Civilization*；Paul A. Boghossian *Fear of Knowledge*：*Against Relativism and Constructivism*," *Science*, *Technology & Human Values* 36, no. 2（March 1, 2011）：273－79, doi：10. 1177/0162243910378070.

［104］ Michel Callon, "Some Elements of a Sociology of Translation：Domestication of the Scallops and the Fishermen of St Brieuc Bay," in *The Science Studies Reader*, ed. Mario Biagioli, 67－83（New York：Routledge, 1999）；Bruno Latour, *Science in Action*：*How to Follow Scientists and Engineers Through Society*（Cambridge, MA：Harvard University Press, 1987）；Susan Leigh Star and James R. Griesemer, "Institutional Ecology, 'Translations' and Boundary Objects：Amateurs and Professionals in Berkeley's Museum of Vertebrate Zoology, 1907－39," *Social Studies of Science* 19, no. 3（August 1989）：387－420, doi：10. 1177/030631289019003001.

［105］ Star and Griesemer, "Institutional Ecology," 388.

［106］ 尤尔根·哈贝马斯（Jürgen Habermas）的公共理性所涉范畴超出了贵族，但在文化和社会上与贵族更接近。他明确指出："成熟市民阶层中的资产阶级先锋派通过与'上层社会'、与王公贵族社会交往掌握了公开批判的技巧。"他承认，新公众并非代表所有人说话；相反，这样做的乌托邦愿望代表了资产阶级公共领域的"超越性遗产"（transcendent legacy）。Jürgen Habermas, *The Structural Transformation of the Public Sphere*：*An Inquiry into a Category of Bourgeois Society*（Cambridge, MA：MIT Press, 1989）, 29.

［107］ 在哈贝马斯的叙述中，公共性理想与理性批判辩论之间的张力贯穿始终。他将公共话语的退化和公共领域的消失归咎于更大的民主包容性，这是一种简化但并非不公平的说法。Habermas, *Structural Transformation*, 127. 另见 Craig J. Calhoun, ed. , "Introduction：Habermas and the Public Sphere," in *Habermas and the Public Sphere*（Cambridge, MA：MIT Press, 1992）.

［108］ 夏平认为，宫廷社会的文化渗透在 17 世纪英国的科学实践中，可见于连接士绅科学家的个人和家庭网络中；见于围绕科学交流和论证形成的话语常规中；见于或多或少明确基于贵族个人美德和"自由行动"能力形成的客观性的正式理想中。Shapin, *Social History of Truth*.

［109］ 这一视角突出了科学知识的社会性，取代了特立独行、怀疑的科学家形象，转而关注科学工作者之间的"道德结构关系"（morally textured relations）。同上，19、27 页。

［110］ 同上，36 页。

［111］ 与社会或职业地位相关的文明具有真正的意义，不能与我们在公开场合经常

听到的虚弱的呼吁相混淆。我们在公开的公共场合经常听到那些充满希望的呼吁。值得注意的是，文明是维基百科（Wikipedia）的"五大支柱"之一，维基百科是一个合作性的在线百科全书。参见"维基百科：五大支柱"，http：//en. wikipedia. org/wiki/Wikipedia：Five_pillars.

[112] 参见 Jay Rosen, "My Simple Fix for the Messed Up Sunday Shows," *Jay Rosen：Public Notebook*, December 27, 2009, https：//publicnotebook. wordpress. com/2009/12/28/my-simple-fix-for-the-messed-up-sunday-shows/. 作为包括政客和媒体人物在内的类别，"专业传播者"这个有用的意象来自 Benjamin I. Page, *Who Deliberates? Mass Media in Modern Democracy*, American Politics and Political Economy（Chicago：University of Chicago Press, 1996）.

[113] 学者和媒体批评家都抱怨电视的经济和文化逻辑阻碍了详细的事实论证，尤其是反而奖励了社会学家皮埃尔·布尔迪厄所称的、依靠公认常理和成熟分析框架的"快速思考者"。Pierre Bourdieu, *On Television*（New York：New Press, 1998）；另见此例：Fallows, *Breaking the News*.

[114] 在对经济学家尼尔·弗格森（Niall Ferguson）的一篇文章提出投诉的官方裁决中，英国《金融时报》（*Financial Times*）社论投诉专员对区分不准确和误导性陈述这一问题进行了引人入胜且具有启发性的讨论。参见 Greg Callus, "Adjudication," Financial Times Ltd., May 27, 2015, http：//aboutus. ft. com/files/2010/09/Ferguson-Adjudication-with-PS. pdf.

[115] 关于"阐释共同体"（interpretive communities）作为文本的共同阅读结构，参见 Stanley Fish, *Is There a Text in This Class? The Authority of Interpretive Communities*（Cambridge, MA：Harvard University Press, 1980）. 下文亦有讨论：Zelizer, "Journalists as Interpretive Communities."

[116] Thomas S. Kuhn, *The Structure of Scientific Revolutions*, 4th ed. （Chicago：University of Chicago Press, 2012）. 科学范式的前身是路德维克·弗莱克（Ludwik Fleck）的"思维方式"（thought styles）概念参见 Ludwik Fleck, *Genesis and Development of a Scientific Fact*（Chicago：University of Chicago Press, 1981）.

[117] 例如，卡琳·诺尔-赛蒂娜（Karin Knorr-Cetina）在后文中对比了高能物理学家和分子生物学家，参见 *Epistemic Cultures：How the Sciences Make Knowledge*（Cambridge, MA：Harvard University Press, 1999）. 彼得·盖里森（Peter Galison）在后文中比较了三类物理学家，参见"Trading Zone：Coordinating Action and Belief," in *The Science Studies Reader*, ed. Mario Biagioli, 137－60（New York：Routledge, 1999）.

[118] 诺尔-赛蒂娜将认识论文化定义为"那些由必要性、密切关系和历史巧合联系在一起的实践、安排和机制，在特定的专业领域构成了我们如何知道我们所知道的"。Karin Knorr-Cetina, "Culture in Global Knowledge Societies：Knowledge Cultures and Epistemic Cultures," in *The Blackwell Companion to the Sociology of Culture*, ed. Mark D. Jacobs and Nancy Weiss Hanrahan（Malden, MA：Blackwell, 2005）, 67.

[119] Schudson, *Discovering the News*, 9；Waisbord, *Reinventing Professionalism.* 第

四章也将阐述这一点。

[120] Tuchman, *Making News*, 85–88. 关于水门事件期间的消息源开掘实践，参见 Barry Sussman, "Watergate, Twenty-Five Years Later: Myths and Collusion," Watergate. info, http://watergate. info/1997/06/17/watergate-25-years-later-barry-sussman. html; Bonnie Brennen, "Book Review: Sweat Not Melodrama: Reading the Structure of Feeling in *All the President's Men*," *Journalism* 4, no. 1 (February 2003): 113–31, doi: 10. 1177/1464884 903004001444.

[121] Steven Epstein, "The Construction of Lay Expertise: AIDS Activism and the Forging of Credibility in the Reform of Clinical Trials," *Science, Technology, and Human Values* 20, no. 4 (1995): 408, doi: 10. 1177/016224399502000402. 活动家们的首要关切是临床试验的进行——仅被科学家们视为研究工具的东西，被他们认为是拯救生命的治疗机会。

[122] 同上，418 页。

[123] Originalitalics; Greg Marx, "What the Fact-Checkers Get Wrong," *Columbia Journalism Review*, January 5, 2012, http://www. cjr. org/campaign_desk/what_the_fact-checkers_get_wro. php. 另见 Jay Rosen, "Politifact Chose the Vice of the Year but They Called It a Lie. That Was Dumb." *Press Think*, December 22, 2011, http://pressthink. org/2011/12/politifact-chose-the-vice-of-the-year-and-called-it-a-lie/.

[124] 这是启蒙思想的一个决定性特征，标志着我们现在所看到的中世纪经院哲学等宗教传统的决定性突破。对柏拉图和亚里士多德来说，将"真"与"善"区分开来是一种极为陌生的东西。例如，柏拉图的《理想国》将知识分支定义为促进各领域的福祉。在著名的洞穴寓言中，柏拉图写道："给已知事物以真理、给认知者以认识的力量是善的形式。"这就是为什么古典希腊哲学可以被圣·奥古斯丁（St. Augustine）和圣·阿奎那（St. Aquinas）等基督教思想家以及中世纪的伊斯兰和犹太思想吸收。Plato, *The Republic*, 2nd rev. ed. (London: Penguin, 2007), 342d, 508e.

[125] 也许最直接的挑战来自实用主义哲学家，如威廉·詹姆斯、约翰·杜威，以及理查德·罗蒂（Richard Rorty）和希拉里·普特南（Hilary Putnam）（体现在他们后来的作品中）。詹姆斯在如下文献中指出"真理是善的一种，而不是像人们通常认为的那样，是一个与善不同的范畴，并与之相配合"：*Pragmatism and Other Writings*, 38. 同时，许多社会理论指出了表面上中立的知识建构中隐含的政治方案，以及语言和文化总是在构建事实推理的方式。两个标志性的例子是：Michel Foucault, *Discipline and Punish: The Birth of the Prison*, 2nd ed. (New York: Vintage Books, 1995); Edward W. Said, *Orientalism*, rev. ed. (London: Penguin, 2003).

[126] 参见 Shapin, *Social History of Truth*. 这种净化可以被理解为拉图尔所称的"净化"（purification）工作的组成部分，是维持自然和社会之间的现代主义鸿沟所必需的。Bruno Latour, *We Have Never Been Modern* (Cambridge, MA: Harvard University Press, 1993).

[127] 从这个意义上讲，他们运用了哈贝马斯的所谓"话语伦理"，参见 *Moral*

Consciousness and Communicative Action（Cambridge，MA：MIT Press，1990）．该讨论的有趣之处在于其中心论点，即理性话语以道德话语为前提，也就是说，参与者真诚地致力于让最好的论据发挥作用的规则。

［128］James S. Ettema and Theodore L. Glasser，*Custodians of Conscience：Investigative Journalism and Public Virtue*（New York：Columbia University Press，1998），11.

［129］同上，12 页。

［130］同上，152 页。

第二部分　事实核查的工作

［1］引自 Dylan Stableford，"'Born in Kenya'：Obama's Literary Agent Misidentified His Birthplace in 1991，"Yahoo News，May 18，2012，http：//news. yahoo. com/blogs/tick et/born-kenya-obama-literary-agent-misidentified-birthplace-1991-214423507. html.

［2］Ben Smith and Byron Tau，"Birtherism：Where It All Began，"Politico，April 22，2011，http：//www. politico. com/news/stories/0411/53563. html.

［3］Amy Hollyfield，"Obama's Birth Certificate：Final Chapter，"PolitiFact，June 27，2008，http：//www. politifact. com/truth-o-meter/article/2008/jun/27/obamas-birth-certificate-part-ii/.

［4］同上。霍利菲尔德（Amy Hollyfield）的文章以《透视：对于真正不相信的人来说，事实是不够的》（Perspective：For True Disbelievers，the Facts Are Just Not Enough）为题，是 2009 年 PolitiFact 所获普利策全国报道奖的篇目引用的文章之一；参见 http：//www. pulitzer. org/winners/7086.

［5］出自作者 2012 年 5 月 22 日对布鲁克斯·杰克逊的电话访谈。

［6］Jess Henig，"Born in the U. S. A.，"FactCheck. org，August 21，2008，http：//factcheck. org/2008/08/born-in-the-usa/.

［7］Robert Farley，"'Birthers' Claim Gibbs Lied When He Said Obama's Birth Certificate Is Posted on the Internet，"PolitiFact，July 28，2009，http：//www. politifact. com/truth-o-meter/statements/2009/jul/28/worldnetdaily/birthers-claim-gibbs-lied-when-he-said-obamas-birt/.

［8］Glenn Kessler，"More 'Birther' Nonsense from Donald Trump and Sarah Palin，"Fact Checker，*Washington Post*，April 12，2011，http：//www. washingtonpost. com/blogs/fact-checker/post/the-donald-has-a-memory-lapse/2011/04/14/AFrme2MD_blog. html.

［9］"Dobbs' Focus On Obama Birth Draws Fire to CNN，"*Morning Edition*，NPR，July 31，2009.

［10］*The Situation Room*，CNN，May 31，2012.

［11］出自作者2011年2月25日对安吉·德罗布尼克·霍兰的电话访谈。

［12］出自作者2011年6月8日的田野笔记。

［13］Jeff Zeleny，"Barbour Slams Obama on Economy and Energy," *The Caucus* （blog），*New York Times*，March 14，2011，http：//thecaucus. blogs. nytimes. com/2011/03/14/barbour-slams-obama-on-economy-and-energy/.

［14］出自作者2011年6月8日的田野笔记。

［15］Herbert J. Gans，*Democracy and the News* （New York：Oxford University Press，2003）.

［16］Bill Adair，"Does PolitiFact Seek 'the Comfort of the Middle Ground'?" Politi-Fact，July 12，2010，http：//www. politifact. com/truth-o-meter/article/2010/jul/12/does-politifact-seek-comfort-middle-ground/.

［17］Lauren Hitt，"Barbour Inflates Obama's Job Losses," FactCheck. org，March 15，2011，http：//www. factcheck. org/2011/03/barbour-inflates-obamas-job-losses/.

［18］事实核查人员和其他记者的关系在第六章中将有更充分的阐述。

第三章　拣选待查事实

［1］出自2014年12月10日洛丽·罗伯逊和纳撒尼尔·赫兹（Nathaniel Herz）在"政治中的真相2014：关于事实核查报道的现状报告"会议上的评论，美国新闻学会主办，弗吉尼亚州阿灵顿。

［2］本杰明·佩奇（Benjamin Page）提出了"专业传播者"（professional communicator）这一概念，这一概念不仅涵盖了政客，还涵盖了记者、专家、利益集团和其他经常通过媒体参与公共政治讨论的人群。Benjamin I. Page，*Who Deliberates? Mass Media in Modern Democracy*，American Politics and Political Economy （Chicago：University of Chicago Press，1996）.

［3］参见 Eric Ostermeier，"Selection Bias? PolitiFact Rates Republican Statements as False at 3 Times the Rate of Democrats," *Smart Politics* （blog），February 10，2011，http：//blog. lib. umn. edu/cspg/smartpolitics/2011/02/selection_bias_politifact_rate. php；Joseph E. Uscinski and Ryden W. Butler，"The Epistemology of Fact Checking," *Critical Review* 25，no. 2 （2013）：162－80，doi：10. 1080/08913811. 2013. 843872.

［4］Bill Adair，"Inside the Meters：Responding to a George Mason University Press Release About Our Work," PolitiFact，May 29，2013，http：//www. politifact. com/truth-o-meter/blog/2013/may/29/responding-george-mason-university-press-release-a/.

［5］出自作者2011年10月3日的田野笔记。阿代尔在其他地方做出了声明，参见Abby Brownback，"Facing the Truth-O-Meter," *American Journalism Review*，March 2010，http：//www. ajr. org/article. asp?id＝4868.

［6］出自作者2010年12月3日在华盛顿特区对布鲁克斯·杰克逊的访谈。

［7］PolitiFact 创始人阿代尔曾用过这个比喻："我认为这就像棒球卡的背面。这是一个人的职业统计数据。"参见 *Washington Journal*，C-SPAN，August 4，2009.

［8］Glenn Kessler, "About the Fact Checker," Fact Checker, *Washington Post*, September 11, 2013, http：//www. washingtonpost. com/blogs/fact-checker/about-the-fact-checker/. 该网站还要求提供有关媒体所出差错的提示，但实际上并不针对其他记者。

［9］出自作者 2010 年 12 月 3 日在华盛顿特区对布鲁克斯·杰克逊的访谈。

［10］出自作者 2011 年 6 月 6 日的田野笔记。

［11］"About PolitiFact," PolitiFact, http：//www. politifact. com/about/. 尽管如此，大部分测真项目还是针对官员和候选人的；参见奥斯特迈尔（Ostermeier）的分析："Selection Bias?"

［12］Angie Drobnic Holan, "Obama a Muslim? No He's Not. The Evidence Has Not Changed," PolitiFact, August 26, 2010, http：//www. politifact. com/truth-o-meter/statements/2010/aug/26/18-percent-american-public/obama-muslim-no-hes-not-evidence-has-not-changed/.

［13］Louis Jacobson, "Doonesbury Strip Says 270, 000 Americans Have Been Killed by Guns Since 9/11," PolitiFact, February 14, 2011, http：//www. politifact. com/truth-o-meter/statements/2011/feb/14/doonesbury/doonesbury-strip-says-270000-americans-have-been-k/.

［14］出自作者 2011 年 6 月 15 日、2015 年 2 月 10 日的田野笔记。

［15］出自作者 2011 年 3 月 17 日在宾夕法尼亚州费城对尤金·基利的访谈。

［16］出自作者 2011 年 6 月 7 日的田野笔记。

［17］同上。

［18］同上，2011 年 6 月 15 日。

［19］同上，2011 年 2 月 9 日、17 日。

［20］出自作者 2011 年 2 月 25 日对安吉·德罗布尼奇·霍兰的电话访谈；另见作者 2011 年 2 月 7 日、9 日的田野笔记。

［21］CTV News, "Obama Campaign Mum on NAFTA Contact with Canada," February 29, 2008, http：//www. ctvnews. ca/obama-campaign-mum-on-nafta-contact-with-canada-1. 279448. 奥巴马竞选团队和加拿大政府都否认了这份报告。

［22］出自作者 2021 年 6 月 15 日的田野笔记。

［23］同上，2011 年 2 月 9 日、17 日。

［24］同上，2011 年 6 月 7 日。

［25］出自 2011 年 12 月 14 日布鲁克斯·杰克逊在"新闻中的事实核查"会议上的评论，新美国基金会主办，华盛顿特区。

［26］PolitiFact 对截至 2015 年年中全部测真裁决进行统计后得出以下数据：真，16%；多半为真，18%；半真半假，22%；多半为假，16%；假，19%；一派胡言，9%（由于四舍五入，百分比加起来不等于 100%）。

［27］该网站的 iPhone 应用程序以股市指数为蓝本推出了"真相指数"，旨在逐日捕捉政治谎言的总体趋势。其中一个版本还提供了针对特定主题的统计数据，例如这些数据显示医疗保健辩论中存在着不成比例的欺骗。

［28］出自作者 2011 年 10 月 3 日的田野笔记。

［29］ "Q&A with Glenn Kessler," *Q&A*, C-SPAN, January 15, 2012, http：//www. c-spanvideo. org/program/303324-1.

［30］ 关于新闻"根本性的偏见"的讨论，参见 Jack Fuller, *News Values：Ideas for an Information Age*（Chicago：University of Chicago Press, 1996）, 7 – 10.

［31］ 出自作者 2011 年 10 月 3 日的田野笔记。

［32］ "Political Fact-Checking Under Fire," *Talk of the Nation*, NPR, January 10, 2012.

［33］ 出自作者 2011 年 6 月 7 日的田野笔记。

［34］ 同上，2011 年 2 月 9 日，2011 年 6 月 8 日和 15 日；以及在"新闻中的事实核查"会议上的评论。

［35］ Willoughby Mariano, "Metro Atlanta Groundhog Boasts More Accuracy than Punxsutawney Phil," PolitiFact Georgia, February 4, 2011, http：//www. politifact. com/georgia/statements/2011/feb/04/general-beauregard-beau-lee/metro-atlanta-groundhog-boasts-more-accuracy-punxs/.

［36］ Louis Jacobson, "Joe Biden Says that Closing Amtrak's Northeast Corridor Would Force I-95 to Expand by Seven Lanes," PolitiFact, February 11, 2011, http：//www. politifact. com/truth-o-meter/statements/2011/feb/11/joe-biden/joe-biden-says-closing-northeast-corridor-would-fo/.

［37］ 出自作者 2011 年 2 月 11 日的田野笔记。

［38］ 同上，2011 年 6 月 15 日。

［39］ Angie Drobnic Holan, "Did Herman Cain Turn Around Godfather's Pizza?" PolitiFact, June 10, 2011, http：//www. politifact. com/truth-o-meter/statements/2011/jun/10/hermancain/herman-cain-godfathers-pizza-turn-around/.

［40］ 出自作者 2010 年 12 月 3 日在华盛顿特区对布鲁克斯·杰克逊的访谈。

［41］ 出自作者 2011 年 6 月 7 日的田野笔记。

［42］ 同上，2011 年 6 月 8 日。

［43］ 同上，2011 年 6 月 15 日。

［44］ 事实核查人员所核查声言的重叠度很难衡量，尤其是同一声言可能以不同形式出现或来自多个言说者。但直接引用彼此的作品可以很好地证明这一点。例如，截至 2015 年底，PolitiFact 和 FactCheck. org 曾 100 多次直接引用对方作为证据，来支持自己的事实核查。

［45］ 出自格伦·凯斯勒在"新闻中的事实核查"会议上的评论。

［46］ Brooks Jackson et al., "False Claims in Final Debate," FactCheck. org, October 23, 2012, http：//www. factcheck. org/2012/10/false-claims-in-final-debate/.

［47］ 出自作者 2014 年 6 月 9 日的田野笔记；2014 年 6 月 9—10 日安吉·德罗布尼奇·霍兰和格伦·凯斯勒在全球事实核查峰会上的评论，波因特研究所主办，伦敦。

［48］ Angie Drobnic Holan, "7 Steps to Better Fact-Checking," PolitiFact, August 20, 2014, http：//www. politifact. com/truth-o-meter/article/2014/aug/20/7-steps-better-fact-checking/.

［49］ 关于美国事实核查人员之间的一致性，参见 Michelle A. Amazeen, "Revisiting

the Epistemology of Fact Checking," *Critical Review* 27, no. 1 (2015): 1–22, doi: 10. 1080/0891 3811. 2014. 993890.

［50］ "Q&A with Glenn Kessler," *Q&A*, C-SPAN, January 15, 2012.

［51］ Angie Drobnic Holan, "When Fact-Checkers Disagree," PolitiFact, October 21, 2011, http://www. politifact. com/truth-o-meter/article/2011/oct/21/when-fact-checkers-disagree/.

［52］ 参见 Lori Robertson, "Democrats' 'End Medicare' Whopper, Again," FactCheck. org, March 6, 2012, http://www. factcheck. org/2012/03/democrats-end-medicare-whopper-again/.

［53］ 出自布鲁克斯·杰克逊在"新闻中的事实核查"会议上的评论。

［54］ 出自作者 2011 年 2 月 17 日的田野笔记。

［55］ Robert Farley, "Obama Wanted Higher Gasoline Prices?" FactCheck. org, March 23, 2012, http://www. factcheck. org/2012/03/obama-wanted-higher-gasoline-prices/; Glenn Kessler, "Gassy Rhetoric on Gasoline Prices," Fact Checker, *Washington Post*, February 27, 2012, http://www. washingtonpost. com/blogs/fact-checker/post/gassy-rhetoric-on-gasoline-prices/2012/02/26/gIQAqPAXdR_blog. html; Molly Moorhead, "Gasoline Price Blame Game: 2012 Edition," PolitiFact, March 22, 2012, http://www. politifact. com /truth-o-meter/article/2012/mar/22/gas-price-blame-game-2012-edition/.

［56］ 出自格伦·凯斯勒在"政治中的真相 2014：关于事实核查报道的现状报告"会议上的评论。

［57］ 出自作者 2011 年 2 月 7 日、2011 年 6 月 15 日、2014 年 6 月 10 日的田野笔记。

［58］ Louis Jacobson, "Barack Obama Says White House Budget Would Not Add to the Debt Within a Few Years," PolitiFact, February 15, 2011, http://www. politifact. com/truth-o-meter/statements/2011/feb/15/barack-obama/barack-obama-says-white-house-budget-would-not-add/.

［59］ White House, "Press Briefing by Press Secretary Jay Carney," February 16, 2011, http://www. whitehouse. gov/the-press-office/2011/02/16/press-briefing-press-secretary-jay-carney-2162011.

［60］ 出自比尔·阿代尔在"政治生活的事实"会议上的评论。

［61］ 出自作者 2011 年 6 月 6 日的田野笔记。

［62］ Lucas Graves, "Mitch Daniels Says Interest on Debt Will Soon Exceed Security Spending," PolitiFact, February 17, 2011, http://www. politifact. com/truth-o-meter/statements/2011/feb/17/mitch-daniels/mitch-daniels-says-interest-debt-will-soon-exceed-/.

［63］ 出自作者 2011 年 2 月 17 日的田野笔记。

［64］ Louis Jacobson, "Fact-Checking CPAC," PolitiFact, February 11, 2011, http://www. politifact. com/truth-o-meter/article/2011/feb/11/fact-checking-cpac/; Louis Jacobson, "Let the Budget Battling Begin," PolitiFact, February 15, 2011, http://www. politifact. com/truth-o-meter/article/2011/feb/15/let-budget-battling-begin/.

［65］出自作者 2011 年 2 月 17 日的田野笔记。

［66］Michael Dobbs, *Rise of Political Fact-Checking* (Washington, DC: New America Foundation, February 2012).

［67］出自作者 2010 年 12 月 3 日在华盛顿特区对布鲁克斯·杰克逊的访谈。

［68］参见 "Beyond the Truth-O-Meter," PolitiFact, http://www.politifact.com/curation/national/archive/.

［69］"Political Fact-Checking Under Fire."

［70］出自格伦·凯斯勒在"新闻中的事实核查"会议上的评论。

［71］出自作者 2011 年 6 月 15 日的田野笔记。

［72］Ostermeier, "Selection Bias?"

［73］出自作者 2011 年 2 月 10 日的田野笔记。

［74］Gabrielle Gorder, "Just the Facts: An Interview with Bill Adair, Founder and Editor of PolitiFact," *NPF Newsbag*, National Press Foundation, October 3, 2011, https://web.archive.org/web/20150603095125/http://nationalpress.org/blogs/newsbag/just-the-facts-an-interview-with-bill-adair-founder-and-editor-of-politifac/.

［75］在 PolitiFact，我听说外部记者（outside reporters）有时会在推特上发布他们报道的某位政客的可疑声言，然后以"PolitiFact?"为标记发出。出自作者 2011 年 6 月 15 日的田野笔记。

［76］出自作者 2011 年 3 月 17 日对尤金·基利的访谈。

［77］出自作者 2011 年 6 月 6 日的田野笔记。

［78］同上。

［79］同上。

［80］同上，2011 年 6 月 7 日。

［81］出自作者 2011 年 3 月 17 日对尤金·基利的访谈；2011 年 6 月 6 日、7 日的田野笔记。

［82］出自作者 2011 年 2 月 7—21 日、2011 年 6 月 15 日的田野笔记。

［83］参见 Angie Drobnic Holan, "Fact-Checking Bill O'Reilly's Interview with President Barack Obama," PolitiFact, February 7, 2011, http://www.politifact.com/truth-o-meter/article/2011/feb/07/fact-checking-bill-oreillys-interview-barack-obama/.

［84］出自作者 2011 年 2 月 7—21 日的田野笔记。

［85］同上，2011 年 2 月 7—8 日。

［86］同上。

［87］William Kristol, "Stand for Freedom," *Weekly Standard*, February 14, 2011, 7–8.

［88］参见 Fox News Network, *Glenn Beck*, March 31, 2011, and February 1, 2011. 例如在 2 月 1 日的节目中，主持人辩称："美国的激进分子以马克思主义者和共产主义者的身份支持这一点，他们的目标包括将美国转变为'伊斯兰国'，摧毁西方世界。我们看到左翼和伊斯兰主义者之间有种奇怪的联盟。我想这都是即将到来的暴乱的一部分。你可以称之为新的世界秩序，但现在的世界正在分裂。极左（uber left）、伊斯兰主

义者和全球精英正朝着同一个方向前进。我不是说他们在一起策划。伊斯兰主义者和极左正在崛起。他们有一些共同点。老实说我的意思是，我分不清极端左派和极端伊斯兰主义者之间的区别。"

271

[89] 我最终决定接受贝克的说法，即穆斯林兄弟会公开主张对以色列发动战争，第五章回顾了这一点。

[90] *Rachel Maddow Show*，MSNBC，February 4，2011. 另见 *Ed Schultz Show*，MSNBC，February 7，2011；*Hardball with Chris Matthews*，MSNBC，February 4 and 7，2011.

[91] 出自作者 2011 年 2 月 7—8 日的田野笔记。

[92] Aaron Sharockman，"Florida Dems Say Bill McCollum Out of Touch on Subprime Mortgage Crisis," PolitiFact Florida，May 11，2010，http：//www. politifact. com/florida/statements/2010/may/11/florida-democratic-party/florida-dems-bill-mccollum-subprime-mortgage/.

[93] 出自作者 2011 年 6 月 7 日的田野笔记。

[94] 同上，2011 年 2 月 7—21 日，2011 年 6 月 6—10 日，2011 年 6 月 15—18 日。

[95] 出自作者 2009 年 11 月 2 日对艾米莉·伦兹纳（Emily Lenzner）的电话访谈。

[96] "注释性新闻"（annotative journalism）的概念参见 Lucas Graves，"Blogging Back Then：Annotative Journalism in I. F. Stone's Weekly and Talking Points Memo," *Journalism* 16，no. 1（2015）：99 - 118，doi：10. 1177/1464884914545740.

[97] 出自作者 2014 年 6 月 9 日的田野笔记。这种做法可能反映了如下事实：Demagog 是由没有新闻背景的大学生创建的。Demagog 于 2010 年推出了斯洛伐克版网站，2012 年推出了捷克版。创始人们承认，他们的系统需要核查许多不重要的陈述。

[98] 出自罗森斯蒂尔在"政治中的真相 2014：关于事实核查报道的现状报告"会议上的评论。

第四章　决定何为真相

[1] Lucas Graves and Tom Glaisyer，*The Fact-Checking Universe in Spring* 2012：*An Overview*（Washington，DC：New America Foundation，February 2012）；Brendan Nyhan，"Why the 'Death Panel' Myth Wouldn't Die：Misinformation in the Health Care Reform Debate," *Forum* 8，no. 1（2010），doi：10. 2202/1540-8884. 1354.

[2] Michael Schudson，*Discovering the News*（New York：Basic Books，1978）.

[3] Michael Lewis，"J-School Confidential," *New Republic*，April 19，1993，20 - 27.

[4] Michael Schudson，*Watergate in American Memory*：*How We Remember，Forget，and Reconstruct the Past*（New York：Basic Books，1992）. 值得一提的是鲍勃·伍德沃德和卡尔·伯恩斯坦（Carl Bernstein）都没有学习过新闻。伯恩斯坦 16 岁时开始在报馆送稿付印，从未完成大学学业，而伍德沃德则从耶鲁大学到陆军再到《华盛顿邮报》，这反映了该领域地位的转变。

[5] Robert Darnton，"Writing News and Telling Stories," *Daedalus* 104（1975）：175 - 94.

[6] Schudson，*Discovering the News*，9.

［7］出自作者2012年4月18日对格伦·凯斯勒的电话访谈。

［8］无形知识指的是完成某项任务所需的技能，这些技能通过经验获得且难以表达。一个典型的例子是骑自行车的能力；有争议的观点是这种知识也会影响科学研究。关于这一概念的起源参见 Michael Polanyi, *Personal Knowledge*：*Towards a Post-Critical Philosophy* (London：Routledge, 1998). 哈里·柯林斯（Harry Collins）进一步发展了这一概念，他提供了一个较为强有力的例子，即科学家在没有面对面接触的情况下无法复制激光设计，参见 Harry M. Collins, *Changing Order*：*Replication and Induction in Scientific Practice* (Chicago：University of Chicago Press, 1992).

［9］Lauren Hitt, "Barbour Inflates Obama's Job Losses," FactCheck. org, March 15, 2011, http：// www. factcheck. org/2011/03/barbour-inflates-obamas-job-losses/.

［10］Bill Adair, "Principles of PolitiFact and the Truth-O-Meter," PolitiFact, February 21, 2011, http：//www. politifact. com/truth-o-meter/article/2011/feb/21/principles-truth-o-meter/.

［11］出自作者2011年2月9日、2月17日、6月15日的田野笔记。

［12］同上，2011年6月8日。

［13］同上，2011年6月15日。

［14］Glenn Kessler, "President Obama：Quoting Reagan Out of Context," Fact Checker, *Washington Post*, April 12, 2012, http：//www. washingtonpost. com/blogs/fact-checker /post/president-obama-quoting-reagan-out-of-context/2012/04/11/gIQAaOsZBT_blog. html.

［15］出自作者2012年4月18日对格伦·凯斯勒的电话访谈。

［16］Michelle Malkin, "PolitiFact to 'Debunk' My Gwen Moore/Abortion Post," *Michelle Malkin* (blog), February 22, 2011, http：//michellemalkin. com/2011/02/22/politi fact-to-debunk-my-gwen-mooreabortion-post/.

［17］出自作者2011年6月15日的田野笔记。

［18］出自作者2011年6月7日、6月15日的田野笔记。

［19］同上，2012年6月6—8日，2012年6月15日。

［20］出自作者2012年5月4日对布鲁克斯·杰克逊的电子邮件访谈；2012年6月6—8日，2012年6月15日的田野笔记。

［21］出自2007年11月9日拉东娜·李（Ladonna Lee）在"一派胡言：政治谎言与媒体事实核查人员的崛起"会议上的评论，安南伯格公共政策中心主办，华盛顿特区。

［22］Bill Adair, "Defense Cuts Had GOP Support, Too," PolitiFact, October 21, 2007, http：//www. politifact. com/truth-o-meter/statements/2007/oct/22/mitt-romney/defense-cuts-had-gop-support-too/；作者2011年2月17日、6月8日、6月15日的田野笔记。

［23］Lucas Graves, "Mitch Daniels Says Interest on Debt Will Soon Exceed Security Spending," PolitiFact, February 17, 2011, http：// www. politifact. com/truth-o-meter/state ments/2011/feb/17/mitch-daniels/mitch-daniels-says-interest-debt-will-soon-exceed-/.

［24］出自作者2011年2月14—15日的田野笔记。

［25］同上，2011年6月8日。

272

［26］Eugene Kiely, "Halter's Ad: Misleading Senior Voters," Factcheck. org, June 4, 2010, http://www.factcheck.org/2010/06/halters-ad-misleading-senior-voters/; Eugene Kiely, "Halter Questioned On Misleading TV Ad," FactCheck. org, June 8, 2010, http://www.factcheck.org/2010/06/halter-questioned-on-misleading-tv-ad/.

［27］Stephen Koff, "NRCC Says Rep. Betty Sutton's 'Spending Spree' Maxed Out Federal Debt," PolitiFact, May 31, 2011, http://www.politifact.com/ohio/statements/2011/may/31/national-republican-congressional-committee/nrcc-says-rep-betty-suttons-spending-spree-maxed-o/.

［28］Stephen Koff, "We Said What? NRCC Claims PolitiFact Ohio Confirmed Claim that Rep. Betty Sutton 'Maxed out Federal Debt,'" PolitiFact Ohio, June 1, 2011, http://www.politifact.com/ohio/statements/2011/jun/01/national-republican-congressional-committee/we-said-what-nrcc-claims-politifact-ohio-confirmed/.

［29］Mark Stencel, *"Fact Check This"*: *How U. S. Politics Adapts to Media Scrutiny*, American Press Institute, May 13, 2015, http://www.americanpressinstitute.org/fact-checking-project/fact-checking-research/u-s-politics-adapts-media-scrutiny/.

［30］Bob Papper, *TV Adwatch Stories*: *On The Rise* (Philadelphia, PA: Annenberg Public Policy Center, November 9, 2007).

［31］出自作者 2011 年 11 月 10 日对乔希·格罗斯菲尔德（Josh Grossfield）的访谈；2011 年 11 月 10 日对迈克·赖斯（Mike Rice）的访谈；2011 年 11 月 10 日对理查德·施拉克曼（Richard Schlackman）的访谈；另见 Stencel, *"Fact Check This."*

［32］出自作者 2011 年 6 月 16 日的田野笔记。

［33］Jake Barry, "Michele Bachmann Says Food Prices for Barbecues up 29 Percent Because of Barack Obama," PolitiFact, June 27, 2011, http://www.politifact.com/truth-o-meter/statements/2011/jun/27/michele-bachmann/michele-bachmann-says-food-prices-barbecues-29-per/.

［34］出自作者 2012 年 4 月 18 日对格伦·凯斯勒的电话访谈。

［35］Glenn Kessler, "John Boehner's Misfire on Pending Federal Regulations," Fact Checker, *Washington Post*, September 16, 2011, http://www.washingtonpost.com/blogs/fact-checker/post/john-boehners-misfire-on-pending-federal-regulations/2011/09/15/gIQAufuhVK_blog.html.

［36］Lara Seligman, "Trip to Mumbai," FactCheck. org, November 3, 2010, http://www.factcheck.org/2010/11/ask-factcheck-trip-to-mumbai/.

［37］Robert Farley, "Rep. Michele Bachmann Claims Obama's Trip to India Will Cost the Taxpayers $200 Million a Day," PolitiFact, November 3, 2010, http://www.politifact.com/truth-o-meter/statements/2010/nov/04/michele-bachmann/rep-michele-bachmann-claims-obamas-trip-india-will/.

［38］出自作者 2011 年 6 月 7 日的田野笔记。

［39］出自作者 2011 年 6 月 15 日的田野笔记。

［40］出自作者 2011 年 2 月 19 日的田野笔记。

［41］同上，2011 年 2 月 9 日，6 月 7 日、8 日和 15 日。

［42］Lucas Graves，"Glenn Beck Says Muslim Brotherhood Wants to Declare War on Israel，" PolitiFact，February 15，2011，http：//www. politifact. com/truth-o-meter/statements / 2011/feb/15/glenn-beck/glenn-beck-says-muslim-brotherhood-wants-declare-w/.

［43］出自作者 2011 年 2 月 25 日对安吉·德罗布尼奇·霍兰的电话访谈；2011 年 2 月 9 日、17 日，6 月 15—17 日的田野笔记。

［44］出自作者 2011 年 5 月 8 日对布鲁克斯·杰克逊的电子邮件访谈。

［45］出自作者 2011 年 2 月 9 日、17 日，6 月 15 日的田野笔记。

［46］Graves，"Mitch Daniels Says Interest. "

［47］出自作者 2011 年 2 月 14—15 日的田野笔记。

［48］出自作者 2011 年 2 月 9 日、6 月 15 日的田野笔记。

［49］出自作者 2011 年 2 月 9 日、6 月 15 日的田野笔记。有人告诉我左派尤其如此，布鲁金斯学会和城市研究所等团体会抱怨自己被称为"自由派"或"左倾"。

［50］Molly Moorhead，"Romney Campaign Says Women Were Hit Hard by Job Losses Under Obama，" PolitiFact，April 6，2012，http：//www. politifact. com/truth-o-meter/statements/2012/apr/10/mitt-romney/romney-campaign-says-women-were-hit-hard-job-losse/.

［51］同上。

［52］Louis Jacobson，"Mitt Romney Says U. S. Navy Is Smallest Since 1917，Air Force Is Smallest Since 1947，" PolitiFact，January 18，2012，http：//www. politifact. com/truth-o-meter/statements/2012/jan/18/mitt-romney/mitt-romney-says-us-navy-smallest-1917-air-forces/.

［53］Thomas Bruscino，"A PolitiFact Example，" *Big Tent*（blog），January 18，2012，http：// bigtent. blogspot. com/2012/01/politifact-example. html.

［54］Bill Adair，"'There's a Fair Chance PolitiFact Spoke to Other Experts'-Yes，13 Others，" PolitiFact，January 19，2012，http：//www. politifact. com/truth-o-meter/blog/2012/jan/19/theres-fair-chance-politifact-spoke-other-experts-/.

［55］出自作者 2011 年 2 月 9 日、6 月 15 日的田野笔记。

［56］Lori Robertson，"Supply-Side Spin，" FactCheck. org，June 11，2007，https：//web. archive. org/web/20121116165753/http：//www. factcheck. org/taxes/supply-side _ spin. html；Lori Robertson，"The Impact of Tax Cuts，" *FactCheck. org*，January 16，2008，http：//factcheck. org/2008/01/the-impact-of-tax-cuts/.

［57］出自作者 2012 年 4 月 18 日对格伦·凯斯勒的电话访谈。

［58］Glenn Kessler，"Are Obama's Job Policies Hurting Women?" Fact Checker，*Washington Post*，April 10，2012，http：//www. washingtonpost. com/blogs/fact-checker/post/are-obamas-job-policies-hurting-women/2012/04/09/gIQAGz3q6S_blog. html.

［59］FactCheck. org 和 PolitiFact 网站上的几十个条目都出现了"媒体攷关"，几乎总是将其作为自由派媒体监督机构。大多数内容都是在复盘一些网络争议的过程中出现的，尽管少数条目似乎以权威的方式引用了"媒体攷关"的研究。

［60］出自作者 2011 年 2 月 25 日对里奇·诺伊斯的电话访谈；Rich Noyes，"Hillary Shot at in '96? No Media Mention of Bosnia 'Sniper Fire,'" *NewsBusters*（blog），March 18，2008，http：//newsbusters. org/blogs/rich-noyes/2008/03/18/hillary-shot-96-no-media-mention-bosnia-sniper-fire.

［61］Michael Dobbs，"Sniper Fire，and Holes in Clinton's Recollection," *Post Politics*（blog），*Washington Post*，March 22，2008，http：//www. washingtonpost. com/wp-dyn/content/article/2008/03/21/AR2008032102989. html；Angie Drobnic Holan，"Video Shows Tarmac Welcome，No Snipers," PolitiFact，March 25，2008，http：//www. politifact. com/truth-o-meter/statements/2008/mar/25/hillary-clinton/video-shows-tarmac-welcome-no-snipers/.

［62］NB Staff，"CBS Reporter：NewsBusters Prompted Story on Bosnia 'Sniper Fire,'" *NewsBusters*（blog），April 9，2008，http：//newsbusters. org/blogs/nb-staff/2008/04/09/cbs-reporter-newsbusters-prompted-story-bosnia-sniper-fire.

［63］Tim Graham，"WaPo Awards 'Four Pinocchios, to Hillary on Sniper-Fire Fable," *News-Busters*（blog），March 22，2008，http：//newsbusters. org/blogs/tim-graham/2008/03/22/wapo-awards-four-pinocchios-hillary-sniper-fire-fable；另见 Noel Sheppard，"CBS Reports Clinton's Bosnia Gaffe Six Days After NewsBusters," *NewsBusters*（blog），March 25，2008，http：//newsbusters. org/blogs/noelsheppard/2008/03/25/cbs-exposes-clintons-bosnia-gaffe-nb-reported-six-days-ago.

［64］出自作者 2011 年 6 月 6 日的田野笔记。

［65］我问了这个问题，其他几位与会者也问了这个问题；这次会议在一定程度上是为了讨论事实核查的景观。

［66］出自 2011 年 12 月 14 日比尔·阿代尔在"新闻中的事实核查"会议上的评论，新美国基金会主办，华盛顿特区。

［67］出自格伦·凯斯勒在"新闻中的事实核查"会议上的评论。

［68］Maryalice Gill，"Democrats Say Republican Presidential Candidates Did Not Mention Middle Class or Education in Debate," FactCheck. org，June 24，2011，http：//www. politifact. com/truth-o-meter/statements/2011/jun/24/jay-carney/democrats-say-republican-presidential-candidates-d/.

［69］出自作者 2011 年 6 月 16 日的田野笔记。

［70］同上，2011 年 6 月 6—7 日；Eugene Kiely，"Chrysler Paid in Full?" FactCheck. org，June 6，2011，http：//www. factcheck. org/2011/06/chrysler-paid-in-full/.

［71］出自作者 2012 年 4 月 18 日对格伦·凯斯勒的电话访谈；Glenn Kessler，"Hyping Stats About the 'Buffett Rule,'" Fact Checker，*Washington Post*，April 18，2012，http：//www. washingtonpost. com/blogs/fact-checker/post/hyping-stats-about-the-buffett-rule/2012/04/17/gIQABtPnOT_blog. html.

［72］Glenn Kessler，"Hyping Stats About the 'Buffett Rule. '"

［73］同上。

［74］出自作者 2010 年 12 月 3 日对布鲁克斯·杰克逊的访谈；另见 Ben Smith，

"The Facts About the Fact Checkers," Politico, November 1, 2011, http：//www. politico. com/news/stories/1011/67175. html.

［75］ Robert Farley, "Obama's 'War on Women'?" FactCheck. org, April 12, 2012, http：//www. factcheck. org/2012/04/obamas-war-on-women/.

［76］ Kessler, "Are Obama's Job Policies Hurting Women?"; Brent Baker, "Stephano-poulos Agrees 92% Women Job Losses Statistic 'Accurate' After ABC's World News Called It 'Mostly False,'" *NewsBusters* (blog), April 16, 2012, http：//newsbusters. org/blogs/brent-baker/2012/04/16/stephanopoulos-agrees-92-women-job-losses-statistic-accurate-after-abc-#ixzz1v9yl2e2b.

［77］ Moorhead, "Romney Campaign."

［78］ Anna Althouse, "Romney Campaign Says 92. 3% of the Jobs Lost Under Obama Were Women's Jobs," *Althouse* (blog), April 11, 2012, http：//althouse. blogspot. com/2012/04/romney-campaign-says-923-of-jobs-lost. html.

［79］ 出自作者2012年4月18日对格伦·凯斯勒的访谈；另见 "Q&A with Glenn Kessler," *Q&A*, CSPAN, January 15, 2012, http：//www. c-spanvideo. org/program/3033241; Smith, "The Facts About the Fact Checkers."

［80］ C. Eugene Emery Jr. , "Cicilline Says Providence's Crime Rate Is the Lowest in 30 Years," PolitiFact Rhode Island, July 19, 2010, http：//www. politifact. com/rhode-island/statements/2010/jul/19/david-cicilline/cicilline-says-providence-crime-rate-lowest-30-yea/.

［81］ 出自作者2011年2月9日、6月15—16日的田野笔记；2014年1月25日对比尔·阿代尔的电子邮件访谈。

［82］ Bill Adair, "Tuning the Truth-O-Meter," PolitiFact, January 25, 2012, http：//www. politifact. com/truth-o-meter/article/2012/jan/25/tuning-truth-o-meter/.

［83］ 出自作者2011年2月9日、6月15—16日的田野笔记。

［84］ Louis Jacobson, "Have Private-Sector Jobs Grown by 3 Million in 22 Months, with the Best Annual Totals Since 2005?" PolitiFact, January 25, 2011, http：//www. politifact. com/truth-o-meter/statements/2012/jan/25/barack-obama/have-private-sector-jobs-grown-22-months-best-annu/.

［85］ "Original Version of PolitiFact's Fact-Check on Obama Jobs Claim from State of the Union 2012," PolitiFact, n. d. , http：//www. politifact. com/obamajobs/.

［86］ 在公布后调整测真裁决的情况极为罕见。这种变化值得编辑进行解释说明，有时还需要更长的叙述；这一插曲直接导致了说明信的出现，以解释隐含的追责或信用问题。参见 Adair, "Tuning the Truth-O-Meter."

［87］ 参见 Eric Dolan, "Maddow：PolitiFact Is Undermining the Word 'Fact,'" Raw Story, January 25, 2012, http：//www. rawstory. com/rs/2012/01/25/maddow-politifact-is-undermining-the-word-fact/.

［88］ FactCheck. org 至少四次质疑这一说法；Fact Checker 调查了两次；2011年，PolitiFact 及其各州加盟者发布了九条相关的测真条目。

[89] 参见：Angie Drobnic Holan and Louis Jacobson, "Throw-Granny-from-the-Cliff Ad Asks What the U. S. Would Be 'Without Medicare,'" PolitiFact, May 17, 2011, http：// www. politifact. com/truth-o-meter/statements/2011/may/25/agenda-project/throw-granny-cliff-asks-what-country-would-be-with/; Brooks Jackson, "Test Market for Spin," FactCheck. org, May 19, 2011, http：//www. factcheck. org/2011/05/test-market-for-spin/; and Glenn Kessler, "Mediscare Redux: Is McConnell Holding Debt Ceiling Hike Hostage to Ryan Medicare Plan?" Fact Checker, *Washington Post*, June 13, 2011, http：//www. washingtonpost. com/blogs/fact-checker/post/mediscare-redux-is-mcconnell-holdingdebt-ceiling-hike-hostage-to-ryan-medicare-plan/2011/06/11/AGrG5jQH_blog. html.

[90] 关于该事件的总结，参见 Greg Sargent, "Dems Brush Off PolitiFact Finding," *Plum Line* (blog), *Washington Post*, December 20, 2011, http：//www. washingtonpost. com/blogs/plumline/post/dems-brush-off-politifact-finding/2011/12/20/gIQA1zkg7O_blog. html.

[91] Bill Adair and Angie Drobnic Holan, "Lie of the Year 2011: 'Republicans Voted to End Medicare,'" PolitiFact, December 20, 2011, http：//www. politifact. com/truth-o-meter/article/2011/dec/20/lie-year-democrats-claims-republicans-voted-end-me/.

[92] Brooks Jackson, "The Whoppers of 2011," FactCheck. org, December 20, 2011, http：//www. factcheck. org/2011/12/the-whoppers-of-2011/; Glenn Kessler, "The Biggest Pinocchios of 2011," Fact Checker, *Washington Post*, December 22, 2011, http：// www. washingtonpost. com/blogs/fact-checker/post/the-biggest-pinocchios-of-2011/2011/12/21/gIQAzbzFAP_blog. html.

[93] Paul Krugman, "PolitiFact, R. I. P. ," *Conscience of a Liberal* (blog), *New York Times*, December 20, 2011, http：//krugman. blogs. nytimes. com/2011/12/20/politifact-r-i-p/.

[94] Dan Froomkin, "What Politifact Should Do Now," *Watchdog Blog*, December 21, 2011, http：//blog. niemanwatchdog. org/2011/12/what-politifact-should-do-now/. 自由派观察家曾预测 PolitiFact 会向"虚假对等"投降，因为 PolitiFact 将前两个"年度谎言"奖项都授予了共和党人。参见 Paul Waldman, "He Lied/She Lied," *American Prospect*, December 6, 2011, http：//prospect. org/article/he-liedshe-lied.

[95] Jamison Foser, "Politifact's Flawed 'Lie of The Year' Selection Only Encourages More Lying," *Media Matters* (blog), December 20, 2011, http：//mediamatters. org/blog/2011/12/20/politifacts-flawed-lie-of-the-year-selection-on/185549.

[96] Jim Newell, "PolitiFact Is Bad for You," Gawker, December 20, 2011, http：// gawker. com/5869817/politifact-is-bad-for-you.

[97] Igor Volsky, "PolitiFact's Finalist for 2011 Lie of the Year Is 100 Percent True," *Think-Progress* (blog), December 2, 2011, http：//thinkprogress. org/health/2011/12/02/381180/politifacts-finalist-for-2011-lie-of-the-year-is-100-percent-true/.

[98] Steve Benen, "PolitiFact Ought to Be Ashamed of Itself," *Political Animal* (blog), *Washington Monthly*, December 20, 2011, http：//www. washingtonmonthly. com/political-animal /2011_12/politifact_ought_to_be_ashamed034211. php.

［99］参见 Dan Kennedy，"PolitiFact and the Limits of Fact-Checking，" *Huffington Post*，December 13，2011，http：//www. huffingtonpost. com/dan-kennedy/politifact-and-the-limits_b_1144876. html.

［100］Jonathan Chait，"The Trouble with PolitiFact，" *Daily Intel*（blog），*New York Magazine*，December 20，2011，http：//nymag. com/daily/intel/2011/12/trouble-with-politifact. html.

［101］"PolitiFiction，" *Wall Street Journal*，December 23，2010，http：//www. wsj. com/articles/SB10001424052748703886904576031630593433102.

［102］Brooks Jackson，"'Government-Run' Nonsense，" FactCheck. org，November 21，2011，http：//www. factcheck. org/2011/11/government-run-nonsense/.

［103］一位自由派异议人士为 PolitiFact 辩护时对这一论点做了改编。参见 Kevin Drum，"Ending Medicare，" *Mother Jones*，December 20，2011，http：//www. motherjones. com/kevin-drum/2011/12/ending-medicare.

［104］《哥伦比亚新闻评论》的一位观察者在"终结联邦医疗保险"的争论中极好地提炼了这一论点，他指出，事实核查人员误入了"巡查式公共话语"（patrolling public discourse）：他们做出的判断"不仅关乎真相，而且关乎什么策略公平、什么论点合理、什么语言恰当"。Greg Marx，"What the Fact-Checkers Get Wrong，" *Campaign Desk*（blog），*Columbia Journalism Review*，January 5，2012，http：//www. cjr. org/campaign_desk/what_the_fact-checkers_get_wro. php.

［105］Brooks Jackson and Kathleen Hall Jamieson，*UnSpun：Finding Facts in a World of Disinformation*（New York：Random House，2007），ix.

［106］"Q&A with Glenn Kessler."

［107］Lori Robertson，"Democrats' 'End Medicare' Whopper，Again，" FactCheck. org，March 6，2012，http：//www. factcheck. org/2012/03/democrats-end-medicare-whopper-again/.

［108］出自 2012 年 2 月 28 日比尔·阿代尔在"政治生活的事实"会议上的评论，新美国基金会主办，华盛顿特区。

第五章　操作"测真仪"

［1］参见 Eric Ostermeier，"Selection Bias? PolitiFact Rates Republican Statements as False at 3 Times the Rate of Democrats，" *Smart Politics*（blog），February 10，2011，http：//blog. lib. umn. edu/cspg/smartpolitics/2011/02/selection_bias_politifact_rate. php；以及 Joseph E. Uscinski and Ryden W. Butler，"The Epistemology of Fact Checking，" *Critical Review* 25，no. 2（2013）：162-80，doi：10. 1080/08913811. 2013. 843872.

［2］Bill Adair，"Inside the Meters：Responding to a George Mason University Press Release about Our Work，" PolitiFact，May 29，2013，http：//www. politifact. com/truth-o-meter/blog/2013/may/29/responding-george-mason-university-press-release-a/.

［3］Lauren Carroll，"Hillary Clinton's Truth-O-Meter Record，" PolitiFact，June 11，

278

2015，http：//www. politifact. com/truth-o-meter/article/2015/jun/11/hillary-clintons-truth-o-meter-record/. 在一份关于 2012 年总统大选的"记录页"中，PolitiFact 认为："这些统计数字虽不科学，但它们为候选人的总体准确性记录提供了耐人寻味的洞察。"参见 Bill Adair，"The PolitiFact Report Card on the Presidential Candidates，" PolitiFact，December 30, 2011，http：//www. politifact. com/truth-o-meter/article/2011/dec/30/how-candidates-fared-truth-o-meter-Iowa11/.

［4］出自作者 2011 年 6 月 15 日的田野笔记；作者的讨论参见"What We Can Learn from the Factcheckers' Ratings，" United States Project（blog），Columbia Journalism Review，June 4，2013，http：//www. cjr. org/united_states_project/what_we_can_learn_from _the_fact-checkers_ratings. php.

［5］参见"PolitiFiction"，Wall Street Journal，December 23，2010；以及 Greg Marx，"What the Fact-Checkers Get Wrong，" Campaign Desk（blog），Columbia Journalism Review，January 5，2012，http：//www. cjr. org/campaign_desk/what_the_fact-checkers_get_wro. php.

［6］Brendan Nyhan，"That's Not a Factcheck！" United States Project（blog），Columbia Journalism Review，March 12，2013，http：//www. cjr. org/united_states_project/thats_not_a _factcheck. php.

［7］作者认为这种朴素的观点（认为新闻业都是如此这般）导致事实核查人员依赖"可疑"的方法，试图在不可能的情况下提供事实证明。其结果是，事实核查项目"忽视了政治中最重要的客观现实：政治中讨论的所有事实都是模糊的，足以让人产生合理的怀疑"。Uscinski and Butler，"Epistemology of Fact Checking，" 162，172.

［8］出自作者 2012 年 4 月 18 日对格伦·凯斯勒的电话访谈。

［9］舒德森认为，这种对客观性相当复杂的理解（为对新闻业的批评性讨论提供了依据）借鉴了科学中普遍存在的客观性观点。他写道："这里的事实不是世界的方方面面，而是关于世界的一致确认的声明。"Michael Schudson，Discovering the News：A Social History of American Newspapers（New York：Basic Books，1978），7，122，195n6.

［10］例如，2014 年《克利夫兰诚报》脱离了 PolitiFact 网络，部分原因是双方在方法论上存在差异。Ted Diadiun，"Coming：Truth Squad Reporting without the Gimmicks，" Cleveland. com，January 30，2014，http：//www. cleveland. com/readers/index. ssf/2014/01/coming_truth_squad_reporting_w. html；亦可参见 Anna Clark，"The Plain Dealer Drops PolitiFact，but Keeps on Factchecking，" Columbia Journalism Review，June 17，2014，http：//www. cjr. org/united_states_project/cleveland_plain_dealer_politifact_factchecking. php.

［11］出自作者 2011 年 2 月 9 日和 17 日的田野笔记。相关范例参见 Bill Adair，"Principles of PolitiFact and the Truth-O-Meter，" PolitiFact，February 21，2011，http：//www. politifact. com/truth-o-meter/article/2011/feb/21/principles-truth-o-meter/.

［12］出自作者 2011 年 2 月 9—11 日和 2011 年 6 月 15 日的田野笔记；另见 Steve Myers，"PolitiFact Takes Lesson from Fast-Food Industry as It Franchises Fact Checking，" Poynter. org，May 3，2011，http：//www. poynter. org/latest-news/top-stories/102422 /politi

279

fact-takes-lesson-from-fast-food-industry-as-it-franchises-fact-checking/.

[13] 卢卡斯·格雷夫斯和玛格达·康涅兹娜（Magda Konieczna）对此进行了讨论，参见"Sharing the News: Journalistic Collaboration as Field Repair," *International Journal of Communication* 9（June 2015）: 1966 – 84, http: //ijoc. org/index. php/ijoc/article/view/3381.

[14] Bill Adair and Angie Drobnic Holan, "The Principles of PolitiFact, PunditFact and the Truth-O-Meter," PolitiFact, November 1, 2013, http: //www. politifact. com/truth-o-me ter/article/2013/nov/01/principles-politifact-punditfact-and-truth-o-meter/.

[15] PolitiFact 在最终确定转换之前对读者进行了调查；一封编辑部的信声称："我们通过推特收到了数百条信息，在脸书上有一千多条帖子，还有 850 多封电子邮件。其中至少有 95% 的人支持这一改变。"Bill Adair, "A Change in the Meter: Barely True Is Now Mostly False," PolitiFact, July 27, 2011, http: //www. politifact. com/truth-o-meter/article/2011/jul/27/-barely-true-mostly-false/; 亦可参见 Hannah Vinter, "Bill Adair, Editor of PolitiFact: 'Readers Love this Kind of Accountability Journalism,'" *Editors Weblog*, World Association of Newspapers and News Publishers, August 22, 2011, http: //www. editor sweblog. org/2011/08/22/bill-adair-editor-of-politifact-readers-love-this-kind-of-accountability-journalism.

[16] 参见 Maryalice Gill, "Democrats Say Republican Presidential Candidates Did not Mention Middle Class or Education in Debate," PolitiFact, June 24, 2011, http: //www. politifact. com/truth-o-meter/statements/2011/jun/24/jay-carney/democrats-say-republica n-Presidential-andidates-d/.

[17] 出自作者 2011 年 2 月 9 日和 17 日的田野笔记。

[18] Adair, "Principles of PolitiFact and the Truth-O-Meter."

[19] 出自作者 2011 年 6 月 15—16 日的田野笔记。

[20] Bill Adair, "Numbers Game," PolitiFact, April 15, 2008, http: //www. politi fact. com/truth-o-meter/article/2008/apr/15/numbers-game/.

[21] 出自作者 2011 年 2 月 7 日、10 日、11 日、16 日和 17 日的田野笔记。

[22] 同上，2011 年 2 月 9 日和 17 日。

[23] 同上，2011 年 2 月 9 日和 17 日，以及 2011 年 6 月 15 日。

[24] 例如，2015 年的一篇文章在驳斥一个声称内战不是一场与奴隶制"有关"的战争的专家时，八次使用了"我们"和相关词汇。参见 Jon Greenberg, "In Defense of Confederate Flag, Frequent Fox News Guest Claims Civil War Wasn't About Slavery," Politi-Fact, June 25, 2015, http: //www. politifact. com/punditfact /statements/2015/jun/25/gavin-mcinnes/tweet-civil-war-was-about-secession-not-slavery/.

[25] 出自作者 2011 年 2 月 9 日和 17 日，以及 2011 年 6 月 16 日的田野笔记。

[26] Adair and Holan, "Principles of PolitiFact, PunditFact and the Truth-O-Meter"; 亦可参见 Adair, "Principles of PolitiFact and the Truth-O-Meter."

[27] 出自作者 2010 年 12 月 3 日、2011 年 2 月 7—18 日、2011 年 6 月 16—17 日的

田野笔记。

[28] PolitiFact 第一年的编辑随笔讨论了核查统计数字的惊人难度。参见 Adair, "Numbers Game."

[29] Jody Kyle, "Fatality Count Isn't That High," PolitiFact, September 9, 2007, http：//www. politifact. com/truth-o-meter/statements/2007/sep/09/ron-paul/fatality-count-isnt-that-high-/.

[30] Lucas Graves, "Mitch Daniels Says Interest on Debt Will Soon Exceed Security Spending," PolitiFact, February 17, 2011, http：//www. politifact. com/truth-o-meter/statements/2011/feb/17/mitch-daniels/mitch-daniels-says-interest-debt-will-soon-exceed-/.

[31] 出自作者 2011 年 2 月 9 日、16 日、17 日的田野笔记。

[32] Angie Drobnic Holan, "Michele Bachmann Says the Government Will Buy You a Breast Pump for Your Baby," PolitiFact, February 18, 2011, http：//www. politifact. com/truth-o-meter/statements/2011/feb/18/michele-bachmann/michele-bachmann-says-government-will-buy-you-brea/.

[33] 出自作者 2011 年 2 月 18 日的田野笔记。

[34] Louis Jacobson, "Mitt Romney Tells CPAC that More Are out of Work in U. S. than Employed in Canada," PolitiFact, February 11, 2011, http：//www. politifact. com/truth-o-meter/statements/2011/feb/11/mitt-romney/mitt-romney-tells-cpac-more-are-out-work-us-employ/.

[35] 出自作者 2011 年 2 月 11 日的田野笔记。

[36] D'Angelo Gore, Brooks Jackson, Michael Morse, and Eugene Kiely, "FactChecking Republicans at CPAC," FactCheck. org, February 14, 2011, http：//www. factcheck. org/2011/02/factchecking-republicans-at-cpac/.

[37] 社会学家拉图尔很好地描述了记者在维持标准和"准标准"方面所扮演的、经常不为人知的角色。这些标准是集体事实制造（collective fact-making）的基础。参见 Bruno Latour, *Reassembling the Social：An Introduction to Actor-Network-Theory*（Oxford：Oxford University Press, 2005）, 230.

[38] 出自作者 2011 年 2 月 11 日的田野笔记。

[39] 同上。

[40] 同上。

[41] 出自作者 2011 年 2 月 11 日对安吉·德罗布尼奇·霍兰的电话访谈。

[42] Bill Adair, "Tuning the Truth-O-Meter," PolitiFact, January 25, 2012, http：//www. politifact. com/truth-o-meter/article/2012/jan/25/tuning-truth-o-meter/.

[43] 出自作者 2011 年 2 月 7—8 日的田野笔记。

[44] 格伦·贝克，福克斯新闻，2011 年 2 月 4 日。

[45] 同上，2011 年 2 月 1 日。

[46] 出自作者 2011 年 2 月 8—11 日的田野笔记。

[47] Yaakov Lappin, "Muslim Brotherhood：'Prepare Egyptians for war with Israel,'"

Jerusalem Post, February 1, 2011, http：//www.jpost.com/Breaking-News/Muslim-Brother hood-Prepare-Egyptians-for-war-with-Israel.

[48] 同上。这句话似乎是记者的转述，尽管我不能完全确定谷歌翻译的结果是否准确。后来我发现了一份更直接的采访实录。

[49] 即使是总部设在美国的保守派媒体监督团体的一段实录，也让加尼姆的话看起来没有《耶路撒冷邮报》的现在时命令那么有威胁性。"我绝对确定这场革命不会消亡，下一步必须是公民抗命。……这种不服从必须包括停止苏伊士运河的通航，停止向以色列供应石油和天然气，并准备与以色列开战。"参见 "Muhammad Ghanem, Muslim Brotherhood Representative in London, Calls for Civil Disobedience, Including 'Halting Passage through the Suez Canal… and Preparing for War with Israel,'" *Middle East Media Research Institute*, January 30, 2011, http：//www.memrtv.org/clip/en/2787.htm.

[50] 这种"翻译"（中文学术著作常将"translation"译为"转译"。为保持该词在本书中的前后一致，我们统一使用"翻译"。——译者注）工作是行动者网络理论的核心关注点，有时也被称为"翻译社会学"（sociology of translation）。行动者网络理论使人们注意到将一个实体或概念与另一个实体或概念（以及反过来与后者的关联网络）联系起来的努力，包括修辞和物质。翻译的一种基本策略是将行动者的利益联系在一起——使一个人代表另一个人或成为其"代言人"。拉图尔借鉴了翻译的语言学和几何学意义，认为"翻译的关注点意味着同时提供对这些关注点的新解释，并将人们引向不同的方向"。

[51] 加尼姆的名字在英语中出现了多种拼法，包括"Ghannam"和"Ghanem"；在此我使用的似乎是最常见的拼法。

[52] "Senator Kirk Statement on Muslim Brotherhood," Office of Senator Mark Kirk, February 2, 2011, http：//www.kirk.senate.gov/record.cfm?id=330818&.

[53] 出自作者2011年2月8—11日的田野笔记。事实上我从未确定过加尼姆与该组织的关系，只是确定他不属于该组织的官方领导机构。一家保守的研究机构将他描述为兄弟会"在伦敦的代表"。参见 *Middle East Media Research Institute*, http：//www.memrtv.org/clip/en/2787.htm.

[54] "Editorial：Egypt's Blood on Obama's Hands?" *Washington Times*, February 2, 2011, http：//www.washingtontimes.com/news/2011/feb/2/egypts-blood-obamas-hands/, emphasis added.

[55] 贝克因将"9·11阴谋者"与穆斯林兄弟会联系在一起而获得了"半真半假"的裁决。Robert Farley, "Glenn Beck on Al-Qaida Links to Muslim Brotherhood," PolitiFact, February 4, 2011, http：//www.politifact.com/truth-o-meter/statements/2011/feb/04/glenn-beck/glenn-beck-al-Qaeda-links-muslim-brotherhood/.

[56] 出自作者2011年2月8—11日的田野笔记。

[57] 同上。

[58] 出自作者2011年2月9日的电子邮件。

[59] 这唤起了塔克曼所称的"事实网"这一意象。正如她所写的："为了充实任

何一个假定的事实，人们会积累一大堆假定的事实，当这些事实被合在一起时，就会呈现出个体和集体的自我验证。" Gaye Tuchman, *Making News: A Study in the Construction of Reality* (New York: Free Press, 1978), 86.

［60］这就是社会学家拉图尔所说的"事实制造的集体命运"。正如他所写的那样："一个给定的句子本身既不是事实也不是虚构的；它是由其他后来者完成的。"参见 Latour, *Science in Action*, 25。这种方法在实用主义者对真理作为一种"惰性静态关系"的批判中找到了前车之鉴；相反，威廉·詹姆斯认为："真相**生发**在一种理念上，它**变成**真，被事件**制造**成真。" William James, *Pragmatism and Other Writings* (New York: Penguin Books, 2000), 88.

［61］Lucas Graves, "Glenn Beck Says Muslim Brotherhood Wants to Declare War on Israel," PolitiFact, February 15, 2011, http://www.politifact.com/truth-o-meter/statements/2011/feb/15/glenn-beck/glenn-beck-says-muslim-brotherhood-wants-declare-w/.

［62］其中包括贝克的两份记录和他网站上的一篇帖子；穆斯林兄弟会网站上的一篇文章；七篇新闻文章或社论；两份政策报告；一份国会新闻稿；一篇早些时候的测真条目；四次专家访谈。

［63］出自作者2011年2月15日的田野笔记。

［64］Media Matters staff, "PolitiFact Gives 'False' Rating to Beck Claim that Muslim Brotherhood Wants to Declare War on Israel," Media Matters, February 15, 2011, http://mediamatters.org/blog/201102150034.

［65］Stu Burguiere, "Politifail. Factchecking Politifact's Claims about the Muslim Brotherhood and Glenn Beck," *The Stu Blog*, February 17, 2011, http://www.glennbeck.com/content/blog/stu/politifail-factchecking-politifact%e2%80%99s-claims-about-the-muslim-brotherhood-and-glenn-beck/.

［66］Alexander Smoltczyk, "Islam's Spiritual 'Dear Abby': The Voice of Egypt's Muslim Brotherhood," *Der Spiegel*, February 15, 2011, http://www.spiegel.de/international/world/islam-s-spiritual-dear-abby-the-voice-of-egypt-s-muslim-brotherhood-a-745526.html.

［67］格伦·贝克，福克斯新闻，2011年2月17日。

［68］出自作者2011年2月22日和24日的电子邮件。

［69］出自作者2011年2月19日的电子邮件。

［70］Louis Jacobson, "Jon Stewart Says Those Who Watch Fox News Are the 'Most Consistently Misinformed Media Viewers,'" PolitiFact, June 20, 2011, http://www.politifact.com/truth-o-meter/statements/2011/jun/20/jon-stewart/jon-stewart-says-those-who-watch-fox-news-are-most/.

［71］"Fox News' False Statements," *Daily Show with Jon Stewart*, June 21, 2011, http://thedailyshow.cc.com/videos/lkmdal/fox-news-false-statements.

［72］Louis Jacobson, "Jon Stewart's Politifact Segment: The Annotated Edition," PolitiFact, June 22, 2011, http://www.politifact.com/truth-o-meter/article/2011/jun/22/jon-stewarts-politifact-segment-annotated-edition/.

［73］Lorraine Daston and Peter Galison, *Objectivity* （New York: Zone Books, 2007）, 52.

［74］John Nerone, "History, Journalism, and the Problem of Truth," in *Assessing Evidence in a Postmodern World*, ed. Bonnie Brennen, Diederich Studies in Media and Communication, no. 3 （Milwaukee, WI: Marquette University Press, 2013）, 26.

［75］正如第二章所讨论的，对常见物品、人或理念的不同看法可能会促进科学探究、工程等方面的发展，这是科学技术研究的核心见解。参见 Geoffrey C. Bowker and Susan Leigh Star, *Sorting Things Out: Classification and Its Consequences*, Inside Technology （Cambridge, MA: MIT Press, 1999）; David Stark, *The Sense of Dissonance: Accounts of Worth in Economic Life* （Princeton, NJ: Princeton University Press, 2011）.

［76］参见 Latour, *Science in Action*, 71 –73 中关于"代言人"（spokespersons）的讨论。这是科学和技术研究中反复出现的问题。经典的例子参见 Callon, "Some Elements of a Sociology of Translation"; 以及 Michel Callon, "Society in the Making: The Study of Technology as a Tool for Sociological Analysis," in *The Social Construction of Technological Systems: New Directions in the Sociology and History of Technology*, ed. Wiebe E. Bijker, Thomas Parke Hughes, and T. J. Pinch, 83 –103 （Cambridge, MA: MIT Press, 1989）.

［77］参见 "No End in Sight," *On the Media*, WNYC, January 3, 2014, http: //www. onthemedia. org/story/no-end-sight/.

［78］Harry M. Collins, "Tacit Knowledge, Trust and the Q of Sapphire," *Social Studies of Science* 31, no. 1 （2001）: 71 –85.

［79］Steven Shapin, *A Social History of Truth: Civility and Science in Seventeenth-Century England* （Chicago: University of Chicago Press, 1994）, 17 –19.

［80］Tuchman, *Making News*, 84 –85. 塔克曼用这个例子来强调她所说的报道工作中的"事实网"。

［81］Latour, *Reassembling the Social*, 230. 拉图尔认为："准标准的流通允许匿名和孤立的机构慢慢变得（层层叠叠地）可比和相称——这肯定是我们作为人类的很大一部分意义。"

［82］Latour, *Science in Action*, 109 –10. 正如拉图尔所写的那样："让人们加入事实建构中来最简单的方法就是让自己被他们加入！"

［83］James S. Ettema and Theodore Lewis Glasser, *Custodians of Conscience: Investigative Journalism and Public Virtue* （New York: Columbia University Press, 1998）, 135 –36.

［84］同上，142, 145。

［85］同上，131。

［86］Schudson, *Discovering the News*, 155 以及 Ettema & Glasser, *Custodians of Conscience*, 9 –11 都提到了在职记者对客观性的理解有多么关键的问题。后者认为："对客观性的'最纯粹的用法'的信念已经动摇（如果它真的存在过的话），但……'利益无关的'知识的概念继续塑造着作为话语的新闻，也塑造着记者关于新闻的话语。"

［87］Bruno Latour, *Pandora's Hope: Essays on the Reality of Science Studies* （Cambridge, MA：Harvard University Press，1999），15. 在这里和其他地方，拉图尔都主张放弃将自然"真实"（real）与社会或人类"建构"对立起来的错误二元论，他把这种二元论追溯到康德和笛卡尔等启蒙思想家建立的主客体间本体论分歧。拉图尔主张将心智再次嵌入世界的"相对的确定性"（在相对性而非相对主义的意义上）。

［88］ Latour, *Science in Action*, 33. 斜体为作者所加。

第三部分　事实核查的影响

［1］ Glenn Kessler, "4 Pinocchios for a Misguided 'Big Money' Coal Attack by Alison Grimes," Fact Checker, *Washington Post*, October 7, 2014, https：//www. washingtonpost. com/news/fact-checker/wp/2014/10/07/4-pinocchios-for-a-misguided-big-money-coal-attack-by-alison-grimes/.

［2］ Steve Contorno, "Alison Lundergan Grimes Says Mitch McConnell, Not She, Is Taking Money from Anti-Coal Groups," PolitiFact, October 8, 2014, http：//www. politi fact. com/truth-o-meter/statements/2014/oct/08/alison-lundergan-grimes/alison-lundergan-grimes-says-mitch-mcconnell-not-s/.

［3］ 出自 2014 年 12 月 10 日吉姆·达菲（Jim Duffy）在"政治中的真相 2014：关于事实核查报道的现状报告"会议上的评论，美国新闻学会主办，弗吉尼亚州阿灵顿。

［4］ Greg Sargent, "A Blistering Attack on Mitch McConnell," *Plum Line*（blog），*Washington Post*, October 22, 2014, http：//www. washingtonpost. com/blogs/plum-line/wp/2014/10/22/a-blistering-attack-on-mitch-mcconnell/.

［5］ Glenn Kessler, "Alison Grimes Doubles Down on a 4-Pinocchio Claim," Fact Checker, *Washington Post*, October 23, 2014, http：//www. washingtonpost. com/blogs/fact-checker/wp/2014/10/23/alison-grimes-doubles-down-on-a-4-pinocchio-claim/.

［6］ Sam Youngman, "Washington Post Fact-Checker Says 'Grimes Should Be Ashamed of Herself,'" *Lexington Herald-Leader*, October 24, 2014, http：//www. kentucky. com/news/politics-government/election-results/article44517492. html；以及 Glenn Kessler, "How Not to Cite a Fact Check," Fact Checker, *Washington Post*, October 31, 2014, http：//www. washingtonpost. com/blogs/fact-checker/wp/2014/10/31/how-not-to-cite-a-fact-check/.

［7］ 出自格伦·凯斯勒在"政治中的真相 2014：关于事实核查报道的现状报告"会议上的评论。

［8］ 这个医保案例的其中一个版本由作者撰写，刊登在 Lucas Graves and Tom Glasisyer, *The Fact-Checking Universe in Spring* 2012：*An Overview*（Washington, DC：New America Foundation, February 2012）.

［9］ Elizabeth McCaughey, "No Exit：What the Clinton Plan Will Do for You," *New Republic*, February 7, 1994, 21－25.

［10］ 该法案规定："本法中的任何内容都不得被解释为禁止下列内容：（Ⅰ）个人购买任何医保服务。"参见 Theodore R. Marmor and Jerry L. Mashaw, "Cassandra's Law,"

New Republic, February 14, 1994, 20；以及 James Fallows, "A Triumph of Misinformation," *Atlantic*, January 1995, 26 – 37.

[11] George Will, "The Clintons' Lethal Paternalism," *Newsweek*, February 7, 1994.

[12] 詹姆斯·法洛斯在以下节目中进行了访问："Rewrite," *On the Media*, WYNC, May 22, 2009；以及 "The Origin of Rumors," *On the Media*, WYNC, July 31, 2009.

[13] Regina G. Lawrence and Matthew L. Schafer, "Debunking Sarah Palin: Mainstream News Coverage of 'Death Panels,'" *Journalism* 13, no. 6 (August 2011): 766 – 82, doi: 10. 1177/1464884911431389；Brendan Nyhan, "Why the 'Death Panel' Myth Wouldn't Die: Misinformation in the Health Care Reform Debate," *Forum* 8, no. 1 (2010), doi: 10. 2202/ 1540-8884. 1354.

[14] Justin Bank, "Palin vs. Obama: Death Panels," FactCheck. org, August 14, 2009, http: //www. factcheck. org/2009/08/palin-vs-obama-death-panels/；Angie Drobnic Holan, "Sarah Palin Falsely Claims Barack Obama Runs a 'Death Panel,'" PolitiFact, August 10, 2009, http: //www. politifact. com/truth-o-meter/statements/2009/aug/10/sarah-palin/sarah-palin-barack-obama-death-panel/；Hannah Dreier, "Fox NewsPersonalities Advance Palin's 'Death Panel' Claim," Media Matters for America, August 10, 2009, http: //mediamatters. org/research/200908100054.

[15] Jim Rutenberg and Jackie Calmes, "False 'Death Panel' Rumor Has Some Familiar Roots," *New York Times*, August 14, 2009.

[16] James Fallows, "I Was Wrong," *Atlantic*, August 13, 2009, http: //www. theatlantic. com/technology/archive/2009/08/i-was-wrong/23254/.

[17] 应当强调的是，我问过每一个与我交谈过的事实核查人员，他们的工作是否、如何产生了影响；这也是人们在听到我研究事实核查这场运动时的第一个问题。

[18] Cary Spivak, "The Fact-Checking Explosion," *American Journalism Review* 32 (2010): 38 – 43.

[19] 参见 Brendan Nyhan, "Does Fact-Checking Work? False Statements Are Wrong Metric," *United States Project* (blog), *Columbia Journalism Review*, March 30, 2012, http: //www. cjr. org/swing_states_project/does_fact-checking_work_false. php；以及 Paul Waldman, "Does Fact-Checking Work?" *American Prospect*, November 1, 2011, http: //prospect. org/article/does-fact-checking-work.

[20] Martha T. Moore, "Fact Checkers Help Sort Through Political Claims," *USA Today*, March 21, 2012, http: //www. usatoday. com/news/politics/story/2012-03-21/fact-checkers-politicians/53693798/1.

[21] David Carr, "A Last Fact Check: It Didn't Work," *Media Decoder* (blog), *New York Times*, November 6, 2012, http: //mediadecoder. blogs. nytimes. com/2012/11/06/a-last-fact-check-it-didnt-work/.

[22] 出自卢卡斯·格雷夫斯和汤姆·格莱斯耶的讨论，参见 *Fact-Checking Universe*.

［23］Bill Adair, "The Value of Fact-Checking in the 2012 Campaign," PolitiFact, November 8, 2012, http://www.politifact.com/truth-o-meter/article/2012/nov/08/value-fact-checking-2012-campaign/; 亦可参见 Hanna Vinter, "Bill Adair, Editor of PolitiFact: 'Readers Love This Kind of Accountability Journalism,'" *Editors Weblog*, World Association of Newspapers and News Publishers, August 22, 2011, http://www.editorsweblog.org/2011/08/22/bill-adair-editor-of-politifact-readers-love-this-kind-of-accountability-journalism.

［24］出自作者 2011 年 6 月 8 日的田野笔记。

［25］Viveka Novak, "Obama's Work Claim," FactCheck.org, July 2, 2008, http://www.factcheck.org/2008/07/obamas-work-claim/.

［26］出自作者 2010 年 12 月 3 日在华盛顿特区对布鲁克斯·杰克逊的访谈。随后的奥巴马竞选广告软化了措辞："通过学生贷款和努力工作，他从大学毕业。"参见 Novak: "Obama's Work Claim."

［27］出自 2011 年 12 月 14 日比尔·阿代尔和格伦·凯斯勒在"新闻中的事实核查"会议上的评论，新美国基金会主办，华盛顿特区。

［28］出自作者 2011 年 12 月 14 日的田野笔记；亦可参见 Michael Dobbs, *The Rise of Political Fact-Checking* (Washington, DC: New America Foundation, February 2012).

［29］Michael Cooper, "Fact-Checkers Howl, but Campaigns Seem Attached to Dishonest Ads," *New York Times*, September 1, 2012.

［30］出自作者 2014 年 6 月 10 日、12 月 12 日的田野笔记；亦可参见 Adair, "The Value of Fact-Checking"; 以及 Brooks Jackson, "Firefighters, Fact-Checking and American Journalism," FactCheck.org, December 21, 2012, http://www.factcheck.org/2012/12/firefighters-fact-checking-and-american-journalism/.

［31］Brooks Jackson, Eugene Kiely, Lori Robertson, Robert Farley, 以及 D'Angelo Gore, "The 'King of Whoppers': Donald Trump," FactCheck.org, December 21, 2015, http://www.factcheck.org/2015/12/the-king-of-whoppers-donald-trump/. 亦可在一众案例中参见 Jack Schafer, "The Limits of Fact-Checking," *Politico Magazine*, December 24, 2015, http://www.politico.com/magazine/story/2015/12/the-limits-of-the-fact-checker-213461.

第六章　事实核查人员及其公众

［1］出自 2014 年 6 月 9 日尼尔·布朗在全球事实核查峰会上的评论，波因特研究所主办，伦敦。该演讲的一个编辑版本可以在这里找到，参见 Neil Brown, "5 'Essential Understandings' of the Fact-Checking Movement," PolitiFact, June 18, 2014, http://www.politifact.com/truth-o-meter/article/2014/jun/18/5-essential-understandings-fact-checking-movement/.

［2］出自作者 2014 年 6 月 9 日的田野笔记。俄亥俄州的候选人是共和党人乔什·曼德尔（Josh Mandel），挑战现任民主党参议员谢罗德·布朗（Sherrod Brown）。竞选过程中，曼德尔收到了俄亥俄州 PolitiFact 的五个"假"和六个"一派胡言"的裁决。

［3］出自比尔·阿代尔在全球事实核查峰会上的评论。

[4] 出自 2014 年 12 月 10 日汤姆·罗森斯蒂尔在"政治中的真相 2014：关于事实核查报道的现状报告"会议上的评论，美国新闻学会主办，弗吉尼亚州阿灵顿。

[5] 出自作者 2011 年 8 月 18 日对布鲁克斯·杰克逊的电话访谈。

[6] 这个为期一天的会议名为"新闻中的事实核查"，2011 年 12 月 14 日在华盛顿特区举行。如导言所述，作为新美国基金会的研究员，我帮助策划了这次活动。

[7] 出自迈克尔·多布斯在"新闻中的事实核查"会议中的评论。

[8] 参见 Brendan Nyhan and Jason Reifler, "When Corrections Fail：The Persistence of Political Misperceptions," *Political Behavior* 32, no. 2 （June 2010）：303 – 30, doi：10. 1007/s11109-010-9112-2.

[9] Brendan Nyhan and Jason Reifler, *Misinformation and Fact-Checking*：*Research Findings from Social Science* （Washington, DC：New America Foundation, February, 2012）.

[10] 出自布伦丹·尼汉在"新闻中的事实核查"会议中的评论。

[11] 出自格伦·凯斯勒和比尔·阿代尔在"新闻中的事实核查"会议中的评论。

[12] 布鲁克斯·杰克逊和凯瑟琳·霍尔·杰米森在他们的著作中讨论了社会心理学家莱昂·费斯廷格（Leon Festinger）对 1950 年代不明飞行物热潮的研究，参见 *Un-Spun*：*Finding Facts in a World of Disinformation* （New York：Random House, 2007）, 55 – 56.

[13] 出自布鲁克斯·杰克逊在"新闻中的事实核查"会议中的评论。

[14] 例如，正像第二章所论述的那样，杰米森等人的研究有助于在 20 世纪 90 年代重新设计广告监察片，以避免它们强化他们所要驳斥的政治信息。

288

[15] 出自作者 2011 年 2 月 25 日对霍兰的电话访谈。

[16] 出自 2012 年 2 月 28 日"政治生活的事实"会议中阿代尔的评论，新美国基金会主办，华盛顿特区。

[17] 同上。

[18] Herbert J. Gans, *Democracy and the News* （Oxford：Oxford University Press, 2003）. 这一观点与舒德森所描述的"知情公民"的理想非常接近。Michael Schudson, *The Good Citizen*：*A History of American Civic Life* （New York：Martin Kessler Books, 1999）.

[19] Glenn Kessler, "Just the Facts," *Foreign Affairs*, December 26, 2014, http：//www. foreignaffairs. com/articles/142741/glenn-kessler/just-the-facts.

[20] Herb Gans, *Deciding What's News*：*A Study of "CBS Evening News," "NBC Nightly News," "Newsweek," and "Time"* （1979；repr. Evanston, IL：Northwestern University Press, 2004）, 230. 论"受众-形象"（audience-image），参见 238 – 240.

[21] 卢卡斯·格雷夫斯在 "Traffic Jam", *Columbia Journalism Review*, September/October 2010, 17 – 18 回顾了有关网络受众测量准确性的问题。

[22] 参见 C. W. Anderson, "Between Creative and Quantified Audiences：Web Metrics and Changing Patterns of Newswork in Local U. S. Newsrooms," *Journalism* 12, no. 5 （July 2011）：550 – 66, doi：10. 1177/1464884911402451；以及 Angela M. Lee, Seth C. Lewis, and Matthew Powers, "Audience Clicks and News Placement：A Study of Time-Lagged Influ-

ence in Online Journalism," *Communication Research* 41, no. 4（June 2014）：505 – 30, doi：10. 1177/0093650212467031.

［23］关于与记者分享数据的规范转变之讨论，参见 Mary Clare Fischer, "No Analytics for You：News Sites Grapple with Who Can See Data," *American Journalism Review*, March 19, 2014, http：//ajr. org/2014/03/19/analytics-news-sites-grapple-can-see-data/.

［24］Pablo J. Boczkowski, *News at Work*：*Imitation in an Age of Information Abundance*（Chicago：University of Chicago Press, 2010）, 153. 然而，安德森从他研究的费城新闻编辑室中抽出了相互矛盾的证据，认为"网站流量往往似乎是……新闻判断的主要因素"；另见 C. W. Anderson, "Between Creative and Quantified Audiences," 561.

［25］在我看到的报告中，主要参考网站是谷歌、福克斯新闻和脸书。热门搜索词包括"奥巴马出生证明"和"格伦·贝克"。

［26］出自作者 2011 年 2 月 7 日、9 日、10 日、11 日、15 和 16 日，2011 年 6 月 8 日和 15 日，以及 2015 年 2 月 10 日的田野笔记；作者 2010 年 12 月 2 日在华盛顿特区对比尔·阿代尔的访谈；2010 年 12 月 3 日在华盛顿特区对布鲁克斯·杰克逊的访谈；2011 年 3 月 17 日在宾夕法尼亚州费城对尤金·基利的访谈。

［27］出自作者 2011 年 2 月 9 日、11 日、15 和 16 日，2011 年 6 月 15 日，2011 年 10 月 3 日，2013 年 10 月 3 日，2014 年 6 月 9—10 日的田野笔记。

［28］同上，2011 年 2 月 9 日、11 日、15 日、16 日，2011 年 6 月 15 日，2013 年 10 月 3 日，2014 年 6 月 10 日，2015 年 2 月 10 日。

［29］马克·德兹（Mark Deuze）更广泛地使用这一术语来指代整个媒体行业的专业工作。参见 Mark Deuze, *Media Work*（Cambridge：Polity, 2007）.

［30］如前所述，这个术语是在迈克尔·波兰尼（Michael Polanyi）应用的意义上使用的，暗示科学工作的工艺性，其成功往往取决于难以表达的技能。参见 Michael Polanyi, *Personal Knowledge*：*Towards a Post-Critical Philosophy*（London：Routledge, 1998）, 52 – 53；亦可参见 Harry M. Collins, "Tacit Knowledge, Trust and the Q of Sapphire," *Social Studies of Science* 31, no. 1（February 2001）：71 – 85, http：//www. jstor. org/stable/285818.

［31］就其总体概要而言，这反映了甘斯看到的专业新闻工作者认同的"受众形象"：在经济和教育方面足够像新闻工作者，对他们的工作感兴趣，并能理解和从中受益。Gans, *Deciding What's News*, 238 – 40.

［32］出自布鲁克斯·杰克逊和格伦·凯斯勒在"新闻中的事实核查"会议中的评论。

［33］出自格伦·凯斯勒在"新闻中的事实核查"会议中的评论。

［34］Hannah Vinter, "Bill Adair, Editor of Politifact：'Readers Love this Kind of Accountability Journalism,'" *Editors Weblog*, World Association of Newspapers and News Publishers, August 22, 2011, http：//www. editorsweblog. org/2011/08/22/bill-adair-editor-of-politifact-readers-love-this-kind-of-accountability-journalism.

［35］出自作者 2011 年 2 月 9 日和 17 日，以及 2011 年 6 月 15 日的田野笔记。

［36］Robert Farley, "Alleged Obama Birth Certificate from Kenya Is a Hoax," Politi-

Fact, August 21, 2009, http://www. politifact. com/truth-o-meter/statements/2009/aug/21/orly-taitz/alleged-obama-birth-certificate-kenya-hoax/.

[37] 出自作者 2011 年 6 月 6 日的田野笔记。

[38] 同上, 2011 年 2 月 14 日和 19 日, 以及 2015 年 2 月 10 日。

[39] 同上, 2011 年 3 月 17 日, 以及 2011 年 6 月 6 日、8 日、15 日和 16 日。

[40] 甘斯在 20 世纪 70 年代发现, 美国精英记者对来自读者和观众的邮件兴趣不大, 因为其"可预测"。"记者期望收到的大多是批评信, 尤其是来自文化和政治保守派的批评信, 他们的期望通常会实现。"Gans, *Deciding What's News*, 230 - 31.

[41] 安德森在"Between Creative and Quantified Audiences"当中讨论了新闻业关于"生产性和生成性"受众的夸张修辞。

[42] "Political Fact-Checking Under Fire," *Talk of the Nation*, NPR, January 10, 2012, http://www. npr. org/2012/01/10/144974110/political-fact-checking-under-fire.

[43] 出自作者 2011 年 6 月 8 日和 16 日的田野笔记。

[44] Michael Dobbs, *The Rise of Political Fact-Checking* (Washington, DC: New America Foundation, February 2012), 13.

[45] 出自作者 2011 年 6 月 15 日的田野笔记。

[46] 该网站还提供相关研究的指南, 并主办由专业记者主持的讨论。该项目的主要目标是提升新闻素养和促进公众参与。出自作者 2011 年 3 月 1 日与法布里斯·弗洛林 (Fabrice Florin) 的电话访谈。

[47] 出自作者 2010 年 12 月 3 日在华盛顿特区对布鲁克斯·杰克逊的访谈。

[48] 出自作者 2010 年 12 月 2 日在华盛顿特区对比尔·阿代尔的访谈。

[49] 出自作者 2011 年 10 月 3 日的田野笔记。

[50] 参见 Craig Silverman, "Conferences Raise Unanswered Questions About Fact Checking," Poynter. org, December 28, 2011, http://www. poynter. org/latest-news/regret-the-error/157031/conferences-raise-unanswered-questions-about-fact-checking/.

[51] Vinter, "Bill Adair, Editor of PolitiFact."

[52] Jackson and Jamieson, *UnSpun*, x.

[53] 出自作者 2010 年 12 月 3 日在华盛顿特区对布鲁克斯·杰克逊的访谈。

[54] Sam Stein, "Muffingate's Sad Story: 178 Articles Perpetuate DOJ Myth, 37 Correct It," *Huffington Post*, September 30, 2011, http://www. huffingtonpost. com/2011/09/30/muffins-justice-department-muffingate-myth_n_988928. html. 分析仰赖律商联讯。

[55] Jerry Markon, "A $16 Muffin? Justice Dept. Audit Finds 'Wasteful' and Extravagant Spending," *Washington Post*, September 21, 2011.

[56] Patrick B. Pexton, "Another Look at Justice Dept.'s $16 Muffin," *Washington Post*, September 30, 2011.

[57] Rob Savillo, "Muffingate Update: Many Outlets Fail to Correct Half-Baked Allegation," *Media Matters* (blog), November 3, 2011, http://mediamatters. org/blog/2011/11/03/muffin-gate-update-many-outlets-fail-to-correct/153386; Stein, "Muffingate's Sad Story";

以及 James Q. Wilson，"Muffingate and the Media's Big Fat Mistake," *Wall Street Journal*，December 8，2011。

［58］Angie Drobnic Holan，"＄16 Muffin Included Coffee，Tea，Event Space," Politi-Fact，October 4，2011，http：//www. politifact. com/truth-o-meter/statements/2011/oct/04/bill-oreilly/16-muffin-included-coffee-tea-event-space/。

［59］卢卡斯·格雷夫斯和玛格达·康涅兹娜提出了这种协作转向，参见"Sharing the News：Journalistic Collaboration as Field Repair," *International Journal of Communication* 9（June 2015）：1966－84，http：//ijoc. org/index. php/ijoc/article/view/3381。

［60］"With 'Lie of the Year' Controversy，Fact Checking Comes Under Scrutiny," *All Things Considered*，NPR，December 22，2011；斜体为作者所加。

［61］出自比尔·阿代尔、米歇尔·多布斯和布鲁克斯·杰克逊在"新闻中的事实核查"会议上的评论。凯斯勒不那么强调对传统新闻工作的指责。

［62］参见 Dobbs，*Rise of Political Fact-Checking*。

［63］"Sunday Morning Fact-Checking," *Colbert Report*，Comedy Central，April 14，2010，http：//www. colbertnation. com/full-episodes/wed-april-14-2010-david-shields. Politi-Fact 与《本周》的合作是对杰伊·罗森提议的回应，参见 Rosen，"My Simple Fix for the Messed Up Sunday Shows," *Jay Rosen：Public Notebook*（blog），December 28，2009，https：//publicnotebook. wordpress. com/2009/12/28/my-simple-fix-for-the-messed-up-sunday-shows/。

［64］Dobbs，*Rise of Political Fact-Checking*，3。

［65］出自作者 2011 年 2 月 7 日、9 日、10 日、11 日、15 日和 17 日，以及 2011 年 6 月 6 日、8 日和 15 日的田野笔记。

［66］出自格伦·凯斯勒在"新闻中的事实核查"会议上的评论。

［67］"PolitiFact vs. Rachel Maddow," *Reliable Sources*，CNN，February 27，2011；亦可参见 W. Gardner Selby，"Politifact Fields Fire After Rating False a Rachel Maddow Statement," PolitiFact Texas，February 28，2011，http：//www. politifact. com/texas/article/2011/feb/28/context-matters-politifact-check-maddow/。

［68］出自作者 2011 年 8 月 16 日对布鲁克斯·杰克逊的电话访谈。

［69］出自作者 2011 年 2 月 17 日在华盛顿特区对比尔·阿代尔的访谈。

［70］Aaron Sharockman，"Florida Dems Say Bill McCollum out of Touch on Subprime Mortgage Crisis," PolitiFact Florida，May 11，2010，http：//www. politifact. com/florida/statements/2010/may/11/florida-democratic-party/florida-dems-bill-mccollum-subprime-mortgage/。

［71］Louis Jacobson and Ciara O'Rourke，"Wayne LaPierre Says Phoenix Is 'One of the Kidnapping Capitals of the World,'" PolitiFact，February 19，2013，http：//www. politifact. com/truth-o-meter/statements/2013/feb/19/wayne-lapierre/wayne-lapierre-says-phoenix-one-kidnapping-capital/；Viveca Novak，"Sunday Replay," FactCheck. org，June 28，2010，http：//www. factcheck. org/2010/06/sunday-replay-10/；以及 Ciara O'Rourke，"McCain Says Phoenix Is the Second Kidnapping Capital in the World," PolitiFact，June 28，2010， http：// www. politifact. com/texas/statements/2010/jun/28/john-mccain/mccain-says-phoenix-second-kidnapping-capital-worl/.

［72］ Robert Farley, "Beheadings, Kidnappings and Other Immigration Distortions," *PolitiFact*, September 10, 2010, http：//www. politifact. com/truth-o-meter/article/2010/sep/10/fact-checking-beheadings-and-other-immigration/. PolitiFact 至少在四个独立的测真条目中驳斥了这种说法。

［73］ Jason Linkins, "McCain Falsely Claims Phoenix Is 'Number-Two Kidnapping Capital of the World,'" *Huffington Post*, June 29, 2010, http：//www. huffingtonpost. com/2010/06/28/mccain-falsely-claims-pho_n_627605. html.

［74］ Glenn Kessler, "Obama's Denial that Biden Called Tea Party Activists 'Terrorists,'" Fact Checker, *Washington Post*, August 17, 2011, http：//www. washingtonpost. com/blogs/fact-checker/post/obamas-denial-that-biden-called-tea-party-activists-terrorists/2011/08/16/gIQAr1g3JJ_blog. html.

［75］ Ben Smith, "The End of Fact-Checking," Politico, August 17, 2011, http：//www. politico. com/blogs/bensmith/0811/The_end_of_factchecking. html.

［76］ Glenn Kessler, "One Year of Fact Checking-an Accounting," Fact Checker, *Washington Post*, December 30, 2011, http：//www. washingtonpost. com/blogs/fact-checker/post/one-year-of-fact-checking--an-accounting/2011/12/27/gIQAR1taOP _ blog. html. 斜体为作者所加。

［77］ 出自作者 2011 年 6 月 8 日和 15 日的田野笔记。斜体为作者所加。

［78］ 截至 2015 年年中，FactCheck. org 已经赢得了美国职业记者协会（Society of Professional Journalists）颁发的卓越新闻报道奖（Sigma Delta Chi Award）、美国传播业女性联合会（Association for Women in Communications）颁发的克拉里昂奖（Clarion Award），以及一长串的网络新闻韦比奖（Webby Awards）。2009 年，PolitiFact 获得了普利策全国报道奖，还获得了全国报业协会（National Newspaper Association）颁发的数字新锐奖（Digital Edge Award），两个奈特-巴顿新闻创新奖（Knight-Batten Awards for Innovations in Journalism），以及职业记者协会颁发的几个绿眼罩奖（Green Eyeshades awards）。

［79］ 出自作者 2010 年 12 月 2 日对比尔·阿代尔，2010 年 12 月 3 日对布鲁克斯·杰克逊的访谈。两次访谈均在华盛顿特区进行。

［80］ 出自作者 2011 年 6 月 15 日的田野笔记；亦可参见 Monica Davey, "Fact Checker Finds Falsehoods in Remarks," *New York Times*, October 15, 2009.

［81］ 参见 Bill Adair, "Colbert: 'Who Are These PolitiFact Guys?'" PolitiFact, April 15, 2010, http：//www. politifact. com/truth-o-meter/article/2010/apr/15/colbert-who-are-these-politifact-guys/；以及 Melissa Siegel, "Halter Questioned on Misleading TV Ad," Fact Check. org, June 8, 2010, http：//www. factcheck. org/2010/06/halter-questioned-on-misleading-tv-ad/.

［82］ 例如，每当喜剧中心频道重播一集展示该组织工作的《每日秀》时，Politi-

292

Fact 的流量就会大幅飙升。Gabrielle Gorder, "Just the Facts: An Interview with Bill Adair, Founder and Editor of PolitiFact," *NPF Newsbag*, National Press Foundation, October 3, 2011, https://web.archive.org/web /20150603095125/http://nationalpress.org/blogs/newsbag/just-the-facts-an-inter view-with-bill-adair-founder-and-editor-of-politifac/.

[83] 卢卡斯·格雷夫斯和玛格达·康涅兹娜在 "Sharing the News" 中进行了讨论。

[84] 出自作者 2011 年 2 月 7 日、9 日、14 日、17 日和 18 日,以及 2011 年 6 月 15—18 日的田野笔记。当 PolitiFact 不得不为产生不合格的测真条目,或在完成每周大约五篇文章的配额上遇到困难的州级合作伙伴安排补充培训时,不寻常的权力关系就变得很明显。

[85] Cary Spivak, "The Fact-Checking Explosion," *American Journalism Review* 32 (2010): 38 – 43.

[86] 律商联讯搜索结果显示,2007 年 6 月至 2014 年底,比尔·阿代尔在 312 份电视实录中被采访或提及,格伦·凯斯勒 148 份,布鲁克斯·杰克逊则是 77 份。引用最多的两家媒体是有线电视新闻网和全国公共广播(这只是粗略扫描,并非所有的都是权威引用,也不一定与事实核查有关)。

[87] 出自尤金·基利 2014 年 3 月 24 日给作者的电子邮件。

[88] 出自格伦·凯斯勒 2015 年 1 月 9 日给作者的电子邮件。

[89] 出自作者 2011 年 2 月 7 日和 16 日,2013 年 10 月 3 日,以及 2015 年 2 月 15 日的田野笔记。

[90] Diana Marszalek, "PolitiFact Aims to Boost Local TV Presence," TVNewsCheck, February 28, 2012, http://www.tvnewscheck.com/article/57723/politifact-aims-to-boost-local-tv-presence.

[91] PolitiFact 已经在探索向全国合作伙伴(如电视网或新闻网)出售独家分销协议的可能性。然而这种交易很难达成,因为该网站现有的州级合作伙伴在州一级拥有联合发行权,且 PolitiFact 的目标是媒体人物和政客。2015 年底,PolitiFact 与全国广播公司谈判达成了有偿合作,但没有披露详细条款。见后记中的讨论。

[92] 出自作者 2010 年 12 月 3 日在华盛顿特区对布鲁克斯·杰克逊的访谈。

[93] 出自 2007 年 11 月 9 日马克·马修斯(Mark Matthews)在 "一派胡言:政治谎言与媒体事实核查人员的崛起" 会上的评论,安南伯格公共政策中心主办,华盛顿特区。

[94] 在皮尤研究中心 2010 年底的一项全国性调查中,三分之二的受访者称电视是他们的主要新闻信源;另有 16% 的人称广播是他们的主要新闻信源;互联网和报纸分别占 41% 和 31%。参见 *Internet Gains on Television as Public's Main News Source*(Washington, DC: Pew Research Center for the People and the Press, January 4, 2011), http://www.people-press.org/2011/01/04/internet-gains-on-television-as-publics-main-news-source/.

[95] 出自作者 2011 年 2 月 7 日和 17 日,以及 2015 年 2 月 10 日的田野笔记。

[96] Polanyi, *Personal Knowledge*, 52 – 53;以及 Collins, "Tacit Knowledge, Trust and the Q of Sapphire."

[97] 出自作者2011年2月7日和14—17日，以及2015年2月10日的田野笔记。关于调查性非营利组织，参见 Graves and Konieczna, "Sharing the News."

[98] 出自作者2010年10月17日，以及2011年2月7日和14—17日的田野笔记。

[99] "Dobbs' Focus On Obama Birth Draws Fire to CNN," *Morning Edition*, NPR, July 31, 2009. 另见第三章。

[100] "Republican Race Heating Up," *Anderson Cooper 360°*, CNN, December 12, 2011.

[101] "PolitiFact's Adair Discusses Accuracy of Romney Film," *All Things Considered*, NPR, January 13, 2012.

[102] "Reality Check," *CBS Evening News*, CBS, October 3, 2008.

[103] "Fact-Checking the Florida Mudslinging," *Weekend Edition Sunday*, NPR, January 29, 2012.

[104] "Fact-Checking Romney's Bet," *Situation Room*, CNN, December 12, 2011.

[105] White House, "Press Briefing by Press Secretary Jay Carney," February 16, 2011, http://www.whitehouse.gov/the-press-office/2011/02/16/press-briefing-press-secretary-jay-carney-2162011.

[106] Louis Jacobson, "Barack Obama Says White House Budget Would Not Add to the Debt Within a Few Years," PolitiFact, February 15, 2011, http://www.politifact.com/truth-o-meter/statements/2011/feb/15/barack-obama/barack-obama-says-white-house-budget-would-not-add/.

[107] 这个比喻源自塔克曼："因为对'事实'的有争议陈述而受攻击，新闻工作者几乎就像地中海农民在脖子上挂一瓣大蒜来辟邪一样援引他们的客观性。" Gaye Tuchman, "Objectivity as Strategic Ritual: An Examination of Newsmen's Notions of Objectivity," *American Journal of Sociology* 77, no. 4 (1972): 660. 在这种情况下，被攻击的是官员而非"新闻工作者"；但在新闻业有争议的反驳官方事实的举动中，援引客观性仍然是一种防御性策略。

[108] 出自作者2011年2月16日的田野笔记。

[109] Gans, Deciding What's News, 181; 亦可参见 Stephen D. Reese and Lucig H. Danielian, "Intermedia Influence and the Drug Issue: Converging on Cocaine," in *Communication Campaigns About Drugs: Government, Media, and the Public*, ed. Pamela J. Shoemaker, 29–46 (Hillsdale, NJ: Erlbaum Associates, 1989). 关于竞选过程中新闻线索的经典描述要数 Timothy Crouse, *The Boys on the Bus* (New York: Ballantine Books, 1973).

[110] 出自作者2011年2月14日和16日，以及2011年6月6日和8日的田野笔记。

[111] 这一分析依赖于律商联讯数据库中的广播新闻实录。编码工作由帕特里斯·科尔在威斯康星大学校友研究基金的资助下进行。该分析的上一版本由作者在新美国基金会的支持下进行，详见 Graves and Glaisyer, *Fact-Checking Universe in Spring* 2012.

[112] 节目实录中的提及主要由现场采访组成，但可以采取任何体裁，包括权威性的引文（citations），以及节目主播或嘉宾的粗略甚至负面的引语（references）。搜索条件包括组织名称（在《华盛顿邮报》Fact Checker 那里作者姓名也算在内）。所有结果都

经过人工编码的验证。

[113] 虽然分析没有对引文的效价（valence of the citation）编码，但在福克斯新闻对"媒体攸关"的几十次单独提及显示中，所有的引用皆属负面。

第七章 事实核查的局限

[1] 出自作者 2011 年 5 月 15 日的田野笔记。

[2] 有关这则报道的概述，参见 Meghan Ashford-Grooms, "Truth-O-Meter Works Hard During Federal Debt Debate," PolitiFact, July 29, 2011, http://www.politifact.com/texas/article/2011/jul/29/truth-o-meter-works-hard-during-federal-debt-debat/；以及 Lori Robertson, "Debt Limit Debate Roundup," FactCheck.org, July 29, 2011, http://www.factcheck.org/2011/07/debt-limit-debate-round-up/.

[3] 参见 Glenn Kessler, "Can President Obama Keep Paying Social Security Benefits Even If the Debt Ceiling Is Reached?" Fact Checker, *Washington Post*, July 13, 2011, http://www.washingtonpost.com/blogs/fact-checker/post/can-president-obama-keep-paying-social-security-benefits-even-if-the-debt-ceiling-is-reached/2011/07/12/gIQA9myRBI_blog.html.

[4] 幕后叙述总是更为错综复杂。参见 Matt Bai, "Obama vs. Boehner: Who Killed the Debt Deal?" *New York Times Magazine*, March 28, 2012.

[5] 参见 David Brooks, "The Mother of All No-Brainers," *New York Times*, July 4, 2011, sec. Opinion；以及 Megan McArdle, "Why Can't the GOP Get to Yes?" *Atlantic*, July 5, 2011, http://www.theatlantic.com/business/archive/2011/07/why-cant-the-gop-get-to-yes/241437/.

[6] "Fact Checking the Debt Ceiling Debate," *On the Media*, WNYC, July 29, 2011, http://www.onthemedia.org/2011/jul/29/fact-checking-debt-ceiling-speeches/.

[7] 出自作者 2012 年 4 月 18 日对格伦·凯斯勒的电话访谈。

[8] 也可以称作"媒体-政治场域"。我意在强调精英媒体和政治行动者不断变化的、部分被中介的环境。这有别于（但以其为基础并由其组成的）场域理论或制度主义意义上明确界定、部分自主的政治和新闻专业场域。参见 Rodney Benson, "News Media as a Journalistic Field: What Bourdieu Adds to New Institutionalism, and Vice Versa," *Political Communication* 23, no. 2 (2006): 187–202.

[9] 出自作者 2010 年 12 月 3 日对布鲁克斯·杰克逊作者的访谈；以及格伦·凯斯勒 2012 年 1 月 10 日在全国公共广播《共商国是》（*Talk of the Nation*）节目中有关"面临考验的政治事实核查"的评论。

[10] 出自作者 2011 年 6 月 15 日的田野笔记。

[11] 想想诸如《纽约时报》专栏作家尼古拉斯·克里斯托弗（Nicholas Kristof）的工作。他获得的 2006 年普利策评论奖提到"他的专栏图文并茂，冒着个人风险深入报道，关注达尔富尔的种族灭绝问题，为世界其他地区的无声者发声"。关于"走读"话语所开展的文化工作的一套非常有见地的看法来自 Jay Rosen, "Good Old Fashioned Shoe Leather Reporting," *PressThink*（blog）, April 16, 2015, http://pressthink.org/2015/04/

good-old-fashioned-shoe-leather-reporting/.

[12] 因此舒德森写道："客观性原则指导记者将事实与价值分开，只报道事实。"参见 Michael Schudson, "The Objectivity Norm in American Journalism," *Journalism* 2, no. 2 (2001)：149.

[13] 例如 PolitiFact 创始人阿代尔称事实核查为"报告结论式新闻"（reported-conclusion journalism），认为其与意见新闻不同。Brendan Nyhan, "Bill Adair, Setting Pants Ablaze No More," *Columbia Journalism Review*, April 8, 2013, http：//www. cjr. org/united_states_project/bill_adair_setting_pants_ablaze_no_more. php.

[14] Arthur Brisbane, "Should the Times Be a Truth Vigilante?" Public Editor's Journal （blog）, *New York Times*, January 12, 2012, http：//publiceditor. blogs. nytimes. com/2012/01/12/should-the-times-be-a-truth-vigilante/.

[15] 卢卡斯·格雷夫斯的讨论参见"Digging Deeper into the New York Times' Fact-Checking Faux Pas," *Nieman Journalism Lab* （blog）, January 18, 2012, http：//www. niemanlab. org/2012/01/digging-deeper-into-the-new-york-times-fact-checking-faux-pas/.

[16] 塔克曼引用了一个经典例子，那就是对 1969 年加利福尼亚海岸大规模漏油事件的全国性报道。记者们忠实地转述了尼克松总统的现场声明，即圣巴巴拉海滩是干净的，尽管每个在场的记者都明白情况绝非如此。参见 Harvey Molotch & Marilyn Lester, "Accidental News：The Great Oil Spill as Local Occurrence and National Event," *American Journal of Sociology* 81, no. 2 （1975）：235 – 60；以及 Gaye Tuchman, *Making News：A Study in the Construction of Reality* （New York：Free Press, 1978）, 83.

[17] 布莱恩·斯特尔特 （Brian Stelter） 引用了当时的编辑比尔·凯勒 （Bill Keller） 的话，参见 "Study of Waterboarding Coverage Prompts a Debate in the Press," *Media Decoder* （blog）, *New York Times*, July 2, 2010, http：//mediadecoder. blogs. nytimes. com/2010/07/02/study-of-waterboarding-coverage-prompts-a-debate-in-the-press/；亦可参见 Graves, "Digging Deeper."

[18] 这一观点呼应了哈林关于专业新闻意识形态中政治话语三个不同"领域"的概念：共识、合法性争议和偏差。Daniel C. Hallin, *The Uncensored War：The Media and Vietnam* （Berkeley：University of California Press, 1989）.

[19] Arthur Brisbane, "Keeping Them Honest," *New York Times*, January 22, 2012, sec. Opinion/Sunday Review. 斜体为作者所加。

[20] 出自作者 2012 年 4 月 18 日对格伦·凯斯勒的电话访谈。

[21] 例如，瑞秋·麦道与 PolitiFact "宿怨" 中的每一次互相打击都被 Politico、Mediaite、《商业内幕》、《赫芬顿邮报》，甚至《华盛顿邮报》等媒体和政治网站实时记录下来。这位自由派专家在 PolitiFact 维基百科页面上有自己的小节。若需综述，可参见 Dylan Byers, "Why Is Maddow Obsessed with PolitiFact?" *Politico*, May 11, 2012, http：//www. politico. com/blogs/media/2012/05/why-is-maddow-obsessed-with-politifact-123170. html.

[22] "Political Fact-Checking Under Fire," *Talk of the Nation*；以及 "With ‘Lie of the Year' Controversy, Fact Checking Comes Under Scrutiny," *All Things Considered*, NPR,

December 22，2011.

　[23]　迪伦·拜尔斯（Dylan Byers）引述了阿代尔的说法，参见"PolitiFact Without the'Truth-O-Meter'"*Politico*，February 16，2012，http：//www. politico. com/blogs/media/2012/02/politifact-without-the-truthometer-114704. html。

　[24]　"伴随'年度谎言'争议。"

　[25]　"Q&A with Glenn Kessler，" *Q&A*，C-SPAN，January 15，2012，http：//www. c-spanvideo. org/program/303324-1.

　[26]　Lori Robertson，"Campaign Trail Veterans for Truth，" *American Journalism Review*，December/January 2005，http：//www. ajr. org/article. asp?id=3784.

　[27]　出自2007年11月9日杰克·塔珀在"一派胡言：政治谎言与媒体事实核查人员的崛起"会议上的评论，安南伯格公共政策中心主办，华盛顿特区。

　[28]　出自2011年12月14日格伦·凯斯勒在"新闻中的事实核查"会议上的评论，新美国基金会主办，华盛顿特区。

　[29]　Robertson，"Campaign Trail Veterans for Truth."

　[30]　这位记者是马克·哈尔佩林（Mark Halperin），当时是美国广播公司新闻部的政治主管。参见同上。

　[31]　出自"对2004年总统大选辩论的事实核查"，《新闻一小时》，公共电视网，2004年10月21日。

　[32]　同上。

　[33]　Eric Ostermeier，"Selection Bias? PolitiFact Rates Republican Statements as False at 3 Times the Rate of Democrats，" *Smart Politics*（blog），February 10，2011，http：//blog. lib. umn. edu/cspg/smartpolitics/2011/02/selection_bias_politifact_rate. php.

　[34]　Mark Hemingway，"Lies，Damned Lies，and'Fact Checking，'" *Weekly Standard*，December 19，2011，http：//www. weeklystandard. com/articles/lies-damned-lies-and-fact-checking_611854. html；以及 Brisbane，"Keeping Them Honest."

　[35]　Chris Mooney，"Reality Bites Republicans，" *Nation*，June 4，2012，http：//www. thenation. com/article/167930/reality-bites-republicans#.

　[36]　Glenn Kessler，"One Year of Fact Checking-an Accounting，" Fact Checker，*Washington Post*，December 30，2011，http：//www. washingtonpost. com/blogs/fact-checker/post/one-year-of-fact-checking-an-accounting/2011/12/27/gIQAR1taOP_blog. html.

　[37]　Mooney，"Reality Bites Republicans"；亦可参见格伦·凯斯勒在"Political Fact-Checking Under Fire"中的评论。

　[38]　出自作者2012年4月18日对格伦·凯斯勒的电话访谈。斜体为作者所加。

　[39]　出自作者2011年2月10—11日，以及2011年6月15日的田野笔记。

　[40]　出自2011年12月14日比尔·阿代尔在"新闻中的事实核查"会议上的评论，新美国基金会主办，华盛顿特区。

　[41]　弗吉尼亚州 PolitiFact 对此做出回应并指出，主要的州办公室都由共和党执掌。Warren Fiske，"PolitiFact Virginia Responds to the State GOP，" PolitiFact Virginia，July 10，

297

2012, http：//www. politifact. com/virginia/article/2012 /jul/10/politifact-virginias-responds-state-gop/；亦可参见 Erik Wemple, "Virginia Republican Party Publishes Huge Attack Paper on PolitiFact," *Erik Wemple*（blog）, *Washington Post*, July 11, 2012, http：//www. wash ingtonpost. com/blogs/erik-wemple/post /virginia-republican-party-publishes-huge-attack-paper-on-politifact/2012/07/11/gJQA9iuMdW_blog. html.

［42］Andrew Beaujon, "Study：PolitiFact Finds Republicans 'Less Trustworthy than Democrats,'" Poynter. org, May 28, 2013, http：//www. poynter. org/news/mediawire/214513/study-politifact-finds-republicans-less-trustworthy-than-democrats/.

［43］Bill Adair, "Inside the Meters：Responding to a George Mason University Press Release about Our Work," PolitiFact, May 29, 2013, http：//www. politifact. com/truth-o-me ter/blog/2013/may/29/responding-george-mason-university-press-release-a/.

［44］出自比尔·阿代尔在"新闻中的事实核查"会议上的评论。

［45］参见 Dylan Otto Krider, "A Fact Not Even PolitiFact Can Spin：Conservatives More Wrong, More Often," *Intersection*（blog）, May 23, 2012, https：//web. archive. org/web/20121225095258/http：//scienceprogressaction. org/intersection/2012/05/a-fact-not-even-politifact-can-spin-conservatives-more-wrong-more-often/.

［46］Paul Waldman, "He Lied/She Lied," *American Prospect*, December 6, 2011, http：//prospect. org/article/he-liedshe-lied/.

［47］Brisbane, "Keeping Them Honest."

［48］出自作者 2012 年 4 月 18 日对格伦·凯斯勒的电话访谈。

［49］出自作者 2014 年 12 月 10 日的田野笔记。该顾问还说："在某个特定的事实核查人员会如何阐释一套很可能模棱两可的数据上，我们变得如此关切，以至于我们会把人们应当听闻的更大真相往后推。……恐怕事实核查机构在掩盖更大的真相方面发挥了作用，这些真相实际上比是次投票是否可以从两个不同方面解读更有意义。"

［50］同上。

［51］出自作者 2012 年 4 月 18 日对格伦·凯斯勒的电话访谈。

［52］Tuchman, *Making News*, 85.

［53］塔克曼最充分地阐述了这一防御性观点。她指出，新闻工作者在体制上害怕招致其报道对象的批评甚至是诉讼。Gaye Tuchman, "Objectivity as Strategic Ritual：An Examination of Newsmen's Notions of Objectivity," *American Journal of Sociology* 77, no. 4（1972）：660–79；亦可参见 Tuchman, *Making News*. 甘斯发现，在他研究的新闻机构中，诽谤诉讼的威胁并不明显，但他也认为潜在的批评是套用客观性规范的首要因素。参见 Herb Gans, *Deciding What's News：A Study of "CBS Evening News," "NBC Nightly News," "Newsweek," and "Time"*（1979; repr. Evanston, IL：Northwestern University Press, 2004）, 185–86.

［54］Michael Schudson, *Discovering the News：A Social History of American Newspapers*（New York：Basic Books, 1978）.

［55］引言中讨论了媒体间的影响。这一文献中的三项重要研究参见 Pablo J. Boczkowski, "Technology, Monitoring, and Imitation in Contemporary News Work," *Communication, Culture, and Critique* 2, no. 1 (2009): 39－59, doi: 10. 1111 /j. 1753－9137. 2008. 01028. x; Stephen D. Reese 和 Lucig H. Danielian, "Intermedia Influence and the Drug Issue: Converging on Cocaine," in *Communication Campaigns About Drugs: Government, Media, and the Public*, ed. Pamela J. Shoemaker (Hillsdale, NJ: Lawrence Erlbaum Associates, 1989), 29－46; 以及 Carsten Reinemann, "Routine Reliance Revisited: Exploring Media Importance for German Political Journalists," *Journalism and Mass Communication Quarterly* 81, no. 4 (December 2004): 857－76, doi: 10. 1177/107769900408100409.

结语

［1］参见听证实录"Full Text: Clinton Testifies Before House Committee on Benghazi," *Washington Post*, October 22, 2015, https: //www. washingtonpost. com/news/post-politics/ wp/2015/10/22/transcript-clinton-testifies-before-house-committee-on-benghazi/.

［2］搜索《国会议事录》可以发现，第 111 届国会中有 11 次提到三家全国性事实核查机构当中的一个，第 112 届有 43 次，第 113 届 73 次，第 114 届前半期 26 次。这些是国会图书馆托马斯数据库（Library of Congress's Thomas database）未经核实的搜索结果，但这至少提供了一个初步的观点，即国会陈词正在越来越依赖事实核查机构。另见马克·斯泰内尔（Mark Stencel）的讨论"Fact Check This", *How U. S. Politics Adapts to Media Scrutiny*, American Press Institute, May 13, 2015, http: //www. american pressinstitute. org/fact-checking-project/fact-checking-research/u-s-politics-adapts-media-scrutiny/.

［3］Mitch McConnell, "Promise Kept: Senate Passes Obamacare Repeal Legislation," December 7, 2015, http: //www. mcconnell. senate. gov/public/index. cfm? p = newsletters& ContentRecord_id = 166c80b2-ee00-4add-a44b-0d349d 7c301a; 亦可参见 Alex Seitz-Wald, "How Republicans Learned to Stop Worrying and Love PolitiFact," *National Journal*, December 18, 2013, http: //www. nationaljournal. com/politics/2013/12/19/how-republicans-learned-stop-worrying-love-politifact.

［4］福克斯新闻的克里斯·华莱士（Chris Wallace）问费奥瑞娜："你是否认可每位事实核查人员都发现的？那一幕虽然可怕，但那只是由一个在视频中声称看到的人所描述的。你刚刚提到的那个事件没有实际的录像存在。" Dahlia Lithwick, "Carly Fiorina's Big Lie," *Slate*, September 25, 2015, http: //www. slate. com/articles/news_and_politics/ jurisprudence/2015/09/carly_fiorina_lied_about_planned_parenthood_video_gop_debate_fact_ checking. html.

［5］*Meet the Press*, NBC, November 29, 2015; 亦可参见 "Lies Lies, Lies," *On the Media*, NPR, December 4, 2015.

［6］Benjamin Mullin, "Seeking to Bring Context to Politics, NPR Launches Fact-Checking Feature," Poynter. org, September 18, 2015, http: //www. poynter. org/news/mediawire/373868/seeking-to-bring-context-to-the-news-npr-launches-fact-checking-feature/.

［7］Margaret Sullivan, "A New Emphasis on Fact-Checking in Real Time," *Public*

Editor's Journal (blog), *New York Times*, December 15, 2015, http：//publiceditor. blogs. nytimes. com/2015/12/15/a-new-emphasis-on-fact-checking-in-real-time/.

［8］ "Fact Checking GOP Candidates' Debate Claims," *Fox News*, January 15, 2016, http：//video. foxnews. com/v/4706371355001/fact-checking-gop-candidates-debate-claims/.

［9］喜剧中心频道《每日秀》，2015 年 11 月 11 日、16 日；以及 Matt Wilstein, "'Daily Show' Finds Less to Fact-Check in Democratic Debate," *Daily Beast*, November 17, 2015, http：//www. thedailybeast. com/articles/2015/11/17/daily-show-finds-less-to-fact-check-in-democratic-debate. html.

［10］参见 Chris Cillizza, "Donald Trump Is Leading an Increasingly Fact-Free 2016 Campaign," *The Fix* (blog), *Washington Post*, November 23, 2015, https：//www. washingtonpost. com/news/the-fix/wp/2015/11/23/the-2016-campaign-is-largely-fact-free-thats-a-terrible-thing-for-american-democracy/; Dave Helling, "Misleading Politics May Hit an Unprecedented High in 2016, Pundits Say," *Kansas City Star*, December 9, 2015, http：//www. kansascity. com/news/government-politics/article48805775. html; Janell Ross, "Is the 2016 Election Truly Unprecedented? Sort Of," *The Fix* (blog), *Washington Post*, November 25, 2015, https：//www. washingtonpost. com/news/the-fix/wp/2015/11/25/is-the-2016-election-truly-unprecedented-yes-and-no/; Editorial, "Mr. Trump's Applause Lies," *New York Times*, November 24, 2015, http：//www. nytimes. com/2015/11/24/opinion/mr-trumps-applause-lies. html; 以及 Editorial, "Crazy Talk at the Republican Debate," *New York Times*, September 17, 2015, http：//www. nytimes. com/2015/09/18/opinion/crazy-talk-at-the-republican-debate. html?smtyp = cur.

［11］Chuck Todd, Mark Murray and Carrie Dann, "First Read: Donald Trump, the Post-Truth 2016 Candidate," *NBC News*, November 24, 2015, http：//www. nbcnews. com/meet-the-press/first-read-donald-trump-post-truth-2016-candidate-n468111; 亦可参见 Paul Farhi, "Thanks to Trump, Fringe News Enters the Mainstream," Washington Post, December 11, 2015, https：//www. washingtonpost. com/lifestyle/style/thanks-to-trump-fringe-news-enters-the-mainstream/2015/12/11/292e518c-a01b-11e5-8728-1af6af208198_story. html.

［12］ "The 'King of Whoppers': Donald Trump," FactCheck. org, December 21, 2015, http：//www. factcheck. org/2015/12/the-king-of-whoppers-donald-trump/; 亦可参见 Angie Drobnic Holan and Linda Qiu, "2015 Lie of the Year: The Campaign Misstatements of Donald Trump," PolitiFact, December 21, 2015, http：//www. politifact. com/truth-o-meter/article/2015/dec/21/2015-lie-year-donald-trump-campaign-misstatements/; Glenn Kessler, "The Biggest Pinocchios of 2015," Fact Checker, December 14, 2015, https：//www. washingtonpost. com/news/fact-checker/wp/2015/12/14/the-biggest-pinocchios-of-2015/.

［13］Patrick Healy and Maggie Haberman, "95, 000 Words, Many of Them Ominous, from Trump's Tongue," *New York Times*, December 6, 2015, http：//www. nytimes. com/2015/12/06/us/politics/95000-words-many-of-them-ominous-from-donald-trumps-tongue. html.

［14］Angie Drobnic Holan, "All Politicians Lie. Some Lie More Than Others," *New York*

Times，December 13，2015，http：//www. nytimes. com/2015/12/13/opinion/campaign-stops/all-politicians-lie-some-lie-more-than-others. html.

［15］Editorial，"Truth，or Lack of It，in Politics，" *Anniston Star*（Alabama），December 12，2015，http：//www. annistonstar. com/opinion/editorial-truth-or-lack-of-it-in-politics/article_869e6f40-a062-11e5-b296-9b8aafc9a19c. html.

［16］出自作者2015年7月23日的田野笔记。

［17］Alexios Mantzarlis，"Introducing Poynter's International Fact-Checking Network，" Poynter. org， http：//www. poynter. org/news/international-fact-checking/379716/fact-checkers-of-the-world-unite/.

［18］参见第六章的讨论以及"SPJ Cautions Journalists：Report the Story，Don't Become Part of It，" Society of Professional Journalists，January 22，2010，http：//www. spj. org/news. asp?REF＝948. 与其他专业规范一样，这个规范的启示性也不小，因为它被有选择地观察，例如，调查记者可能会以让政治记者感到不快的方式接受改革派或活动家的议程。James S. Ettema and Theodore L. Glasser，*Custodians of Conscience*：*Investigative Journalism and Public Virtue*（New York：Columbia University Press，1998）.

［19］引人注目的是，事实核查人员描述他们在竞选中的作用时以帮助选民做出知情选择为前提，即使在异常狂热的政治时期亦是如此。参见 Hadas Gold. "Fact-Checking the Candidates in a 'Post-Fact' World，" *Politico*，December 15，2015，http：//www. politico. com/blogs/on-media/2015/12/fact-checking-the-candidates-in-a-post-fact-world-216790；Helling，"Misleading Politics"；Holan，"All Politicians Lie. "

参考文献

Aalberg, Toril, Jesper Strömbäck, and Claes H. de Vreese. "The Framing of Politics as Strategy and Game: A Review of Concepts, Operationalizations and Key Findings." *Journalism* 13, no. 2 (February 2012): 162–78. doi:10.1177/1464884911427799.

Adair, Bill. "Lessons from London: Fact-Checkers Have Passion, but Need More Checks." Poynter.org, June 13, 2014. http://www.poynter.org/how-tos/journalism-education /255806/lessons-from-london-fact-checkers-have-passion-but-need-more-checks/.

Amazeen, Michelle A. "Revisiting the Epistemology of Fact Checking." *Critical Review* 27, no. 1 (2015): 1–22. doi:10.1080/08913811.2014.993890.

Anderson, C. W. "Between Creative and Quantified Audiences: Web Metrics and Changing Patterns of Newswork in Local US Newsrooms." *Journalism* 12, no. 5 (July 1, 2011): 550–66. doi:10.1177/1464884911402451.

——. "Journalistic Networks and the Diffusion of Local News: The Brief, Happy News Life of the 'Francisville Four.'" *Political Communication* 27, no. 3 (2010): 289–309. doi:10.1080/1 0584609.2010.496710.

——. *Rebuilding the News: Metropolitan Journalism in the Digital Age.* Philadelphia: Temple University Press, 2013.

Arendt, Hannah. "Lying in Politics: Reflections on The Pentagon Papers." *New York Review of Books,* November 18, 1971. http://www.nybooks.com/articles/archives/1971/nov /18/lying-in-politics-reflections-on-the-pentagon-pape/.

Bank, Justin. *Newspaper Adwatch Stories: Coming Back Strong.* Philadelphia, PA: Annenberg Public Policy Center, November 9, 2007.

Barnhurst, Kevin G. *Seeing the Newspaper*. New York: St. Martin's Press, 1994.

——. "The Interpretive Turn in News." In *Journalism and Technological Change: Historical Pers pectives, Contemporary Trends*, ed. Clemens Zimmermann and Martin Schreiber, 111–41. Chicago: University of Chicago Press, 2014.

——. "The Makers of Meaning: National Public Radio and the New Long Journalism, 1980– 2000." *Political Communication* 20, no. 1 (2003): 1–22. doi:10.1080/10584600390172374.

Barnhurst, Kevin G., and Diana Mutz. "American Journalism and the Decline in Event-Centered Reporting." *Journal of Communication* 47, no. 4 (December 1, 1997): 27–53. doi:10.1111/j.1460-2466.1997.tb02724.x.

Barnhurst, Kevin G., and Catherine A. Steele. "Image-Bite News: The Visual Coverage of Elections on U.S. Television, 1968–1992." *Harvard International Journal of Press/Politics* 2, no. 1 (1997): 40–58. doi:10.1177/1081180X97002001005.

Bayley, Edwin R. *Joe McCarthy and the Press*. Madison: University of Wisconsin Press, 1981.

Beaujon, Andrew. "New PolitiFact Service Will Fact-Check Pundits." Poynter.org, October 10, 2013. http://www.poynter.org/latest-news/mediawire/225595/new-politifact-service -will-fact-check-pundits/.

Becker, Howard. *Art Worlds*. Berkeley: University of California Press, 1982.

——. "Book Review: John R. Searle Making the Social World: The Structure of Human Civilization Oxford: Oxford University Press, 2010. 224 Pp. $24.95. ISBN 0-195-39617-1 Paul A. Boghossian Fear of Knowledge: Against Relativism and Constructivism Oxford: Clarendon Press, 2006. 148 Pp. $24.95. ISBN 978-0-199-23041-9." *Science, Technology & Human Values* 36, no. 2 (March 1, 2011): 273–79. doi:10.1177/0162243910378070.

Bennett, Courtney. "Assessing the Impact of Ad Watches on the Strategic Decision-Making Process: A Comparative Analysis of Ad Watches in the 1992 and 1996 Presidential Elections." *American Behavioral Scientist* 40, no. 8 (August 1997): 1161–82. doi:10.1177/00027 64297040008014.

Benson, Rodney. "News Media as a Journalistic Field: What Bourdieu Adds to New Institutionalism, and Vice Versa." *Political Communication* 23, no. 2 (2006): 187–202. doi:10.1080 /10584600600629802.

Benton, Joshua. "Fact-Checking Sites Continue to Grow in Number Around the World." *Nieman Lab* (blog), January 20, 2015, http://www.niemanlab.org/2015/01/fact-checking -sites-continue-to-grow-in-number-around-the-world/.

Bishop, Ronald. "From Behind the Walls: Boundary Work by News Organizations in Their Coverage of Princess Diana's Death." *Journal of Communication Inquiry* 23, no. 1 (January 1999): 90–112. doi:10.1177/0196859999023001005.

Blumler, Jay G., and Dennis Kavanagh. "The Third Age of Political Communication: Influences and Features." *Political Communication* 16, no. 3 (July 1, 1999): 209–30. doi:10.1080 /105846099198596.

Boczkowski, Pablo J. *Digitizing the News: Innovation in Online Newspapers*. Cambridge, MA: MIT Press, 2005.

——. *News at Work: Imitation in an Age of Information Abundance*. Chicago: University of Chicago Press, 2010.

——. "Technology, Monitoring, and Imitation in Contemporary News Work." *Communication, Culture, and Critique* 2, no. 1 (2009): 39–59. doi:10.1111/j.1753-9137.2008.01028.x.

Boczkowski, Pablo J., and Martin de Santos. "When More Media Equals Less News: Patterns of Content Homogenization in Argentina's Leading Print and Online Newspapers." *Political Communication* 24, no. 2 (2007): 167–80. doi:10.1080/10584600701313025.

Bourdieu, Pierre. *On Television*. New York: New Press, 1998.

Bowker, Geoffrey C., and Susan Leigh Star. *Sorting Things Out: Classification and Its Consequences*. Cambridge, MA: MIT Press, 1999.

Brennen, Bonnie. "Book Review: Sweat Not Melodrama: Reading the Structure of Feeling in All the President's Men." *Journalism* 4, no. 1 (February 2003): 113–31. doi:10.1177/1464884903004001444.

Brown, Neil. "Five 'Essential Understandings' of the Fact-Checking Movement," PolitiFact, June 18, 2014, http://www.politifact.com/truth-o-meter/article/2014/jun/18/5-essential-understandings-fact-checking-movement/.

Brownback, Abby. "Facing the Truth-O-Meter." *American Journalism Review*. March 2010. http://www.ajr.org/article.asp?id=4868.

Bucy, Erik P., and Maria Elizabeth Grabe. "Taking Television Seriously: A Sound and Image Bite Analysis of Presidential Campaign Coverage, 1992–2004." *Journal of Communication* 57, no. 4 (December 2007): 652–75. doi:10.1111/j.1460-2466.2007.00362.x.

Calhoun, Craig J., ed. "Introduction: Habermas and the Public Sphere," in *Habermas and the Public Sphere*. Cambridge, MA: MIT Press, 1992.

Callon, Michel. "Society in the Making: The Study of Technology as a Tool for Sociological Analysis." In *The Social Construction of Technological Systems: New Directions in the Sociology and History of Technology*, ed. Wiebe E. Bijker, Thomas Parke Hughes, and T. J. Pinch, 83–103. Cambridge, MA: MIT Press, 1989.

——. "Some Elements of a Sociology of Translation: Domestication of the Scallops and the Fishermen of St Brieuc Bay." In *The Science Studies Reader*, ed. Mario Biagioli, 67–83. New York: Routledge, 1999.

"Campaign Desk: CJR's Desk for Politics, Policy, and the Press." *Columbia Journalism Review*. http://www.cjr.org/press_room/_resources/pdf/Campaign_Desk_One_Sheet.pdf.

Cannon, Lou. *Governor Reagan: His Rise to Power*. New York: Public Affairs, 2003.

Cappella, Joseph N., and Kathleen Hall Jamieson. "Broadcast Adwatch Effects: A Field Experiment." *Communication Research* 21, no. 3 (June 1994): 342–65. doi:10.1177/009365094021003006.

——. *Spiral of Cynicism: The Press and the Public Good*. New York: Oxford University Press, 1997.

Carlson, Matt. "'Where Once Stood Titans': Second-Order Paradigm Repair and the Vanishing U.S. Newspaper." *Journalism* 13, no. 3 (April 1, 2012): 267–83. doi:10.1177/1464884911421574.

Castells, Manuel. "Communication, Power and Counter-Power in the Network Society." *International Journal of Communication* I (2007): 238–266. http://ijoc.org/index.php/ijoc/article/view/46/35.

Clare Fischer, Mary. "No Analytics for You: News Sites Grapple with Who Can See Data." *American Journalism Review*, March 19, 2014. http://ajr.org/2014/03/19/analytics-news-sites-grapple-can-see-data/.

Clark, Anna. "The Plain Dealer Drops PolitiFact, but Keeps on Factchecking." *Columbia Journalism Review*, June 17, 2014. http://www.cjr.org/united_states_project/cleveland_plain_dealer_politifact_factchecking.php.

Coddington, Mark. "Defending a Paradigm by Patrolling a Boundary: Two Global Newspapers' Approach to WikiLeaks." *Journalism & Mass Communication Quarterly* 89 (2012): 377–96. doi:10.1177/1077699012447918.

Collins, Harry M. *Changing Order: Replication and Induction in Scientific Practice.* Chicago: University of Chicago Press, 1992.

——. "Tacit Knowledge, Trust and the Q of Sapphire." *Social Studies of Science* 31, no. I (February 2001): 71–85. http://www.jstor.org/stable/285818.

Crouse, Timothy. *The Boys on the Bus.* New York: Ballantine Books, 1973.

Cunningham, Brent. "Re-Thinking Objectivity." *Columbia Journalism Review* 42, no. 2 (August 2003): 24–32.

Darnton, Robert. "Writing News and Telling Stories." *Daedalus* 104, no. 2 (Spring 1975): 175–94.

Daston, Lorraine, and Peter Galison. *Objectivity.* New York: Cambridge, MA: Zone Books; Distributed by the MIT Press, 2007.

Deacon, David, and James Stanyer. "Mediatization: Key Concept or Conceptual Bandwagon?" *Media, Culture & Society* 36, no. 7 (October 2014): 1032–44. doi:10.1177/0163443714542218.

Desai, Neal, Andre Pineda, Majken Runquist, Mark Andrew Fusunyan, Katy Glenn, Gabrielle Kathryn Gould, Michelle Rachel Katz, et al. *Torture at Times: Waterboarding in the Media.* Cambridge, MA: Joan Shorenstein Center on the Press, Politics, and Public Policy, 2010. http://dash.harvard.edu/handle/1/4420886.

Deuze, Mark. *Media Work.* Cambridge: Polity, 2007.

Diamond, Edwin. "Getting It Right." *New York*, November 2, 1992.

Didion, Joan. "Insider Baseball." *New York Review of Books* 35, no. 16 (October 27, 1988).

DiMaggio, Paul J., and Walter W. Powell. "The Iron Cage Revisited: Institutional Isomorphism and Collective Rationality in Organizational Fields." *American Sociological Review* 48, no. 2 (April 1983): 147–60. doi:10.2307/2095101.

Dobbs, Michael. *The Rise of Political Fact-Checking.* Washington, DC: New America Foundation, February 2012.

Epstein, Steven. "The Construction of Lay Expertise: AIDS Activism and the Forging of Credibility in the Reform of Clinical Trials." *Science, Technology & Human Values* 20, no. 4 (1995): 408–37. doi:10.1177/016224399502000402.

Ettema, James S., and Theodore L. Glasser. *Custodians of Conscience: Investigative Journalism and Public Virtue*. New York: Columbia University Press, 1998.

——. "The Irony in—and of—Journalism: A Case Study in the Moral Language of Liberal Democracy." *Journal of Communication* 44, no. 2 (June 1994): 5–28. doi:10.1111/j.1460-2466.1994.tb00674.x.

Fallows, James M. *Breaking the News: How the Media Undermine American Democracy*. New York: Vintage Books, 1997.

Fink, Katherine, and Michael Schudson. "The Rise of Contextual Journalism, 1950s–2000s." *Journalism* 15, no. 1 (2014): 3–20. doi:10.1177/1464884913479015.

Fish, Stanley. *Is There a Text in This Class? The Authority of Interpretive Communities*. Cambridge, MA: Harvard University Press, 1980.

Fishman, Mark. *Manufacturing the News*. Austin: University of Texas Press, 1980.

Fleck, Ludwik. *Genesis and Development of a Scientific Fact*. Chicago: University of Chicago Press, 1981.

Foucault, Michel. *Discipline and Punish: The Birth of the Prison*. 2nd ed. New York: Vintage Books, 1995.

Frantzich, Stephen. "Watching the Watchers: The Nature and Content of Campaign Ad Watches." *Harvard International Journal of Press/Politics* 7, no. 2 (Spring 2002): 34–57. doi:10.1177/1081180X0200700204.

Fuller, Jack. *News Values: Ideas for an Information Age*. Chicago: University of Chicago Press, 1996.

Galison, Peter. "Trading Zone: Coordinating Action and Belief." In *The Science Studies Reader*, ed. Mario Biagioli, 137–60. New York: Routledge, 1999.

Gans, Herbert J. *Deciding What's News: A Study of "CBS Evening News," "NBC Nightly News," "Newsweek," and "Time."* 1979. Reprint, Evanston, IL: Northwestern University Press, 2004.

——. *Democracy and the News*. New York: Oxford University Press, 2003.

Garfinkel, Harold. *Studies in Ethnomethodology*. Cambridge: Polity Press, 1984.

Gersh Hernandez, Debra. "Improving Election Reporting." *Editor & Publisher* 129, no. 40 (October 5, 1996): 16–20.

Gieryn, Thomas F. "Boundary-Work and the Demarcation of Science from Non-Science: Strains and Interests in Professional Ideologies of Scientists." *American Sociological Review* 48, no. 6 (December 1983): 781–95.

Gitlin, Todd. *The Whole World Is Watching: Mass Media in the Making and Unmaking of the New Left*. Berkeley: University of California Press, 2003.

Glowaki, Chris, Thomas J. Johnson, and Kristine E. Kranenburg. "Use of Newspaper Political Adwatches from 1988–2000." *Newspaper Research Journal* 25, no. 4 (Fall 2004): 40–54.

Graves, Lucas. "Blogging Back Then: Annotative Journalism in I. F. Stone's Weekly and Talking Points Memo." *Journalism* 16, no. 1 (January 2015): 99–118. doi:10.1177/1464884914545740.

——. "Digging Deeper into the New York Times' Fact-Checking Faux Pas." *Nieman Journalism Lab*, January 18, 2012. http://www.niemanlab.org/2012/01/digging-deeper-into-the-new-york-times-fact-checking-faux-pas/.

——. "In Defense of Factchecking." *Columbia Journalism Review*, August 9, 2013. http://www .cjr.org/united_states_project/in_defense_of_factchecking.php.

——. "Traffic Jam." *Columbia Journalism Review*, October 2010.

——. "What We Can Learn from the Factcheckers' Ratings." *United States Project* (blog). *Columbia Journalism Review*, June 4, 2013. http://www.cjr.org/united_states_project/what _we_can_learn_from_the_factcheckers_ratings.php.

Graves, Lucas, and Tom Glaisyer. *The Fact-Checking Universe in Spring 2012: An Overview*. Washington, DC: New America Foundation, February 2012.

Graves, Lucas, and Magda Konieczna. "Sharing the News: Journalistic Collaboration as Field Repair." *International Journal of Communication* 9 (June 2015): 1966–84. http:// ijoc.org/index.php/ijoc/article/view/3381.

Habermas, Jürgen. *Moral Consciousness and Communicative Action*. Studies in Contemporary German Social Thought. Cambridge, MA: MIT Press, 1990.

——. *The Structural Transformation of the Public Sphere: An Inquiry into a Category of Bourgeois Society*. Cambridge, MA: MIT Press, 1989.

Hallin, Daniel C. "Sound Bite News: Television Coverage of Elections, 1968–1988." *Journal of Communication* 42, no. 2 (June 1992): 5–24. doi:10.1111/j.1460-2466.1992.tb00775.x.

——. "The Passing of the 'High Modernism' of American Journalism." *Journal of Communication* 42, no. 3 (September 1992): 14–25. doi:10.1111/j.1460-2466.1992.tb00794.x.

——. *The Uncensored War: The Media and Vietnam*. Berkeley: University of California Press, 1989.

Hanson, Christopher [William Boot, pseud.]. "Iranscam: When the Cheering Stopped." *Columbia Journalism Review*, March/April 1987.

Hayes, Arthur S. *Press Critics Are the Fifth Estate: Media Watchdogs in America*. Democracy and the News. Westport, CT: Praeger, 2008.

Hemmingway, Emma. *Into the Newsroom: Exploring the Digital Production of Regional Television News*. London: Routledge, 2008.

Herbst, Susan. *Reading Public Opinion: How Political Actors View the Democratic Process*. Studies in Communication, Media, and Public Opinion. Chicago: University of Chicago Press, 1998.

Hochman, David. "Rumor Detectives: True Story or Online Hoax?" *Reader's Digest*, April 2009. http://www.rd.com/home/rumor-detectives-true-story-or-online-hoax/.

Hoyt, Mike. "Defining Bias Downward: Holding Political Power to Account Is Not Some Liberal Plot." *Columbia Journalism Review* 43 (January 2005). http://www.cjr.org/behind _the_news/defining_bias_downward_holding.php.

Internet Gains on Television as Public's Main News Source. Washington, DC: Pew Research Center for the People & the Press, January 4, 2011. http://www.people-press.org/2011/01/04 /internet-gains-on-television-as-publics-main-news-source/.

Jackson, Brooks, and Kathleen Hall Jamieson. *UnSpun: Finding Facts in a World of Disinformation*. New York: Random House, 2007.

Jacobs, Ronald N., and Eleanor R. Townsley. *The Space of Opinion: Media Intellectuals and the Public Sphere*. New York: Oxford University Press, 2011.

James, William. *Pragmatism and Other Writings*. New York: Penguin Books, 2000.

Jamieson, Kathleen Hall, and Joseph N. Cappella. "Setting the Record Straight: Do Ad Watches Help or Hurt?" *The Harvard International Journal of Press/Politics* 2, no. 1 (January 1997): 13–22. doi:10.1177/1081180X97002001003.

Kelty, Christopher M. *Two Bits: The Cultural Significance of Free Software*. Durham, NC: Duke University Press, 2008.

Kessler, Glenn. "Just the Facts." *Foreign Affairs*, December 26, 2014. http://www.foreignaffairs.com/articles/142741/glenn-kessler/just-the-facts.

——. "The Global Boom in Political Fact Checking." Fact Checker, *Washington Post*, June 13, 2014. http://www.washingtonpost.com/blogs/fact-checker/wp/2014/06/13/the-global-boom-in-fact-checking/.

Knorr-Cetina, K. "Culture in Global Knowledge Societies: Knowledge Cultures and Epistemic Cultures." In *The Blackwell Companion to the Sociology of Culture*, ed. Mark D. Jacobs and Nancy Weiss Hanrahan. Malden, MA: Blackwell, 2005.

——. *Epistemic Cultures: How the Sciences Make Knowledge*. Cambridge, MA: Harvard University Press, 1999.

Krause, Monika. "Reporting and the Transformations of the Journalistic Field: US News Media, 1890–2000." *Media, Culture & Society* 33, no. 1 (January 2011): 89–104. doi:10.1177/0163443710385502.

Kuhn, Thomas S. *The Structure of Scientific Revolutions*. 4th ed. Chicago: University of Chicago Press, 2012.

Lang, Thomas. "Glenn Kessler on Fact-Checking Candidates, Getting off the Bus, and Reporters Who Are Ahead of the Curve." *Columbia Journalism Review*, September 17, 2004. http://www.cjr.org/the_water_cooler/glenn_kessler_on_factchecking.php.

Latour, Bruno. *Pandora's Hope: Essays on the Reality of Science Studies*. Cambridge, MA: Harvard University Press, 1999.

——. *Reassembling the Social: An Introduction to Actor-Network-Theory*. Clarendon Lectures in Management Studies. Oxford: Oxford University Press, 2005.

——. *Science in Action: How to Follow Scientists and Engineers Through Society*. Cambridge, MA: Harvard University Press, 1987.

——. *We Have Never Been Modern*. Cambridge, MA: Harvard University Press, 1993.

Lawrence, Regina G., and Matthew L. Schafer. "Debunking Sarah Palin: Mainstream News Coverage of 'Death Panels.'" *Journalism* 13, no. 6 (August 2012): 766–82. doi:10.1177/1464884911431389.

Lee, Angela M., Seth C. Lewis, and Matthew Powers. "Audience Clicks and News Placement: A Study of Time-Lagged Influence in Online Journalism." *Communication Research* 41, no. 4 (June 2014): 505–30. doi:10.1177/0093650212467031.

Lemann, Nicholas. "Amateur Hour: Journalism Without Journalists." *New Yorker*, August 7, 2006.

Lewis, Seth. "The Tension Between Professional Control and Open Participation." *Information, Communication & Society* 15, no. 6 (2012): 836–66. doi:10.1080/1369118X.2012.674150.

Lewis, Michael. "J-School Confidential." *New Republic*, April 19, 1993, 20–27.

Lippmann, Walter. *Public Opinion*. 1922. Reprint, New York: Free Press, 1997.

Lorentzen, Christian. "Short Cuts." *London Review of Books*, April 5, 2012.

Marchetti, Dominique. "Subfields of Specialized Journalism." In *Bourdieu and the Journalistic Field*, ed. Rodney Benson and Erik Neveu, 64–84. Cambridge; Malden, MA: Polity, 2005.

Marmor, Theodore R., and Jerry L. Mashaw. "Cassandra's Law." *New Republic*, February 14, 1994, 20.

Marx, Greg. "What the Fact-Checkers Get Wrong." *Columbia Journalism Review*, January 5, 2012. http://www.cjr.org/campaign_desk/what_the_fact-checkers_get_wro.php.

Massing, Michael. "Now They Tell Us." *New York Review of Books*, February 26, 2004.

May, Ronald. "Is the Press Unfair to McCarthy?" *New Republic*, April 1953.

Mazzoleni, Gianpietro, and Winfried Schulz. " 'Mediatization' of Politics: A Challenge for Democracy?" *Political Communication* 16, no. 3 (1999): 247–61. doi:10.1080/10584 6099198613.

McCaughey, Elizabeth. "No Exit: What the Clinton Plan Will Do for You." *New Republic*, February 7, 1994, 21–25.

McPhee, John. *Silk Parachute*. New York: Farrar, Straus and Giroux, 2010.

Medvetz, Thomas. *Think Tanks in America*. Chicago: University of Chicago Press, 2012.

Molotch, Harvey, and Marilyn Lester. "Accidental News: The Great Oil Spill as Local Occurrence and National Event." *American Journal of Sociology* 81, no. 2 (1975): 235–60.

Moore, Martha T. "Fact Checkers Help Sort Through Political Claims," *USA Today*, March 21, 2012, http://www.usatoday.com/news/politics/story/2012-03-21/fact-checkers-politicians /53693798/1.

Myers, Steve. "PolitiFact Takes Lesson from Fast-Food Industry as It Franchises Fact Checking." Poynter.org, May 3, 2010. http://www.poynter.org/latest-news/top-stories/102422 /politifact-takes-lesson-from-fast-food-industry-as-it-franchises-fact-checking/.

Nerone, John. "History, Journalism, and the Problem of Truth." In *Assessing Evidence in a Postmodern World*, ed. Bonnie Brennen, 11–29. Diederich Studies in Media and Communication, no. 3. Milwaukee, WI: Marquette University Press, 2013.

Neveu, Erik. "Four Generations of Political Journalism." In *Political Journalism: New Challenges, New Practices*, ed. Raymond Kuhn and Erik Neveu, 22–44. ECPR Studies in European Political Science. London: Routledge, 2002.

Nielsen, Rasmus Kleis. *Ground Wars: Personalized Communication in Political Campaigns*. Princeton, NJ: Princeton University Press, 2012.

Nyhan, Brendan. "Bill Adair, Setting Pants Ablaze No More." *Columbia Journalism Review*, April 8, 2013. http://www.cjr.org/united_states_project/bill_adair_setting_pants _ablaze_no_more.php.

——. "Does Fact-Checking Work? False Statements Are Wrong Metric." *United States Project* (blog), *Columbia Journalism Review*, March 30, 2012. http://www.cjr.org/swing_states _project/does_fact-checking_work_false.php.

——. "That's Not a Factcheck!" *United States Project* (blog). *Columbia Journalism Review*, March 12, 2013, http://www.cjr.org/united_states_project/thats_not_a_factcheck.php.

——. "Why the 'Death Panel' Myth Wouldn't Die: Misinformation in the Health Care Reform Debate." *Forum* 8, no. 1 (April 2010). doi:10.2202/1540-8884.1354.

Nyhan, Brendan, and Jason Riefler. *Misinformation and Fact-Checking: Research Findings from Social Science*. Washington, DC: New America Foundation, February 2012.

Nyhan, Brendan, and Jason Reifler. "When Corrections Fail: The Persistence of Political Misperceptions." *Political Behavior* 32, no. 2 (June 2010): 303–30. doi:10.1007/s11109-010-9112-2.

Ogburn, Jackie. "Bill Adair: Creating New Forms of Journalism." *Sanford School of Public Policy, Duke University*, September 26, 2013. http://news.sanford.duke.edu/news-type/news/2013/bill-adair-creating-new-forms-journalism.

Page, Benjamin I. *Who Deliberates? Mass Media in Modern Democracy*. American Politics and Political Economy. Chicago: University of Chicago Press, 1996.

Papper, Bob. *TV Adwatch Stories: On the Rise*. Philadelphia, PA: Annenberg Public Policy Center, November 9, 2007.

Patterson, Thomas E. *Out of Order*. New York: A. Knopf, 1993.

Peters, John Durham. *The Marvelous Clouds: Toward a Philosophy of Elemental Media*. Chicago: University of Chicago Press, 2015.

Plato. *The Republic*. 2nd rev. ed. London: Penguin, 2007.

Polanyi, Michael. *Personal Knowledge: Towards a Post-Critical Philosophy*. London: Routledge, 1998.

"Political Fact-Checking Under Fire." *Talk of the Nation*. NPR, January 10, 2012. http://www.npr.org/2012/01/10/144974110/political-fact-checking-under-fire.

Prior, Markus. *Post-Broadcast Democracy: How Media Choice Increases Inequality in Political Involvement and Polarizes Elections*. New York: Cambridge University Press, 2007.

Reese, Stephen D., and Jane Ballinger. "The Roots of a Sociology of News: Remembering Mr. Gates and Social Control in the Newsroom." *Journalism and Mass Communication Quarterly* 78, no. 4 (2001): 641–58.

Reese, Stephen D., and Lucig H. Danielian. "Intermedia Influence and the Drug Issue: Converging on Cocaine." In *Communication Campaigns About Drugs: Government, Media, and the Public*, ed. Pamela J. Shoemaker, 29–46. Hillsdale, NJ: Erlbaum Associates, 1989.

Reinemann, Carsten. "Routine Reliance Revisited: Exploring Media Importance for German Political Journalists." *Journalism and Mass Communication Quarterly* 81, no. 4 (December 2004): 857–76. doi:10.1177/107769900408100409.

Revers, Matthias. "Journalistic Professionalism as Performance and Boundary Work: Source Relations at the State House." *Journalism* 15 (2014): 37–52. doi:10.1177/1464884913480459.

Rieder, Rem. "A Busy Season for Political Fact-Checkers." *American Journalism Review*, July 2012.

Robertson, Lori. "Campaign Trail Veterans for Truth." *American Journalism Review*, 26 (December/January 2005): 38–43, http://www.ajr.org/article.asp?id=3784.

Robinson, Sue. "The Active Citizen's Information Media Repertoire: An Exploration of Community News Habits During the Digital Age." *Mass Communication and Society* 17, no. 4 (March 17, 2014): 509–30. doi:10.1080/15205436.2013.816745.

Rosen, Jay. "Good Old Fashioned Shoe Leather Reporting," *PressThink* (blog), April 16, 2015, http://pressthink.org/2015/04/good-old-fashioned-shoe-leather-reporting/

——. "He Said, She Said Journalism: Lame Formula in the Land of the Active User." *PressThink* (blog), April 12, 2009. http://pressthink.org/2009/04/he-said-she-said-journalism -lame-formula-in-the-land-of-the-active-user/.

——. "He Said, She Said, We Said." *PressThink* (blog), June 4, 2004. http://archive.press think.org/2004/06/04/ruten_milbank.html.

——. "Karl Rove and the Religion of the Washington Press." *PressThink*, August 14, 2007. http://archive.pressthink.org/2007/08/14/rove_and_press.html.

——. "My Simple Fix for the Messed Up Sunday Shows." *Jay Rosen: Public Notebook* (blog), December 27, 2009. http://jayrosen.posterous.com/my-simple-fix-for-the-messed-up -sunday-shows.

——. "Politifact Chose the Vice of the Year but They Called It a Lie. That Was Dumb." *Press-Think*, December 22, 2011. http://pressthink.org/2011/12/politifact-chose-the-vice-of -the-year-and-called-it-a-lie/.

——. "The View from Nowhere." *PressThink* (blog), September 18, 2003. http://archive.press think.org/2003/09/18/jennings.html.

——. "Why Political Coverage Is Broken." *PressThink*, August 26, 2011. http://pressthink.org /2011/08/why-political-coverage-is-broken/.

Rosenberg, Scott. *Say Everything: How Blogging Began, What It's Becoming, and Why It Matters.* New York: Crown, 2009.

Said, Edward W. *Orientalism.* Rev. ed. London: Penguin, 2003.

Schudson, Michael. *Discovering the News: A Social History of American Newspapers.* New York: Basic Books, 1978.

——. *The Good Citizen: A History of American Civic Life.* New York: Martin Kessler Books, 1999.

——. "The Objectivity Norm in American Journalism." *Journalism* 2, no. 2 (August 1, 2001): 149–70. doi:10.1177/146488490100200201.

——. "Political Observatories, Databases & News in the Emerging Ecology of Public Infor-mation." *Daedalus* 139, no. 2 (2010): 100–109.

——. "The Politics of Narrative Form: The Emergence of News Conventions in Print and Television." *Daedalus* 111, no. 4 (1982): 97–112.

——. *The Power of News.* Cambridge, MA: Harvard University Press, 1995.

——. *Watergate in American Memory: How We Remember, Forget, and Reconstruct the Past.* New York: Basic Books, 1992.

——. *Why Democracies Need an Unlovable Press.* Cambridge: Polity Press, 2008.

Schudson, Michael, and Chris Anderson. "Objectivity, Professionalism, and Truth Seeking in Journalism." In *The Handbook of Journalism Studies*, ed. Karin Wahl-Jorgensen and Thomas Hanitzsch, 88–101. New York: Routledge, 2009.

Searle, John R. *The Construction of Social Reality*. New York: Free Press, 1995.

——. *Speech Acts: An Essay in the Philosophy of Language*. London: Cambridge University Press, 1969.

——. "Why Should You Believe It?" *New York Review of Books*, September 24, 2009. http://www.nybooks.com/articles/archives/2009/sep/24/why-should-you-believe-it/.

Shapin, Steven. *A Social History of Truth: Civility and Science in Seventeenth-Century England*. Chicago: University of Chicago Press, 1994.

Shaw, Daron R., and Bartholomew H. Sparrow. "From the Inner Ring Out: News Congruence, Cue-Taking, and Campaign Coverage." *Political Research Quarterly* 52, no. 2 (June 1999): 323–51. doi:10.1177/106591299905200204.

Shepard, Alicia. "Celebrity Journalists." *American Journalism Review*, September 1997. http://ajrarchive.org/article.asp?id=247.

Sigal, Leon V. *Reporters and Officials: The Organization and Politics of Newsmaking*. Lexington, MA: D. C. Heath, 1973.

Silverman, Craig. "AP Grows Fact Checking Beyond Politics to Breaking News, Beat Reporting." Poynter.org, January 9, 2012. http://www.poynter.org/news/mediawire/158337/ap-grows-fact-checking-beyond-politics-to-breaking-news-beat-reporting/.

——. "Conferences Raise Unanswered Questions About Fact Checking." Poynter.org, December 28, 2011. http://www.poynter.org/latest-news/regret-the-error/157031/conferences-raise-unanswered-questions-about-fact-checking/.

——. "Newsweek Ditched Its Fact-checkers in 1996, then Made a Major Error." Poynter.org, August 21, 2012. http://www.poynter.org/news/mediawire/185899/the-story-of-when-newsweek-ditched-its-fact-checkers-then-made-a-major-error/.

——. *Regret the Error: How Media Mistakes Pollute the Press and Imperil Free Speech*. New York: Union Square Press, 2007.

——. "Washington Post Expands Fact-Checking Project—and Not Just to Movie Trailers." Poynter.org, February 28, 2014. http://www.poynter.org/latest-news/top-stories/241474/washington-post-expands-fact-checking-project-and-not-just-to-movie-trailers/.

——. "Washington Post's TruthTeller Project Hopes to Birth Real-Time Fact-Checking." Poynter.org, August 8, 2012. http://www.poynter.org/latest-news/regret-the-error/183774/washington-posts-truthteller-project-hopes-to-birth-real-time-fact-checking/.

Smith, Ben. "The Facts About the Fact Checkers." *Politico*, November 1, 2011. http://www.politico.com/news/stories/1011/67175.html.

Spivak, Carey. "The Fact-Checking Explosion." *American Journalism Review* 32, no. 4 (January 2011).

Star, Susan Leigh, and James R Griesemer. "Institutional Ecology, 'Translations' and Boundary Objects: Amateurs and Professionals in Berkeley's Museum of Vertebrate Zoology, 1907–39." *Social Studies of Science* 19, no. 3 (August 1989): 387–420. doi:10.1177/030631289019003001.

Stark, David. *The Sense of Dissonance: Accounts of Worth in Economic Life*. Princeton, NJ: Princeton University Press, 2011.

The State of the News Media 2010. Washington, DC: Project for Excellence in Journalism at the Pew Research Center, March 2010. http://www.stateofthemedia.org/2010/index.php.

Stencel, Mark. "Broder's Shift Key: An Unlikely Online Makeover." NPR, March 10, 2011. http://www.npr.org/2011/03/10/134421511/broders-shift-key-an-unlikely-online -makeover.

——. "'Fact Check This': How U.S. Politics Adapts to Media Scrutiny." American Press Institute, May 13, 2015. http://www.americanpressinstitute.org/fact-checking-project /fact-checking-research/u-s-politics-adapts-media-scrutiny/.

Stepp, Carl Sessions. "The State of the American Newspaper: Then and Now." *American Journalism Review* 14 (1999): 60–76.

Strömbäck, Jesper. "Four Phases of Mediatization: An Analysis of the Mediatization of Politics." *International Journal of Press/Politics* 13, no. 3 (July 2008): 228–46. doi:10.1177 /1940161208319097.

Tuchman, Gaye. *Making News: A Study in the Construction of Reality*. New York: Free Press, 1978.

——. "Objectivity as Strategic Ritual: An Examination of Newsmen's Notions of Objectivity." *American Journal of Sociology* 77, no. 4 (1972): 660–79.

Uscinski, Joseph E., and Ryden W. Butler. "The Epistemology of Fact Checking." *Critical Review* 25, no. 2 (June 2013): 162–80. doi:10.1080/08913811.2013.843872.

Usher, Nikki. *Making News at the* New York Times. The New Media World. Ann Arbor: University of Michigan Press, 2014.

Vinter, Hannah. "Bill Adair, Editor of Politifact: 'Readers Love This Kind of Accountability Journalism.'" *World Association of Newspapers and News Publishers*, August 18, 2011. http:// www.wan-ifra.org/articles/2011/08/18/bill-adair-editor-of-politifact-readers-love-this -kind-of-accountability-journal.

Waisbord, Silvio R. *Reinventing Professionalism: Journalism and News in Global Perspective*. Cambridge, U.K.: Polity Press, 2013.

Waldman, Paul. "Does Fact-Checking Work?" *American Prospect*, November 1, 2011, http:// prospect.org/article/does-fact-checking-work.

White, David M. "The 'Gatekeeper': A Case Study in the Selection of News." *Journalism Quarterly* 27, no. 1 (1950): 383–96.

Williams, Bruce A., and Michael X. Delli Carpini. *After Broadcast News: Media Regimes, Democracy, and the New Information Environment*. Communication, Society, and Politics. New York: Cambridge University Press, 2011.

Wittgenstein, Ludwig. *Philosophical Investigations*. 4th ed. Chichester, West Sussex, U.K.: Wiley-Blackwell, 2009.

Zelizer, Barbie. *Covering the Body: The Kennedy Assassination, the Media, and the Shaping of Collective Memory*. Chicago: University of Chicago Press, 1992.

——. "Journalists as Interpretive Communities." *Critical Studies in Mass Communication* 10, no. 3 (1993): 219–37. doi:10.1080/15295039309366865.

索 引

（标注页码为原书页码，即本书边码）

ABC News，美国广播公司新闻，60－61；*This Week*，《本周》，195，200－201

Abramson，Jill，吉尔·艾布拉姆森，215

acceptance，of fact-checking，接纳，事实核查的～，23－24

"accountability journalism，" "问责式报道"，66，85，95

accuracy，fairness and，准确性，公平性与～，77，167－168

Accuracy in Media（AIM），"精准媒体"，44－45

actor-network theory（ANT），行动者网络理论，281n50

Adair，Bill，比尔·阿代尔，32，37，39，50；on balance，～论平衡，104；on checkable facts，～论可核查事实，93；on checked facts database，～论事实核查数据库，101；on criticism，～论批评报道，216－217；on crowdsourcing，～论众包，191；on effects of fact-checking，～论事实核查的影响，176，178－179；on fact-checking，～论事实核查，61，114，196－197，234；on fact-checking politicians，～论对政客的事实核查，88－89；on fact-checking's influence on political behavior，～论事实核查对政治行为的影响，182－183；on horse race journalism，～论"赛马"报道，188；on intermedia links，～论媒体间联系，199，201；on Internet，～论互联网，192；on "Lie of the Year，" ～论"年度谎言"，141－142，195；media appearances，～出镜，202，203；media references to，～媒体引用，292n86；on Medicare controversy，～论联邦医疗保险争议，138－139；on mission of fact-checkers，～论事实核查人员的任务，234；on nonpartisanship，～论非党派，221－222；on partisan media，～论党派媒体，131；on rating systems，～论评级系统，41；on role of fact-checking，～论事实核查的角色，196－197

adwatch reports，广告监察报道，8，256n34，288n14；in 1988 presidential election，1988年总统大选的～，57－58；in 1990 midterm campaigns，1990年中期选举的～，58－59；in 1992 presidential election，1992年总统大选的～，59；rise of，～的兴起，57－59

Affordable Care Act，平价医疗法案，140，230；"death panels" controversy，"死亡小组"争议，51，54，114

Afghanistan，U. S. war effort in，阿富汗，美国在～的战争活动，25；in media，～媒体报道，260n82

AIM. *See* Accuracy in Media，参见"精准媒体"

Al-Alam，阿拉伯语新闻网阿拉姆网络，155，158

American Journalism Review，《美国新闻评论》，43－44

analytical journalism，分析性报道，63－66；origins of，～的起源，64－66

analytics，分析，184；in conventional news，传统报道中的～，63；Google Analytics，谷歌分析，185

ANT. *See* actor-network theory，参见"行动者网络理论"

AP. *See* Associated Press，参见"美联社"

Arendt，Hannah，汉娜·阿伦特，53

argument，evidence and，论据，证据与～，75

Associated Press（AP），美联社，9，40

Atlantic，*The*，《大西洋月刊》，7

AttackWatch. com，"攻击监察"网站，26－27

audience，受众，289n31；drawing，吸引～，186；for fact-checking，事实核查的受众，184－185；feedback，～反馈，184；journalism，新闻业，12－13，184－185；online traffic and，在线流量与～，185－186；real and imagined，真实和想象的～，187－

---

① 原书为"timelines"，意为"时间线"，似为作者笔误或印刷错误。应为"timeliness"。

图书在版编目（CIP）数据

　　事实核查：后真相时代美国新闻业的选择／（美）
卢卡斯·格雷夫斯（Lucas Graves）著；周睿鸣，刘于
思译．--北京：中国人民大学出版社，2023.7
　　（新闻与传播学译丛．学术前沿系列）
　　书名原文：Deciding What's True：The Rise of
Political Fact-Checking in American Journalism
　　ISBN 978-7-300-31700-7

　　Ⅰ.①事… Ⅱ.①卢… ②周… ③刘… Ⅲ.①新闻事
业史-美国 Ⅳ.①G219.712.9

　　中国国家版本馆 CIP 数据核字（2023）第 119662 号

新闻与传播学译丛·学术前沿系列

事实核查

后真相时代美国新闻业的选择

［美］卢卡斯·格雷夫斯（Lucas Graves）　　著

周睿鸣　刘于思　译

Shishi Hecha

出版发行	中国人民大学出版社	
社　　址	北京中关村大街 31 号	**邮政编码**　100080
电　　话	010 - 62511242（总编室）	010 - 62511770（质管部）
	010 - 82501766（邮购部）	010 - 62514148（门市部）
	010 - 62515195（发行公司）	010 - 62515275（盗版举报）
网　　址	http://www.crup.com.cn	
经　　销	新华书店	
印　　刷	北京昌联印刷有限公司	
开　　本	787 mm × 1092 mm　1/16	**版　　次**　2023 年 7 月第 1 版
印　　张	23.25 插页 2	**印　　次**　2023 年 7 月第 1 次印刷
字　　数	380 000	**定　　价**　88.00 元